世界通史

李 楠／主编

一部文明与蒙昧相交织，苦难与幸福并存的发展史

辽海出版社

贰

中世纪世界史

伊斯兰世界的起源及形成

伊斯兰教

伊斯兰教，在中国又称回教、清真教、天方教，是公元 7 世纪初穆罕默德首传于阿拉伯半岛的麦加城，以后在世界各地获得广泛传播的宗教，与佛教、基督教并称为世界三大宗教。"伊斯兰"，意为"顺从"，即顺从唯一真主"安拉"的意志。一个信仰伊斯兰教的人称为穆斯林。现在全世界大约有 8 亿人信仰伊斯兰教，分布各大洲，特别集中在西亚、中亚、北非、东南亚各地。伊斯兰教传入中国已有 1300 多年的历史，现在全国共有 10 个少数民族信仰伊斯兰教，即回族、维吾尔族、哈萨克族、东乡族、柯尔克孜族、撒拉族、塔吉克族、乌孜别克族、塔塔尔族和保安族，共 1，400 余万人（据 1982 年人口普查数字）。

伊斯兰教包括理论与实践两个部分。理论部分包括信仰（伊玛尼），即信安拉、信天使、信天经、信先知、信后世。实践部分包括伊斯兰教徒必须遵行的善功和五项宗教功课（简称"五功"）。所谓"五功"即念"清真言"、礼拜、斋戒、天课、朝觐，简称"念、礼、斋、课、朝"。现分述如下：

伊斯兰教的信仰

伊斯兰教的基本信条（即所谓"清真言"）是："万物非主，惟有真主；穆罕默德是真主的使者"。这里的真主，就是阿拉伯语的安拉。一个人只要承认这点，并用清楚的语言表白自己的信仰，在名义上就可以称为穆斯林。在这一基本信条之下，又分为五项信仰：

1. 信安拉。确信安拉是唯一的真主，反对多神和偶像崇拜。伊斯兰教认为真主是不可见的宇宙万物的创造者和恩养者，清算日的掌权者，全能、全知、大仁、大慈、无始、无终、独一无二、永生、自存、无形象、无所在、无所不在、不生育、亦不被生。《古兰经》中列举了安拉的美名达 99 个之多，集中到一点，就是"信主独一"。在一个盛行多神拜物教的社会里，对安拉的这一概念，具有统一信仰的划时代的意义。

2. 信天使。伊斯兰教认为安拉创造万物，天使也是安拉创造的。安拉派遣天使管理天国，但他们并无神性，只是执行安拉的命令。《古兰经》认为，人是安拉在大地上的代理者，天使也要向

以色列的岩圆顶寺是世界上最古老的伊斯兰教建筑之一

人祖下拜。人看不见天使。伊斯兰教在天使论中给哲卜利勒以最高的地位，据说是他把安拉的启示传达给穆罕默德。

3. 信天经。伊斯兰教认为《古兰经》是安拉的语言，是通过穆罕默德而降示的一部安拉的经典，也承认在穆罕默德以前历代先知所传的经典如《旧约》、《新约》等为"天经"，但认为它们有的已经失传，有的经过后人篡改而失真，只有《古兰经》是最后、最完善的一部天经，为穆斯林所遵行。

大马士革清真寺内殿的装饰
——马赛克镶嵌画

4. 信先知。伊斯兰教认为在每个民族那里都会出现一个先知，作为安拉的使者，向人们"报喜信，传警告"，但穆罕默德却被认为是一位最后的先知和安拉的使者，即"封印的圣人"。《古兰经》中所提到的先知，绝大多数是《旧约》和《新约》中记载的，这说明伊斯兰教是集闪族宗教（包括犹太教、基督教、哈尼夫思想、伊斯兰教等）之大成的宗教。

5. 信后世。伊斯兰教的后世论，是《古兰经》中最生动的部分。第75章被称为《复生章》，认为世界将有一天，一切生命都会停止，进行总的清算，所有曾在这个世界上生活过的人，都将"复活"，集中起来，接受安拉的审判，决定赏罚，善人进"乐园"，恶人进"火狱"。后世的信仰，一直是历代先知的教训的主要部分，伊斯兰教把它列为信条之一。

有些学者把"信前定"列为信条之一，成为"六信"。所谓"前定"，就是说，世间发生的一切事情，不论善恶，都是出自真主的意志。"前定"是伊斯兰教的一条重要教义，但在是否列为第六信仰上，伊斯兰教学者中尚有争议。

伊斯兰教的五功

伊斯兰教实践包括"五功"，它是一个穆斯林必须履行的宗教义务。"五功"的内容是：

1. 念"清真言"。"万物非主，惟有真主；穆罕默德是主的使者"。这是信仰的表白（即"作证"）。当众表白一次，名义上就是一个穆斯林。

2. 礼拜。这是穆斯林面向麦加"克尔白"（天房）祈祷的宗教仪式，主要有：每日五次礼拜，分别在晨、晌、晡、昏、宵五个时间举行；每周一次的星期五聚礼（主麻拜）；每年开斋节和古尔邦节的会礼。

3. 斋戒。每年在教历九月（"莱麦丹"月）斋戒一月，每天从黎明到日落禁止饮食和房事等。莱麦丹月是《古兰经》开始下降和穆罕默德开始为圣的月份。

4. 天课。这是伊斯兰教的宗教课税。信徒的资财达到一定数量时，每年必须提出其中一部分散给贫苦的穆斯林。天课原来是一种自由施舍，后来成为按信徒财产的不同种类以不同比率由国家征收的宗教税。近年来，在一些伊斯兰教国家中，天课与国家税收分开，又变成一种宗教性的自由施舍。

5. 朝觐。伊斯兰教规定，一个穆斯林，在身体健康、经济能力许可、旅途安全的情况下，一生中至少应去麦加朝觐一次。一年一度的麦加朝觐，是世界性的穆斯林大集会。

一些伊斯兰教者想在"五功"之外增加一项"圣战"（为安拉之道而战），成为"六功"，但不为大多数学者同意。

伊斯兰教不仅是一个宗教，而且是一个思想体系，一个伊斯兰教作为主导因素的文化。"政教合一"是伊斯兰教社会制度的特征。

伊斯兰教的主要经典是被称为"安拉的语言"而为穆罕默德所传述的《古兰经》；穆罕默德的言行录——哈迪斯（圣训）是《古兰经》的补充。教法（沙利亚）是后来伊斯兰教学者根据《古兰经》和圣训，并参考被征服地区的法律和风俗习惯，因时制宜而制定的穆斯林"行为的规则"或"法典"。研究教法的学问叫做教法学（斐格赫）。因对教法问题的看法不同而出现了许多教法学派，如哈乃斐派、马力克派、沙斐仪派与罕百里派。中国穆斯林在教法上遵行哈乃斐派的主张。伊斯兰教有许多传统的风俗习惯，例如饮食、婚姻、丧葬、宰牲等，都具有深厚的历史、民族、宗教和社会根源。伊斯兰教禁食自死物、血液、猪肉、未诵安拉之名而宰杀的牲禽等，还有禁酒，在《古兰经》中都有明文规定，在当时是对古阿拉伯人饮食禁忌上的一大改革。穆斯林严格遵守《古兰经》上的这些规定。但"为势所迫，非出自愿，且不过分的人，（虽吃禁物），毫无罪过"。

穆罕默德的阿拉伯文书法

伊斯兰教主要有三大节日：开斋节（教历十月一日）、古尔邦节（教历十二月十日）和圣纪（先知穆罕默德的诞辰，教历三月十二日）。伊斯兰教有三大圣地：麦加、麦地那和耶路撒冷。伊斯兰教有两个主要教派：逊尼派（多数派）和什叶派（少数派）。什叶派也有自己的圣地和节日。什叶派的圣地有纳贾夫、卡尔巴拉（以上在伊拉克），库姆和马什哈德（以上在伊朗）。什叶派的节日有阿舒拉节（教历一月十日）等。

伊斯兰教的创立与发展

伊斯兰教是世界三大宗教之一，自创立之后，就对东西方都产生了重要的影响，至今对世界仍发挥着作用。这一宗教于公元 7 世纪时产生在阿拉伯半岛，创立者是穆罕默德。

渴望得到解救的阿拉伯人

阿拉伯半岛地处欧亚非三大洲的交汇处，因此，这里的居民在肤色上也兼有三个人种的特征。几乎被沙漠和草原所笼盖的阿拉伯半岛特别适合于游牧，独特的自然条件使得这一地区在古代农耕业不发达时期，一直比其他地区先进。

在世界各地普遍进入定居的农耕时期以后，阿拉伯地区的优势地位便开始消失。到公元 5 至 6 世纪之后，世界上许多地区早已进入文明时代三四千年了，然而阿拉伯地区，尤其是贝都因人居住的地方，却仍然未能摆脱原始的落后状态。经济、文化停滞不前，部落间的战争连绵不断，人们经常为争夺牧场和水草而展开血腥的厮杀。

但是，靠近红海的汉志地区的情况却比较特殊。这里虽是不毛之地，但却是从南部沟通欧亚的商业要道。东方的商品从印度洋运到也门，然后再由阿拉伯商人用骆驼驮着北上，通过汉志地区到达地中海，再从那里转送到欧洲各地。得天独厚的交通条件为汉志地区带来了繁荣，其中麦加和麦地那城最为出名。

摩洛哥哈桑清真寺的宣礼塔和石柱

麦加城位于整个阿拉伯地区南北交通的中枢，那些长途跋涉的商人通常都要在这里歇脚。因为这里有一口诱人的清泉井，这在视水如油的阿拉伯人眼中是很不寻常的，这里还有一块巨大的不知什么时候从天上落下来的黑色陨石，阿拉伯人将它看成是一个圣物。为了供奉这块圣石，还建了一座庙，名字叫克尔白神庙。远近的阿拉伯人常常成群结队地专程到此拜祭。同时，他们往往还随身带来一些货物互相交换。久而久之，一个大规模的交易市场就在麦加形成了。

公元 6 世纪，为了争夺也门、波斯和埃塞俄比亚发生了战争，这就使原来经过汉志的商路被切断了，麦加城由此陷入了十分困难的境地。公元 572 年，波斯人占领也门以后，没有恢复原来的商路，而是把运到这里的商品改道波斯湾进入两河流域，然后再运抵地中海。商路断了，财路同样也就断了，麦加人的收入因此急剧减少，变得越来越穷。为了争夺财富，阿拉伯人各个部落之间加紧了互相的掠夺，战争由此更加频繁。

此时汉志地区的大多数阿拉伯人都感到十分痛苦，但是又没有人给他们指出一条出路。绝望中，他们把希望寄托于神，希望神能解救他们出苦海。伊斯兰教于是在这种背景下产生了。

安拉的使者

穆罕默德（意为"受到高度赞扬"）生于公元 570 年的麦加。他的父亲出身于哈希姆家族，以前是强盛的古莱西部落的望族，所以穆罕默德是这支贵族旁系的后裔。穆罕默德的父亲在穆罕默德出生前就去世了，穆罕默德的母亲也在他六岁时死去，在穆罕默德六岁至八岁时由他的祖父（克尔白神庙的管理人）抚养，八岁时祖父去世，由伯父收养。

穆罕默德的童年很苦，从小就得自谋生路。他当过放牧人，是一个半文盲，年轻时他诚实可靠，相貌俊秀，在随伯父经商的时候，到过巴勒斯坦、叙利亚和许多地区。通过游历，穆罕默德增长了见识，对阿拉伯人民的各种痛苦也有了很深的了解。他又研究了基督教和犹太教的教义，知道了许多神话传说，同时也了解了这些地区的风土人情。另外，他还学会了观测天气、预测风沙和治病的本领。这一切都为他以后创立伊斯兰教打下了基础。

但是穆罕默德太穷了，他的抱负没有金钱和地位的保证，是无法得到施展的。于是在二十五岁时，穆罕默德和一个年龄比他大得多，名叫赫蒂彻的麦加富商的遗孀结了婚。从此，他在经济上一下子有了保障，开始进入上层社会。

在麦加城外，有一座幽静的小山，当地人都称它希拉山。穆罕默德经常独自一人到山里的一个小山洞里冥思苦想。他一直在考虑创立一个可以被大多数阿拉伯人接受的宗教，使那些整天处于痛苦之中的同胞得到解脱。他参照基督教和犹太教的经典，将其中他认为阿拉伯人能够接受的教义和阿拉伯原始宗教中的一些教义设法结合起来。但是这个工作太艰难了，穆罕默德为此常常在山中呆上许多天。终于，在610年的一天，他豁然开朗，想通了最关键的道理。不久，他从山上下来，便开始传教，这就是后来的伊斯兰教。

"伊斯兰"一词在阿拉伯语中原意为"顺从"。按伊斯兰教的观点，穆罕默德是伊斯兰教的复兴者而不是创始人。所谓复兴是因为在漫长的历史中伊斯兰教发展到尔萨（公元元年—40年）圣人时代之后中断了五百多年，到穆罕默德为圣时才复兴了伊斯兰教。穆罕默德宣称，世界上只有一个神——安拉，他是世界的创造者和人的创造者，人只有生前服从安拉，死后才能进入天堂，否则死后就会被打入地狱。穆罕默德自称为安拉的使者，由于自己是安拉的第一个信徒，所以他就是信徒的先知，是安拉派到人间的使者，传达安拉的意旨。信仰安拉的人被称为穆斯林，意为信仰安拉和服从先知。

虽然伊斯兰教教义在解决社会矛盾方面，要求人民采取消极的态度。但在另一方面，又给教徒提出了做人的基本准则，如为人行善，买卖公平，救济贫困，照顾孤寡老人等。此外，对偷盗和欺诈等犯罪行为，伊斯兰教义也规定要给予极为严厉的惩治。因此伊斯兰教教义也被信仰伊斯兰教的一些国家长期奉为法律。伊斯兰教的另一个显著的特点是一夫多妻。穆罕默德本人就在赫蒂彻死后，又娶了八个妻子。穆罕默德的施教早年并不顺利，头三年只有30多个人皈依他宣传的宗教，还遭到一些麦加富商和奴隶主贵族的反对。因为伊斯兰教是一神教，同传统的古莱西部落的多神教是极不相容的。同时，教义中提出的施舍济贫的主张，也损害了大贵族和富商的经济利益。一些贵族和富商时刻准备谋杀穆罕默德。在这种险恶的情况下，622年7月16日深夜，穆罕默德率领他的信徒离开了麦加，移居到麦地那，这就是伊斯兰教的"徙志"，伊斯兰教把这一年定为伊斯兰历法的元年，历史上称为"希吉拉"，意思就是大迁移。

雅特里布与麦加不同，这里不是顽固的古莱西部落贵族统治的中心，手工业和商业也很发达，贫民也较多。在这里，伊斯兰教很快便被人们所接受。在此基础上，穆罕默德制定了"伊斯兰教不仅是宗教权威而且是世俗权威，管理人们事务的统一力量应是信仰而不是部落"这一流传至今的法则。

不久，麦加贵族向雅特里布发动了进攻，企图消灭穆罕默德的势力。穆罕默德将雅特里布的教徒组织起来，建立了自己的军队，同麦加贵族进行了多次的战斗，打败了麦加贵族军队的进攻。628年，穆罕默德和麦加的贵族们签订了停战条约，使双方的战争暂时停止下来。

公元630年1月，穆罕默德以一个麦加人害死一个穆斯林为借口，集合了一支1万人的大军攻占了宗教中心麦加城。进入麦加之后，穆罕默德清除了克尔白神庙中的所有的部落神，只保留了那块陨石，作为全体穆斯林的圣物，又把克尔白神庙改为清真寺，并规定，每一个穆斯林一生中必须到这里朝圣一次。同时他还宽恕了他的大多数敌人，收复了各个部落，把非穆斯林赶出圣地，不接受伊斯兰教的人不得参政（但不会遭杀害或放逐）。自此，建立了穆罕默德在阿拉伯半岛的伊斯兰教的统治地位。

632年，穆罕默德在麦地那病逝。当时他没有留下遗嘱安排谁为哈里发（继承人），也没有谈到以什么形式推选哈里发。按照阿拉伯人的传统，领袖是从部落上层有威望的人中推选的。然而穆罕默德所建的公社包括了许多部落，哪个部落有优先权呢？由此，在伊斯兰教内诞生了两大主要派别——"逊尼派"和"什叶派"。

"逊尼派"全称为"逊奈与大众派"，阿拉伯语原意为"遵循传统者"。逊尼派是伊斯兰教中教徒最多的一个教派，占全世界穆斯林的90%左右。此教派的教徒主要分布在阿拉伯国家以及土耳其、印度、马来西亚等国。逊尼派虽然将其他不同信仰视为异端，却同时提倡求大同存小异，融合不同见解，努力调和真主的无限权威和人的责任这两个观念。

"什叶派"是伊斯兰教中仅次于"逊尼派"的第二大教派。"什叶"在阿拉伯语中意为"追随者"或者"派别"、"同党"。该派认为只有出身于哈希姆家族（即圣族）的阿里发及其直系后裔才是穆罕默德的合法继承人，否认阿布·伯克尔、欧麦尔、奥斯曼前三任哈里发的合法性。目前该派主要分布在伊朗、伊拉克、印度、巴基斯坦、也门、叙利亚、黎巴嫩、阿富汗、土耳其、巴林等国。

到16世纪时，伊斯兰教徒已经遍布世界各地。伊斯兰教的产生促进了阿拉伯地区的发展，对于阿拉伯地区的统一，抵御外来侵略也起到了积极的作用。但是，伊斯兰教中让教徒进行"圣战"的教义，使它在传教的过程中，具有极大的侵略性。伊斯兰教徒们正是以"圣战"的名义，在新月的旗帜下，挥舞着阿拉伯弯刀，进行猛烈的扩张，建立了许多富有侵略性的大帝国，比如阿拉伯帝国、奥斯曼土耳其帝国等。直到现在，伊斯兰教仍然在世界上拥有巨大的能量。

7世纪前的阿拉伯半岛

阿拉伯人原来住在阿拉伯半岛上。半岛位于亚洲西南部，是世界上最大的半岛，面积达300万平方公里，约为欧洲的1/3，绝大部分土地为沙漠和草原，叫做"内志"，气候干燥，土地贫瘠。半岛西南部的也门，气候温和，是一个富庶的农业区，称为"阿拉伯福地",主要生产咖啡、椰枣和大麦。6—7世纪时,半岛上的居民大多数为牧民,称为贝多因人。他们逐水草而居,放牧骆驼、羊和马匹。骆驼素有"沙漠之舟"之称,是阿拉伯半岛不可缺少的运输工具。在半岛西部红海沿岸,有一条狭长地带,叫做"汉志"。自古以来,这个地区就是亚欧两洲交通的一条重要商道,中国的丝绸、印度的香料、非洲的黄金和奴隶等,都经海路运往也门,然后由骆驼运到地中海东岸,再转运到欧洲。半岛上出产的椰枣、皮革和金银矿产等也通过这条商道运往境外。商路两旁形成许多商业据点和城镇,其中以麦加和雅特里布最为重要。

麦加城是个繁荣的城市,它是商道上的重要枢纽,手工业和商业都很发达。麦加城的多数居民是古莱西部落(意为收集财物),他们主要经营商业和服务行业,也有一些手工业者。麦加城有个克尔柏古庙。其中有一块黑陨石,为阿拉伯人所崇拜。每年春季举行的庙会,成为定期市集,各方的阿拉伯人常来赶集和朝拜神庙。古莱西部落的贵族组织和领导朝拜及交换事宜,从中获得大量的商业收入和其他经济收入。

阿拉伯人的社会发展是极不平衡的。半岛西南部的也门地区,早在公元前就建立了奴隶制城邦国家。7世纪时,居住在汉志一带以及少数绿洲的阿拉伯人,处在原始公社解体和阶级社会产生的阶段。部落中分化出来的贵族占有较好的牧场、牲畜和奴隶。在通商要道的城市里,出现了商业和高利贷贵族。奴隶的主要来源是战争俘虏,也有人因犯罪和负债沦为奴隶的。阿拉伯人认为,掠夺是光荣的,为了争夺水草和牲畜,部落之间经常发生战争,氏族之间血亲复仇之风盛行。奴隶和贫苦牧民为了反抗贵族的剥削和压迫,经常起来反抗,捣毁贵族的帐幕,抢走他们的牲畜和财产。

6世纪初,伊朗和埃塞俄比亚为了争夺半岛的西南地区进行长期战争,使也门地区遭到严重的破坏,土地荒芜,人口锐减,商旅不前,汉志地区商业因而转向衰落。东方商业改由波斯湾和两河流域运到地中海。商业的破坏和经济的衰落,使农民、牧民、手工业者和奴隶深受其苦,许多靠过境商业维持生活的部落逐渐贫困化。麦加贵族和富商乘机用高利贷盘剥穷人,广大下层人民的处境非常困难,人民群众不满情绪日益高涨,反抗斗争不断发生。贵族为了加强统治,镇压人民群众反抗,夺取新的土地,开辟新的商业途径,需要政治统一,建立一个强有力的国家机构。阿拉伯人民也希望打破部落的局限,获得牧场和肥沃土地。阿拉伯各部落联合成为统一国家的前提条件已经具备。伊斯兰教的产生,这是这些社会变动和政治统一要求在意识形态上的反映。

麦地那神权国家的形成

610年后,穆罕默德开始在麦加宣传伊斯兰教。由于他主张信仰一神,反对多神教和偶像崇拜,影响到麦加贵族与富商的宗教特权和经济利益,以倭马亚族的阿布·苏非扬为首的麦加贵族起而反对甚至多次殴打穆罕默德及其信徒,迫使穆罕默德的一些信徒离开麦加，迁往埃塞俄比亚。雅特里布的居民因受麦加商业贵族的盘剥，支持穆罕默德，他们派出代表，邀请穆罕默德前去雅特里布。穆罕默德先派其大批信徒迁去，622 年 7 月 16 日夜，他本人与少数门徒亦从麦加出奔，这就是著名的"徙志"。后来这一年被定为伊斯兰教历的纪元。雅特里布也被改称为麦地那（意为"先知之城"）。由麦加迁到麦地那的伊斯兰教徒称为"迁士"（穆哈吉尔），接受伊斯兰教的麦地那居民则被称为"辅士"（安沙尔）。

麦地那居民中有不少人长期受到麦加富商和贵族的高利贷盘剥，因此，自然地形成了对穆罕默德的支持，伊斯兰教也在麦地那迅速传播开来。穆罕默德依靠"迁士"和"辅士"的力量，开始建立了以伊斯兰教为共同宗教信仰的政教合一的国家。穆罕默德不仅是宗教首领，而且是最高法官和军事统帅。为了打败麦加贵族，穆罕默德曾亲自出征 20 余次。630 年，穆罕默德和麦加贵族达成协议：穆罕默德率军进入麦加城，麦加贵族接受伊斯兰教，承认穆罕默德是"先知"；穆罕默德则承认麦加是伊斯兰教的圣地，克尔伯古庙改为伊斯兰教的清真寺，黑陨石作为伊斯兰教的圣物保存下来。这样，也就保留了麦加贵族在政治上的特权和经济上的利益。此后，麦加成为阿拉伯半岛伊斯兰教的中心，麦地那成为阿拉伯国家的首都。到 632 年穆罕默德逝世时，阿拉伯半岛已基本上建成了统一的阿拉伯国家。

阿拉伯帝国的形成与扩张

阿拉伯帝国的形成

穆罕默德死后，他的亲信为了争夺继承权展开了激烈的斗争。最后选出了他的岳父艾卜·伯克为哈里发（632—634 年）。艾卜·伯克首先镇压了国内各部落的叛乱，统一了半岛。然后开始对外扩张。到第二任哈里发欧默尔统治时期（634—644年），在"圣战"的旗帜下，乘拜占庭、伊朗和中西亚各国内部危机深重、国力削弱之际，发动了一系列侵略战争。阿拉伯贵族和一般部落成员为了获得土地和战利品，纷纷应召出征。636 年远征叙利亚，在约旦河支流雅姆克河畔打败了拜占庭的军队，攻陷大马士革、安条克、阿勒颇等重要城市，占领了整个叙利亚。638 年，进攻耶路撒冷，不久占有全部巴勒斯坦。然后转向东方进攻伊朗。637 年，占领伊朗首都泰西封。642 年，灭掉伊朗萨桑王朝。同时，又派兵攻陷埃及。645 年，又占领了昔兰尼加和利比亚。

在欧默尔统治时期，还没有形成完备的国家制度，阿拉伯贵族和牧民之间的差别不很显著。按照古兰经的规定，每个战士都可分得一份战利品。到第三任哈里发鄂斯曼统治时（644—656 年），阿拉伯国家政权便具有明显的贵族专政性质。国家行政和军队的高级职位都由鄂斯曼的亲信和倭马亚家族担任。倭马亚家族在叙利亚、埃及等地占有大量土地，并竭力扩张自己的势力。哈里发鄂斯曼（644—656 年）开始，因哈里发的继承问题，引起伊斯兰教的教派斗争，这实质上是统治阶级内部争权夺利的斗争。鄂斯曼任用自己的亲信和倭马亚家族的人担任各地的行政长官，并分配给他们大量地产和奴隶，却常常不给阿拉伯普通战士发放粮饷，引起广大阿拉伯人的强烈不满。阿里利用人民的不满来反对鄂斯曼的专横。656年，鄂斯曼在麦地那被暗杀，阿里当选为第四任哈里发（656—661年）。倭马亚家族的人不甘心丧失政权，以叙利亚总督摩阿维亚为首同阿里展开斗争，宣称阿里与谋杀鄂斯曼有关，不能担任哈里发。支持阿里的一派称为十叶派（"十叶"是阿拉伯语，意为"宗派"或"党徒"。"十叶派"即阿里的党徒，他们认为阿里和法提玛的后代才能当哈里发。）；支持摩阿维亚的一派则称为逊尼派（"逊尼"

阿拉伯骑兵

意为"行为"、"道路"；逊尼派全称为"逊奈和大众派"，意为遵守逊奈者；自称为正统派。这一派承认哈里发都是穆罕默德的合法继承人），双方经过几个月的战争都未取得决定性的胜利，准备以谈判解决。另有一部分不满意阿里的人，从十叶派中分离出去，形成哈瓦立及（哈瓦立及，意为"出走"）派。这一派反映下层人民的一些要求，故又称军事民主派。661年，阿里被一个哈瓦立及派分子刺死，摩阿维亚乘机即位为哈里发，建立了倭马亚王朝（661—750年）。首都由麦地那迁到大马士革，从此，哈里发成为世袭，不再选举。

倭马亚王朝统治时期，继续向外侵略。阿拉伯军队几乎同时向北、东、西三个方向出击。在西方，曾多次进攻君士坦丁堡，并向北非和西班牙扩张。698年，征服了突尼斯、阿尔及利亚和摩洛哥等西部地区，将领土扩张到大西洋沿岸。741年，征服了西哥特王国，占领了比利牛斯半岛，越过比利牛斯山，侵入高卢西南部。732年在波瓦都战役中，为法兰克王国宫相查理·马特所败。从此，阿拉伯人入侵西欧内陆的势头终于被阻止。

伊斯兰建筑风格的印度红堡

波斯战争

为了争夺高加索通往黑海的出海口，参加对东方的贸易，并牢牢掌握对小亚细亚地区的统治权，公元527年，刚刚继位的查士丁尼一世任命贝利撒留为拜占庭军东方战线统帅。

贝利撒留（约505—565年）出生于巴尔干半岛达尔马提亚的农家。他膂力过人，性情坚韧，有胆有识，颇具大将风范。因其妻安东尼娜与皇后狄奥多拉过从甚密，使他成为查士丁尼一世的宠臣。他此时虽只有二十二岁，但已荣登帝国高级将领之列，出任东方统帅之一要职。他到任后，一方面大力整饬军纪，提高军队的战斗力；另一方面着力于防务的加强，在尼西比斯修筑要塞。

科巴德一世得到贝利撒留出任拜占庭军东方统帅和他致力于军务的消息，认为不能坐等拜占庭发展。如果任其扩大实力，将会对波斯极为不利。于是，他下决心先发制人，在528年先向拜占庭宣战，挑起了第一次拜占庭波斯战争。

第一次波斯战争

战争爆发后，科巴德一世派大将扎基西斯率领3万大军向贝利撒留指挥的拜占庭军发动猛烈进攻，当时，贝利撒留麾下共有2.5万人，是一支由拜占庭人和蛮族人混合编成的队伍。这支队伍虽经贝利撒留作了整顿，但因时日过短，仍然存在纪律松弛、意志消沉等弱点，加上构成复杂，与波斯军相比，无论在数量上和质量上都处于劣势，战斗开始后，扎基西斯指挥的波斯士兵勇猛冲杀，很快就在战场上占据主动地位，在529年的尼西比斯作战中击败了拜占庭军队。首战失利后，贝利撒留冷静地分析了双方的力量对比和战场形势。他认为，在敌强我弱的形势下，应当主动后撤，集中力量，待敌人的战线拉长，力量分散之时再主动出击，与敌人决战。这样，他下令拜占庭军全线后撤，集中在德拉城。初战告捷及顺利进军，使波斯军新任统帅贝利则斯将军认为贝利撒留无计无谋、胆小如鼠，以为拜占庭军不堪一击，德拉城唾手可得。公元530年，他率领4万精锐的波斯大军，直扑德拉城。

德拉城是美索不达米亚平原上的战略重镇，位于尼西比斯北部23公里处，距底格里斯河有四天的路程，四周没有任何自然屏障，完全依靠城防工事的保护。其城防由内城、外城、护城河和防御壕及塔楼组成。内城城墙高达30米，外城的墙基坚固。为了加强守备，与敌人周旋，贝利撒留在城内布置了大批军队；在开

波斯居鲁士二世占领巴比伦

阔平坦的城外，挖掘了纵横交错的交通壕，以掩护待命出击的骑兵。刚愎自用的贝利则斯十分轻敌，认为波斯军很快就会击败敌人并攻占城池，因而在攻城之前即向德拉城内的市民发布通告，要他们准备好洗澡水，以便占领该城后为波斯士兵洗涤征尘。

战斗开始后，波斯大军发动了猛烈的进攻，拜占庭军接连失利，中军发生动摇。就在这危急时刻，贝利撒留指挥两翼的骑兵适时出击，出其不意地从两个方面夹击敌人侧后。在拜占庭骑兵的冲击下，波斯军阵脚大乱，导致全军溃败。统帅贝利则斯看到大势已去，弃军逃走。波斯士兵丢弃武器，四散奔逃，结果有5000人阵亡、8000人被俘。获胜的贝利撒留为防敌人反扑，下令收兵回城，重整防务，531年，波斯军渡过幼发拉底河，从叙利亚沙漠方向发动进攻。贝利撒留统兵2万前往援救。波斯军发动的多次进攻，都在贝利撒留的巧妙应付下瓦解了。在胜利面前，拜占庭

军中的骄傲轻敌情绪日益高涨，加上贝利撒留尚不满二十六岁，其部下诸将欺其年轻，经常不服从他的统辖，全军缺乏行动的一致性，直接影响了此后的战争进程。

当时，贝利撒留为了尽快退敌，下令要拜占庭军每晚都抢先占领敌人预定第二天占领的阵地，待敌人前来进攻时，经短暂战斗，即主动放弃。这样，通过拉锯战来消耗敌人的有生力量，但贝利撒留部将急于立功，不遵守贝利撒留的命令，有的

亚历山大与波斯作战

轻举妄动，擅自出击，以致在卡尔基斯城附近轻易与波斯军主力交战。在战斗中，位于拜占庭军右翼的阿拉伯人在波斯士兵的拼死攻击下临阵逃脱，使拜占庭军陷入绝境，800 名英勇善战的匈奴老兵被包围消灭。只有左翼的拜占庭步兵在贝利撒留的激励下，在幼发拉底河岸背水一战，顶住了波斯骑兵的冲击，并乘夜巧妙渡河撤退，摆脱了危险。波斯军队取得了卡尔基斯会战的胜利。

公元 531 年秋，波斯国王科巴德一世逝世，国内发生继嗣之争，政局动荡不安；而拜占庭方面，皇帝查士丁尼一世为了恢复失去的国土，准备集中全力对非洲用兵，进攻汪达尔王国，也急于尽快结束与波斯的战争。这样，因双方都无心再战，就在公元 532 年达成媾和协议，结束了第 1 次波斯战争。条约规定：拜占庭撤回德拉城的驻军，向波斯支付黄金 1000 磅。

纵观第 1 次波斯战争，波斯军队在数量和质量上始终占绝对优势，但是拜占庭军在足智多谋的贝利撒留指挥下，以少胜多，以弱胜强，给波斯军以很大打击。由于这次战争是一场没有经过决战定出胜负就停战媾和的战争，在某种意义上可以说是一场没有打完的战争。虽然查士丁尼一世不惜以金钱和实利换取了和平，但是在交战双方之间存在的矛盾并未消除，双方的军事力量也没有受到任何大的损失，因而双方的冲突和战争仍是不可避免的。

第二次波斯战争

双方停战后，波斯新王库斯鲁一世（531—532 年在位）利用和平时机，致力于稳定国内政局。他在无情镇压政敌，巩固自己的地位，把持了朝政之后，就开始大力进行国内的政治、经济和军事等方面的改革。首先，鼓励发展农业，推广农耕技术，向人烟稀少的边疆地区大量移民；其次，大力整修道路，发展交通事业，使之既有利于军队的调动，也为贸易往来提供便利；第三，改革军制，以铁甲骑兵和农民组成的步兵为主，建立新的正规军，增强军队的训练和组织纪律性；第四，大力进行税制改革，增加国家财政收入。他改变过去官员和贵族随意摊派税额和随意征收的旧制，开始征收固定的土地税和人头税，每年分两次完税；另外，他还奖励发展工艺品的制造，并大力发展文化教育事业，创办了苏萨大学。这些措施，巩固了

波斯王室的地位和中央集权的统治，也使波斯的政治、经济和军事实力得到增强，因此，库斯鲁一世在位期间，被称为萨珊波斯的黄金时代。

库斯鲁一世是个野心勃勃的人，他进行改革的目的，就是要增强国力，对外进行侵略扩张，扩大自己的版图。但是，在他致力于解决国内问题的时候，拜占庭军已征服了汪达尔王国，正在向东哥特王国进攻。因此，库斯鲁一世非常不安，他既嫉妒查士丁尼一世取得的成功，又担心拜占庭势力的强大会威胁到波斯的存在，整日郁郁寡欢，苦思对策。就在这时，公元 539 年底，东哥特国王维提吉斯派特使求见库斯鲁一世，告诉他：东哥特王国在贝利撒留指挥的拜占庭军的打击下，已岌岌可危，所以敦请库斯鲁一世火速出兵拜占庭，以减轻东哥特王国的压力，同时可以从东西两个方面夹攻拜占庭帝国。库斯鲁一世不愿看到拜占庭打败东哥特王国壮大力量，接受了请求。他认为拜占庭军的主力都在贝利撒留的指挥下西征东哥特王国，国内必定空虚；而且亚美尼亚和科尔奇斯人不满拜占庭的统治，如果趁此时机发动战争，一定会取得胜利。于是，他先唆使阿拉伯人酋长进攻拜占庭帝国，尔后以援助阿拉伯人为名，撕毁和约，向拜占庭宣战，战争再次爆发了。

公元 540 年春，库斯鲁一世亲率大军从首都泰西封出发，沿幼发拉底河西岸前进。拜占庭人猝不及防，加上拜占庭军在幼发拉底河防线上的兵力薄弱，无法与波斯军对抗。因此，战争一开始，库斯鲁一世就给予拜占庭军以自亚德里亚堡以来所没有受到过的打击。在镇压了小城苏拉的反抗后，库斯鲁一世率军进攻希拉波利斯、卡尔基斯等城，勒索得巨额赎金，然后直捣叙利亚首府安条克。

安条克是拜占庭在东方的第二大城市，人口稠密，建筑宏伟，三面环山，一面临奥伦德斯河，围绕城市建有坚固的堡垒。守将是查士丁尼一世的外甥，他完全是依靠姻亲关系担任这一职务的，根本就没有指挥才能。虽然在波斯军的包围圈形成之前，查士丁尼一世派来的 6000 援军已进入城内，但援军的到来并未使军队的士气有所提高。波斯军围城之后，库斯鲁一世下令指挥大军攻城。数万波斯士兵肩扛登城的云梯，发动了一次次的强攻，在残酷、激烈的战斗中，拜占庭军的伤亡不断增加，许多士兵从旁门突围逃走。城内吉莫（市民的区域组织，有自选的区长，负责治安）派出大批青壮年支援残留在城内的士兵进行抵抗，但在波斯军的最后总攻下，安条克城陷落了。库斯鲁一世为了报复，下令让波斯军大肆烧杀抢掠。寺院受劫掠，房屋被焚烧，人民遭屠杀，整个城市惨状纷呈，劫余的居民被掳往波斯。尔后，库斯鲁一世挥军进攻地中海东岸地区。

在这一年里，库斯鲁一世率领波斯大军纵横驰骋在拜占庭帝国的东方领土上，如入无人之境，取得了一连串的胜利，掠得的财宝不计其数。在胜利面前，库斯鲁一世日渐狂妄自大，野心不断膨胀。他认为从拜占庭帝国夺取小亚细亚已不成问题，就是帝国首都君士坦丁堡也将在波斯大军的铁蹄下化为齑粉。

拜占庭皇帝查士丁尼一世得到波斯军队入侵并劫掠的消息后，十分惊慌，急忙召回正在意大利指挥作战的贝利撒留，任命他为征讨波斯的统帅。公元 541 年，贝利撒留风尘仆仆地从意大利战场上赶回，戎装未卸，就奔向叙利亚战场。

这时的贝利撒留经过十几年无数次战争的锻炼，早已成为一个杰出的骑兵指挥官和战术家，他建立了一支由拜占庭人和一部分蛮族人组成的 7000 人的亲随骑兵。他们身披锁子甲，装备有日耳曼人的长矛和波斯人的弓箭，在战斗中行动迅速，勇猛异常，成为拜占庭军的主力，被称为"铁甲士"。作为一名将军，贝利撒留深知士兵的重要，因此他非常爱护士兵，珍惜士兵的生命，在战斗中，他总是身先士卒，带领亲随骑兵驰骋拼杀，因而得到士兵们的崇敬和爱戴。贝利撒留抵达东方前线，立即指挥拜占庭军向前推进，在幼发拉底河畔扎营。他详细考察、研究了战场形势，决定采取引蛇出洞的战术，把以逸待劳、固守堡垒的波斯军引出来，加以伏击。但是，由于执行诱敌任务的阿拉伯雇佣军军纪涣散，战斗力低下，使计划失败了。这时，由于家庭纠纷，查士丁尼一世召贝利撒留回君士坦丁堡，他只好暂时离开了前线。波斯军趁机发动进攻，缺乏主帅的拜占庭军无心恋战，节节后退。542 年，当贝利撒留重返前线时，拜占庭军已退缩到希拉波利斯城。他立即投身于建立新的战线的工作，同时，鼓励士兵振奋精神，奋勇向前。很快，他就在希拉波利斯城和幼发拉底河之间建立了新的防线。新的防线是由骑兵和步兵按梯次配备组成的，第一线是由 6000 骑兵组成的机动部队；第二线是由哥特人、汪达尔人、伊比利亚人等蛮族组成的步兵。步兵每个阵营分为四队，第一队持鞭，第二队仗剑，第三队执弓，第四队用斧。此外，在幼发拉底河东岸部署 1000 各亚美尼亚骑兵，作为策应。

库斯鲁一世深知贝利撒留作为一代名将在胆量和韬略方面的过人之处，当他看到拜占庭军已做好迎战的准备，就决定放弃进攻，避免与贝利撒留进行决战。于是，他引兵向北进攻、劫掠黑海北岸。

此时，流行于欧洲大陆的黑死病（鼠疫），在拜占庭肆虐起来。在黑死病的袭击下，君士坦丁堡居民大量死亡，最多时一天有近万人死于瘟疫。同时，黑死病也威胁到交战双方的军队，两军因此不得不休战。留在前线的贝利撒留利用休战，整训军队。这时，一个消息传到前线，说查士丁尼一世死于黑死病。一个部将趁机劝说贝利撒留利用手中的兵权夺取帝位。这件事被人密报君士坦丁堡，查士丁尼一世本来就害怕贝利撒留功高盖主，此时他不问青红皂白，将贝利撒留召回，没收其财产，剥夺其亲兵，削去其职务，使拜占庭军失去了一位杰出的指挥官。

看到拜占庭内部发生的纠纷，库斯鲁一世觉得有机可乘，遂于公元 543 年派军进占亚美尼亚，全歼了前来进攻的 3 万拜占庭军。544 年，库斯鲁一世再次亲征上美索不达米亚，围攻首府尼得撒城达数月之久。但波斯军发动的多次攻城战，均因城高险固未能如愿。无奈，他率军退回尼西比斯。

公元 545 年，双方缔结了一个有效期为五年的停战协定，根据协定，波斯将所占领土归还拜占庭，拜占庭则偿付波斯黄金 2000 磅。第二次波斯战争至此就结束了。

这次战争，双方仍未决战，由于查士丁尼一世采取了以金钱买和平的息事宁人的政策，战争暂时停止了，但导致战争的因素并未消除，战争仍是解决双方矛盾的唯一手段。因此，公元 549 年又爆发了第三次波斯战争。

第三次波斯战争

这次战争（549—562 年），双方主要围绕科尔奇斯进行争夺，展开了激烈的战斗，进行了反复的较量。科尔奇斯只是一个小国，它位于黑海东岸，扼守作为东西方商路的高加索通道，法息斯河流经其间，河运十分便利，从河口的港口只需 9 天即可航行到君士坦丁堡。科尔奇斯物产丰富，特别是黄金等矿产蕴藏量很大。优越的地理环境，丰富的物产，吸引了众多的人口，成为多民族的聚居地。科尔奇斯号称人口 400 万，仅使用的语言就达 130 多种。它由 7 个部落组成，其中以拉济卡部落最大，拉济卡酋长又称为科尔奇斯国王。富庶的科尔奇斯一直是周围强国的争夺目标。为了进行自卫，国内建有许多小要塞，每个要塞都有砖砌的城墙和塔楼，并配备相当数量的守军。全国号称有军队 20 万人。

在古代，科尔奇斯是波斯帝国的属国，波斯帝国瓦解，被本都王国吞并，本都在米特拉达梯战争中失败后，又被罗马帝国征服。但由于距罗马过于遥远，罗马的控制很松弛，实际上仍然作为一个独立的小王国存在着。随着基督教的广泛传播，科尔奇斯人纷纷转而信奉基督教。控制着教权的拜占庭帝国趁机向科尔奇斯进行渗透，扩张自己的势力。公元 522 年，科尔奇斯遭到东方伊比利亚人的侵害，为了求得拜占庭帝国的庇护，科尔奇斯国王沙非亲自到君士坦丁堡接受洗礼，并娶拜占庭人为妻。后来又与查士丁尼一世缔结同盟，实际上成为拜占庭的属国。

到国王卡巴翟斯当政时，拜占庭在比遵达和庇特拉修建要塞，驻扎重兵。开始，科尔奇斯人欢迎拜占庭士兵的到来，认为他们是来保护自己的。但由于拜占庭军的纪律涣散，长期以来，扰民行为不断发生。拜占庭士兵到处侮辱、劫掠当地人民，甚至插手科尔奇斯的政治，使国王卡巴翟斯成为傀儡，政权几乎完全掌握在拜占庭官吏的手中。这些，都大大伤害了科尔奇斯人的民族自尊心，他们忍无可忍，遂向波斯国王库斯鲁一世恳求援助和友谊。早想染指科尔奇斯的库斯鲁一世接到请求后，大喜过望，马上应诺下来。他计划先派舰队沿法息斯河顺流而下，控制黑海商路和制海权，蹂躏本都和比西尼亚海岸；同时联合不满君士坦丁堡统治的各蛮族，共同进攻拜占庭帝国。公元 547 年，库斯鲁一世率领 8 万大军，以讨伐斯基泰人为借口，秘密进入伊比利亚。科尔奇斯人看到波斯军的到来，认为是来解救他们的，高兴地为波斯军充当向导，帮助开辟通过高加索山脉的道路。卡巴翟斯王甚至跪在库斯鲁一世面前表示感谢，宣誓效忠波斯。进入科尔奇斯后，库斯鲁一世指挥波斯军进攻庇特拉要塞。拜占庭守军顽强抵抗，但在波斯大军的轮番冲击下，城垣毁坏，残余的拜占庭守军投降，庇特拉落入波斯之手。

科尔奇斯人原以为"救星"波斯人的到来，会给他们带来和平、安宁的生活。但事与愿违，作为专制君主的库斯鲁一世，不但把以卡巴翟斯王为首的科尔奇斯人视为奴隶，百般驱使，而且下令强制要求科尔奇斯人放弃基督教的信仰，改信波斯的祆教。在信奉基督教的科尔奇斯人眼中，祆教的许多仪式和习俗是难以接受的。如祆教习俗之一的"天葬"，是将亲人的遗体放在高塔上任凭日晒雨淋，作鸟和鹰的食物，这被他们看作是对亲人的不敬和残忍的行为。因此，他们对改教抱有反感，从而产生了敌意。库斯鲁一世察觉后，准备暗杀卡巴翟斯王，并将科尔奇斯人迁往遥远的沙漠地区，把忠实于自己的波斯人移民法息斯河畔。科尔奇斯人听到这个可怕的消息后，慌恐万分，他们既不愿改变自己的信仰，也不愿离开世代生息的家园。

于是，公元 549 年，他们再次向拜占庭帝国皇帝查士丁尼一世求救。查士丁尼一世觉得收复科尔奇斯的机会来了，他立即派将军达基斯特率 8000 拜占庭士兵向波斯军发动进攻，力图从黑海沿岸驱逐波斯势力。双方因此展开了著名的庇特拉争夺战。

庇特拉要塞建在法息斯河口的一个伸向黑海的小半岛上，岛上地势险要，只有一条小路通向陆地，易守难攻。波斯军占领该要塞后，对要塞进行了改造，使之更加坚固。要塞中有 1500 名波斯士兵驻守，储有约 5 万件防御武器和五年的口粮。在拜占庭军的围攻面前，波斯守军毫不畏惧，顽强战斗，保住了要塞。但是在激烈的战斗中，有 1200 名波斯士兵阵亡，残存的 300 名波斯士兵在战友们的尸体堆中，忍受着难耐的尸臭，继续战斗。在最危急的时刻，波斯将军梅尔美劳斯带 3000 名士兵，杀开一条血路，冲入城内增援。拜占庭军因久攻不下，由贝思将军出任攻城总指挥。梅尔美劳斯是位失去双脚，在担架上指挥战斗的老将军；贝思则是一个久经沙场的年逾七十的宿将。两人到达前线后，都潜心研究战场上的形势，制定新的战略战术。

公元 551 年，经过充分准备的拜占庭军 5 万人发起了新的攻城战。拜占庭军使用需 40 名士兵搬运的大型撞城槌冲击城墙，然后用铁钩钩下松动的墙砖，力图打开一个突破口。波斯军则在城墙上往下倾倒用硫磺和沥青制造的燃烧剂，烧灼拜占庭军，并以飞蝗般的箭矢阻止拜占庭军登城。拜占庭军老将贝思一马当先，常常冲在队伍最前列，他的勇气鼓舞了拜占庭士兵的斗志，他们顶着矢雨，奋勇登城。波斯军也在梅尔美劳斯的指挥下英勇杀敌，寸土必争。残酷的战斗持续了几个月。战斗激烈之时，6000 名拜占庭士兵同时架起云梯登城，战场上到处是刀剑的撞击声、喊杀声、呻吟声。在拜占庭军的攻击下，波斯军伤亡惨重，但仅存的 2300 人仍坚守着残破的要塞。在拜占庭军的最后总攻击中，波斯军仅有 700 人受伤被俘，其余的 1600 余人均被剑与火夺去了生命。最悲惨的是被包围在名为天主阁的卫城内的 500 名波斯士兵，因拒绝投降，在拜占庭军的火攻下，一齐葬身火海。拜占庭军在付出了巨大的伤亡后，占领了已成为废墟的庇特拉要塞。

庇特拉围攻战后，拜占庭军和波斯军在高加索山麓进行了六年的拉锯战。拜占庭军掌握了主动权，取得了多次小胜利。但由于波斯军得到源源不断的补充，力量不断增加，总兵力达到了 7 万人。554 年，波斯军向阿尔凯奥波利斯发动进攻，失利后，主动撤退。不久，再次发动进攻，占领了伊比利亚。战争逐渐向有利于波斯的方向发展。连续的失利，使拜占庭军士气低落，战线不断后移，卡巴翟斯王逃入山中。公元 555 年，那科劳凯恩将军出任波斯军统帅。他傲慢自负，不可一世，狂言在战场上取胜，就像往自己手上戴戒指一样容易，当时，数万拜占庭军已被波斯军困在法息斯河口的一块狭小的地区，内无粮草，外无援兵。但置之死地而后生，处于绝境的拜占庭军抓住有利时机，拼死向轻敌冒进的波斯军队发起反攻，取得了胜利，消灭波斯士兵 1 万余人。那科劳凯恩将军狼狈地逃回波斯，被激怒的库斯鲁一世将他剥皮处死。

面对战场上的败势，库斯鲁一世采取了养精蓄锐、以利再战的政策，主动放弃战争，逐渐将军队撤回国内。拜占庭恢复了对科尔奇斯的控制，卡巴翟斯王再次向拜占庭宣誓效忠，但不久被查士丁尼一世以背信弃义的罪名处死。

公元 562 年，波斯与拜占庭再次媾和，条约规定：波斯放弃对科尔奇斯的领土要求，作为补偿，拜占庭每年向波斯支付黄金 1.8 万磅；条约有效期限为五十年。

这样，在拜占庭帝国方面由查士丁尼一世进行的三次战争就结束了。通过战争，拜占庭保住了在东方的领土。但辉煌的战果是付出了巨大代价才取得的，庞大的战争费用和巨额的年金，耗尽了国家原有的积蓄，天文数字般的财政赤字的弥补，加重了人民的负担，使广大下层人民的不满与仇视情绪与日俱增，阶级矛盾和阶级斗争日益尖锐。统治阶级内部也因种种矛盾，趋向分化解体。拜占庭帝国已成为外强中干的空架子，往昔繁荣的大帝国的景象，已一去不复返了。正像查士丁尼一世的继承人查士丁二世在 566 年发布的补充诏令中说的那样：我们的国库空虚，负债累累，达到极端贫困的境地，军队也趋于瓦解，以致国家遭到蛮族不断的侵袭与骚扰。"

第四次波斯战争

公元 562 年双方媾和之后，库斯鲁一世再次改革内政，整顿军队。为了稳定后方，消除后顾之忧，他出兵征服阿拉伯半岛，控制了半岛最大的港口亚丁。经过一番努力，波斯的实力渐渐恢复起来。

公元 565 年 1 月，拜占庭皇帝查士丁尼一世去世，把拜占庭帝国这个乱摊子丢给了继承人查士丁二世（565—578 年在位）。面对财政困窘，吏治混乱，军事无力，人民斗争不断的局面，查士丁二世改变了查士丁尼一世的对外政策，力图通过改革内政来挽回颓势。571 年，查士丁二世下令停止向波斯支付年金。库斯鲁一世以查士丁二世撕毁条约、拒纳年金为名，率领波斯军进攻德拉城，战端又启。经过五个月的厮杀，德拉城陷落。在索得黄金 4 万磅后，波斯军后撤，双方暂时休战，在战争失利的情况下，性格内向的查士丁二世苦于强国无策，终日闷闷不乐，最后竟精神失常，死于 578 年。将军提比略二世继其后为拜占庭皇帝（578—582 年在位）。提比略二世为了集中全力同波斯进行战争，在帝国其他方面都采取了守势，甚至不惜花费巨额款项与阿瓦尔人和解，但面对残破的局面，他同样回天乏术，在声声悲叹中死去。根据遗诏，其女婿、将军莫里斯登上帝位（582—602 年在位）。

在波斯，579 年库斯鲁一世逝世，其子霍尔密资德四世（579—590 年在位）继位。霍尔密资德锐意改革图治，采取了许多削弱地方权力，加强中央集权的措施，力争重新树立国王的权威。但是，他的改革措施遭到了普遍反对。巴比伦、苏萨、达尔马提亚相继发生叛乱，阿拉伯等地拒绝向中央政府缴纳贡赋。西方有拜占庭军的进攻，东方面临突厥人的入侵，内忧外患一齐涌来。589 年，以阿塞拜疆驻军司令巴拉姆·楚宾为首的部分贵族发动叛乱，杀掉霍尔密资德，篡夺王位。霍尔密资德之子库斯鲁二世巴尔维茨逃往拜占庭，请求拜占庭皇帝莫里斯的保护。为了彻底解决东方问题，莫里斯答应了他的请求，派将军那尔翟斯率 7 万大军援助库斯鲁二世。拜占庭军在幼发拉底河畔击败了波斯军，乘胜于 591 年攻陷波斯首都泰西封，杀掉了巴拉姆·楚宾，把库斯鲁二世扶上波斯王位（591—628 年在位）。继位之初的库斯鲁二世不得不向拜占庭做出重大让步，将亚美尼亚的大部分和伊比利亚之半割让给拜占庭，双方订立"永久和平协定"。莫里斯圆满地结束了苦战二十年的战争。

第五次波斯战争

波斯国王库斯鲁二世是个颇有才智和野心的人。他虽然借拜占庭的力量登上王位，并与拜占庭订立"永久和平协定"，但其真实目的是为了首先解决国内问题，巩固刚刚到手的王位，扩大自己的势力，增强国力。因此，他一面派兵出击突厥人，守卫东部边疆；一面稳定国内政局，注意休养国力。恰好，由于阶级矛盾激化；拜占庭发生兵变，602 年，暴动士兵在百夫长福卡斯率领下向君士坦丁堡进军。兵变得到了君士坦丁堡的吉莫和平民的广泛支持，他们推翻并处死了莫里斯皇帝，拥立福卡斯为拜占庭皇帝（602—610 年在位）。但福卡斯政权一建立，就遭到元老、大地主、行政官吏和高级军官的反对，拜占庭陷入了国内战争。内战使拜占庭的行政机构完全处于瘫痪状态。

拜占庭的内乱使库斯鲁二世觉得时机已到，便以给大恩人莫里斯复仇为名，于公元 606 年率领大军西征，战火又起。交战中，波斯军斩杀拜占庭将军凯尔马努斯，俘其所部；进而围攻德拉城，经九个月的战斗攻占该城。608 年，波斯军进攻卡帕多西亚、比西尼亚、卡拉奇亚；另一支波斯军攻占了卡尔西顿城，联合阿瓦尔人、斯拉夫人威胁君士坦丁堡。

波斯大军的迫近，使君士坦丁堡一片混乱。已被内乱搞得头昏脑涨的福卡斯皇帝手足无措，不知如何应付如此危急的局面。在元老、大地主和行政官吏的支持下，近卫队长普里斯库斯秘密联合非洲行省省长希拉克略，准备发动政变，推翻福卡斯。610 年，希拉克略率舰队向君士坦丁堡进军，在达达尼尔海峡击败了支持福卡斯的军队，顺利进入君士坦丁堡，推翻并处死了福卡斯，希拉克略成为拜占庭皇帝（610—640 年在位），开始了希拉克略王朝的统治。

这时的拜占庭，国内战争虽然结束，但旧有的矛盾和问题尚未解决，又出现了新的问题；外部，波斯大军兵临君士坦丁堡，直接威胁到帝国的存在。可以说这是拜占庭帝国形成后未曾有过的黑暗时代。希拉克略千方百计想排除重重困难，挽救危急中的帝国，为阻止波斯军的攻势，他任命普里斯库斯为东方统帅，并派其弟德奥多尔斯驻守战略要冲奇里乞亚（又译西里西亚）山口，但 611 年普里斯库斯因与希拉克略的关系破裂，阴谋反叛，东方战线形同虚设，根本无法与波斯军抗衡。

波斯在蹂躏小亚细亚之后，于 609 年进攻叙利亚，611 年再次攻占安条克。帝国的广大下层人民，特别是犹太居民，认为波斯人是来解救他们的，使他们不再受帝国的政治压迫和经济盘剥，因而情愿接受波斯人的统治。613 年，波斯大将夏尔·巴尔兹率军攻占大马士革，并进攻耶路撒冷。

耶路撒冷是传说中耶稣基督的殉难地，耶稣的灵墓即在这里，因而被基督教徒视为"圣地"。信奉基督教的拜占庭士兵和当地居民为保卫"圣地"不受异教徒的亵渎，浴血奋战。波斯军以移动木塔为掩护，用攻城槌撞击城墙，发动轮番进攻。守军寡不敌众。在激战八十多天后，耶路撒冷城被攻陷。波斯军进城，大肆劫掠，总计有9万人惨遭杀戮，圣殿和庙宇均罹兵燹，三百多年的积蓄被抢劫一空，连耶稣的陵墓也未逃厄运，"圣十字架"（传说中钉死耶稣的十字架）被作为战利品运回泰西封。基督教的信徒们闻此失色，悲叹世界末日的降临，他们把库斯鲁二世视为《圣经》中的"基督的仇敌"。

616年，夏尔·巴尔兹又率领波斯军侵入埃及，攻陷了亚历山大里亚城，到619年征服了整个埃及。同时，另一支波斯军队出征小亚细亚，直抵博斯普鲁斯海峡，再次威胁到君士坦丁堡的安全。波斯大军兵锋所至，本都沿海经安基拉到罗得岛的许多城市望风而降。庞培等罗马帝国将军在几百年间夺占的土地，在短短的几年中就全部被库斯鲁二世夺走。到这时，埃及、阿拉伯、巴比伦、叙利亚及小亚细亚的美索不达米亚、亚美尼亚、美地亚等地，都先后臣服于波斯，波斯的版图扩大到了极点，萨珊波斯的势力达到了空前绝后的极盛时期。617年，波斯军又一次攻占卡尔西顿城，库斯鲁二世与阿瓦尔人、斯拉夫人等蛮族订立同盟，共同进攻君士坦丁堡。

这时，拜占庭帝国的形势非常紧张，君士坦丁堡被围困，粮道断绝，军费匮乏，士气低落，人心浮动，加上疾疫流行，城内混乱不堪。希拉克略无计可施，打算放弃君士坦丁堡，迁都迦太基城。在主教塞尔基乌斯的竭力劝阻下，希拉克略打消了迁都的念头，决心坚持战斗到底。在大敌当前的情况下，帝国内部各阶级、各阶层之间的矛盾得到了缓和，他们都团结在希拉克略周围，准备与敌人决一死战。希拉克略在他们的支持下，在国内施行了三项重要改革：首先，把北非的总督制移植到拜占庭东方各省，建立军区制（亦称宅姆制），把地方军、政大权集于军事长官一身，健全了军事组织；其次，充分利用帝国内乱时充入国库的被镇压贵族的财产，把土地分给军人，建立军役和封建义务合一的军事屯田制，加强军队的经济基础；第三，利用宗教的精神和物质力量，大批动用教产，以"圣战"号召全国军民同仇敌忾，与"异教徒"波斯人决一死战。

为了争取时间，希拉克略向波斯提出休战。波斯严辞拒绝，同时发兵进攻君士坦丁堡，逼迫希拉克略投降。620年，夏尔·巴尔兹率军从埃及赶到卡尔西顿，参加对君士坦丁堡的攻击。得到增援的波斯军乘船强渡博斯普鲁斯海峡，试图从海上进攻君士坦丁堡。在拜占庭舰队的拦击下，波斯军伤亡士兵4000余人，进攻受阻。见此情景，库斯鲁二世向希拉克略提出休战条件：拜占庭每年向波斯交付金银2000塔兰特，绢衣1000件，马1000匹，美女1000人。迫于当时的形势，希拉克略答应了这些苛刻的条件，但以时间仓促为由，要求延缓纳贡的期限。双方达成了休战协定。利用这一短暂的时机，希拉克略大力加强陆海军军备。621年，又以黄金20万磅的代价与阿瓦尔人议和，消除了后顾之忧。

一切准备就绪后，公元622元，希拉克略将太子留在君士坦丁堡，把后事托付给主教和元老院，抱着必死的决心，亲自率领拜占庭军踏上了进攻波斯的征途。希拉克略指挥拜占庭军避开正面的敌人，乘军舰出其不意地在小亚细亚南端奇里乞亚的伊索斯港登陆。这里曾是马其顿亚历山大大败波斯皇帝大流士三世的古战场。驻扎在卡尔西顿城的波斯军听到拜占庭军在自己身后的伊索斯登陆，十分惊慌，为保住自己的补给钱，马上分出一支部队火速赶往伊索斯。希拉克略率军迎击，双方在卡帕多西亚相遇。战斗中，在希拉克略的激励下，拜占庭军奋勇拼杀，人人争先，大败波斯军，乘胜收复小亚细亚东部。初战告捷，拜占庭军士气大振。623 年，希拉克略又率军舰在小亚细亚北部的特拉帕作斯港登陆，在击退敌人的进攻后，占领科尔奇斯。在这里，拜占庭军得到许多来自高加索山区的蛮族雇佣军的补充。不久，拜占庭军又夺取了亚美尼亚，攻入美地亚，占领塔里斯城。为避免过早地与波斯军进行决战，希拉克略下令停止进攻，原地休整。624—625 年，拜占庭军基本上平定了小亚细亚西部。

战场上的失利和军队的大量减员，使波斯军面临着许多困难。为了补充兵员的严重不足，库斯鲁二世大量募集新兵，并打破惯例将广大下层贫苦人民强制编入军队。626 年，库斯鲁二世为了发动新的进攻，制定了一份详细的作战计划。按计划，波斯军兵分两路：一支由 5 万人组成，出兵亚美尼亚，牵制希拉克略率领的拜占庭军；另一支由夏尔·巴尔兹将军指挥，从南方经小亚在卡尔西顿城与阿瓦尔人会合，力争在短时期内攻下君士坦丁堡。

在得知波斯军的动向后，希拉克略调整了自己的战略部署。他将拜占庭军分为三部分：一支横渡黑海，援救君士坦丁堡；一支由其弟德奥多尔斯率领在亚美尼亚与波斯军队周旋；第三支主力由希拉克略亲自指挥，作为机动部队，静观战局发展再决定出击方向。

626 年 8 月，8 万阿瓦尔人大军向君士坦丁堡发起进攻，在激战十天后，被拜占庭军击退，失利的阿瓦尔人欲乘船渡过海峡与波斯军会合，但遭到拜占庭舰队的猛烈攻击，在拜占庭军海陆夹攻下，阿瓦尔人解围引兵北遁，从此一蹶不振。

在亚美尼亚，德奥多尔斯大败波斯军，再次攻入美地亚。希拉克略抓住有利时机，派一支精锐部队经美地亚、阿西利亚直捣波斯首都泰西封。他自己指挥主力出科尔奇斯，沿底格里斯河南下，两支军队互相策应。

面对拜占庭军的大规模进攻，库斯鲁二世被迫与拜占庭军决战。他把所有留在国内的士兵集中起来，拼凑了一支军队，以将军拉扎特斯为统帅，进行决战的准备。他对即将出征的拉扎特斯说："胜利与殉国，希卿任选其一。"同时，他又派信使火速赶往卡尔西顿，召大将夏尔·巴尔兹率军回国参加决战。信使在途中被拜占庭军俘获，使波斯军失去了后援。

公元 627 年 12 月 12 日，两支大军在古城尼尼微附近相遇，激烈的战斗开始了。战斗自拂晓至中午仍未见胜负。激战中，希拉克略身先士卒，带领拜占庭军发起最后攻击。拜占庭士兵勇猛拼杀，战场上人喊马嘶，声震如雷。波斯军损失惨重，将军拉扎特斯阵亡。傍晚，波斯军稳住阵脚，开始主动后撤。不久，波斯军重新发起进攻。希拉克略见波斯军来势汹汹，避而不战，率军乘夜色从小路昼夜兼程，直扑波斯陪都达斯塔噶德城，库斯鲁二世见势不妙，一面下令拆掉护城河上的木桥，一面再派信使召回夏尔·巴尔兹，但由于拜占庭军进军神速，一切都无济于事了，无奈，他只好弃城逃走。希拉克略进入该城后，将离宫内的财宝、积蓄抢劫一空，放火焚烧了宫殿。尔后，继续率军向泰西封挺进。由于天寒雪大等不利条件，加上得到夏尔·巴尔兹大军将至的消息，希拉克略下令将军队撤回美地亚。

战场上的接连失利，使库斯鲁二世恼羞成怒。他不顾国库空虚、兵力不足等客观条件，拒绝了希拉克略的媾和要求，誓与拜占庭帝国血战到底。在国家存亡的危急关头，628年，一部分波斯贵族联合将军夏尔·巴尔兹举行政变，将库斯鲁二世逮捕入狱（后在狱中忧愤死去），拥立其子西罗斯为波斯国王，即科巴德二世，公元631年，科巴德二世与拜占庭议和。条约规定：波斯立即归还历代侵占的拜占庭领土；无条件释放拜占庭俘虏；归还抢自耶路撒冷的"圣十字架"；归还一切抢劫的拜占庭财物，并偿还相当数额的军费。

波斯惨败以后，国势日颓，再也无力向拜占庭发动战争；到公元651年，萨珊波斯也就被阿拉伯帝国灭亡了，但是，这一地区并不宁静。随着阿拉伯帝国的崛起，便又开始了阿拉伯与拜占庭之间的战争。

欧洲大学的创设

大学创立概况

大学从中世纪诞生到现在已经历了近八百年的历史。在发展过程中，大学的功能也不断变化，从最早的培养少量牧师传授经典知识的教师行会，发展到后来成为集教学、科研和为社会服务为一体的综合体，成为了社会前进的"发动机"。

公元476年，强大的西罗马帝国灭亡之后，希腊、罗马灿烂的古典文化迅速衰落，古代的各种教育机构也荡然无存。中世纪，西欧的经济、政治有了一定的发展，这迫使教会不得不改变愚民政策，兴办了一些修道院、教区学校，培养教士和僧侣。但此时学生所学的一切都为了传教所需，教师都由神职人员担任，讲课用拉丁语，学生只知道有《圣经》、神学，不知有文学、艺术和科学，因此有人把中世纪称为"黑暗的时代"。

到了11世纪，欧洲的教育界发生了很大的变化。首先，当时已有阿拉伯数字和中东的宗教、医学等知识的传入。再者，中世纪瘟疫盛行，死人无数，人们急于找寻解救的方法。再加上欧洲人的生产活动和贸易来往的频繁，需要新的知识去提高技术和管理。于是有了大学的诞生。

大学（university）在中世纪是一个非常含糊的名词，它指的是人们的一种联合体状态或协会。实际上中世纪的大学都是为了追求这种联合状态的优越性而组成的社会团体，因此它们更像是一些行业公会。事实上，在11世纪时，"大学"和"行业公会"的确是可以相互替换地用于工艺会社的。"studium generale"这个词指的是由从事高等学术活动的学者和学生组成的"大学"或"行业公会"。这样的机构吸引了许多从世界各国来向精通某些领域知识的教师学习的学生。"大学"一词也就狭义地专指进行高等教育的机构了。

最初的大学不是由教育主管部门批准建立的，而是自发形成的。中世纪的世俗大学是市民阶级的产物，它们在城市与行会组织获得发展的条件下形成。当时大学的开放性是今天所无法比拟的，因为它没有校园，没有校舍，没有图书馆，没有固定的上课地点。学生们一般在租赁的教室里上课，流动性很大。

1088 年，在意大利工商业发达的城市出现了第一所世俗大学——博洛尼亚大学。它是最先开办了几个学院的综合大学。博洛尼亚大学起源于学习罗马民法和教会法的学生组织，在法律、文学和医学三个专科学校合并的基础上形成。到 13 世纪初时，博洛尼亚大学里的学生已达 5000 余名。它以法学研究著称，吸引了来自西欧各地的知名学者。学校是由学生们自己构成的一个委员会管理的。他们雇佣教师，支付薪水，解雇玩忽职守或教学效果不好的老师。是意大利、西班牙和法国南部所有大学的基本模式。

大学的神学教育

与博洛尼亚大学不同，巴黎大学是以教师为主的行会团体，在巴黎圣母院教堂学校的基础上发展起来。1179 年，巴黎大学的教师团体取得录用教学人员的权力。1194 年又获得特权，可以组织独立于地方司法的学校法庭，负责审理有关师生的案件。巴黎大学以文艺学和经院哲学最为著名，后来发展成为欧洲最重要的神学研究中心，在神学和宗教事务上发挥了权威性作用。它被置于教会法管理之下，师生们都享有教士等级的特权，诸如不纳税、不受国家法律约束等等。巴黎大学是英格兰、苏格兰和其他北欧大学的样板。

1167 年，许多英国的教师和学生由巴黎回到牛津，设立了牛津大学，按照巴黎大学的组织方式讲学。

后来欧洲又成立了许多大学，每一个大学尽管都有它自己独特的起源和历史，但是却可以分成三种主要的类型。一种是由教会建立的，以巴黎、牛津和剑桥大学为代表。这些学校中的学生和教师形成一个由校长指导的、封闭性的集合体。第二种类型是市立学校，例如博洛尼亚和帕多瓦大学。这些学校由一个学生选举出来的教区长管理，学生对教师以及学校的课程有很大的控制权。第三种类型是国立大学，它们是由世俗的统治者在教皇的认可下建立的。由西西里的腓特烈二世建立的那不勒斯大学和卡斯提耳的腓特烈三世创立的萨拉曼卡大学，就属于这种类型。

13 世纪时，欧洲一共有五所重要的大学，即巴黎、奥尔良、博洛尼亚、牛津和剑桥大学。在法国南部还有另外两所。意大利自夸有十一所，而西班牙仅仅有两所。德国直到 14 世纪才有大学出现。到中世纪末期，在欧洲已建立的 20 多所大学中，有 2/3 是在法国和意大利。

中世纪大学的学习生活非常紧张，由于大学强调权威的价值以及书籍的无一例外的昂贵（写在珍贵的羊皮纸上装订而成），因此学生要死记硬背的东西非常多。

当时大学的专业主要有文艺、法律、医学和神学四科目，学生花三四年时间学习文法、修辞、逻辑，通过考试后可以取得学士学位。由于学生通常具有教士身份，他们按照规定应当独身，所以英文里"学士"（Scholar）一词就有单身汉的意思。学士再花几年时间读完算术、几何、天文和音乐，就能获得硕士学位。若要摘取博士的桂冠，还要接受更多的专门训练。巴黎大学神学博士科目需要十四年才能修完。只有取得硕士、博士资格，才能谋取在大学教书的职位。

格劳秀斯在法学方面的突出成就为他赢得了"近代国际法奠基人"的盛誉

一般来说，基督教会的权威们虽然在初生的大学中占统治地位，但某些主要学科的确切起源并不很清楚。在 11、12 世纪，随着老的修道院学校的威信日益下降，教区总教堂的学校和半世俗的市立学校开始取代它们。某些这样的学校在 12 世纪发展得相当大，经过默默无闻的几个世纪以后，逐渐成为高等学术活动的中心。例如，查理曼曾建立了和大主教教堂相联合的学校。在这里，给年轻的神父们上神学课、音乐课及被教会认为是作为一个教士所必须学习的科目。在中世纪的大学里，当学生数量也增加了的时候，某些不安分和家庭有势力的学生也成为影响学校的一种不可忽视的动荡因素。为了保护教师们的利益，全体教师组织了"大学教师协会"。

中世纪大学吸引学生的地方很多。所有学生都以拉丁语作为学习使用的语言。他们组成了"乡友"（团体）。大学具有很大的权力，并且从市政府和基督教会那里获得了很高程度的自治权。在大学里，没有标准年龄或年级的分配。学生们以粗暴、拥有武器以及酗酒而闻名，并且常常闹事。在未设奖学金或学生贷款的大学中，他们就常常以乞讨、偷窃为生。因此他们与当地城市居民的关系非常紧张，并常常发生冲突，甚至还会进行激战。剑桥大学就是在牛津大学与市民的一次武装冲突中，逃散的一部分师生跑到剑桥逐步形成的（1209 年）。

尽管名声不好，大学的基础仍然主要是年轻人追求知识或至少是在毕业后追求财富和权利的欲望。当时的学生大部分是成年人、商人、神父等。

中世纪的大学虽然是权力很大的机构，但永久性的学校建筑却非常稀少。上课经常是在教授的房子里或租来的房屋中进行。学生们常常是相互独立地与教授订立雇佣和支付教师报酬的协定。学生学习六年以后，可以参加一次考试。如果通过了这次考试，就有资格当教师。许多报酬丰厚能赚大钱的职业为大学毕业生敞开着大门。大学生可以接受神职，成为牧师或担任其他的教会职务。他们的学术研究能力可能会受到一个有钱的庇护者的赏识，他也许会去从事医学或法律研究，或者做个誊写员。但是，甚至在 13 世纪，就已经有学生拒绝这些传统的道路。他们追求一种漫游、闲逛的学者生活，周游遍布欧洲的各个大学和各地的小酒馆。

在所有的大学中，教学内容都局限在宗教教义的范围内，并且还受到教义的调整。学术上的偏离会被当作异端而受到惩罚。特别是在 13 世纪的宗教混乱中，世俗的权力屈服于基督教的势力，在大学中成立了托钵行乞修道士的修会，以反对异端。几乎在这一转变发生的同时，亚里士多德著作也以它原始的纯粹希腊的形式出现，从而能为学者们所利用。

中世纪大学的产生，是世界历史上的一件大事。这是从黑暗愚昧的中世纪走出的重要一步。大学诞生以后，成为社会的思想和技术中心，为社会走向科学和民主做出了重要的贡献。直到现在，大学仍然发挥着社会思想库和科技发展中心的作用。

欧洲大学的兴起

中世纪的西欧文化教育相当落后，完全被教会把持。教会为了加强封建统治，避免任何反抗意识的产生，有意使群众处于长期愚昧之中。他们利用宗教在人们精神上造成一种强大的压力，禁止一切与宗教神学相违背的精神文化滋生。教士们刮去古代羊皮纸手稿上的学术著作，改为抄写文字不通的宗教神话；教会开列大批禁书目录，封锁禁锢文化传播；更有甚者，391 年，阿非罗主教竟下令烧毁了藏书几十万册的亚历山大图书馆。这是一座古典文化宝库，它收藏了古代希腊、罗马学者多少年积累下来的智慧和心血的结晶，却被一把大火化为灰烬。教格里哥利利一世曾公然宣称："不学无术是信仰虔诚之母。"结果，在中世纪初期，不仅普通百姓全都是文盲，王公贵族也都粗鲁无知。社会上只有少数高级教士由于阅读圣经和宣传教义的需要而掌握拉丁文。当时，西欧各国的政府文告、外交书信也都是用拉丁文书写。

教会是中世纪初期唯一设有学校的地方，学生主要是教会人士。教会学校的培养目标仅仅是训练为教会服务的工具，为封建统治阶级培养人才。在教会学校里学习"七艺"，即：文法、修辞、逻辑、几何、数学、天文和音乐。从形式上看，似乎这些课程也是文理全科，实际上，这七门学科只是为了一个目的——宣传宗教教义，为宗教神学服务；七门学科也只有唯一的一本教科书——《圣经》。因此，七艺中的文法是为了明白圣经的语法；修辞是训练传经布道的辩才；逻辑是为了在与"异端"诡辩中进行形式推理和论证神学命题；数学是为了论证圣经中的有关数字；几何是为了说明地球不是圆的，而是浮在水上的扁平的一片以及有助于教堂的建筑；天文是要说明地球是宇宙的中心和为了推算宗教节日、占星卜兆；音乐则是为了演唱赞美诗……等等。总之，文化各科无不是为宗教服务，充满了宗教神学的性质。无怪当时的教会要说："科学是宗教的仆人。"这样的文化教育，使我们不难想象中世纪初期的欧洲，人们是生活在怎样的黑暗之中。他们除了圣经不知还有其他书籍，更不知还有文学、艺术、科学，粗鲁愚昧，虔诚地信仰上帝。

但是，随着历史的发展，中世纪的欧洲社会发生了重要变化。10 世纪左右，阿拉伯人征服西班牙，把许多古代东方文明的精华带到西欧。阿拉伯人在西班牙兴办学校，讲授《古兰经》，学习文学、数学、医学和天文学等自然科学，并建立了图书馆。西班牙成为当时欧洲的文化中心，它的学校曾吸引了大批欧洲青年。另一方面，大规模的十字军东侵在客观上给欧洲文化带来影响。十字军骑士们接触到东方文化，也掠回许多技艺高超的手工艺人和博学多识的拜占庭学者。东方的文明和东方的豪华奢侈以其神奇的魅力展现在西欧人面前，使他们感受到基督教世界之外的生活。于是，非基督教文化的渗透和掌握文化的非基督教人士的出现，使中世纪早期教会垄断文化的局面打开缺口。特别是 11 世纪以来，西欧社会经济发展，陆续产生一些以工商业为主的城市，随之出现了一个新的、工商业者组成的市民阶层。他们力图从封建领主的压迫下解放出来，在政治经济方面独立自主。他们需要新的文化生活，迫切要求自己掌握文化，提高文化水平，再也不能容忍教会对文化教育的垄断。

因此，为适应市民生活的需要，并为他们培养掌握文化知识的人材，最早在意大利城市，接着在西欧其他城市相继出现一批不受教会控制的城市学校。这些城市学校大都教授罗马法，因为罗马法重视主权和产权，符合当时政治经济的需要。城市学校可以说是中世纪大学的先驱。

大学（由拉丁文的"联合"一词引申而来），是中世纪西欧开始建立的高等学校。11 世纪末，在意大利波伦亚法律学校基础上形成的波伦亚大学是中世纪西欧的第一所大学。12 世纪，法国巴黎大学，英国牛津大学相继出现。13 世纪时，西欧各大城市纷纷创立大学。意大利的萨勒诺大学、巴勒摩大学、西班牙的拉曼加大学，德国的海德堡大学，法国的奥尔良大学，英国的剑桥大学等，都是在这一世纪创立的。到 15 世纪，欧洲已有 40 多所大学。

巴黎大学是西欧中世纪大学的典型。它形成于 12 世纪前半期。1200 年，经法兰西国王腓力二世颁发诏书批准而正式诞生。巴黎大学集中了来自欧洲各地的求学者。据说有个时期，巴黎大学的学生达五万人之多。这主要是由于巴黎大学和中世纪西欧其他大学一样，一律使用拉丁语教学，所以它能接纳欧洲各国通晓拉丁语的学生。

巴黎大学不仅由学生和教师联合组成，而且为它服务的人，如书贩、信差、药商、抄写人、甚至旅店老板等，都算是大学的成员。教师和学生们有各自的组织。教师，按照他们自己的才能，也就是能教某种学科的能力，分别结合成不同的团体，它相当于现代大学中的"系"（是从拉丁语"才能"一词转化而来），而从中选出的"首席"或"执事"，就是后来所称的系主任。各系的教师必须是已经获得学士、硕士或博士学位的人担任。来自各地的学生按乡土组成同乡会，称为学馆。巴黎大学最初有诺曼底、英格兰、高卢和皮卡尔迪四个学馆。每个学馆都有自己的宿舍、食堂、小教堂以及舍监和导师。这种学馆后来发展成为学院，它的名称一直沿用到现代。

当时，巴黎大学设有四个学科：文艺、医学、法律和神学。文艺学科是初级科，学习"七艺"，它的内容与教会学校的"七艺"大不相同。语法，包括拉丁语和文学；辩证法，即逻辑学；修辞，包括散文、诗的习作和法律知识；几何，包括地理和自然历史；天文学，包括物理学和化学；还有算术和音乐。这个学科人数最多，修完后可以得到学士学位。其他三个学科是高级科，只有初级科毕业的学生才能升入，修完后可以获得硕士学位。不过在中世纪，要想获得学位是一件很复杂的事。在上大学的人中，往往只有 1/3 的人获得学士学位，而获得硕士学位的仅占 1/16。

其余离开大学的人根本没有获得任何学位，只满足于他们在初级科学到的知识。中世纪大学各科的学习年限较长，文艺科一般要学五至七年。其他三科，每一科也要学习五至七年。学习年限之长，往往也限制学生不能修完各门学科。

中世纪大学的学习方法主要是听讲、记笔记和参加辩论会。教材多是古代传下来的一些名著。每天清晨，学生们到教堂做完弥撒，就去教堂上课。教师一边诵读教材，一边加以解释，不允许学生怀疑，也极少实验。即使是医学教学也不进行活体解剖，更绝对禁止做人体解剖，教师只能从阿拉伯的医书上引用某些解剖学知识。辩论是大学学习最重要的部分，也是中世纪大学生习以为常的活动。所有获得学位的学生都必须经过公开答辩，来证明自己获得这个学位的权利。巴黎大学组织辩论会，主要是本校师生参加，有时也邀请其他大学的教师来辩论。辩论时，辩论者提出某些命题，听取反对意见，并驳斥这些意见。当时，很多参加辩论者达到了较高的水平。例如：有一次，一个英国牛津大学出身的硕士来巴黎大学参加辩论会。他听取了二百多条反对意见，竟能全部当场记住，并且立即依次加以反驳。辩论会常常是在热烈的气氛中进行，当辩论达到高潮时，激动的双方面红耳赤，甚至会扭打起来。

巴黎大学创立初期，校内行政管理具有较浓厚的民主气氛。学生和教师之间都是相当民主的，享有同等权利，并共同选举大学校长。学校由校长领导，不受任何上级管辖。这种大学自治的特点，恰恰表现了它是城市市民反抗封建教会斗争的产物。

但是，教会极端仇视这种不受其管辖的世俗大学。它不能容忍文化知识在人们中间传播，启迪人们的心灵。因此千方百计运用宗教权力将教会势力渗入大学，并残酷迫害那些主张不依赖神学而独立研究学术及哲学的教师。一些敢于提出与教会不同的观点，并坚持自己观点的学生和教师，被教会法庭处以火刑，甚至活活打死。到 13 世纪中期，巴黎大学已完全为教会所操纵，其他大学也难逃此运。许多具有自由思想的教师不是被驱逐出去，就是惨遭迫害。学校的教师多由教士担任，他们讲授的课程多是从圣经中引来，并不是真正的知识。从此，在大学里占主导地位的是轻视经验、崇奉教会权威，压制自由思想的经院哲学。只有医学、法学等实用学科未被排斥。

尽管如此，西欧中世纪大学的出现依然是世界教育史上一个具有划时代意义的重大历史事件。它虽未能彻底摆脱宗教势力的约束，但世俗大学毕竟不同于教会学校，学生来源广泛了，教师也不是清一色的神职人员。它的出现意味着对宗教独占文化教育内容的一种突破。

中世纪大学组织的形成

中世纪大学的组织是在城市与行会组织发展的条件下形成的，欧洲"大学"一词原来的意义是由人们组织起来的团体，后来又发展为专指由从事学习、教学和研究的人组织起来的团体。此后在大学形成的过程中，又有了较为明确的含义，指并非专由一个地区或一个阶层团体得到学生，而是由各个地方来的学生组成的学校。它从事包括有神学、法学和医学这些学科的高等教育，而且每种学科是由多位教师讲授，大学的组织与教学的形成经历了一个长期过程并有着各种类型。

意大利的波洛尼亚大学起源于学习罗马民法和教会法的学生组织。波洛尼亚所在的伦巴德地区，处于西欧和东方贸易往来的通道，罗马教皇与神圣罗马皇帝进行长期斗争的中间地带，工商业发达，出现了大批的自治城市，为学术研究的兴起提供了有利条件，欧洲各地的学生纷纷到此求学。但是中世纪城市和行会的法律、规章是维护本地人利益的，对于这些外来的学生极为不利，学生们在房租和学费上受到敲诈，甚至要他们替同乡人归还欠下的债务。于是这些学生们便逐步组织起来形成团体，制定了自己的规章从事学习和聘请教师。学生团体考核聘请教师的学术质量，规定聘金和讲授课时数量，还有一些更详细的规定，如教师上课不得迟到早退，必须按照课本逐节进行讲解和论证，如果一门课不能吸引来五个以上的学生，这门课的讲授资格便被取消。学生团体与城市当局协商房租标准，不得允许有人向房主出高租来驱逐学生。而由学生团体认可在学识和讲授方面合格的教师，才有资格向学生进行考试，并授予从事法律等专业的合格证书，随着学生团体的壮大和规章的完备，波洛尼亚大学便成为西欧第一所有着完备制度的大学。

学生团体之所以能取得这样的成就，是由于中世纪城市行会林立，法规纷杂，在团结起来的学生面前不得不让步，而学生多是富家子弟和有教会支持资助的教士，也是城市的经济来源，教师则多为"游学之士"，也要从学生团体得到可靠收入。德国的神圣罗马皇帝和罗马教皇在意大利北部城市激烈争夺，各城市均有"皇帝党"与"教皇党"之分，都要争取具有法律和其他学识的人才。1158 年，皇帝腓特烈一世（巴巴罗萨）授予波洛尼亚大学特许状，批准了大学自治的法律地位，1189 年教皇克莱门特三世的通谕，更进一步明确了保障学生租房居住，商定租金的权利。大学从这些敕令与通谕中获得的重要法律权利还有：大学生可以自由通行，城市与各地方当局不得阻碍；大学生与外人发生诉讼，均由大学审理；大学师生免交赋税，免服兵役。

随着由西欧各地来的学生人数的增多，学生团体为便于组织和管理，又分为"同乡会"，首先是分为阿尔卑斯山内和山外两个同乡会，后来山内同乡会又分为伦巴德、托斯卡纳和罗马三个同乡会，山外同乡会又分为高卢、皮卡迪利、勃艮第、普瓦图、图尔内与缅因、诺曼底、加泰隆尼亚、匈牙利、波兰、德意志、西班牙、普罗旺斯、英格兰、加斯科尼十四个同乡会。同乡会的原则是互相保护、帮助、共同娱乐。要求纯洁，友爱，照顾病人，提供贫困者的需求，防止争吵斗殴，埋葬死者，互助学业的研修，援救被迫害者等，每个学会有专门的负责人，并收一些会费。最初学生团体没有集中的领导机构，只是在有重大问题时派代表共同会商，后来各团体共同选举产生了校长，并授予校长以司法权力。学生对同乡会和校长的关系是采用缔结章程、宣誓遵守服从的形式结成的，这种组织形式主要是保证学生的学习、生活和不受外人侵犯，教师是处于这种组织之外的，但是学生团体除了聘任与判定合格的教师之外，也不士涉教师的教学，考试与学术活动。

波洛尼亚大学在成长过程中也经历了多次斗争，包括与城市当局、封建贵族、教会和师生内部的斗争，有司法斗争，武装自卫，学生罢课，教师罢教，大学集体迁移等种种形式，由于大学学术水平卓越，并善于利用矛盾取得支持，斗争往往取胜，以致这些斗争形式均被承认为大学的合法权利。波洛尼亚大学到13世纪初学生已达5000余名，除了民法与教会法外，于1316年增设医学，1360年增设神学。波洛尼亚大学这种由学生主持管理校务的体制，成为意大利、法国南部、西班牙、葡萄牙等地大学的榜样。大学的法律教育的影响遍及西欧，但较为轻视神学与经院哲学，形成了较为自由的学术气氛，也为孕育意大利的人文主义思想提供了条件。

西欧中世纪大学的另一个典型是法国的巴黎大学。巴黎在查理曼帝国时代就设有教会和宫廷学校，此后巴黎的几个著名教堂和修道院学校，尤其是巴黎圣母院的主教学校一直持续发展。12世纪古典文化的复兴，经院哲学的形成和唯名论与唯实论的激烈斗争，在巴黎的教会学校是最为集中的研习和讨论场所。过去的宗教教育已远远不适应需要，许多人要求接受文艺学科、哲学、神学和教会法的教育。而在教会势力强大的法国，进行这类教学必须得到教会颁发的许可证。最初这种许可证由教会学校的校长颁发，由于教会学校校长对许多学科毫无知识并经常以出售许可证谋利，严重损害学者的声誉和权利，各教会学校的教师便组织起来抗议与抵制。1179年，在拉特兰宗教会议上的斗争，使教皇亚历山大三世颁布通谕，严禁教会学校校长出售许可证，并必须担保教学人员的质量。教皇特别斥责了巴黎圣母院主教学校的校长。此后，取得教学资格就主要取决于教师团体的"授职"了。由于巴黎的教师与学校拥有很高的声誉和地位，西欧各地求学的学生纷纷来到巴黎学习，以得到教师团体的授职。教师团体由于拥有众多的学生，势力强大起来，经常与巴黎的市民发生冲突。巴黎的教师团体便向教皇亚历山大三世请愿，取得了由教师审判有关学生的法律案件的特权，实际上是由一个教师专门组成的法庭审理。后来这些特权又由教皇西斯廷三世于1194年加以确认，将巴黎大学所有师生置于教会法管理之下，使他们在与俗人的争端中享有教士特权，并实际由大学处理。法国国王腓力二世（奥古斯都）于1200年正式承认了巴黎大学的特权。在这些斗争中，教师团体把过去的习惯和规章写成了具有法律效力的文件，并使教师团体成为处理各类法律事务的法人团体，指派固定官员，使用专门印章，并最后排除了主教学校校长对大学的权力。虽然教师和学生均具有教士身份，但由于他们来自各地，不愿受巴黎当地教会组织的管辖，终于在1231年得到罗马教皇的支持，又取得了独立于当地教会的自治权。巴黎大学的教师团体之所以能够连续取得这些成就，主要是当时罗马教廷的权力达到最高峰，罗马教皇企图利用巴黎大学对法国的教会和俗权进行控制，而巴黎大学又汇集了西欧各地有权势、有学识的教士，权倾西欧的教皇英诺森三世，就曾是巴黎大学和波洛尼亚大学的学生。

在大学成长过程中起重要作用的是人数最多的文艺学科教师团体。他们也组成了法兰西、皮卡迪利、诺曼底和英格兰四个同乡会（实际包括了西欧其他地区来的人）。但教师更上一层的组织是分学科的教授会，分为文学、神学、教会法学（罗马民法在巴黎被禁止讲授）和医学四个教授会。每个教授会有权颁发本学科的教学许可证书，决定本学科的教学规则和学生纪律。每个教授会选举一个会长。大学的重大事务由几个教授会共同会商。到 13 世纪末，文学教授会的会长由于拥有较多人力、财力，实际上成为巴黎大学的校长。巴黎大学这种由教师团体主持校务的体制，成为英格兰、苏格兰和北欧各大学的榜样。巴黎大学最盛时曾达 5 万多人，号称与教皇和皇帝并为欧洲三足鼎立的势力，尤其以文艺学科和经院哲学最为著名。巴黎大学在神学和宗教事务上的权威和影响，在 14 世纪教廷分裂时期甚至凌驾于教皇之上，形成了大学中强大的宗教保守势力，一直延续到欧洲近代时期。

中世纪大学中还有一个具有特别影响的典型，即英国的牛津大学。牛津在中世纪初期就有一些学者在此教学，在 1167 年左右，由于英王亨利二世与法国国王的争执，许多英国的教师和学生陆续由巴黎大学回到牛津，按照巴黎大学的组织方式讲学，逐步形成了牛津大学。但是牛津既非工商业中心，也不是政治和教会中心，教师、学生的研习和生活必须以独特的方式加以保证，于是便形成了学院制度。学院制度在西欧其他大学也存在，起源于为付不起房租的穷学生提供宿舍，逐步形成学生共同学习和生活的组织。但是在牛津，学院成为大学体制的主要形式，大学是因一个个学院的建立而发展起来。学院是由英国各地的贵族、教会以至国王捐助的资金、土地和房屋而建立起来的，最早形成的是大学学院（1249 年）、贝利奥尔学院（1260 年）和莫顿学院（1263 年）。每个学院订有由国王和教会当局批准的章程。章程包括尊重捐献者的意愿，服从某个教俗上层的领导，教师团的组成，院长的产生和权力，经费的运用，学生的学习规章和纪律等，学院对于招收师生、经费应用和进行教学方面均拥有自主权。学院拥有学生和教师宿舍、教堂、食堂、教室、图书馆和庭院，各具风格。大学的重大事务由各学院院长会商，并轮流分工负责。大学的校长是由国王和教会任命的，主要是负责大学独立的司法权，学院制度的建立在当时具有重大意义，它为许多贫穷的学生和教师提供了学习、生活的保障，使各种教授、学习、管理制度能够系统化和贯彻实施，并为大学提供了可靠的经费来源，使大学不仅在司法上，并且在经济上也加强了独立性。

牛津大学虽然在一个小城市形成，也经历了与城市当局和市民的长期斗争，甚至发生多次武装冲突。在 1209 年一次武装冲突中，逃散的一部分师生跑到剑桥，逐步形成了剑桥大学。此后牛津学生又几次被市民打得逃散。但是牛津大学得到国王和教会的支持，国王在 1244、1248、1275 年一再颁发的特许状中保护牛津大学的权利，最终在 1355 年大学战胜城市当局，成为牛津的掌权者。大学的得胜也是由于大学建立了许多学院，全英国各地的学生均来此就学，人力财力增强并博得了全国的支持。虽然学院林立，制度各异，牛津大学的教师还是形成了严密的组织来管理大学。来自英国南方和北方的教师分别选出两个学监，学监后来取得了指派各学科的教师代表选举校长的权利。全体教师又逐步形成教师会议，教师会议提出和修改学校规章，讨论决定重大财政收支，总管授予学位事项。教师会议多次与教会和修道院团体对大学教学的干涉进行斗争，并取得胜利。

牛津大学在西欧中世纪也起到重大的作用。牛津校长格罗塞特和学者罗吉尔·培根对抗教会压力，最先开展对自然科学的实验研究。邓斯·司各特和威廉·奥卡姆发展了唯名论，对抗罗马教会的正统神学，成为中世纪学术界对罗马教会基本信仰和理论最严重的挑战。约翰·威克里夫提倡国家教会，反对罗马教皇和教士，成为宗教改革运动的先驱。

在波洛尼亚、巴黎、牛津等大学榜样的带动下，到十五世纪末，整个西欧建立了近80所大学。意大利有20所，法国有18所，英国有2所，苏格兰有3所，西班牙有13所，葡萄牙有1所，德意志神圣罗马帝国境内（包括尼德兰、捷克和瑞士）有16所，匈牙利有3所，波兰、丹麦和瑞典各有1所。大学是在中世纪封建制度下，在城市、行会、教会团体各种组织的影响下形成的，但在形成过程中，大学却又与这些组织和制度进行了激烈的斗争，取得了存在、发展、自主的种种权利。尽管大学组织并不能摆脱封建制度和神权统治总的束缚和要求为其服务的目的，但是追求知识、追求真理、追求得到改造社会和自然界的能力这种人类进步的总倾向，是限制不了的。正因为西欧中世纪大学这种组织为此提供了较为良好的条件，才会成为近代高等教育制度的先导。

十字军东征历程

11世纪的西欧，城市兴起，商品货币关系逐渐发展，封建贵族对城市商品和东方奢侈品的需要日增，从领地上剥削所得已不能满足他们日益扩大的胃口。当时西欧实行长子继承制，封建领地由长子继承，其余诸子成为无地骑士，常靠服军役和劫掠商旅为生。因此，封建主，特别是小封建主，渴望向外夺地掠财，那神话般富庶的东地中海各国就成为他们梦寐以求的宝地，这是导致西欧封建主阶级主动十字军东侵的根本原因。

在十字军远征中起着特别重要作用的是西欧天主教会。它不但是西欧封建社会的精神支柱和最大的封建领主；而且，在封建割据的西欧，它又是巨大的国际中心。教皇企图通过发动东征一箭三雕：争夺封建霸权，进一步凌驾于西欧各国君主之上；重建统一的基督教世界；扩张到伊斯兰教势力范围中去。

西欧城市商人，特别是威尼斯、热那亚和比萨的商人，企图从阿拉伯和拜占庭手中夺取地中海东部地区的贸易港口和市场，独占该地区的贸易，也积极参与十字军。

11世纪西欧的农民，大都沦为农奴和依附农民，封建主胃口的扩大，使他们受到更加苛重的剥削与压迫。另外还受到持续灾荒的困扰，11世纪的法国就有二十六个荒年，第一次十字军远征前，1089—1095年，西欧又连年歉收。濒临死亡的农民被骗往东方，梦想寻找摆脱饥饿和封建枷锁的出路。

这时，地中海东部地区的客观形势有利于西欧封建主实现其侵略计划。塞尔柱突厥人兴起后，于1055年占领巴格达并解除阿拔斯哈里发的政治权力；又于1071年在曼齐克特大败拜占庭军队，俘获皇帝罗曼拉斯四世，实际上摧毁了拜占庭在小亚细亚的权力。接着，突厥人又夺取埃及法蒂玛王朝的领地叙利亚和巴勒斯坦，并占领大部分小亚细亚。突厥人在小亚细亚建立罗姆素丹国，定都尼西亚（后迁爱科尼阿姆），他们的前哨与君士坦丁堡隔岸对峙，一苇可航，严重地威胁着拜占庭帝国。80年代末，突厥人的另一个部落、北方的佩彻涅格人与拜占庭国内异端者的反抗运动联合在一起，于1086、1088年在多瑙河附近先后大败拜占庭军队，并进而骚扰色雷斯。1091年，佩彻涅格大军直逼君士坦丁堡城下，塞尔柱突厥人准备与他们联合行动。尽管佩彻涅格人后来吃了败仗，但拜占庭岌岌可危的处境迫使皇帝阿历克塞一世（1081—1118年）不得不派遣使臣向教皇和德国皇帝求援。至于塞尔柱突厥人的强盛，为时并不久，1092年开始分裂为摩苏尔、大马士革、阿勒颇、安条克和的黎波里等几个总督区，它们之间互相敌视，干戈扰攘，无力阻止西方侵略者的进攻。

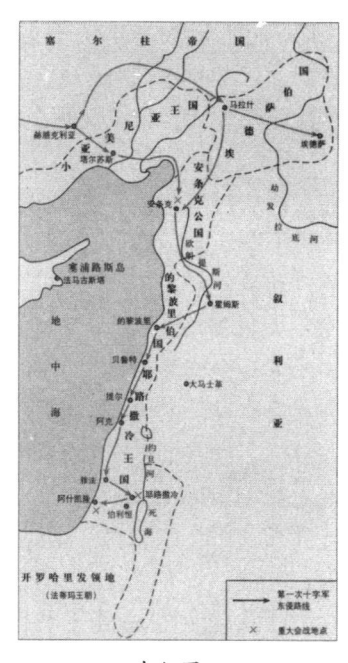

东征图

第一次十字军远征

耶路撒冷是历史上有名的宗教圣地，世界上较有影响的犹太教、基督教、伊斯兰教都把它奉为各自宗教的圣地。犹太教徒宣称，所罗门王曾在耶路撒冷建造圣殿，它是犹太人朝拜的中心；伊斯兰教徒认为自从他们定居耶路撒冷后，不仅建造了清真寺，据说穆罕默德还是在此地升天；基督教信徒则深信为他们受尽苦难的耶稣就是在此地被钉死在十字架上的。为争夺这块圣地，或者更明确地说是为了争夺这块遍地是"奶和蜜"的肥沃土地，古代的巴比伦人、罗马人都曾在这里留下征服者的脚印，耶路撒冷几度化为废墟。11世纪，欧洲的大封建主和罗马教廷又在"拯救"圣地的名义下，号召基督教徒去夺回"主"的墓地——被伊斯兰教徒控制的耶路撒冷，发起了对东方的侵略战争。这就是历史上有名的历时两个世纪之久的"十字军"东征。"十字军"，因其每个战士都以衣服上所缝的十字为标记而得名。表面上十字军进攻东方是一场宗教战争，即基督教徒反对伊斯兰教徒，"十字架反对弯月"，实际上它是一场以掠夺为目的的侵略战争。

通往东方的路对欧洲人来说并不生疏。按照基督教的传说，巴勒斯坦是耶稣基督生活过的地方，也是他被钉死在十字架上的地方，基督的坟墓就埋在耶路撒冷。所以基督教徒把巴勒斯坦视为"圣地"，每年都有大批的善男信女，跋山涉水，到巴勒斯坦去朝圣，虽然早在七世纪，巴勒斯坦就已被阿拉伯人征服，但伊斯兰教徒对基督教徒异常宽容。从拜占庭和西欧来的朝圣者可自由进入"圣地"巴勒斯坦。朝圣者往往结群同行，充塞道路，络绎不绝。西欧的朝圣者来到东方几乎眼花缭乱。他们看到熙熙攘攘，有数万人口的大城市，规模超过了欧洲的城市，而当时西欧最大的城市也不过几千人。他们看见了东方城市中壮丽的庙宇和富丽堂皇的宫殿，看见了拜占庭和阿拉伯富有者生活的奢侈豪华。相比之下，用粗糙坚硬的石块砌成的西欧中世纪城堡，黑暗、阴冷，室内陈设寥寥无几，即使是贵族之家也很简陋。这一切，使西欧人产生关于东方国家神话般富有的概念，激起他们强烈的占有的欲望，似乎只要远征东方就会带来无尽的财富。

第一次十字军远征

实际上，西欧正面临着一场严重的社会危机。自从封建制度在西欧确立以来，始终实行嫡长子继承制，即封建领地只传给领主的嫡长子，其余各子均不得分享。结果造成社会上出现一大批既无领地，又无财产，每日无所事事，空有贵族头衔的骑士阶层。他们既想保持符合贵族身份的生活，却又身无分文。于是放纵游荡，拦路抢劫，债台高筑，或者是参与领主之间的混战，成为社会一害。而且进入 11 世纪以来，西欧连遭荒年，饥饿、瘟疫流行。早已沦为农奴的西欧广大农民处于贫困和绝望之中，反抗情绪日增。为了缓和西欧社会内部的尖锐矛盾，封建统治者和教会企图祸水东引，鼓动人们把目光注向富庶的东方。农民希望在东方获得土地和自由；骑士想在东方发财致富；占有领地的大小封建主们则垂涎东方肥美的土地，妄

油画《耶路撒冷陷落》

图在那里建立受他们支配的国家；商人们，特别是意大利威尼斯、热那亚、比萨等城的商人也热衷于东征。他们希望夺取东方的港口和市场，在地中海东岸建立商站，排挤贸易上的劲敌拜占庭和阿拉伯，独占贸易特权。因而积极赞助十字军。罗马教皇的野心最大。他想利用东征提高自己的威望，树立自己在一切基督教世界的统治，不仅企图控制已脱离罗马教廷的以拜占庭为中心的东正教，甚至梦想使穆斯林改宗，归属罗马教廷。而且，教皇借口为东征募捐，乘机捞取巨额金钱。由于在政权分散的西欧，罗马教廷是封建势力的中心，因而教会成为十字军东征的积极倡导者和组织者，它在十字军运动中把西欧诸国各阶级的分散力量组织起来，汇成一股远侵东方的浊流。

那么东方的情形如何呢？11 世纪的东方依然是富庶的，然而强有势力的帝国已不存在。在来自西亚的塞尔柱突厥人的猛烈进攻下，一度声威赫赫的阿拉伯帝国解体了，拜占庭帝国也极为衰落。塞尔柱突厥人几乎控制了整个小亚细亚，建立起一个庞大的塞尔柱突厥帝国。但是这个帝国实际是由各自独立的若干小公国组成的，虚有其表。而且这些小公国之间亦经常内讧，干戈不息，自顾不暇。这就为西欧人的东侵提供了可乘之机。11 世纪末，由于突厥人的混战，有一些基督教会和修道院被破坏，有些富人逃到拜占庭帝国的欧洲部分，西欧的朝圣者也只能从海路去耶路

撒冷。借此机会，罗马教廷宣传编造了许多关于伊斯兰教徒的"残暴行为"，渲染他们"侮辱"西方朝圣者的奇怪消息，为发动侵略战争制造借口。恰在此时，迫于突厥人的进攻，拜占庭帝国的皇帝亚历克塞一世求救于罗马教皇，甚至向教皇乌尔班二世表示，愿将东正教重新合并在罗马教皇统治之下。这样，教皇发动十字军的东侵就更加师出有名。在宗教旗帜的掩饰下，基督教徒反对伊斯兰教徒的圣战，好像箭在弦上，一触即发。

　　1095 年 11 月，罗马教皇乌尔班二世在法国中部克勒芒召开宗教会议。这次会议规模很大，有来自西欧几个重要国家，各阶层的数千人参加。会议结束时，乌尔班二世发表了慷慨激昂的演说。他向封建主、骑士、教士和农民发出号召：停止封建混战，到东方去和"异教徒"作斗争，夺回"主"的坟墓，拯救圣地耶路撒冷。教皇在演说中露骨地讲到。"在我们西方，土地的出产不多，你们只能勉强糊口；可是在东方，连穷人也可以过上丰衣足食的生活。东方国家的土地上，遍地是蜜和乳；那里的耶路撒冷，是地

第一次东十字军东征的四位首领

球的中心，比世界上任何地方都肥沃得多，简直是第二天堂。在这里悲惨贫困的人，到那里就会欢乐富有！"教皇的富有煽动性的演说，挑起人们对宗教的狂热，使一场侵略战争蒙上宗教的虔诚。激动的人们不断呼喊着"这是上帝所愿！"演说刚结束，许多人立即答应出征。狂热的人们，争先恐后向教皇的随从人员领取一块红布做的十字，缝在自己的衣服上，作为参加远征的标志。教会对参加十字军的人许愿，保证他们在远征期间可以不还欠债，由教会保护他们的家庭和财产，教会还欺骗人们，说有罪的人参加圣战可以得到上帝的赦免；农奴参加远征，可以得到人身自由。

　　渴望摆脱封建压迫的农民，在受到教会的煽动后，迅速集结起来。他们急如星火，廉价变卖仅有的财产，又高价购买路上所需物品，不及等待骑士队伍，提前数月出发。1096 年 2 月，法国北部和中部以及德国的农民，在法国阿眠的僧侣隐修士彼得和德国骑士穷汉华尔特的领导下，分为数队，沿朝圣者常走的路向东进发。这些穷困的农民几乎手无寸铁，拖儿带女，没有整齐的装备，没有足够的给养，靠沿途抢劫以应急需。他们根本不知道怎样作战，才到小亚细亚就被塞尔柱突厥人所歼灭。农民除被教俗封建主引上灾难和死亡的道路而外，没有得到丝毫利益。

　　1096 年秋，法国、意大利和德国西部的封建主和骑士开始第一次东侵。他们组织严密、装备精良，分别从洛林、诺曼底、法国南部和意大利南部到君士坦丁堡会合。各路骑士共有三、四万人，到 1097 年春才集结完毕。1097 年春，十字军渡过博斯普鲁斯海峡，踏上艰苦的征途。他们时而越过陡峭的山脉，时而穿过广阔的沙漠。欧洲骑士身着重装铠甲，又兼酷暑、缺少给养，使他们生活极端困难。而且，突厥人对十字军的入侵采取焦土政策，沿途留给十字军的只是一片瓦砾，并时常袭

击十字军，骑士们不得不忍受着饥渴，许多人和马在灼热的阳光下倒毙。虽然在进军途中，十字军占领了小亚细亚的一些城市，特别是大肆抢劫了突厥人的重要城市安条克。但是，十字军也遭到严重挫折，队伍减员，有的阵亡，有的回乡，战斗力不断削弱。直到 1099 年 7 月，十字军才到达它东侵的目的地——耶路撒冷。当时城内只有一千守军，全城军民坚守城池。十字军骑士把耶路撒冷团团围住，用攻城机、木梯等武器猛烈攻击，终于占领了这座圣城。城垣上升起了一面面绣着十字的旗帜。

十字军骑士以解放者的姿态进入城内。他们开始"拯救"圣地，"拯救"这里的居民：每一个街巷都在血肉相搏，全城的金银财宝被抢劫一空，小孩的头颅被摔碎，隐匿在清真寺中的人也不能幸免，全城有 7 万多人被屠杀。在令人目眩的财富面前，骑士们暴露出野蛮本性，所谓骑士风度早已抛到九霄云外。他们尽其所能在城内抢劫，甚至达成这样一种默契：谁首先进入一个住宅，谁就可以获得和占有那个住宅及其中一切东西，不受别人侵犯。接着，他们又采取了骇人听闻的残忍手段：剖开死人的肚皮和肠子，从中取出死者生前吞下的金币。因为这样做太麻烦了，他们又把尸体堆积起来烧为灰烬，以便容易地找到黄金……。这，就是所谓的"拯救"圣地，耶路撒冷在这些"虔诚"的教徒拯救之下毁灭了。

由罗马教皇煽动起来的，对东方赤裸裸的侵略，前后共有八次，延续的时间达二百年之久。侵占耶路撒冷是其中的第一次，所以历史上又称它为"第一次十字军东侵"。

第二、三次十字军远征

1144 年，突厥摩苏尔总督伊马德·丁·赞吉攻占埃德萨。罗马教廷趁机煽动组织第二次十字军远征。

1147 年夏，法、德两国各已组成 7 万人左右的大军，参加者多为骑士。农民在经受第一次十字军远征的惨痛教训后，仅数千人参加。第二次十字军由德皇康拉德三世（1138——1152 年）和法王路易七世（1137——1180 年）各率己部，分头进军。康拉德率领的德国十字军先出动。他们越匈牙利，经色雷斯进入君士坦丁堡，渡过海峡后，10 月底，与爱科尼阿姆素丹战于多里利昂附近，大败而退，德国十字军大部分铩羽而归。康拉德和一些残兵败卒则留待路易七世队伍的到来。

当第二次十字军刚发动时，一向觊觎拜占庭帝国的西西里国王罗泽二世一方面与埃及穆斯林国家联盟，一方面率军占领拜占庭的科孚岛，蹂躏科林斯和底比斯，并攻掠爱奥尼亚群岛。拜占庭为对付西西里，遂与刚刚打败康拉德的爱科尼阿姆素丹讲和。不久之后，当法王路易七世的队伍到达小亚细亚时，这位素丹又予以重创，法军死亡过半。

1148 年，康拉德和路易的残部与耶路撒冷王国的军队会合。他们一道围攻大马士革，但未能得手。大马士革总督使用挑拨、行贿等手段，致使十字军溃散。康拉德和路易先后狼狈返国，第二次十字军全归失败。

但东方穆斯林世界却不断加强并日趋统一。1171 年，埃及军事长官萨拉丁·优素福·伊本·阿尤布发动政变，推翻法蒂玛王朝，建立阿尤布王朝（1171—1250

年），萨拉丁自立为素丹，他迅即征服大马士革和阿勒颇，把埃及、美索不达米亚和北叙利亚都统一在他的指挥之下。1187 年 7 月，萨拉丁在提比里亚湖附近的赫汀发动对十字军的进攻。耶路撒冷国王发倾国之兵，集结了大约 1200 名骑士、2000 名本地轻骑兵应战，结果几被全歼，国王也被俘。接着，萨拉丁又攻占阿克、贝鲁特、西顿、雅法、凯撒利亚和阿斯卡伦等沿海城市，一举切断耶路撒冷与欧洲的交通。9 月 20 日，萨拉丁围攻耶路撒冷城，10 月 2 日耶路撒冷乞降。

萨拉丁占领耶路撒冷的消息，使西欧大为震动，教皇乌尔班三世惊惧而死。于是西欧又组织主要由德、英、法三国大封建主和骑士参加的第三次十字军（1189—1192 年）。由德皇红胡子腓特烈一世（1152—1190 年）、英王狮心理查（1189——1199 年）和法王腓力二世（1180——1223 年）亲自率领。德皇怀着吞并拜占庭的野心，和拜占庭的近敌爱科尼阿姆素丹结盟，又与刚脱离拜占庭的保加利亚和塞尔维亚谈判联合反对拜占庭。拜占庭则与萨拉丁联盟，共同对付十字军。第三次十字军一开始就不顺利。1190 年 3 月，德皇率领的 3 万德国十字军进入小亚细亚。6 月，由于德皇在小亚细亚的一条小河落水淹死，德国十字军即折返国内。英、法两国十字军分头出发的时间略晚于德国，中途在西西里岛又耽搁半年多，直至 1191 年春末才到达叙利亚，旋即参加东方十字军正在进行的阿克城围攻战。十字军之包围阿克城，早在 1189 年 8 月便已开始，英、法十字军的到来，增强了围攻的力量。阿克城坚守近两年，1191 年 7 月，十字军在付出极大代价后才得以占领。攻占阿克城以后，由于英、法两王之间矛盾重重，法王腓力旋即率军回国。英王理查留在东方，虽继续攻占雅法和阿斯卡伦，但进攻耶路撒冷的企图并未实现。1192 年 9 月，理查与萨拉丁签订和约；十字军保有从泰尔到雅法的沿海地带，耶路撒冷仍归埃及，但三年内基督教徒可自由进入耶路撒冷。第三次十字军远征并没有收到多大成果。

第四次十字军远征

教皇英诺森三世（1198—1216 年）即位不久就号召组织第四次十字军远征（1202—1204 年），目的是阿尤布王朝统治中心的埃及。第四次十字军的参加者主要是法、德、意的贵族，实际起支配作用的却是意大利城市威尼斯。1201 年，当十字军使者向威尼斯总督恩里科·丹多罗商谈载运十字军前往东方的条件时，他就决定变十字军的军事征伐为商业活动。当时，威尼斯与埃及商业关系密切，威尼斯向埃及大量输出木材、铁和武器，每年可获利百万，还输入奴隶，因此丹多罗极想将十字军进攻的矛头从埃及转向威尼斯的商业劲敌拜占庭。

丹多罗提出按照每个人两马克，每匹马 4 马克计算，共需运费 8.5 万马克为条件，答应提供船只载运十字军。1202 年，当十字军集中在威尼斯时人数较预定的为少，未能交足原定的款额。威尼斯就迫使十字军进攻威尼斯的商业对手、同奉基督教的扎拉城，以其掳获来补欠款。1202 年 11 月，扎拉城陷，遭到极其残酷的劫掠。

13 世纪初的拜占庭已经十分衰弱，为对付时常来犯的突厥人和意大利南部诺曼人等，军费开支浩大，因十字军诸国与东方直接发生商业联系以及威尼斯等意大利城市共和国在拜占庭拥有极大特权等原因，国库收入锐减，经济力量受到极大破坏。

政局又十分动荡，时常发生宫廷政变。丹多罗与十字军首领孟菲拉侯爵卜尼法斯就以 1195 年政变中的废帝伊萨克二世之子的求援为借口。转送十字军攻打君士坦丁堡，而拜占庭的衰败不堪使得十字军极易得手。

十字军在城中纵火三昼夜，全部坊肆以及收藏古典书籍极为丰富的君士坦丁堡图书馆都付之一炬。他们还奸淫、掳掠、屠杀当地民众。据当时人记述："他们把奉祀上帝的处女用以满足贪色的青年的淫欲。他们不但掠夺皇室财富，毁坏贵族和平民的财物，而且还一定要残暴地打劫教会，甚至打劫教堂的用具，把祭坛上银制饰品打得粉碎，打劫圣所，并掠走十字架和圣者的遗物。"他们把掠夺来的不可胜数的金银、宝石、绸缎、皮货以及其他珍宝运回西方，其中包括极其名贵的艺术品。

随着君士坦丁堡的陷落，拜占庭帝国大部分领土都被侵占。十字军在巴尔干建立起拉丁帝国（1204—1261 年，为区别希腊帝国——拜占庭而命名），下有帖撒利亚王国、雅典公国和亚该亚公国等三个附庸国。希腊正教会被置于罗马教皇统治之下。

在这次远征中获利最大的是威尼斯。它得到拜占庭 3/8 的领土，包括君士坦丁堡的一部分，亚得里亚堡和马尔马拉海沿岸大量据点，还占领爱琴海上的许多岛屿和伯罗奔尼撒西南部。不久之后，又得到克里特岛。

第四次十字军建立起来的拉丁帝国，在当地人民不断反抗下，终于在 1261 年灭亡，拜占庭复国。

继第四次十字军东征之后，还进行了几次东征，没有一次取得成功。在当时的西欧社会，"十字军"之名十分流行，各地儿童平日都以组织十字军东征为游戏，而且当时西欧民间出现一种荒谬的说法，认为有罪的人不能夺回圣地，只有纯洁的儿童，才能感动上帝，出现奇迹。1212 年，在多旺姆少年斯蒂芬和科伦少年尼古拉的宣传下，法国和德国分别集中起数万儿童。法国儿童从马赛分乘七艘船出发，两艘在地中海沉没，其余五艘开往埃及，船上儿童全被船主贩卖为奴。德国儿童由科伦出发，沿莱茵河南下，越过阿尔卑斯山，沿途死亡殆尽，残留者溃散。

教皇英诺森三世利用数万儿童的死亡，在 1215 年拉特兰宗教会议上煽动组织第五次十字军（1217—1221 年）。1217 年，匈牙利王安德鲁二世、德国和奥地利的公爵们以及荷兰伯爵率军东征。1218 年，安德鲁抵达阿克时，已经感到这次东征是徒劳无功之举，遂率军折返欧洲。其余十字军向埃及进军，于 1219 年夺取尼罗河口的达米埃塔，但在 1221 年向曼苏拉进军时，却遭到挫败。同年 8 月，双方签订休战八年和约，十字军撤离达米埃塔。

教廷把第五次十字军失败的原因归于德皇腓特烈二世（1212—1250 年）之未履约参加，处以"绝罚"。腓特烈二世为向东方扩张，组织第六次十字军（1228—1229 年）。教皇格列高里九世宣布禁止这次十字军，并出兵占领腓特烈在意大利南部的领地。1229 年，已经到达东方的腓特烈巧妙地利用埃及素丹和大马士革总督之间的矛盾，与埃及素丹谈判，缔结条约，保证支持素丹，反对他的敌人；素丹愿将耶路撒冷和拿撒勒、雅法、西顿、伯利恒等城市交予德皇统治。嗣后腓特烈回师欧洲，驱走他领地上的教皇军。但巴勒斯坦的十字军在腓特烈离去后，却勾结大马士革的总督，对抗埃及素丹。1244 年，埃及素丹出兵，重占耶路撒冷。

埃及重占耶路撒冷后不久，法王路易九世（1226—1270 年），为在地中海上扩张势力，组织第七次十字军（1248—1254 年），远征埃及。参加者主要是法国骑士。1249 年，十字军在埃及措手不及的情况下，突然登陆达米埃塔，并向南围攻曼苏拉。但在埃及军队英勇抗击下，终于大败，被俘者万人，包括路易本人在内。路易被迫同意归还达米埃塔并交付巨额赎金后，才被释放。

第七次十字军结束后不久，蒙古旭烈兀率军西侵，于 1258 年占领巴格达，摧毁阿拔斯王朝，接着又攻陷阿勒颇和大马士革。埃及部队在大马士革以南的地方大败蒙古军，随后攻陷十字军控制下的凯撒里亚、雅法和安条克等地。

1270 年，法王路易九世雇佣骑士，组织第八次十字军侵入突尼斯，但不久就因瘟疫流行，路易染疫身亡而退兵。

此后，尽管教皇还企图组织新的十字军，但都无结果。十字军在东方的残余占领地如泰尔、西顿、海法和贝鲁特等地则相继为埃及所攻克。1291 年，十字军在东方最后一个据点——阿克，经埃及军队 43 天围攻，也丢失了。十字军以全部失败而告终。

第四次十字军以后，十字军运动由高潮转向低潮直至终止的根本原因，除了东方人民不断起来反抗、打击十字军之外，还有以下几点：一、13 世纪的欧洲由于生产力的增长和王权的加强，中小贵族或从农民那里剥削到更多财富，或投身国王部下作雇佣军人，或自行经营农牧场，不一定要冒险远征东方。二、一部分德国骑士正在波罗的海沿岸侵略西斯拉夫人，一部分法国骑士正指向法国南部的阿尔比派异端，他们就近都有了新的掠夺对象。三、西欧城市逐渐与伊斯兰教国家建立起商业关系，不愿因战争影响商业。四、第四次十字军赤裸裸地扔掉了宗教外衣，彻底暴露了十字军侵略的本质，教廷难于再作大规模的宣传鼓动。

第五次十字军东征

第四次十字军东征，建立了拉丁帝国，而置圣地耶路撒冷于不顾，十字军在东方的根据地日益陷于累卵之危。尽管教会一再呼吁发动新十字军，但响应者寥寥，为了掀起新的宗教狂热，教会导演了一场恶作剧。说只有"纯洁无瑕"的儿童，才能获得神佑，凭借奇迹从穆斯林手中解放"圣陵"。1212 年，几万儿童十字军被送上东征之途。然而可怜的孩子们大都在途中死于非命，剩下的人被黑心的商人卖作奴隶。后来匈牙利国王安德鲁二世以及奥地利公爵利奥波尔德六世和德国南部一些大封建主，为了自身的利益表示愿应召出征。1217 年夏，十字军从达尔马提亚港埠斯巴拉托出发。

但是，这时叙利亚的基督教徒已不再欢迎十字军。因为他们和穆斯林和平相处，平等交易，战争会破坏他们的商业利益。因此，十字军到达东方后受到冷遇，在阿克毫无意义地过了一年。安德鲁二世知道徒劳无功，率军回国。留下来的十字军准备进攻埃及的商业要塞城市达密伊塔。该城位于尼罗河三角洲的一条支流上，有三道城墙和坚固的城防设施。十字军围攻数月，毫无进展，一些十字军感到失望，纷纷回国。后来由于城内发生饥荒，埃及苏丹主动撤出达密伊塔，十字军进城大肆抢劫一番。1221年6月，十字军进攻曼苏拉，时值尼罗河水暴涨，十字军营地为洪水所淹。穆斯林趁机发起反攻，并断其后路，十字军进退维谷。穆斯林军从四面八方进攻，十字军招架不暇，濒于溃灭。最后被迫接受和议，退出达密伊塔，狼狈逃回欧洲。

第五次十字军的组建困难及其失败，说明十字军运动业已时过境迁，教廷的号召和远征东方已得不到众多人的响应。特别是叙利亚的基督教徒不支持十字军战争，这是导致十字军必败的重要原因。

第六次十字军东征

教皇格列高里九世将第五次十字军失败归罪于德皇腓烈二世（红胡子腓特烈一世之孙），因为他在即位时曾向教皇宣誓参加十字军东征，但即位后却不履行誓言。愤怒的格列高里九世将腓特烈二世逐出教门，并宣布他是基督教的狡猾的敌人。1128年夏，腓特烈二世为夺取耶路撒冷王位继承权（1225年他与耶路撒冷公主邱兰特结婚），主动率军东征，是为第六次十字军东征的开端，但是教皇不承认腓特烈为十字军人，说他是海盗，是想"窃取耶路撒冷的野心家"。腓特烈不理睬教皇的谴责，到阿克后就与埃及苏丹进行谈判。当时埃及苏丹与大马士革总督为争夺叙利亚和巴勒斯坦的统治权进行紧张的斗争，无力对付腓特

第六次十字军的首领弗里德里希二世

烈二世的进攻。1229年2月，双方缔结为期十年的条约，规定苏丹将耶路撒冷（奥马清真寺所在地区除外）及巴勒斯坦的伯利恒、拿沙勒、提尔、西顿等城市让与腓特烈二世，腓特烈则保证支持苏丹对其敌人（包括驻叙利亚的十字军）的斗争及穆斯林在上述城市的信仰自由。这样，腓特烈二世通过外交手段，一兵不损，顺利地取得了十字军想得而又得不到的好处。

但是教皇不予承认，一方面宣布腓特烈的行径是背叛行为，对圣城耶路撒冷实行离门制裁，即禁止耶路撒冷的基督教徒举行礼拜。另方面，教皇把军队开进南意大利腓特烈的领地。腓特烈闻讯立刻回师与教皇军作战，结果教皇军被击败，双方签订和约，教皇解除对腓特烈二世的宗教制裁，旋又批准了腓特烈与埃及苏丹签订的条约。

第六次十字军东征，就战略战术而言，是整个十字军战争最成功的一次，做到了不战而屈人之兵。

第七次十字军东征

腓特烈二世在耶路撒冷的统治没有维持多久。1244年，原来居住在里海附近的

花剌子模人（突厥人的一支）在蒙古西征的压力下开始西迁，后来击败法兰克人十字军，侵入叙利亚。埃及苏丹乘势攻占耶路撒冷，圣城又回到穆斯林手中。翌年，罗马教廷在里昂召开宗教会议，依教皇英诺森四世的要求，通过了第七次十字军东征的决议。法王路易九世为巩固法国在地中海的地位，愿意东征。1248 年，路易九世率十字军自法国出发，到塞浦路斯岛集中。路易和第五次十字军一样，把埃及作为首攻目标。1249 年 6 月，十字军由热那亚船队送至尼罗河的达密伊塔。由于敌方缺乏准备，十字军很快地占领这个城市。时值尼罗河泛滥期，不能继续进军，直等到深秋才开始向曼苏拉进攻。路易九世被暂时的胜利冲昏头脑，他以为敌人弱不堪击，不等主力到达，前头部队就开始攻城。结果陷入敌军埋伏，几百骑士阵亡，路易九世之弟亚多亚伯爵也在此役中丧生。路易九世率主力部队急忙渡河驰援，在敌前背水地方扎下营寨。埃及人利用有利地形从四面包围敌军，首先在尼罗河上击沉十字军停泊在曼苏拉的船只，切断敌军与其基地达密伊塔的交通，断绝粮食和军需的供应，然后伺机发起总攻。陷于困境的十字军，由于得不到粮食供给，士气沮丧，全军命运危在旦夕。路易九世被迫下令撤军，埃及军队乘胜追击，敌人溃不成军，纷纷投降，路易九世及其两个兄弟也作了俘虏，这是 1250 年 2 月的事，后来路易九世用 40 万金盎司赎身，并以十字军退出达密伊塔为条件而获释。路易九世退到阿克后，还想重整旗鼓继续战争。他派人回国招集军队，但无人响应。得不到增援的路易，不得不于 1254 年率领残兵败将回国。

第八次十字军东征

13 世纪后半叶，叙利亚、巴勒斯坦的十字军殖民势力，日趋消亡。一方面，它得不到外面的支援单凭自己无力支持，而统治者及十字军将领互相敌视，彼此攻伐，耗尽力量。另方面，埃及马穆路克王朝日益强大。苏丹培巴尔步武萨拉丁，决心消灭十字军，收复失地。1256 年夺取凯撒里亚和阿克 1268 年占领雅法和安条克，十字军在东方的殖民地几乎被消灭殆尽。法王路易九世不堪忍受当年失败的耻辱，在巴黎召开贵族会议，决定主动请命再次东征。1270 年，他把政事委托于重臣，亲率 3 个王子、6000 骑士和 3 万步兵，自南法埃格摩特港扬帆东征。值得注意的是，这次东征事前既没有制定作战计划，也没有确定进军目的地。直到抵达撒丁岛后，才决定进军北非突尼斯，然后由突尼斯进攻埃及。路易所以作出这样的决定，是因为他在撒丁岛听说突尼斯总督阿里·莫斯坦西尔曾表示愿意改宗基督教，路易打算把十字军开进突尼斯对这位总督施加压力，促进他改宗基督教的立场，然后和他结盟共同进攻埃及。这样，既可以扩大十字军的力量，又可以通过突尼斯迂回进攻埃及，以避免重踏先年直接进攻埃及而遭致失败的覆辙。此外，突尼斯的富有对路易也有很大的诱惑力量。

发动这场战争的教皇英诺森三世

但是，当路易在北非登陆后发现，突尼斯总督并不欢迎十字军，并以重兵在首都严阵以待，路易九世愤怒不已，命令军队围城。突尼斯总督与埃及方面取得联系，苏丹培巴尔驰军支援，十字军腹背受攻，损失惨重。同时，十字军为酷暑和时疫所困，路易之爱子及其本人先后死于瘟疫，十字军几乎溃灭。后来安茹伯爵查理、那瓦尔伯爵提率军来援，但为时已晚。1270 年 10 月，查理与敌方媾和后，率军回国。

英法百年战争

概况

从 1337—1453 年，英国和法国之间断断续续进行了长达一百多年的战争，历史上称为"百年战争"。一百多年时间，这场战争从最初争夺王位继承开始，逐渐演变成了一场侵略和反侵略性质的战争。

英国和法国两国王室之间，长期存在领土纠纷问题。自 1066 年法国诺曼底公爵征服英国，成为英国国王以来，两国之间的纠纷就从来没有停止过。诺曼底公爵成为英国国王以后，在法国仍然拥有大片领地。他的子孙后代通过联姻和继承关系，到 12 世纪中期金雀花王朝时，英正在法国拥有的领土甚至六倍于法国正室本身拥有的土地。

英王在法国的领地，一直是两国争执、斗争的中心。其后通过一系列战争，法国夺回了英王在法国的大部分土地，但是英国王室从来不甘心罢休，力图夺回失去的领地，而法王则竭力夺取仍残留在英王手中的南方领土，双方矛盾尖锐化。

英国国王亨利五世

1328 年，法国卡佩王朝的查理四世逝世，死后没有留下可以继承王位的后代，英王爱德华三世作为查理四世的外甥，是法国王位的继承人候选人选之一。但是，法国害怕英国势力在法国继续增大，最终推选查理四世的堂弟、支裔华洛瓦家族的腓力继承王位，即腓力六世（1328—1350 年）。王位继承问题激化了英法之间的矛盾。爱德华三世心生不甘，腓力六世也宣布要收回英国在法境内的全部领土，战争遂起。

这场战争除王位继承原因外，还为了争夺法国境内富庶的佛兰德尔和阿基坦地区。佛兰德尔形式上是处于法国国王的统治之下，但实际上却是独立的。佛兰德尔以毛纺业著名，与英国有着密切的经济联系，它的羊毛原料主要来自英国。

1328 年，佛兰德尔爆发了城市上层和农民的起义，法国派军队进入佛兰德尔，建立起法国的直接统治，并于 1336 年逮捕了在那里经商的英国商人。英王爱德华三世采取报复措施，下令禁止羊毛向该地出口。佛兰德尔地区为了保持原料

法国国王查理五世

来源，转而支持英国的反法政策，承认爱德华三世为法国国王和佛兰德尔的最高领主，并希望英国出兵法国。佛兰德尔使英法两国矛盾进一步加深。这也是导致战争发生的一个基本原因。

英国和法国之间的这场战争时断时续，几经休战，进行了一百多年，大体可以分四个阶段：

战争的第一阶段（1337—1360年），法国屡战屡败，英国频占上风。1337年，英法正式宣战。1340年，在斯吕斯海战中，英国以其强大的海军重创法国海军，控制了英吉利海峡，夺得制海权。从此，英军通过英吉利海峡自由进出大陆，将战争带到了法国本土。

在1346年8月的克勒西会战中，英王爱德华率领的英军又打败了法王腓力领导的、人数两倍于英军的法军，取得了陆上的优势，并经十一个月的围攻，于1347年占领了英吉利海峡对岸的法国海岸要塞加来港。此后，加来长期成为英军渡海攻打法国的据点。

占领加来港后，战争暂停，因为当时爆发了横扫欧洲的黑死病。

将近十年的休战之后，法军在普瓦提埃战役中再次被击败。1356年，爱德华三世的大儿子"黑太子"（因其披甲颜色得名）统率英军，攻打法军。法军由当时的法王约翰（1350—1364年）统率，人数约为英军的四倍。但是结果，法军仍然大败，连法王约翰和他的幼子都被俘虏，英王乘机向法国索取了大量赎金。1360年，法国被迫在布勒丁尼签订和约，和约条款极为苛刻，法国承认英国占有从卢瓦尔河至比利牛斯以南的领土和加来等地。

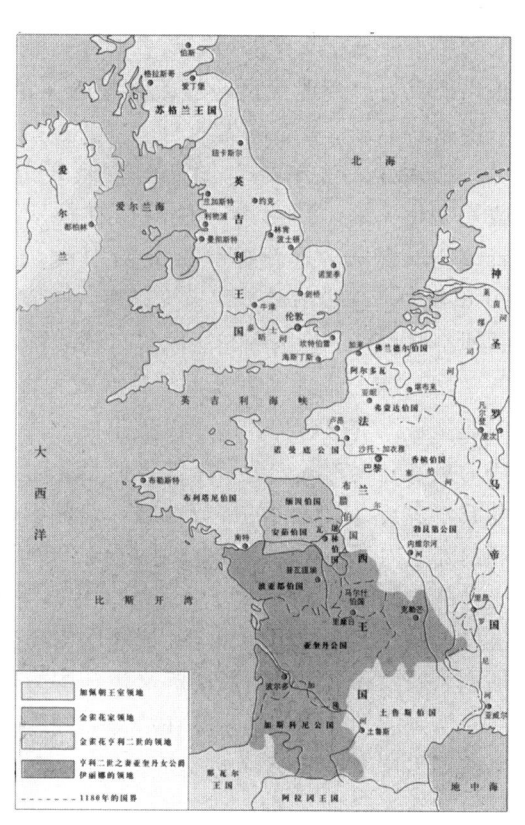

12世纪后半期的法兰西和英吉利

在几次的英法交战中，英军在人数上并不占优势，但是总能取胜，主要是由于它有一支灵活善战、身子敏捷的弓箭手队伍。他们能在1分钟内射出10—12支箭，能在170码的距离内射穿一个身披甲胄的骑兵的大腿。而且，英军组织性很强，各种配合良好。而法军尽管也是作战勇猛，但是缺乏纪律，兵败如山倒。

战争给英法两国的经济、社会都带来很大的灾害。法国作为这场战争的战场，人民所受苦难更是深重。战争的失败，亲人的阵亡，庞大的军费开支，经济的衰败，再加上当时黑死病肆虐，使人口锐减，法国人民忍无可忍，终于爆发了马赛领导的巴黎市民起义（1357—1358年）和卡尔领导的扎克起义（1358年）。

战争的第二阶段（1369—1396 年），法国取得阶段性胜利。法王约翰死后，太子查理监国八年后登位为王，即查理五世。为了收复失地，法王查理五世（1364—1380 年）励精图治，实行改革，改编了军队，整顿了税制。英国的雇佣军优于法国的封建骑士民团，这促使法国第一次建立了常备雇佣军，取代部分骑兵。

法军吸取了上一阶段战争的失败经验，改变战术，大量使用火炮。这些对西欧国家军队的建设都有重要影响作用，在西欧军事史上具有历史意义。查理五世还修筑城乡防御工事，并建立了野战炮兵和新的舰队。他起用英勇善战的骑士杜·克斯克林为军队总司令，赋予他很大的权力。查理五世通过改革扭转了战局，一度收复了几乎所有的失地。

神圣罗马帝国皇帝查理五世

1368 年，法军配合加斯科涅反英暴动，收复大片失地。1372 年，法舰队在拉罗谢尔打败英国舰队，重新控制四北沿海海域。到 70 年代末已逐步迫使英军退到沿海一带，除加来等几个沿海据点外，英国在法国的领地都被收复。英国遂与法国签订停战协定。

1380 年，查理五世逝世，其继承人查理六世患间歇性精神病，不能治理国家，封建主乘机争权夺利，形成以奥尔良公爵和勃艮第公爵为首的两大集团。法国的形势为英国继续入侵创造了条件，但是此时的英国，为了保住在法国的几个沿海港埠和波尔多与巴荣讷间的部分地区，并鉴于国内形势恶化，爆发了大规模的农民起义和封建主内讧，无力再战，两国于 1396 年缔结停战协定。

战争的第三阶段（1415—1424 年），法国进入最困难最艰苦的阶段。英王亨利五世即位后，政局稍加稳定。而法国因奥尔良公爵和勃艮第公爵之间的内战，矛盾加剧，农民和市民举行新的起义也使国力遭到削弱，英国乘机重启战端。

法国的勃艮第公爵企图在法德之间建立一个独立王国，因此以承认英王有权继承法国王位来换取英国的支持。1415 年，英王亨利五世趁机率军入侵法国阿金库尔。英王入侵时，法国封建主正在内战，勃艮第公爵站到了英军一边，其他封建主匆忙集结兵力迎战。英军大败法军，并在与其结成同盟的勃艮第公爵的援助下占领法国北部，并继续向南推进。

1420 年 5 月 21 日法国被迫在特鲁瓦签订丧权辱国的和约。按照和约条款规定，法国沦为英法联合王国的一部分，承认英王亨利五世为法国摄政王，并有权在法王查理六世死后继承法国王位。但是，查理六世和亨利五世于 1422 年都先后猝然死去。英国把英王亨利五世年仅十个月的儿子立为法国和英国的国王，亨利五世的兄弟贝特福公爵为法国摄政，成为法国北部半壁江山的实际统治者。

由于争夺王位斗争（1422—1423 年）加剧，法国遭到侵略者的洗劫和瓜分，处境十分困难。农村荒芜，城市残破，捐、税和赔款沉重地压在英占区的居民的身上。此时，战争的性质已经产生变化：对法国来说，争夺王位的战争已转变为民族解放战争，而英国方面则是进行侵略性的非正义战争。英国的侵略行为激起了法国人民的爱国之心，纷纷主动加入战争，针对英国的战争从军队的战争，转变为全民的战争，英法百年战争由此进入第四个阶段，也是最关键的一个阶段。

战争的第四阶段（1424—1453 年），形势渐渐有利于法国，法军取得最后的胜利。随着人民群众的参战，游击战更加广泛地展开。1429 年，英军围困法国重镇奥尔良。奥尔良是通往法国南部的门户，一旦失守，法国就面临全部沦陷的危险。就在法国岌岌可危的关头，传奇式的法国女英雄贞德脱颖而出。

贞德出生在法国北部香槟与洛林交界处的杜列米村一个农民家庭，艰苦的生活使她逐渐成为一个性格坚强、不怕困难、敢于斗争的少女。她童年时代目睹了英国侵略者的种种暴行，对英军深恶痛绝，一直希望自己能加入反击敌军的队伍，亲手血刃英军。

1428 年，年仅十九岁的贞德三次来到南方求见王太子查理，陈述她的救国大计，请缨解救奥尔良。1429 年 4 月，束手无策的王太子终于同意了贞德的请求，将信将疑地给了她一支 3000 士兵的军队，并授予她"战争总指挥"的头衔。

贞德的英勇鼓舞了奥尔良城内外的将士们，就连农民也纷纷拿起武器，聚集在贞德的周围。贞德身披甲胄，腰悬宝剑，率兵 3000，向奥尔良进发。奥尔良当时已被英军包围达半年之久，官民几乎已经丧失信心。贞德先从英军围城的薄弱环节发动猛烈进攻，英军难以抵挡，四散逃窜。

贞德身先士卒，冲入敌阵，身负箭伤仍然浴血奋战，广大士兵也个个奋勇当先。在她的领导下，法军杀进敌军包围圈。困在城中的守军深受鼓舞，也乘机杀出，里应外合，使敌军受到两面夹攻。5 月 8 日，被英军包围二百零九天的奥尔良终于解了围。奥尔良解放的钟声敲响了！

奥尔良战役的胜利，扭转了法国在整个战争中的危难局面，从此战争朝着有利于法国的方向发展。法军转败为胜，士气高涨，在贞德率领下继续挥师北上，迅速攻克了圣罗普要塞、奥古斯丁要塞、托里斯要塞。敌人听到贞德的名字就吓得发抖，法国人民则亲切地称她为"奥尔良姑娘"。

1429 年，贞德亲自拥戴王太子查理加冕，查理成为法国国王，即查理七世（1422—1461 年在位）。这次加冕的意义在于，否定了英国所立的国王和摄政，重新确立了法王对法国的统治权。

但是，宫廷贵族和查理七世的将军们却不满意这位"平凡的农民丫头"影响的扩大，他们惧于贞德的威望，既嫉妒又害怕，便蓄意谋害贞德。1430 年在康边城附近的战斗中，贞德率军与强敌作战，被逼撤退回城时，这些封建主闭门不纳，把她关在城外，使贞德陷入英军的同盟者勃艮第之手，最后勃艮第党人以 4 万法郎将她卖给了英国当局。

宗教法庭以"女巫"罪判处贞德死刑。1431 年 5 月，备受酷刑的贞德在卢昂城下被活活烧死，她的骨灰被抛进塞纳河中。牺牲时，这位法国民族女英雄还不满二十岁。

贞德为了民族解放不惜牺牲自己的生命，唤醒了人民的民族意识，激起了法国人民极大义愤和高度爱国热情，振奋了民族精神。在人民运动的压力下，法国当局对军队进行了整顿。1436 年，也就是贞德死后第五年，查理七世进驻巴黎。1437 年法军攻取巴黎，1441 年收复香槟，1450 年夺回曼恩和诺曼底，1453 年又收复基恩。英国在法国的领地，除加来港外，先后都被收回。1453 年 10 月 19 日，英军在波尔多投降，法国大胜，这场延续了一百多年的战争至此结束。

百年战争的胜利，不仅使法国摆脱了侵略者的统治，而且还使法国人民团结起来，民族感情迅速增强了，国王受到了臣民的忠心支持。百年战争以后，法国经济逐渐复兴，王权得到加强，消除了封建割据状态，法国成为一个中央集权的封建国家，封建君主政体演变成了封建君主专制政体。

战后的英国，在经历了一段内部的政治纷争后，也建立起中央集权的君主专制国家。

英法百年战争的爆发

1328 年卡佩王朝告终，瓦洛亚王朝登上历史舞台，第一任国王为腓力六世（1328—1350 年），在他统治时期，英法爆发了旷日持久的百年战争。英法两国争夺领地的斗争由来已久。近因是法王想收复英国在法国的最后一块领地亚奎丹，而英王爱德华三世则借口自己是腓力四世的外孙，要求继承法国王位。以法国王位继承纠纷为导火线，终于引发了英法"百年战争"。

然而，除王位继承纠纷外，百年战争的爆发还有其他更深刻的原因。首先是领土纠纷，英国的两个统治王朝〔诺曼底王朝（1066—1154 年）和安茹王朝（1154—1399 年）〕都是来自法国的封建主，因而在法国大陆拥有大批领地。腓力二世统治时期剥夺了英王在法国的大部分领地，但英王仍占领着法国西南部的不少土地。只要领地没有被完全剥夺，英国王室就仍抱有在法国大陆扩张势力的野心。法英冲突的另一个问题是佛兰德尔问题。佛兰德尔地区城市发达，各城市的毛织业当时名列欧洲之首。毛织业的主要原料羊毛，大部分来自英国，城市与英国的经济联系十分密切。但是，在政治上，佛兰德尔伯爵是法国国王的附庸。14 世纪上半叶，佛兰德尔伯爵极力从经济上搜刮城市，政治上压制城市自由，双方矛盾非常尖锐，伯爵求助于法国国王镇压城市反抗，城市市民则在政治上倾向于英王。

所有这些矛盾交织在一起，导致了英法之间旷日持久的战争，这场战争前后持续一百多年（1337—1453 年），史称百年战争。

1337 年，英王、法王相互向对方宣战。同年英国向佛兰德尔进军，英王爱德华三世派舰队占领加桑德堡垒，百年战争正式爆发。1340 年英国海军打败法国海军，控制了英吉利海峡，1346 年在克勒西战役中主要由英国自由农民组成的弓箭手，在少量炮火的配合下，打败了素称"法兰西之骄傲的花朵"的法国骑士。在军事史上，这次战役标志着骑士制度开始走向没落。1347 年英军占领法国海滨重镇加来。1356年，普瓦提埃战役爆发，由英王长子"黑太子"（因其披甲黑颜色而得名）统率的8000 英国军队，打败了 4 万余法国骑士，法王约翰二世（1356—1364）及其幼子和大批法国贵族被俘。1360 年两国签订《布列提尼和约》，法国承认英王以国王而非法王附庸的身份占有法国的大片领土，英王则放弃对法国王位的要求，并规定法国须交 300 万克朗以赎回法国国王及被俘贵族。

巴黎市民起义

1356 年法国在普瓦提埃战役失败之后，十八岁的王太子查理监国摄政，他为了筹集战费和国王赎金，乃召开三级会议，在 800 名代表中，半数是市民代表，他们要求国王的行动需受特别监督，应惩治失职官吏，并拘捕以财政大臣罗伯特为首的 22 名高级官吏，强迫他们交出侵吞的公款。王太子查理十分害怕，下令解散会议，市民更加不满，整个巴黎开始骚动。查理被迫于 1357 年 2 月再度召开三级会议。在巴黎呢绒商会会长艾田·马赛的操纵下通过一系列改革决仪，称为"三月大敕令"，其中最主要的是三级会议设立 36 人的执委会（每个等级 13 人），负责监督政府，国王必须服从三级会议的决定，每年召开三次例会，审定国家大事。如果国王执行大会决议，市民则同意筹款装备 3 万军队，抗击英军。此外，还有对租税收支，进行监督及救济贫民等。王太子被迫签署了三月大敕令。但不久反悔，拒绝执行三月敕令。1358 年 2 月，在巴黎商会会长艾田·马赛领导下巴黎市民举行武装起义，22 日，3000 多名起义者冲进王宫，当着王太子的面杀死了为太子宠信的 3 名贵族，太子查理由于马赛的保护才免于一死。3 月，查理逃出巴黎，巴黎掌握在以马赛为首的起义市民手中。

1348 年，黑死病相继在法国各地泛滥，大约有 1/3 的人口死于瘟疫，个别地区死亡人数竟达半数。瘟疫之外，战乱也给农民带来灾难，战费和贵族赎金榨尽了农民的血汗。但使农民更难忍受的是英国侵略军和法国骑士、雇佣军的烧杀劫掠。例如，一个叫做格利费特的贵族率军四处抢掠，使塞纳河与卢瓦尔河之间地区成为荒芜不毛之地。农民走投无路，只好揭竿起义。1358 年 5 月，北部博韦地区农民起义，推举吉约姆·卡尔为首领。史称"扎克雷（意为"乡下佬"）起义"，起义队伍达 5000 多人。其他地方农民也纷起响应，毁城堡、杀贵族，以"消灭一切贵族，一个不留"作为起义口号，但他们认为国王是人民的保护者，旗帜上仍绘有王徽百合花。为了利用农民起义，艾田·马赛一度支持起义，并两次派出共 800 人的军队援助农民军。封建贵族们推举法王约翰的女婿、西班牙的那瓦尔国王"恶人"查理率军队进入博韦地区镇压起义。"恶人"查理以谈判为名，诱捕并杀害了义军首领卡尔，起义军失去指挥，内部混乱，最后为封建贵族武装残酷镇压。

扎克雷起义是中世纪法国历史上规模最大的一次农民起义，起义打击了封建贵族势力。农民起义失败后，封建贵族集中全力围攻巴黎。1358 年 7 月 31 日巴黎街头发生巷战，艾田·马赛被杀死。8 月 2 日太子查理率军进占巴黎，市民政权被推翻，大批市民被镇压，巴黎市民起义也最终失败。

贞德抗英和百年战争的结束

1360 年，法国被迫向英军求和，把加莱港、西南部的基恩和加斯科尼割给英国。监国太子查理即位后，称查理五世（1364—1380 年）。他进行一些改革。实行征收关税、盐税、户口税的经常税制度；建立庞大的雇佣军，加强了炮兵建设，修建了防御工事体系。这些改革使法国军事力量大大加强。1369年，战争再起，法军转败为胜，收回大部分失地。到1380年，英军仅占有沿海几个据点了。

但是，到15世纪初，英王亨利五世（1413—1422年）利用法国封建领主内讧，重新发动进攻。1415年，大破法军于阿金库尔，占领巴黎和法国北部大部地区。1422年，英王亨利五世和法王六世先后死去，英方宣布不满周岁的亨利六世（1422—1461年）兼领法国国王。法国太子查理（后称查理七世）受到南方贵族的支持，与北方对抗。1428年，英军南攻奥尔良，该地是通往南方的门户，如果失守，法国南方就有全部沦陷的危险。当时军情紧迫，以查理七世（1422—1461年）为首的统治集团，惊慌失措，束手无策。法国人民则奋起抵抗，满怀爱国热情的农村姑娘贞德（约1410—1431年）出生于香槟与洛林交界之处的杜列米村一个农民家庭。在她童年时代，法国的半壁山河，业已沦于英军铁蹄之下，沦陷区内外法国人民的抗英斗争激起贞德高昂的爱国热忱，她认为从法国土地上赶走英国侵略者是她责无旁贷的使命。她的爱国宣传在人民中间产生了很大的影响。查理七世在危险处境中不得不向人民爱国力量寻求援助。1429年4月22日，不满二十岁的贞德受命参加解救奥尔良城的军事指挥。5月初，保卫奥尔良战役开始，贞德奋勇当先，全军士气大振，一举击溃英军的围攻，保卫了南部国土，人民无不称颂贞德，称她为"奥尔良姑娘"。随后贞德建议向兰斯进军，主张查理七世在兰斯大教堂举行加冕礼。这个建议也是当时进行大规模游击战争，决心把英国人逐出国境的法国人民群众的要求。自从奥尔良保卫战获胜后，贞德及其拥护者声势浩大，查理不能不同意向兰斯进军，沿途法国军民攻下许多被英人占领的城市，查理如愿以偿地在兰斯大教堂举行了加冕礼。这时贞德的声誉已达到高峰，人民赞扬她的信件从四面八方寄来，国王赐给她贵族称号和优厚恩赏。但是贞德仍和过去一样保持纯朴的农村姑娘作风。她拒绝接受任何荣誉和恩赏，只要求豁免她深受战祸的故乡人民的赋税。贞德建议进攻巴黎，但法国贵族害怕贞德影响的扩大，会引起人民运动的高涨，开始对她进行暗害活动。1430年春，贞

圣女贞德

德在康边附近一次战斗中担任后卫，当她即将撤入城内时，城门竟然被关闭，后退无路，被敌人俘虏。在被英军囚禁一年中，贞德受尽迫害，坚贞不屈。1431年5月，贞德以魔女罪名被教会法庭处以火刑，牺牲于卢昂广场。查理七世忘恩负义，不顾贞德的奇功伟绩，按兵不动，坐视不救。

贞德虽死，但她的爱国精神已在法国人民中间开花结果，在法国人民力量的打击下，英军接二连三地遭到失败。1436年，法军收复巴黎。1453年，百年战争以法国的最后胜利告终。英国侵占的土地除加莱一城外，全被法国收复。

拜占庭文明源起

公元 330 年，君士坦丁大帝迁都新罗马——君士坦丁堡，由此开始了东罗马帝国的历史时期。后来，由于近代学者为了研究的需要开始使用"拜占庭"一词，以区别古希腊和近代希腊的历史文献。由此，东罗马帝国也被称为"拜占庭帝国"。在这本书中，我们采用现在的通说，即公元 330 年作为拜占庭国家历史的开端。

"拜占庭"名称的由来

"拜占庭"这一名称最初是指位于博斯普鲁斯海峡的古城拜占庭。这个城市始建于古希腊商业殖民时代，4 世纪时君士坦丁大帝（324～337 年在位）在古城旧址上扩建罗马帝国的东都，重振帝国雄风。此后，拜占庭城飞速发展，成为地中海地区第一大都市，而拜占庭这个名字也因此传遍世界。

然而，在中古欧洲并不存在什么"拜占庭帝国"，也没有任何民族自称为"拜占庭人"。当时，原罗马帝国东部被称为"东罗马帝国"，其君主自称为"罗马皇帝"，当地的居民则自称"罗马人"，连他们的首都也冠以"新罗马"。那么，我们使用的"拜占庭帝国"、"拜占庭国家"和"拜占庭人"等名称究竟从何而来呢？要回答这个问题并非难事，这些称谓实际上是近代学者在研究工作中开始采用的。1526 年，德国学者赫罗尼姆斯·沃尔夫在最初奠定《波恩大全》编辑基础工作中，第一次使用"拜占庭"一词，以示这部丛书的内容有别于其他古希腊和近代希腊的历史文献。1680 年，法国学者西维奥尔·杜康沿用这一名称作为其《拜占庭史》一书的题目，用来讲述这个以古城拜占庭为首都的东地中海国家的历史。久而久之，学者们就将涉及这个古国的事物冠以"拜占庭"二字，东罗马帝国也自然的被称为"拜占庭帝国"。

拜占庭国家历史的开端

拜占庭国家历史式于君士坦丁一世正式启用古城拜占庭为东都"新罗马"，这一年是公元 330 年，后来该城改称为君士坦丁堡，意为"君士坦丁之城"。拜占庭历史起始年代长期以来一直是史学界争论不休的问题，学者们对这一年代的判断各持己见，意见多达近 10 种。本书采用通说 330 年作为拜占庭国家史的开端。

从真正意义上来说，拜占庭国家在 330 年时已经具有比较完善的政治实体。这时正是罗马帝国历史发展的转折点，发生了"公元 3 世纪危机"，这场危机使罗马帝国陷于全面的社会动荡和政治混乱。在动荡的局势中，相对稳定的东罗马帝国即拜占庭帝国逐步发展，其作为帝国统治中心的政治地位逐步超过了帝国西部。自皇帝戴克里先（245 或 246～约 316 年在位）及其后的多位皇帝将行宫设在帝国东部。直至 330 年，君士坦丁一世正式启用扩建后的拜占庭城为"新罗马"，标志着具有独立政治中心的政治实体的形成。而此时的罗马和亚平宁半岛作为帝国政治中心的地位已经名存实亡。新国家带来了新气象，迁都后的君士坦丁一世，在新国家进行了一系列改革。新国家还建立了有别于旧罗马帝制不同的血亲世袭制王朝，君士坦丁一世将皇帝的位子传给其子君士坦丁二世（337～340 年在位），并后传四位血亲皇帝，从而开始了拜占庭帝国王朝的历史。同时，新帝国建立了由皇帝任免、对皇帝效忠并领取薪俸的中央和地方官僚机构，在拜占庭社会中，庞大的官僚阶层由此形成，这个阶层与罗马帝国时期作为公民代表的官员存在着本质区别。有了官僚机构，当然少不了军队和法律，这些国家机构的建立直接服务于皇帝的统治。而皇帝成为军队最高统帅，同时还是立法者和最高法官。

帝国的创立者—君士坦丁大帝

拜占庭国家政治制度的剧变有其深刻的经济背景。自"公元 3 世纪危机"以后，西罗马帝国陷入经济萧条、人口锐减、城市破败、商业凋敝的危机之中，衰亡之势不可逆转。与之相反，东罗马帝国则有多种经济形式并存，对危机具有较大的灵活性和适应能力。早期拜占庭农村存在的公社制、隶农制、自由小农制，家村组织形式的多样性使农业经济一直比较发达的东地中海沿海地区避开了类似西罗马帝国那样严重的农业危机，因而，也为早期拜占庭国家提供了相对稳定的经济发展条件。早期拜占庭国家相对稳定的政治局势，也使占有商业贸易地理优势的拜占庭帝国，能够继承古代世界开创的东西方贸易传统，发展起活跃的国际商业活动，以至君士坦丁堡成为"沟通东西方的金桥"（马克思语）。显然，330 年时，以君士坦丁堡为中心的东地中海经济区已经形成，它不再是西罗马帝国经济的附属部分，而是一个具有独立经济系统的区域。不仅如此，其繁荣和发达的程度还远远超过罗马帝国的西部。

经济基础和政治上层建筑的变化必然造成拜占庭帝国在宗教和社会意识形态方面也发生了深刻的变化，这主要表现为基督教的迅速发展。基督教产生于 1 世纪的古罗马，并广泛流传于东地中海沿岸地区，至 3～4 世纪时，它已经从被压迫被剥削的下层人民的宗教逐步演化成为占统治地位的宗教，其早期的性质、社会基础、教义、教会组织和教规礼仪也随之发生了巨大且深刻的变化，日益成为罗马帝国政府的统治工具。4 世纪上半叶君士坦丁一世颁布的《米兰敕令》，和他亲自主持召开的尼西亚会议，实际上是变相的宣布基督教获得了国教的地位。基督教的发展与传播，为普遍存在的对现实生活绝望的社会心理和颓废思想提供了精神寄托，使意识形态的混乱局面得到调整，而刚刚建立的拜占庭帝国也慢慢趋于稳定。由于东罗马帝国政治相对稳定、经济相对繁荣，以希腊人和希腊化的其他民族为主体的拜占庭人，就开始有选择性地吸收古代希腊罗马文化、古代东方文化和基督教文化，积极发展具有独立文化特征的拜占庭文化。可以说，东地中海地区一直是古典文化的中心，也是拜占庭文化发展的温床。

拜占庭历史分期

自 330 年君士坦丁一世迁都"新罗马"，开始东罗马帝国时代到 1453 年君士坦丁堡被奥斯曼土耳其军队攻陷，拜占庭历史经历了 1100 余年。在此期间，拜占庭历史发展大体可以划分为三个历史阶段，即 330～610 年的早期拜占庭史，610～1056年的中期拜占庭史和 1056～1453 年的晚期拜占庭史。

早期拜占庭国家经历了由古代社会向中古社会的成功转型。为了能够在普遍的混乱和动荡中找到维持稳定的统治形式，拜占庭帝国皇帝进行多种尝试，其中以君士坦丁一世和查士丁尼一世（527～565 年在位）的改革为突出的代表。查士丁尼一世以其毕生精力企图重振罗马帝国昔日的辉煌，力图恢复古代罗马帝国广大的旧疆界，其努力注定要失败，因为在旧社会的框架和制度中寻求建立新秩序的时代已经一去不复返了。565 年查士丁尼一世逝世后，拜占庭帝国陷入内忧外患的危机，政变不断，外敌入侵，农田荒芜，城市缩小，人口减少，特别是斯拉夫人、阿瓦尔人、波斯人、阿拉伯人、伦巴第人等周边民族的四面围攻进一步加剧了形势的恶化。

610 年，希拉克略一世（610～641 年在位）登上拜占庭帝国皇位的宝座，标志拜占庭中期历史的开始。在此期间，为加速帝国社会组织的军事化，拜占庭进行了以军区制度为中心的改革。这一制度适合当时形势发展的需要，有力地缓解了危机形势，为稳定局势、加强国力提供了有力的保障。在帝国国力不断增强的基础上，拜占庭军队以巴尔干半岛和小亚细亚为基地，不断对外扩张。到马其顿王朝统治时期，拜占庭帝国势力达到鼎盛，而瓦西里二世（976～1025 年在位）发动的一系列成功的对外战争成为拜占庭国家强盛的标志。但事物是瞬息万变的，曾经一度挽救拜占庭帝国危亡形势的军区制，在发展过程中暴露了一系列自身无法克服的矛盾，军区制下发展起来的大土地贵族日益强大，在经济和政治上都足以与帝国中央集权相对抗，而军区制赖以存在的小农经济基础的瓦解，成为拜占庭帝国衰落的开端。马其顿王朝统治的结束标志拜占庭帝国中期历史的终结，同时也是拜占庭衰亡史的开始。

晚期拜占庭历史是帝国急剧衰落、直至灭亡的历史。11 世纪末，曾鼎盛一时的军区制彻底瓦解，帝国经济实力急剧下降，国库空虚，以农兵为主体的小农经济的瓦解使拜占庭不仅陷入经济危机，而且兵源枯竭。以大地产为后盾的贵族、特别是军事贵族参与朝政、角逐皇位，他们相互残杀，引狼入室，致使君士坦丁堡于 1204年失陷于十字军骑士之手。此后，拜占庭国土分裂，中央集权瓦解，领土不断缩小，最终极盛一时的拜占庭到了沦为东地中海的小国的地步，而且还要在奥斯曼土耳其、塞尔维亚和保加利亚等强国之间周旋、苟延残喘。1453 年奥斯曼土耳其帝国攻陷君士坦丁堡，末代皇帝君士坦丁十一世（1449～1453 年在位）阵亡，拜占庭帝国最终灭亡。

拜占庭帝国疆界

拜占庭帝国疆域一直处于不断的变化的状态。早期拜占庭帝国疆域基本与原罗马帝国的领土无异，到君士坦丁一世去世时（337年），其领土包括多瑙河以南的巴尔干半岛、黑海及其沿岸地区、幼发拉底河以西的小亚细亚、叙利亚、巴勒斯坦、尼罗河第二瀑布以北的埃及、北非的马格里布地区、西班牙、高卢和意大利。5世纪初，拜占庭帝国的疆域并未发生改变，划分为119个省。

查士丁尼一世继承皇帝权力时，原西罗马帝国的疆土几乎全被日耳曼各小王国所占领，拜占庭帝国的领土仅包括巴尔干半岛、黑海南岸、小亚细亚、叙利亚、巴勒斯坦和埃及。查士丁尼一世致力于恢复罗马帝国昔日的光荣，多次对西地中海世界发动远征，收回了帝国西部部分领土，重新控制意大利、北非马格里布沿地中海地区、西班牙南部和直布罗陀海峡。到查士丁尼一世去世时（565年），除高卢和西班牙北部地区外，拜占庭帝国基本重新占据了罗马帝国的旧领土，地中海再次成为帝国的内海。

可好景不长，被查士丁尼一世收复的昔日罗马的领土一直在遭受外来的侵犯。6世纪末，斯拉夫人和阿瓦尔人大举侵入巴尔干半岛，波斯军队则进犯帝国亚洲领土，兵抵地中海东部沿海，伦巴第人的进攻也使拜占庭军队龟缩于拉文纳总督区。至7世纪中期，阿拉伯人更以凶猛的进攻夺取拜占庭帝国在亚洲和非洲的领土，从而导致帝国疆域发生巨大变化。8世纪时，拜占庭帝国疆域仅包括以阿纳多利亚高原和幼发拉底河上游为东部界标的小亚细亚地区，和以马其顿北部为边界的巴尔干半岛，以及爱琴海及其海岛。此后，这一边界基本保持不变，上述领土构成拜占庭帝国版图。

直至9世纪，随着拜占庭帝国国力增强和实施对外扩张的政策，其疆域有所扩大。巴尔干半岛包括阿尔巴尼亚和伊庇鲁斯、直到多瑙河南岸地区又重归拜占庭帝国所有，意大利南部和西西里岛也再次为拜占庭人所控制，帝国的海上势力远达塞浦路斯岛和克里特岛。

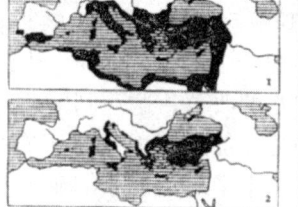

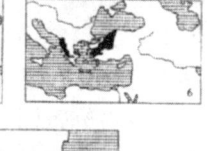

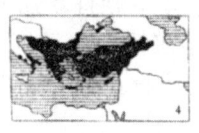

1. 560年
2. 750年
3. 9世纪
4. 1040年
5. 12世纪
6. 1214年
7. 15世纪

拜占庭帝国疆域变化地图

10～11世纪帝国再次发动对外战争又取得了成功，其疆域又有所扩大，东部边界推进到两河流域中上游和美索不达米亚地区，南部直到叙利亚地区的恺撒利亚城。在此期间，帝国西部疆界基本没发生变化。

第四次十字军沉重打击了拜占庭帝国，他们攻占拜占庭帝国首都君士坦丁堡开启了拜占庭人丢城失地的历史。在博斯普鲁斯海峡东岸的尼西亚城流亡57年的拜占庭政府只控制小亚细亚的中部地区。1261年拜占庭帕列奥列格王朝重新入主君士坦丁堡后，其疆域仅剩京城附近地区，黑海南岸的特拉比仲德王国、伯罗奔尼撒半岛南部的莫利亚地区和伊庇鲁斯山区虽然承认拜占庭中央政府的宗主权，但实行独立统治。拜占庭帝国的版图最终"确立"，直到帝国最后灭亡。

拜占庭民族

可以毫不夸张地说，拜占庭是一个民族众多的洲际国家。早期拜占庭帝国的居民基本上是由原罗马帝国东部地区各民族构成的。他们包括东地中海沿海地区各民族，即巴尔干半岛南部的希腊人，希腊化的埃及人、叙利亚人、约旦人、亚美尼亚人，以及小亚细亚地区的古老民族，如伊苏里亚人和卡帕多西亚人等，还包括西地中海的西班牙人和意大利人等。虽然帝国的民族构成复杂，但是，希腊人和希腊化的各个民族是拜占庭帝国的主要民族，希腊人在政治和文化生活中居主要地位。这一时期，帝国的官方语言是拉丁语，民间语言则主要包括希腊语、叙利亚语、亚美尼亚语、科普特语等。到6世纪末拉丁语几乎已经完全让位于希腊语，希腊语成为帝国的通用语言。

6～7世纪，由于帝国的疆域范围的变化，早期拜占庭民族构成发生巨大变化。

首先，拜占庭帝国非洲的全部领土和亚洲的部分领土丧失于阿拉伯人，在这些领土上居住的民族随之成为阿拉伯哈里发国家的臣民，例如埃及人和约旦人就是从这一时期开始伊斯兰化的。此外，西班牙人也逐步摆脱了拜占庭帝国的控制。

其次，斯拉夫人大举迁徙进入巴尔干半岛，并作为帝国的臣民定居在拜占庭帝国腹地，在与希腊民族融合的过程中逐渐成为拜占庭帝国的主要民族之一。这样，中期拜占庭帝国的主要居民包括希腊人、小亚细亚地区各民族和斯拉夫人，他们使用的官方语言是希腊语和拉丁语。这里要特别指出的是，作为帝国臣民的斯拉夫人与巴尔干半岛北部地区独立的斯拉夫人有很大区别。前者与希腊人融合，成为现代希腊人的祖先之一，后者则独立发展成为现代斯拉夫人的祖先；前者使用希腊语为母语，而后者以斯拉夫语为母语。这种状况在晚期拜占庭帝国没有发生重大变化，12世纪以后，拜占庭帝国的主要民族成分基本上与中期拜占庭的民族成分一样，只是拉丁语不再为拜占庭人所使用，只有少数官员和高级知识分子偶尔使用拉丁语。

在拜占庭帝国，还存在着一些源于不同模式的民族，他们无论定居何处都不改变自己的生活方式和宗教信仰，其中以犹太民族为典型。另一些民族，如阿拉伯人和亚美尼亚人通婚融合的情况经常发生，从而产生了一些新的思想和习俗。自11世纪后，吉普赛人的数量也在不断增加。但总的来说，在6世纪中期以后，真正对帝国的历史和文化等方面产生重大影响的还是希腊人及希腊化民众形成的民族群体。

千年帝国

以君士坦丁堡为首都的拜占庭帝国在历史的记忆中存续了一千多年之久，在这段对于人类历史长河来说并不算长的时间里，拜占庭人所经历的是血雨腥风的动荡不安的历史，在不断地征服与被征服中，拜占庭帝国以其独特的魅力向世人展现了她令人炫目的风采。而我们在回味那段历史的同时，那颗起伏不断的心也在随着她的成败跳动。

从罗马到拜占庭

公元 330 年 5 月 11 日，君士坦丁大帝用 6 年时间建立的新首都——君士坦丁堡（今伊斯坦布尔）顺利落成，它耸立在博斯普鲁斯海峡旁边，位于欧亚两大洲交界处的古代拜占庭地域内。这是罗马帝国彻底改变政策的最后阶段，君士坦丁大帝力图在东方寻找生路。当时最繁荣的省是叙利亚、巴勒斯坦和埃及。诞生于巴勒斯坦的基督教就在这里发展起来，并使帝国获得了新生。312 年君士坦丁给予基督教徒信教的自由，325 年他又强迫这些教徒在信仰上协调一致。他的目标不仅在宗教方面，而最终目的是首先必须保卫疆界，尤其是保卫受到哥特人和波斯人威胁的多瑙河和幼发拉底河的疆界。由此帝国采取了灵活的自卫政策，终于牵制住和同化了哥特人，或者把哥特人遣送到西方去，远离帝国心脏。一部分元老院设立在博斯普鲁斯海峡边上的罗马帝国，于 476 年终束了辉煌的历史历程。

一方面是东方的经济繁荣养育了君士坦丁堡，另一方面帝国政治中的东移，使东方原具有的优势有了更大的发展，其经济文化的繁荣也很快为世人所瞩目。君士坦丁堡很快就代替了旧都，成为亚欧大陆上最为繁荣昌盛的一颗璀璨的明珠。这座城市从一开始就信奉基督教，尽管 361～363 年尤利安（Julien）试图建立异教，但君士坦丁堡从 381 年起就庇护主教会议，451 年它的主教上升到教会权力的第二位。君士坦丁堡像从前的罗马一样，成为头等重要的城市，称为"Polis"（城邦）。直到 15 世纪，当土耳其人让当地农民指路时，这些农民指着城墙和塔楼说"到城里去"，一千年以来都是这样，那座城就是君士坦丁堡。因此，这个被我们称之为"拜占庭"的帝国，是罗马帝国的延续，但它也从里到外不同于罗马帝国，这是一个希腊人和基督徒的东罗马帝国。

世界性、多样性的帝国

6 世纪初，帝国达到政局平衡和成熟期，以致查士丁尼为了把地中海重新变成拜占庭帝国的内海，不惜以高昂的代价同波斯人修好。帝国的两位将军贝利泽尔和纳尔瑟斯相继重新征服北非、意大利和西班牙南部。即使没有获得完全成功——因为高卢和五分之四的西班牙未被征服——查士丁尼还是用这种方式阐明了拜占庭政治思想的一个基本特点——世界性。

查士丁尼历久不衰的作品——编纂法典——也证明了这种世界性。早在 5 世纪初，罗马帝国皇帝提奥多西二世就已经让人收集所有的现行法律。但提奥多西法典很快就过时了，因为他把罗马法最重要的部分——判例扔在一边；而且提奥多西二世及其后继者在这部法典公布后，继续制定法律。从 529 年起，查士丁尼交给特里波尼安一个任务，就是编纂一部新法典，但同时在《学说汇纂》中收集判例，给大学生们提供一部教科书《法学阶梯》。534 年，全部工作完成了，其成果就是举世瞩目的法典《民法大全》，但它马上就暴露出不足，其分门别类过于简单，避免不了重复和矛盾。但更主要的缺点还在于这些律例如汇编是用拉丁文写成的，拉丁文是行政管理用语即"官话"，但老百姓讲希腊语。语言上的障碍，使得新领布的法律老百姓连字都看不懂，更别提好好地去遵守了，这样的法律就失去了存在的意义。查士丁尼认识到了这一点，所以规定，今后的法律，一律要用希腊文写成。

查士丁尼本身还体现了这个帝国的多样性，以及它的伟大和矛盾。他生于伊利里库姆，自己讲拉丁语，却统治着一个讲希腊语而且在东部地区讲叙利亚语或科普特语的帝国。他在东方受到威胁，便重新征服西方，并且近乎愚蠢地忽略了保卫巴尔干。他独断专行，差一点于 532 年向尼卡（Nika）起义投降，只是由于他的妻子提奥多拉说"皇袍是美丽的尸布"，遂奋然而起，才成功镇压了起义。他作为正统贵族的代言人，以异教不知悔改为由，关闭了雅典学院，并重建了圣索菲亚大教堂

查士丁尼一世像（547 年镶嵌画）

——直到君士坦丁堡陷落，它一直是基督教最大的教堂——但他娶了一个主张耶稣单性说的耍狗熊的女人。也许正是他自身所体现出来的戏剧性的冲突和矛盾，注定了他所创造的罗马大帝国的神话有如昙花一现的命运。

帝国灾难

在查士丁尼生前，最早的斯拉夫人已经穿越了多瑙河；从 565 年起，伦巴第人涌向意大利，只给帝国留下最南边的部分和拉韦纳与罗马之间一块不安全的地区。接着，610 年左右波斯人占据了叙利亚、巴勒斯坦和埃及，将真正的十字架遗物掳掠而去。从 629～630 年起，赫拉克利乌斯重建了幼发拉底河的边界，并在耶路撒冷重建十字架。就在 626 年，围攻君士坦丁堡的阿瓦尔人差一点在城中会师。这个起源于土耳其和塔塔尔人的民族，将斯拉夫人组成人数众多的团队移师西方；不过斯拉夫人留在巴尔干，并一直延伸到伯罗奔尼撒的尖端。

事隔不久，623 年，阿拉伯人再次向拜占庭发起了进攻。阿拉伯人所到之处以披靡之势前进，于 636 年在约旦附近摧毁了赫拉克利乌斯的军队，然后占领了叙利亚、巴勒斯坦和埃及。而后的 50 年，北非也成为他们的囊中之物。670 年左右，他们建立了一支咄咄逼人的舰队，虽然拜占庭人掌握着制海权，他们严守一项军事秘密——用石油为基本原料制造的"希腊火"。总之，717 年 3 月 25 日，小亚细亚主

查士丁尼颁布法典

要部队的首脑（或统帅）伊索里亚人利奥夺取了王位，局势万分危急，阿拉伯人乘机从陆路和海路围攻君士坦丁堡，因为至少在托罗斯边境还有隙可乘。至于巴尔干，帝国的势力范围只剩下它的爱琴海海岸上狭窄的一块地方。

俗话说：瘦死的骆驼比马大。由于上个世纪开始的政治重组，及步步为营保家卫国的战士的品质，帝国终于顶住了压力阻止了阿拉伯人的入侵。从 8 世纪末起，帝国加速收复被斯拉夫人占领的特拉斯、沙尔西迪克、希腊中部和伯罗奔尼撒等领土。9 世纪中叶开始，阿拉伯人再不能越过托罗斯山。相反，拜占庭重新在北方向亚美尼亚的边境发动征战。

帝国复苏

随着马其顿王朝（867～1057 年）统治时期的到来，标志着拜占庭军队最鼎盛时期的到来。重新征服构成罗马帝国的领土，对想成为世界性帝国的马其顿王朝来说是至关重要的。拜占庭军队一有机会，便越过托罗斯山，夺取梅利泰纳、安提俄克、埃德斯和耶路撒冷等 4 座历史名城，是这一政策的象征。梅利泰纳城位于幼发拉底河上游的右岸，从 752 年至 931 年它最终被合并到罗马帝国，其间不断地被夺取和再夺取。拜占庭人把主教所在地称为安提俄克，即"上帝之城"，对于信奉基督教的拜占庭帝国不能失去对这个城市的的控制，969 年 10 月 29 日尼塞福鲁斯·弗卡斯皇帝终于夺回了它。相反，975 年约翰·特基米斯凯斯的军队不得不在离圣城耶路撒冷 150 公里处止步。最后，1032 年，帝国收复了位于幼发拉底河河湾及以圣像闻名的埃德斯。收复以上四座名城后，拜占庭帝国并未从此停下争战的脚步，而是推进得更远，朝高加索进军，亚美尼亚逐步被蚕食，随着 1045 年安尼（Ani）被攻占，亚美尼亚并入了罗马帝国的版图。

罗马帝国自从 961 年尼塞福鲁斯·弗卡斯皇帝重新征服了克里特岛以后，主宰了东地中海，同样也在西地中海取得霸权。在南意大利，它逐渐重新控制伦巴第公国，轻而易举地遏制了日耳曼帝国的企图，值得一提的是帝国又重新占领了具有重要战略地位的巴尔干全境。

"保加利亚屠夫"巴西尔二世

与保加利亚人的斗争持续了两个多世纪。813 年，保加利亚大公克鲁姆的军队摧毁了尼塞福鲁斯·弗卡斯皇帝的军队，后者在首都的城墙下坚守不住而战死。鲍里斯改信基督教，希腊的神职人员移居保加利亚，只不过这样的和平只是短暂的。10 世纪末，西美昂的一个继承者萨穆伊尔重新拿起了攻打拜占庭的武器——当时拜占庭的强大达到鼎盛期。巴西尔二世进行了 16 年的浴血斗争，巩固了在东方的地位，进而消灭保加利亚帝国，将它合并，并收复了多瑙河的边界。1014 年 7 月，在克利迪昂的隐蔽地带，保加利亚军队被彻底击溃了，1.5 万人成了俘虏。巴西尔二世把这些俘虏的双眼弄瞎，每 100 人中有一个只弄瞎一只眼，以便把他其他 99 个全瞎的不幸的同伴带回给萨穆伊尔。萨穆伊尔接受不了这一惨败的打击，于 1014 年10 月 6 日去世。保加利亚帝国不久就被巴西尔二世吞并。胜者为王，败者为寇，战败者的命运注定是不幸的，正如萨穆伊尔，而巴西尔二世作为胜者在他逝世时，留下一个金库，拥有数以万计的金币。这种货币单位称为"诺米斯玛"，自君士坦丁统治时期以来一直很稳定，作为货币标准，通用于波罗的海至红海地带。11世纪中叶，马其顿统治时期的帝国成为世界第一强国。

瓦西里二世像（11世纪古书插图）

十字军东征的转折点

可是，以往成功的因素已经耗尽。拜占庭商人开始让位于意大利人、威尼斯人和亚美尼亚人。农民的小土地所有制是收税和征兵的基础，两个世纪以来不断在衰落。从1012年开始，获得经济高涨的西方先头部队，同诺曼人一起，定居在拜占庭的意大利地区。1071年，拜占庭在意大利的最后一个要津巴里（Bari）落入诺曼人之手。从1095年起，掀起一场涌向耶路撒冷的大规模运动，西方派出多余的十字军。初看起来，为了对付从11世纪上半叶开始来自土耳其的危险，增援并不是多余的。土耳其人在1055年夺取了巴格达，在小亚细亚一再发动突袭，对濒临解体的帝国政权垂涎欲滴。1071年8月19日，在亚美尼亚的曼齐凯尔特边界进行了一场决定性的战役：一部分拜占庭贵族叛变，帝国军队被歼，土耳其人夺取了小亚细亚。阿列克塞·科穆宁（1081～1118年）为了重整旗鼓，夺回地盘，需要士兵。十字军似乎为他提供了兵员，但十字军很快

1204年十字军攻占君士坦丁堡，进一步加强他们的地位。在14世纪和15世纪，他们建造了大吨位战船，与划桨快船相配合。

就考虑到自身利益，因此在1098年夺取了安提俄克以后，竟然拒绝把被称为"上帝之城"的安捷俄克交还给皇帝。另一方面，十字军被用作对付土耳其人的盾牌，使皇帝能够重新征服小亚细亚的大部分地区。

罗马帝国的最后幸存者

科穆宁的帝国（1081～1185年）闪耀出无可比拟的光辉。十字军的部队中无论是君王还是普通骑士，都被金银财富满溢、生气勃勃的城市弄得眼花缭乱。一时间，西方人共同涌向这个黄金城。先是威尼斯在1082年出钱获得帝国舰队的帮助，对抗诺曼人，在给了贡品以后，威尼斯商人得到了大大少于付出的利益，如被免除了商

业税，还得到超过拜占庭人多得多的优惠。其他意大利人纷纷效仿威尼斯人，例如比萨人。但帝国已是元气大伤，再也恢复不了往日的强盛。相反，1176 年拜占庭军队再次被土耳其人打败，一个世纪重建的努力毁于一旦。

于是帝国再也不能威吓同盟者了。拉丁语居民在君士坦丁堡与日俱增，引起了拜占庭人排外的反应。

1171 年，威尼斯人就这样被逐出城外。他们逃脱了 1182 年 5 月西方商人遭遇的屠杀，不久又趁着科穆宁垮台后帝国政权的不稳定，毫不犹豫地利用了第 4 次十字军东征的大规模行动。1204 年 4 月 13 日，十字军冲进这座人口最多的基督教城市，凶残地进行大肆掠夺和屠杀。十字军和威尼斯人瓜分帝国的势力范围，而拜占庭的合法政权则龟缩到尼西亚一带。

罗马的继承者当然不会甘心就这样寿终正寝，1261 年 8 月 15 日，米哈伊尔八世重建了帝国，但这只是回光返照。从世纪初中断的来自土耳其的压力，这时又恢复了。土耳其人在 80 年内夺取了整个小亚细亚，一直扩张到爱琴海边。他们在新王朝即奥斯曼王朝的激励下，于 1348 年越过

十字军攻古君士坦丁堡

达达尼尔海峡。正当苟延残喘的帝国残余陷入到内战时，奥斯曼土耳其人在不到 50 年的时间内，以迅雷不及掩耳之势夺取了巴尔干。相反帝国却逐渐萎缩到特拉凯和莫雷，仅在特雷布松还有一小块延伸部分，而这只不过是一个延缓死亡的小公国，这时帝国已经是名不副实了。但是，罗马帝国的最后几位幸存者却坚持要实现大一统，骄傲地拒绝西部靠不住的援助条件。正是这样，帝国像它的最后一位皇帝那样，站着战斗而死，直到终结也没有人改变自己的信念。

奥斯曼土耳其人的扩张

土耳其人最初居住在里海和阿尔泰山脉之间广阔的土耳其斯坦平原地带，即我们古代所称的突厥人。

公元 6 世纪时，土耳其人逐步强盛，曾于 568 年遣使至拜占庭帝国宫廷，协商联合打击波斯军队的计划，拜占庭也因此派使节蔡马赫斯回访。

7 世纪时，土耳其人被分为东西两个部分，由于受到中国唐朝军队的追击，开始向西迁徙，我们所称的阿瓦尔人、保加利亚人和卡扎尔人原本都属于土耳其人的部落。

10 世纪时，土耳其人的一支塞尔柱突厥人发展迅速，建立了塞尔柱突厥人国家，并将势力扩大到伊朗和俄罗斯草原，其西部边界延伸至小亚细亚地区，开始与拜占庭帝国军队发生接触。由于土耳其人惯于游牧生活，精于骑射，因此，常常大批受雇于拜占庭军队。

至 12 世纪，塞尔柱突厥人国家发生内战，由此分裂成西亚地区的许多小国，其中最强大的丹尼斯曼迪德斯王朝（1085～1178 年）占据和主宰拜占庭卡帕多西亚地

区和伊利斯河谷数十年，迫使拜占庭帝国承认他们对"被征服的罗马人土地"的占有。

13世纪以后，在拜占庭人始终自称为罗马人的土地上形成了强大的罗姆苏丹国，而奥斯曼土耳其人就是从这里发展起来的。

罗姆苏丹国曾一度是拜占庭东部边境的巨大威胁，但是，战乱时代局势总是那么的瞬息万变，蒙古人的西侵改变了小亚细亚地区的局势。蒙古军队继公元1258年攻占巴格达并灭亡阿拔斯王朝后，又横扫叙利亚和美索不达米亚广大地区，即使是比较强大的罗姆苏丹国也不得不在善战的蒙古人的铁骑下被迫屈服。原罗姆苏丹国的部落纷纷宣布独立，出现了许多埃米尔国，其中龟兹部落的首领奥斯曼也乘机于13世纪末宣布独立，自称苏丹，建立了奥斯曼土耳其国家，开始了奥斯曼王朝数百年的统治。

为了实施向欧洲扩张的计划，奥斯曼土耳其人采取了三个步骤。

首先，乌尔罕苏丹不断派遣士兵越过海峡进入拜占庭，有时他们在色雷斯地区和君士坦丁堡城郊抢劫财物，有时则应拜占庭皇帝的邀请，帮助拜占庭军队作战。总之，他要以各种借口呆在欧洲，扩大影响并等待时机完成征服计划。当时，约翰六世也极需要土耳其人的骁勇善战的才干，为了满足土耳其人，他花光了国库的积蓄，甚至将莫斯科大公捐赠的用来修复圣索菲亚教堂的金钱也支付给了土耳其人。

其次，乌尔罕苏丹利用拜占庭的困境，以帮助拜占庭为名进兵欧洲。他曾于公元1348年、公元1350年、公元1352年和公元1356年四次大规模增兵，其中最大的一次（1352年）人数在两万左右，从而使色雷斯南部地区牢牢地控制在自己手中。每次派兵，乌尔罕苏丹都是一举两得，一则他要求与拜占庭皇帝订立协议，迫使后者提供金钱和承认对色雷斯部分城市的占领，二则又为他的军事扩张披上了合法化的外衣。

最后，乌尔罕致力于建立进军欧洲的军事基地。过去，奥斯曼土耳其人大多是经过达达尼尔海峡进入色雷斯南部地区，因此，位于海峡欧洲一侧的加里伯利城就被确定为具有战略意义的军事基地。乌尔罕曾多次进攻此城，都因城池坚固而未果。因此，乌尔罕要顺利达到目的，就必须攻下加里伯利城。

公元1354年，乌尔罕的机会终于来了，色雷斯南部地区发生强烈地震，当地居民纷纷逃离，奥斯曼土耳其军队乘着大好时机占领整个地区，在地震废墟上重新修建城墙和堡垒，并在加里伯利城驻扎大批军队，囤积大量给养。从此，这里就成为奥斯曼土耳其帝国进军欧洲最重要的战略中心和军事基地。

在奥斯曼土耳其人发展的前半个世纪里，其主要的征服活动集中在陆上，而后便开始发展海上势力。巴耶札德具有超过其父辈的野心和欲望，当然他也具有相当的远见卓识。他清楚地认识到，要建立帝国必须灭亡拜占庭，而要攻占君士坦丁堡必须建立强大的海军。因此，他下令网罗人才，建造舰船，训练水师，组建大规模舰队。以此为基础，他命令海军首先分区清剿在爱琴海横行了半个世纪的土耳其海盗，收编或征服了萨鲁汗、奥穆尔和希德尔·贝伊等一大批土耳其海盗武装，将许多海上的和沿海的海盗老巢变为奥斯曼土耳其帝国的海军基地和据点，从而控制了爱琴海地区。但是，精明的巴耶札德注意不使海军主力分散，而是集中于具有战略意义的博斯普鲁斯海峡地区。在这里，他沿着海岸建立多处海军要塞，并将势力发展到黑海南部水域。

可以说巴耶札德为了自己远大的目标，他处处小心，步步为营，为最后的决战做好一切充分的准备。巴耶札德在被征服土地上建立奥斯曼土耳其帝国的统治机构，强迫被征服地区君主提供军队随同作战，大胆启用外族军事将领，积极准备进攻君士坦丁堡。有了强大的军事力量做后盾，巴耶札德为了在政治上造成既成事实，他以最高宗主的名义召集巴尔干半岛各国君主会议，强令其臣属国的君主，即拜占庭帝国皇帝、米斯特拉专制君主、法兰克的阿塞亚侯爵和塞尔维亚君主到会。在会上，他还作为仲裁人判决拜占庭人和法兰克人之间的争端。

公元1386年，巴耶札德在多瑙河南岸的尼科堡战役中击溃由匈牙利国王希格蒙德（1387~1437年）统率的由威尼斯、热纳亚、匈牙利、伯艮第公国、法、英、德、波兰等国组成的十字军，最终确立了奥斯曼土耳其帝国不可动摇的国际地位，也为最后攻占君士坦丁堡作好了准备。

正当巴耶札德踌躇满志、雄心勃勃准备完成奥斯曼土耳其帝国的伟大事业之际，一件意料不到的事件中断了他的计划，这就是铁木尔（1370~1405年）率领的蒙古军队击败了巴耶札德的奥斯曼土耳其军队，给鼎盛时期的巴耶札德当头一棒。

铁木尔出身于蒙古贵族家庭，曾在察合台汗国任高官，公元1369年，发动政变，自立为汗。公元1380年，他开始从事对外扩张，首先占领呼罗珊，而后灭亡伊儿汗国，吞并伊朗和阿富汗。公元1390年，征服金帐汗国。公元1398年，他征服印度后，挥师西进，进入两河流域，次年攻陷大马士革，旋即入侵叙利亚和小亚细亚地区，与奥斯曼土耳其帝国军队发生冲突。公元1401年，铁木尔计划进攻奥斯曼土耳其帝国，为此，与拜占庭皇帝约翰七世（1425~1448年）和热纳亚人订立协议，结成同盟共同攻打巴耶札德。

公元1402年7月2日日，两军在安卡拉战役中苦战一天，巴耶札德战败，与其子一起被俘。骄横成性、不可一世的巴耶札德不肯认输，对铁木尔骂不绝口，遭致杀身之祸。树倒猢狲散，消息传来，被土耳其军队征服的各个国家纷纷起义，脱离巴耶札德的统治，奥斯曼土耳其帝国迅即瓦解，拜占庭因此得到解救。

但是，这个事件只能救拜占庭一时而不能救其永远，拜占庭的灭亡也成历史必然，它只是推迟了拜占庭的灭亡日期。50年后，拜占庭的末日终于来到了。

穆罕默德围攻君士坦丁堡

安卡拉战役之后，奥斯曼土耳其人陷入长期内战，巴耶札德的后人为争夺苏丹权力进行殊死地厮杀。拜占庭皇帝乘机与占据奥斯曼土耳其帝国欧洲领土的苏丹苏里曼在公元1403年订立协议，将色雷斯、马其顿、爱琴沿海、黑海南部诸港口和沿海峡地区重新收回，公元1404年又迫使苏里曼称臣纳贡。此后，他以轮流支持奥斯曼土耳其国内强大一方的办法为拜占庭争得了一些权利，并和巴耶札德6个儿子中仅存的穆罕默德（1413~1421年在位）保持了持久的友好关系。值得注意的是，曼努尔二世不是通过推行清理政治时弊、大力发展经济、加强军队建设、扶植商业贸易、整顿金融财政等一系列国内措施恢复拜占庭国家的实力，而是以支持奥斯曼土耳其帝国内部斗争的方式着重恢复拜占庭原有的领土。因为，他在国内推行的任何一点改革都无一例外的遭到大官僚和大贵族的反对，他试行的任何新政措施都因中央和地方保守势力的反对破坏而中止。这充分说明拜占庭社会内部矛盾已经发展到无法调和的程度，国家的衰落已经无法挽回，即使历史给它提供了重新奋起自救的机遇，它也只能眼看着机会从身边溜掉，"守株待兔"般地等待最后的末日。

公元1421年，穆拉德二世（1421～1451年在位）继承了苏丹权力，他决心全面恢复强大的奥斯曼土耳其帝国，重新夺回过去20年丧失的土地，并要重新征服宣布独立的各国君主，其最终目的将是彻底征服拜占庭，夺取君士坦丁堡。他首先起用了一批最优秀的政治家和军事将领，为他出谋划策，东征西讨，而后，利用基督教各国之间的矛盾和斗争，巧施外交手段，逐步恢复奥斯曼土耳其帝国的元气。

公元1422年6月，穆拉德二世发动了对君士坦丁堡的进攻，他选择了三十多年前约翰五世迫于巴耶札德苏丹压力而未能加固的那段城防薄弱点强行攻城，动用了各种攻城机械，竭尽全力，连续作战两个月有余，但是，没能前进一步。君士坦丁堡毕竟是千年古城，历代君主对它的修筑使之极为坚固，如果没有内应，仅以强攻占领它绝非易事。穆拉德二世是个善于总结过失经验的人，他从攻城失败中认识到，要彻底征服拜占庭时机尚未成熟，还需要作大量的准备。于是，他像巴耶札德苏丹那样，将君士坦丁堡放在一旁，集中精力在巴尔干半岛和小亚细亚地区征服反叛的臣属国和埃米尔国家，清除铁木尔征服后留下的汗国属地。公元1451年，攻打拜占庭的准备工作基本就绪，但穆拉德二世因病去世，他的儿子穆罕默德二世子承父业，力图征服拜占庭。

穆罕默德二世（1451～1481年在位）即位时虽然年仅19岁，但是，由于多年来跟着父亲征战南北，已经是具有多年统治经验的政治家和军事家。早在他12岁以前，就按照奥斯曼土耳其帝国传统担任小亚细亚西部地区的省级地方官，12岁以后做过将近两年的奥斯曼土耳其帝国苏丹。他受过良好的宫廷教育，知识渊博，智慧超群，精通波斯、希腊、拉丁和阿拉伯等多种语言。早年从政的经历使他对政治和外交驾驭自如，而他对军事与战争更有深刻的研究和独到的见解。穆罕默德即位后的首要任务就是征服拜占庭、夺取君士坦丁堡，完成巴耶札德、穆萨、穆拉德二世等历代奥斯曼土耳其帝国苏丹未竟之业。

外交上，穆罕默德首先孤立拜占庭，与所有有可能援助君士坦丁堡的势力进行谈判。1451年，与威尼斯订立协议，以不介入威尼斯和热那亚战争为代价换取了威尼斯人的中立；同时，又与匈牙利国王订立和平条约，以不在多瑙河上建立新要塞的承诺换取了匈牙利人的中立。

在军事上，他在其父亲的基础上又进行了三项准备：

第一，组建了莫利亚军团和阿尔巴尼亚军团，前者用于在希腊方向上作战略牵制，后者用于阻止马其顿西部援军。

第二，组织大规模军火生产，特别是用于攻城作战的军事机械。他专门高薪聘请匈牙利火炮制作工匠乌尔班指导生产了当时世界上最大的巨型火炮，其口径达 99 厘米，可发射 1200 磅（相当于 544 公斤）重的石弹，是攻城最强有力的武器。

第三，在博斯普鲁斯海峡最窄处建立鲁米利·希萨尔城堡和炮台，配置强大的火炮，它与海峡对面的阿纳多利·希萨尔城堡隔水相望，能有效地封锁并控制海峡。

面对穆罕默德二世有条不紊的备战，守城的拜占庭皇帝君士坦丁十一世（1449～1453 年）没有坐以待毙，他也在作最后的外交努力。他一方面向几乎所有的欧洲国家和教廷派出使节，哀求基督教兄弟们看在上帝的分上立即出兵，解救君士坦丁堡；另一方面与莫利亚地区的希腊专制君主、他的兄弟联系，希望他们停止内战，增援危急中的首都。但是，雪中送炭难这一生活法则在国家政治之间也发挥得淋漓尽致。所有的欧洲国家君主除了表示同情和开具出兵援助的空头支票以外，没有及时作出任何具有实际意义的行动，即使个别君主派出的小股部队对抵抗即将到来的攻击也只是杯水车薪，无济于事。莫利亚的皇室成员内争正酣，彼此誓同水火，对君士坦丁十一世的呼吁根本不予理睬。至于特拉比仲德的希腊人，连类似西欧君主的同情表示都没有，也许他们正幸灾乐祸地等待帕列奥列格王朝的灭亡，因为这个王朝一直是他们争夺拜占庭最高权力的障碍。这样，君士坦丁十一世处于既无内助又无外援的可悲境地。他可以用来抵抗土其人的防御力量只有不足五千人，另外还有两三千外国自愿军，其中热那亚贵族乔万尼·贵斯亭尼安尼率领的 700 人战斗队最有战斗力。在海上，皇帝仅有 26 艘船，一字排开，防守在黄金角湾入口处的铁链之后。这种情形正如一位当时的作家所写的那样："这个民族衰弱之极，似乎一阵微风也能将它刮倒，它就要被敌人吞没了。"

在双方的势力特殊的局势下，战争如弦上的箭，不得不发。

顽强惨烈的君士坦丁堡保卫战

尽管奥斯曼帝国拥有兵力与武器、海上与陆上的绝对军事优势，但君士坦丁堡的顽强抵抗却远远超出穆罕默德二世的预料。行将衰亡的拜占庭帝国在其向敌人拼死的、精彩的最后一击中，充分迸发出千年辉煌文明的力量。然而，业已腐朽的古国毕竟大势已去。

公元 1453 年 4 月 6 日是穆斯林的安息日，穆罕默德二世的继承人穆罕默德解开了大炮，一场酝酿已久的战斗开始打响了。

攻城战正式开始，奥斯曼王朝的 50 多门炮一起开火，一时间爆炸声震耳欲聋，爆炸的气浪遮住人的眼睛。围困在城中的人们，修女和贵族，烧饭丫头和教士，街头顽童和朝臣，大家一起修补断垣残壁的每一个新缺口。他们从 4 月底一直战斗到 5 月的第三个周，为自己的信仰而战，为自己的世界而战，为自己的生活方式而战。饥饿、疲惫、疾病，他们知道无论再做什么也拯救不了他们自己了。

君士坦丁没有理睬朝臣们的恳求，他们动员他逃离首都。逃跑仍然是可能的，如果能逃到一个安全地带，比如说伯罗奔尼撒的某个地方，有一天他还有可能从土耳其人手中收复陷落的帝国。但是君士坦丁不存任何幻想，拒绝离开。首都的命运，帝国的命运，就是他自己的命运。当穆罕默德的信使向他提出投降条件，以保住城市和人民的生命安全时，皇帝君士坦丁摇了摇头，把信使打发走了。拜占庭皇帝最后的搏杀十分悲壮，值得我们稍作详细叙述：

在 5 月 28 日凌晨时分，空气中似乎传来一种预感。土耳其军队在陆地城墙外的营帐内休息，他们在积聚力量做最后的攻击。双方的每一个人都清楚总攻会在黎明到来前趁着天黑展开。城内管理者们在分发武器，教士们拿着圣像围着城墙来回转圈。声势浩大的游行队伍挤满大街，他们高唱："上帝保佑我们。"皇帝最后一次对他的人民讲话，他说："敌人靠枪炮、骑兵、步兵的支持，数量上占绝对优势。我们依靠的是上帝和救世主，还有我们的双手和上帝赋予我们的力量。"

君士坦丁来到位于布莱舍耐的宫殿，在那里，陆地城墙与黄金角湾相接。君士坦丁对大伙为他付出的努力表示感谢。君臣之礼彻底崩裂了，大家都不避讳这一事实。君士坦丁说，国难当头，心绪烦乱，若有任何冒犯和不礼貌，还请大家原谅。然后他向大家一一告别，走向城墙，与他的人民共同面对土耳其人的进攻。

果不其然，5 月 29 日，土耳其军队又组织了一次新的攻城战，但这一次与前几次不同，他们在大队士兵之前由一位士兵带领着一批扛着许多蜜蜂箱的养蜂人。

土耳其部队很快到达了君士坦丁堡城下，这些养蜂人立即把蜂箱扔上城头。霎时间，成千上万只蜜蜂从摔开的蜂箱中铺天盖地飞出来，遇人便蜇，把守城的军民蜇得睁不开眼，一个个哇哇直叫，乱成一团，顷刻间便失去了守城的能力。土耳其军队一鼓作气发起猛攻，两个小时后就完全占领了君士坦丁堡。就这样，在城被围困 50 天之后，曾打退科斯洛埃斯和多位哈里发的进攻的君士坦丁堡，终于不可挽回地被穆罕默德的武力征服了。至此，有着一千多年历史的拜占庭帝国寿终正寝了。

失落的文明

每当一座大城市陷落和遭到洗劫的时候，历史学家注定只能重复一些人云亦云的大灾难的情景。同样的情绪必然产生同样的结果，而当这类情绪不加控制地任其发展时，那文明人与野蛮人之间便没有什么差别了。在一片含糊的偏执和憎恨的喊叫声中，那些土耳其人并没有受到对基督教徒滥加杀害的指责，但根据他们的古老的格言，战败者都不能保全性命；而战胜者的合法报酬则来之于他们的男女俘房的劳役、卖出的价款和赎金。君士坦丁堡的财富全被苏丹赏给了他的获胜的军队，一个小时的抢劫比几年的辛苦劳动所得多得多。

在公元 1453 年 5 月 29 日这一天中，只用了几个小时，这座城市的财富就被用车子运走，赃物被瓜分，抓获的俘房被任意凌辱。4 千拜占庭人被杀，5 万人被俘。这座城市终于沉寂了下来。

君士坦丁没有亲眼目睹他的帝国最后的灭亡，他在保卫城墙时身亡，躺在尸体堆里。尽管苏丹命令搜遍全城，一定要找到君士坦丁的尸体，但搜索最终没有结果。皇帝的最后安息地一直没人知道。但是他的死证实了一个古老的拜占庭预言，那就是帝国的开国皇帝是君士坦丁，帝国灭亡时在位的也是一位叫君士坦丁的皇帝。

6 月 18 日凯旋的苏丹返回阿德里安堡，对那些基督教皇帝振来的卑贱的、无用的使臣面含微笑，似乎他们从东部帝国的陷落中，已看到了自己即将灭亡的命运。

新罗马——君士坦丁堡

君士坦丁大帝迁都君士坦丁堡成为拜占庭帝国的开端,拜占庭人对它也是喜爱有加,赋予它许多夸张的名称——美丽之城,光明之城,万城之冠。我们不禁要问,新都君士坦丁堡有什么魔力使君士坦丁大帝将以前的"千秋大业"付之西去"?而建成的新都又是以何颜面与大家见面?新都的发展对整个拜占庭帝国的发展带来了什么?它对拜占庭文明又做出了什么贡献?以下的篇章将为我们——解答。

与众不同的城市

君士坦丁堡经历过迅速而异乎寻常的成功,尤其是当拜占庭帝国失去像安条克、亚历山大等东部大城之后,它就成为帝国唯一的奇观。事实上,帝国的其他城市如泰萨洛尼克、以弗所、特雷布宗虽然常有市集,拥有三四万人口,经济上也占有重要性,但与君士坦丁堡相比就显得微不足道了。

君士坦丁堡能有如此成功还应归功于他的始创者——君士坦丁,因为他很合适地选择了古拜占庭位置。这座城市处于分隔马尔马拉海和黑海的博斯普鲁斯海峡西岸入口处,因此,它处于东方与地中海和欧亚两洲之间海陆交通的汇合点。优越的地理条件,使它很快成为来自世界各地的商人的汇聚地。

为了强调新建立的君士坦丁堡是罗马帝国的新都城,君士坦丁皇帝将它称为"新罗马"。事实上,君士坦丁堡几乎就是古罗马城的翻版,它的城区格局和全部的建筑物几乎完全按照罗马的模式。君士坦丁堡模仿古罗马城,将其城区划分成七个地区,称之为"七丘",在此基础上又划分出 14 个区;君士坦西丁堡也同古罗马城一样将第二区命名为"卡匹托丘",也将政治中心设于此;古罗马城的皇宫与竞技场相邻,君士坦丁堡也做了相同的规划;甚至连城市的管理体系和巡夜、消防

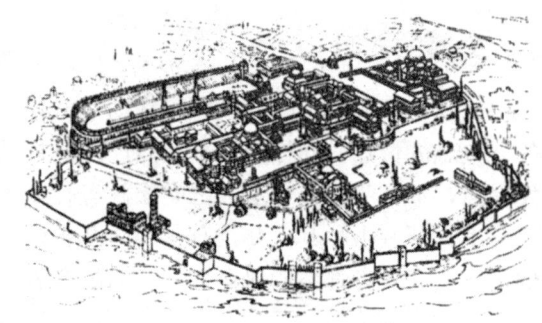

君士坦丁堡复原图

组织的人数都与罗马城相同。君士坦丁皇帝为了安抚他的臣僚们,还修建与罗马城相差无几的元老住宅,豪华依然。迁都后的拜占庭长期保留了他们在古罗马城使用的拉丁语官方地位,尽管在新都城中真正懂得拉丁文的人并不多。

随着帝国统治中心的东移,最后转移到了新罗马——君士坦丁堡城,它逐渐取代古罗马城,成为拜占庭帝国新的政治、经济、文化中心,同时由于其优越的地理条件,不久,君士坦丁堡就成为亚欧大陆上最为繁荣昌盛的都市。

难以攻陷的围墙

君士坦丁建造了第一道占地面积为 750 公顷的海陆围墙。从 5 世纪初起,由于

人口迅速增长，有限的围墙显出了不足，于是又向西扩展，因此，提奥多西二世将防御面积扩大到两倍而且还加固了海岸。至于陆地围墙，他设计了双层结构。在土耳其人用上火炮之前，围墙可以说是坚不可摧，唯一的危险就是叛变或地震。人们的担心并不是多余的，甚至就在提奥多西二世生前的447年11月7日和448年1月6日的地震就坍塌了城墙和394座塔中的57座；但是，由于"上帝之鞭"阿提拉的威胁而变得紧急的修复工作却只花了60天就完工了，而且，再也没有比之更严重的地震威胁过它们。靠马尔马拉海的城墙有8公里长，靠"黄金角"海湾的有7公里长，靠陆地的一边有6.5公里长。

希腊塞萨洛尼基发现的拜占庭古城墙

但是，尽管海岸城墙有12米到15米高，仍显得很矮小。因为，城墙后清晰可见大片公共建筑群、宫殿、赛车竞技场，尤其还有教堂的穹顶，其中最高的是圣索菲亚大教堂的穹顶。这4个建筑物面向一个大广场——奥古斯都大广

土耳其伊斯坦布尔现存的拜占庭古城墙

场，它是君士坦丁堡的市中心。在东边，元老院上有穹顶，前有柱廊，全由白色大理石铺成，尽管它在7世纪初就失去了政治上的作用，但还是保持着那种象征性意义。元老院后面是大皇宫，面向奥古斯都广场是一幢紧闭着黄铜大门的建筑物"沙尔塞"。6世纪，建筑物之上的君士坦丁像被换成了基督。在726年取下圣像的时候，利奥三世发起圣像破坏运动，激起了强烈的骚乱。

赛马

在奥古斯都广场南部，由君士坦丁创建的、与首都同时诞生的赛车竞技场，从一开始就在君士坦丁堡人民的生活中扮演着重要的角色。它模仿罗马圆形大竞技场而建，木制看台直到10世纪才换成大理石的，能容纳3万到5万观众。君士坦丁堡人依旧从罗马继承了对赛马运动的激情，首都民众无论贫富都有观看马车比赛的传统，即使停发公粮时，赛马运动仍然能吸引大批的观众。驾车者的雕像被刻在纪念章上或浮雕玉石上在民间流传。直到12世纪，凡是节日庆典、皇家诞辰或庆祝胜利，君士坦丁堡都少不了这项赛事。5月11日的比赛是最重要的。4辆四马二轮战车必须跑完7圈，竞赛在上、下午各举行4次。

赛马活动要提前多日准备，而且有严格的程序规则。首先要得到皇帝的批准，再由执政官和市长确定比赛日期，而后张榜公布，在蓝、红、绿、白各赛车协会组织观众和拉拉队的同时，参赛者也开始报名。比赛用马统一在大皇宫喂养，以防被对手动了手脚。比赛当日，数万观众纷纷进入竞技场，而后皇帝及贵族们进入赛场包厢，人们要向皇帝致敬，赛事组织者和市长要向皇帝汇报准备情况。一切就绪，皇帝在祈祷三次后，将一方白色手帕扔下，比赛开始了。全场一片沸腾，所有的马车都为两轮4马，在宽60米、长480米的环形跑道上奔驰，决一雌雄。每场比赛的获胜者，将得到胜利桂冠和参加复赛的资格。妇女一般禁止观看比赛，个别贵族女青年只能到附近教堂的顶楼上观看比赛。每场比赛还配有各种形式的文艺节目，观看比赛无需买票，因此许多下层民众也能享受这种娱乐，这为赛马的流行奠定了基础。

皇帝在赛马场观看比赛

赛马这一项日常娱乐活动与政治存在着千丝万缕的关系。赛车竞技场与大皇宫之间相通。皇帝坐在看台中间的包厢里，周围是元老和高官显贵。蓝党坐在右边，绿党坐在左边，没在区里注册的观众坐在剩下的阶梯上。皇帝进场时首先向两党之一致意，在他登基时通常就已经选好了蓝党，以后也往往是这样。这种偏爱表示并非没有导致政治上的后果，甚至宗教上的后果，因为蓝党一般因袭传统，信奉东正教；而绿党爱闹事，通常更具敌对性，拥护耶稣单性说。赛车竞技场在政治生活中也发挥着作用。通常人们就在那里颂扬新君主，在那里皇帝与人民对话并参与他自己感兴趣的一切活动。例如在766年发生的圣像危机中，修士修女们被迫脱下教服，并且两个一行，一男一女，手牵手走完跑道。

皇帝塞蒂姆一赛维尔时期的赛车竞技场

在最早的几个世纪里，赛车竞技场还是两个敌对党派激烈冲突的舞台。一般来说，当他们的联盟给皇权带来危机时，他们的相互敌对也就让皇权从中获益。其中532年爆发的尼卡起义就是很典型的倒退：在蓝党和绿党联合的威胁之下，查士丁尼全凭着皇后提奥多拉的冷静和他的将军贝利泽尔的决断才保全了王位。贝利泽尔终于把两党逼到赛车竞技场，将他们关在里面进行大屠杀。

圣索菲亚大教堂

奥古斯都广场的北面与赛车竞技场相对的是高大庄严的大教堂，它就是由特拉勒斯的安特米乌斯和米耶的伊西多尔在 532 年到 537 年主持修建而成的圣索菲亚大教堂。基督教采用罗马长方刑堂结构修建教堂，世俗建筑物用来团结民众，而教会在教堂则用来汇聚信徒。但教会想在教堂增建穹顶，它代表在教徒头顶上的天国。君士坦丁堡的圣索菲亚大教堂被认为是最完美、最庄严的有穹顶的长方形大教堂。

圣索菲亚大教堂剖面图

大教堂在长方形平面上修建了高达 60 米的半球状屋顶，用 1 米的厚度顶住粗柱、墙垛、拱扶垛、拱顶等，保持平衡。当信徒离开奥古斯都广场进入圣索菲亚大教堂，穿过柱廊来到中庭时，众多的建筑物简直让人目不暇接，当跨过门廊进入殿堂时，总会不由自主地朝装饰着耶稣圣像的穹顶望去，只要朝光束照耀下的天顶看上一眼，就会沉浸在被神圣威严的气派压服和灵魂升华的情感中。出于对这种象征的敏感，君士坦丁堡人每个周六和周日都自觉来到教堂，接受神灵的洗礼。

君士坦丁堡索菲亚教堂外景（6 世纪遗址，现为土耳其伊斯坦尔博物馆）。

从奥古斯都广场到金门是君士坦丁堡的通道之一，延伸着一条有纪念性意义的街道——梅泽大道。两边都是柱廊，柱廊尽头开设有商店。这条街道分别由圆形和长方形的广场交替组成——

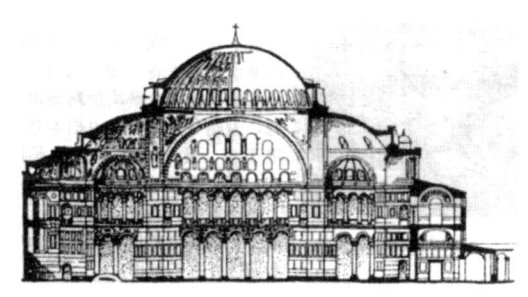

圣索菲亚教堂剖面图

君士坦丁广场、提奥兹多广场、公牛广场、阿卡狄乌斯广场等等。其他东西走向的重要街道都是以同样的方式出现。

与之相反，次要街道却很狭窄，曲曲弯弯，根据罗马分区的传统，从北到南的街道倾斜，有时甚至是一段阶梯。相对通行方便的交通主要干道，这儿的交通状况也一直是让君士坦丁堡人感到头痛的一大问题。

大厦、民房和商店交相混杂

君士坦丁堡的贵族拥有雄伟壮观的大厦，这些大厦大都与外界隔绝，面向内部园子或面向两旁有柱廊、由走廊连接而成的庭院。楼层延伸到街道上并设有露台，窗户通常采用凸肚窗。在大厦内，大厅可以豪华隆重地迎接数量众多的客人，住宿房间大小十分适宜。与民房不同的是，大厦配有多种舒适设备，包括舒适的沐浴设施。

君士坦丁堡一角

与之不同的是民房矮小、阴暗，不舒服，经常坐落在手工作坊占据了底层的房屋楼上。对于人口众多的君士坦丁堡来说，尽管有可通到色雷斯的引水渠网供水的大型蓄水池，水的供应仍存在着一些问题，所以在城市的大街小巷，经常可以看到运水者的踪迹，运水者就成为大家司空见惯的人。人口众多给城市带来了各方面的压力，如下水道不能完全解决废物排出问题，为此专修的街道也根本是无济于事。此外，在人口增长时期，围绕着都城大量民宅在空地上迅速落成。因此，君士坦丁堡成了一座贫困郊区和富裕城市中心城区并存的城市。

空气流通的城市

当你置身于君士坦丁堡，你会发现那里大广场众多，地面工程还远未修好。在居民密集区的旁边或行人众多的街道上，可以发现很多园子甚至小田地。教堂和修道院像宫殿一样经常带有园子，它们遍布城市。城市居民主要集中在临海区、梅泽大道附近及东部地区。在鼎盛时期的 6 世纪及 12 世纪，城市里的 1450 公顷土地上容纳了约 35 万到 40 万人口，就是现在看来，也算得上是一个比较大的都市了。

繁华、混杂的城市。

这座城市的真正诱惑力来自各区的多样性。各区的名字有时令人想起占主导地位并决定其声音、颜色、气味的主要行业。在圣索菲亚大教堂附近向西就是嘈杂的锅匠区沙尔科普拉特，再远些在梅泽大道上，是金银匠区，再就是塞吕莱尔苏香区，面包商遍布全城，但主要集中在梅泽大道上。

在君士坦丁广场和提奥兹多广场之间的商业区，经常用某个拥有大厦的大人物名字命名。贵族的住宅与平民的房屋毗邻，反差极大，贫富差别十分明显。富人意识到自己属于另一个特殊群体，这个群体对帝国其余的人几乎毫不隐藏他们的蔑视。

君士坦丁堡的贵族生活

拜占庭的文学艺术与教育

拜占庭人继承了古希腊、罗马人崇尚文学、热爱艺术、重视教育的优良传统，并在前人取得的成就上再创辉煌，给世人展现了一段独具特色却又崇尚古风、既先进又古老的文化发展进程。我们在尽情享受拜占庭人带来的文化饕餮的同时，也应从各方面想想是什么驱动着拜占庭在文化等各方面的繁荣。

拜占庭文学

拜占庭人不仅继承了古希腊人重视教育的传统，还继承了古希腊人热爱文史哲研究的传统，重视文史哲创作活动。我们将拜占庭人文史哲创作统归于"文学"是因为当时的文史哲各学科之间并不像今天这样区分明确，史学家可能同时就是文学家和哲学家，而哲学家不仅撰写哲学和神学书籍，也创作文史作品，因此，文学在这里是指通过文字进行创作的学术活动。拜占庭人在文学创作和历史写作方面并没有继承到古希腊人那样的灵感和气魄，但是，拜占庭人有庞大的作者群体，在长期的连贯的创作中逐渐形成拜占庭独特的风格。

拜占庭文学的发展在各个时期有不同的侧重点。在早期，语言的不统一是个十分重要的问题。拜占庭作家的创作大多使用希腊语，当时，在拜占庭各地流行着三种形式的希腊语。从 4 世纪建国初期，用于写作的希腊语就与居民日常使用的口语有明显区别，前者称为"书面语"，是知识界和有教养阶层的语言；而后者称为"民间语"，它并不遵循严格的语法和词法，是一种用词混乱、语法简单的语言。直到 12 世纪前后，拜占庭社会才逐步流行标准的希腊语，更加接近古希腊语，即严

书籍是贵族的专用品

格按照语法规则为元音和双元音标注复杂的重音，这是一切受教育必须认真学习的语言。拜占庭希腊语是古希腊语和现代希腊语之间的桥梁，它也为现代希腊语的语法简化和单重音体系改革奠定了基础。

沿着历史的脉络，我们可以看到拜占庭文学发展大体经历了四个阶段。4～7 世纪初是拜占庭文学发展的第一个阶段，主要是由古代文学向拜占庭文学的转变阶段。

这个阶段的拜占庭文学的主要特征表现为古代文学逐渐衰落，新的文学形式和标准逐渐形成，奠定了拜占庭文学的基础。基督教思想观念、宗教抽象的审美标准取代了古代文学的相关内容，甚至写作形式也发生变化。在这一翻天覆地的转变过程中，基督教作家极力反对和排斥古代作家的"异教"思想理论，尽管如此，他们也不可能完全摆脱古代文学对他们的影响，因为他们也接受了同世俗作家一样的基督教育。这种古代世俗文学对拜占庭基督教作家的影响在最初拜占庭支持所有文化知识的政策下表现更为明显，尤其是那些努力发展教俗友好关系的基督教领袖们的

立场更提供了有利条件，他们并没有刻意排斥世俗文化，而是逐渐将教会文学和世俗古代文学结合。

其中将教会文学和世俗古代文学结合的最成功的最突出的代表是尤西比乌斯（260～340年），他在撰写教会历史和君士坦丁大帝传记中，充分展示了其深厚的古典文学基础和基督教文风，创造了新的写作风格。他的代表作是《教会史》、《编年史》和《君士坦丁大帝传》。

尤西比乌斯出生在巴勒斯坦北部的凯撒利亚城，师从当地著名基督教理论家、学者潘菲罗斯，后因躲避宗教迫害而流亡各地。但在他来到后西罗马帝国却受到了礼遇和款待。公元313年，罗马帝国当局颁布宗教宽容法律后，尤西比乌斯当选凯撒利亚城主教。机缘巧合的尤西比乌斯成了君士坦丁的好友，并得到了君士坦丁一世的重用，成为御用史官。他积极参与皇帝主持下的重大教会事务决策。在他的一生中，著述颇丰，传世作品也很多。他仿效晚期罗马帝国作家阿非利加努斯的作品，完成了十卷本《编年史》一书。这本书提供了有关古代近东和北非地区统治王朝的详细谱牒，以及其所在时代世俗和教会的大事年表。他所关注的重点主要是基督教的发展，尤其是他在此书中提出的观点对后世影响很深。

尤西比乌斯的另一部力作是为了庆祝君士坦丁一世登基30年而成的《君士坦丁大帝传》，该书主要描述了君士坦丁一世在公元306年7月称帝以后其30年左右的统治，它比较详细地记载了这位皇帝在罗马帝国晚期的政治动乱、军阀割据的形势中完成统一帝国大业的过程。在这部书中，作者对皇帝充满了崇敬，也有着太多的赞誉之词，但还是不可避免地影响了他对历史事实的客观评价。我们可以确信的是，他留下的记载都是可靠真实的，不仅为当时的其他作品所证实，也被后代作家传抄，史料价值极高。同时，这本书也成为研究君士坦丁一世和拜占庭帝国开国史的最重要资料。在这部传记中，记载较多的内容是关于君士坦丁的宗教事务。因此，在4世纪末时被教会作家翻译为拉丁语，并将原书续写到阿莱克修斯时代的395年。

在《教会史》中，尤西比乌斯充分地展示了他的理念，继续着他的劝人向善的说教。他坚持认为：人类得到耶稣基督的拯救是历史的重要内容，跟从上帝的选们历史的主角，其中忠实于上帝意旨的皇帝是神在人世的代表。受到以上信仰的左右，尤西比乌斯在写作中特别重视政治和思想历史的记述。在书中，他用大量文字，对君士坦丁一世赞不绝口，而对君士坦丁一世的种种劣迹和暴行却只字不提，他还将其他皇帝颁布的宗教宽容法律移作君士坦丁一世所为，为他脸上贴金。因此，尤西比乌斯所作的这些记载都影响了《教会史》的准确性。

除尤西比乌斯外，5世纪的左西莫斯和6世纪的普罗柯比（490～562年）也在各自的作品中表现出新旧两种文学创作的结合。他们在历史编纂中保持古希腊历史学家的文风，同时开创教会史和传记文学的形式。

此外，埃及亚历山大主教阿塔纳修斯（295～373年）则在神学论文、颂诗和其他宗教写作中大放异彩，为以后基督教作家的创作提供了基本样式和蓝本。基督教传记文学则是在埃及修道隐居运动中兴起的。基督教赞美诗歌的发展在罗曼努斯（？～555年）创作的上千首诗歌中达到顶点，他在创作中大量运用古代诗歌的韵律知识和格式，开创了基督教赞美诗写作的新纪元。

7世纪中期至9世纪中期是拜占庭文学发展几乎处于中断的状态。和第一阶段相比，这个时期既没有名贯青史的作家，也缺少不朽的作品。这一现象的出现与当时拜占庭的政治局势有直接关系。当时的拜占庭帝国面临阿拉伯人、斯拉夫人入侵，帝国丧失其在亚、非、欧的大片领土，战争需要武器而忽视文学，拜占庭文学在此背景下难以发展。8世纪开始的毁坏圣像运动对于拜占庭文学来说简直是雪上加霜，在一定程度上阻止拜占庭文学的发展。马克西姆（580~662年）和大马士革人约翰（675~749年）代表这一时期拜占庭文学创作的最高水平。马克西姆在反对当局宗教理论的斗争中写出大量基督教文学作品，而约翰则在云游东地中海各地时运用丰富的古典哲学知识全面阐述基督教哲学理论。

9世纪至1204年是拜占庭文学史发展的第三阶段，以弗条斯（827~891年）为代表的拜占庭知识界以极大的热情发动文学复兴运动。弗条斯出生在权贵之家，自幼饱读古书，青年时代即为朝廷重臣，多次出使阿拉伯帝国，48岁时以非神职人员身份被皇帝任命为君士坦丁堡大教长。他一生著作颇多，特别致力于古典文学教育活动。在他担任君士坦丁堡大学教授期间，积极从事古希腊文史作品的教学。为了便于学生学习，他编纂了古代文献常用词汇《词典》。在他写给国内外各方人士的信件里，以鲜明的态度反映出他传播古代知识的热情，以及在融合教俗知识上所作的努力。弗条斯作为普通信徒出身的基督教领袖，他的作品推动了已经衰落数百年的拜占庭文学的重新掘起。

马其顿王朝统治时期的拜占庭帝国国势强盛，安定的社会生活为文学的发展提供良好的条件。学者型皇帝君士坦丁七世在位期间，拜占庭文学的发展进入到一个黄金时期。在此期间，文史作品和作家不断涌现。泼塞留斯是当时拜占庭文学发展的代表人物。他出身于中等家庭，但是学识渊博、智慧超群，他撰写的历史、哲学、神学、诗歌和法律草案都代表当时文学写作的最高水平。当时学术界对新柏拉图哲学的再研究为在亚里士多德学说束缚下的思想界带来了新鲜的空气，揭开了怀疑亚里士多德理论的长期思想运动，这种深远的影响甚至在意大利文艺复兴运动中也有所反映。

公元1204年以后是拜占庭文学发展的最后阶段，文学在民族复兴的强烈欲望中显示出其最后的活力。那时的作家、学者无一例外通过文学创作表达重振国威的急切心情。其中，尼西亚学者布雷米狄斯的政论散文《皇帝的形象》反映出知识界普遍存在的通过理想皇帝重整河山再创辉煌的愿望。但是，拜占庭帝国已经无可挽回地衰落了，光靠文学不可能找回失落的世界，于是，拜占庭文学家们将其再现古代文化的满腔热情和对古代光荣的无限留恋转移到意大利，这种变化直接促进了那里复兴古代文化艺术思潮的兴起。

在浩瀚的拜占庭文学海洋中，诗歌和散文创作非常发达是拜占庭文学最突出的特点。那时拜占庭的散文作品可以分为神学、断代史和编年史、自传和圣徒传、书信和悼词、小说及讽刺小品，诗歌则可以分为赞美诗、叙事诗、浪漫诗及各种讽刺诗、打油诗等等。

拜占庭帝国不仅有丰富的官修或私人史书，还有大量的传记文学，它们成为断代史、编年史、教会史的重要补充。传记文学包括皇帝传记、圣徒传记和自传等多种类型。4世纪的尤西比乌斯撰写的《君士坦丁大帝传》和阿纳斯塔修斯撰写的《安东尼传》激发众多教士的写作热情，开创拜占庭传记文学的写作方式，一时间出现了许多风格各异的人物传记，其中不乏精品。到了6~7世纪，希利尔（525~559年）的《东方圣徒传》和利奥条斯所作的《亚历山大主教传》将传记写作提升到了另一高度。他们对于巴勒斯坦和埃及地区基督教教徒的记载注重人物的内心活动，从记述对象扶贫助困的事迹中着重挖掘他们仁慈善良的品格，读来生动感人，催人泪下，受到普遍的好评。安娜的《阿莱克修斯一世传》和约翰六世的《自传》是皇帝传记的代表作。

拜占庭文学中的小说兴起较晚，其成果只有一两部，据现代学者考证，仅有的这一两部作品还不是拜占庭作家的原创作品，它们是从叙利亚语翻译成希腊语的印度故事。讽刺散文和杂记是不可忽视的拜占庭文学形式，其寓严肃主题于诙谐幽默的叙述风格来自古希腊文学。拜占庭讽刺散文有三部代表作品，即10世纪的《祖国之友》、12~13世纪的《马扎利斯》和《庄主》，对时政和社会腐败表示不满是它们所要表达的主题，但是，在讨论重大社会问题时，无一例外地采用轻松的笔调，对当时的文学创作产生一定影响，以致同时代的某些医学、哲学作品也模仿他们的风格。杂记文学的代表作品是6世纪拜占庭商人哥斯马斯的《基督教国家风土记》，其中记述各东方民族的风土人情、地理物产，因此具有很高的资料价值。

从4世纪开始拜占庭诗歌创作就进入了长盛不衰的发展过程。当时，"卡帕多西亚三杰"之一的尼撒的格列高利在众多诗人中成就最为突出，他的作品富有哲理，思想性强，很受人们推崇。5世纪的代表性诗人是皇后尤多西亚，她的赞美诗以其纯朴幼稚的风格给拜占庭诗坛带来清新之风，更由于她的特殊地位，在她的影响下，写诗作赋竟成了一时的风尚。罗曼努斯是6世纪韵律诗歌的代表人物，他

现存意大利圣维塔利安教堂的6世纪拜占庭镶嵌——塞奥多拉及其侍女。

以重音体系结合语句的抑扬顿挫，写出上千首对话式的诗歌，读起来朗朗上口，在民间非常流行。罗曼努斯的诗歌非常"实用"，因为他的诗歌可以应答对唱，并附有副歌，因此常常用在教堂的仪式活动中。克里特主教安德鲁（660~740年）也创造出将多种韵律诗歌串连在一起的抒情诗体裁，为各个层次的诗人开辟创作的新领域。9世纪才高貌美的修女卡西亚（800~867年）是一位极具传奇色彩的人物，她曾经因拒绝皇帝塞奥弗鲁斯的求婚而闻名，后献身于与世隔绝的修道生活，专心诗歌创作，创造出一种充满虔诚情感的诗歌形式，在拜占庭诗歌发展中占有一席之地。晚期拜占庭帝国出色的诗人中应提到约翰·茂罗普斯（1000~1081年）和塞奥多利·

麦多西迪斯（1270～1332 年），他们的诗歌表现出浓厚的学术韵味，与当时复兴古代文化运动的形势非常适应。

诗歌的发展直接促进了拜占庭音乐的进步。从应答对唱的诗歌形式中发展出两重唱的音乐形式，而韵律诗歌对 12 音阶和 15 音阶的形成起了促进作用，重音、和声、对位等音乐形式迅速形成。拜占庭教会流行的无伴奏合唱至今保持不变，对欧洲近代音乐的发展起了奠基作用。

拜占庭艺术

拜占庭艺术是拜占庭委的精华部分，包括镶嵌画、壁画、纺织艺术、金属加工艺术、建筑、音乐和舞蹈等几个主要分支。在被现代学者誉为"欧洲的明珠"和"中古时代的巴黎"的君士坦丁堡集中了各种艺术的杰作，可以毫不夸张地说君士坦丁堡是用拜占庭艺术装饰美化起来的。

镶嵌画是最具拜占庭特点的艺术形式，由于这种绘画采用天然彩色石料，所以其绚丽多彩的色泽可以永久保持，使我们得以在许多拜占庭遗迹中欣赏到这种给人留下深刻印象的艺术品。大多数人都以为镶嵌画是拜占庭人发明的，因为在现存的大量镶嵌画中，拜占庭的作品最丰富，工艺水平最高，但这一艺术形式真正发源地是古典时代的希腊。镶嵌画早在古希腊时代就已经出现，镶嵌画装饰的地板在许多古希腊遗址中都可以见到。

晚期罗马蒂国时代的镶嵌地板"酒神狂饮"（现存美国普林斯顿的 3 世纪古物）。

罗马帝国时代，镶嵌画被广泛应用在公众聚会的广场和集市的地面上。拜占庭艺术家继承古代艺术传统，不仅继续在水平的地面上装饰镶嵌画，而且在垂直的墙壁上使用镶嵌画。镶嵌画的基本材料是被切割成大小基本相等的各种形状的天然彩色小石块，表面约 1 平方厘米，有时彩色玻璃碎块也可以代替罕见的石料。艺术家首先在平整的石膏画底上勾画出描绘对象的轮廓和画面线条，然后根据色彩的需要将五颜六色的石块和玻璃块粘贴上去，最后，使用金片填充背景空白处。镶嵌画经最后抛光完成，在灯光的照耀下，光彩夺目，即使在昏暗的烛光中也不时闪出奇光异彩。意大利拉文纳城圣维塔利教堂保存着世界上最完好的拜占庭镶嵌画，教堂中心大厅

拜占庭镶嵌地板（现存法、美两国的 5～6 世纪古物）。

两侧墙壁装饰的大幅镶嵌画是皇帝查士丁尼一世和皇后塞奥多拉与朝臣宫女的肖像，至今在灯光的照耀下，仍是五颜六色，大放异彩。

拜占庭绘画主要以壁画和插图来表现，这种艺术形式虽然不像镶嵌画那样富于拜占庭特色，但是，由于绘画使用的材料比镶嵌画价廉，绘画技术的要求相对简单，因此，使用也更加广泛。拜占庭艺术品中保留最多的是圣像画，在世界其他地区的基督教教堂中可以发现拜占庭各个时代的壁画，大到数十平方米，小到几平方厘米不等。除了装饰教堂墙壁的壁画外，还有大量画在画板上的各类版画和书中的插图。

绘画的主题和素材大多涉及宗教故事，"圣像"是拜占庭绘画的重要形式，圣像画的内容主要描绘圣母和圣子的神圣，反映圣经故事和圣徒事迹。绘画的方法比较简单，通过线条和色彩表现主题，强调传神而不重视象形，注重寓意而不要求真实。拜占庭绘画对意大利艺术影响很深，特别对早期文艺复兴

拜占庭镶嵌地板"动植物花草"图（现存法、美两国5～6世纪古物）。

时代的艺术具有直接的影响，在世界美术史上占有重要地位。文献插图作为拜占庭绘画艺术的另一个组成部分，以涉及内容广泛、直现生活的历史画面等因素而始终以稳定的速度发展。插图绘画的内容和形式与文字内容相一致，而创作的目的也只是对文字形式形象补充说明。这门艺术对用具和材料的要求不高，笔、刀、尺、颜料等，就可以满足创作的需要，任何人都可以在任何地方进行创作。同壁画一样，拜占庭的插画也主要以宗教为题材，直到现在我们还可以看到大量描述基督教圣经故事和圣徒事迹有关的插画，当然也不乏反映拜占庭人生活场景的作品。

"耶稣·基督像"（现存希腊阿索斯圣山修道院1260年壁画）

拜占庭人注重微观艺术，表现为艺术纺织和金银宝石加工技术的高水平。流散于世界各大博物馆的拜占庭工艺品包括精美的金银杯盘、镶嵌珠宝的大教长教冠、编金线织银缕的巨型挂毯、精细的象牙和紫檀木雕刻、典雅的大理石花雕柱头等，鬼斧神工，巧夺天工，至今光辉依旧，以其绚丽多彩、丰韵多姿使人们感受到拜占庭艺术的魅力，也给后人留下一笔宝贵的遗产。

拜占庭建筑艺术影响极大，在欧、亚地区广泛分布着拜占庭式建筑，其中现存伊斯坦布尔的圣索菲亚教堂是拜占庭建筑的杰作。这座教堂堪称中古世界的一大奇观，也是其他民族刻意模仿的榜样。在巴尔干半岛、意大利、俄罗斯、中欧，甚至在英、法等西欧国家均保留多座拜占庭式教堂。拜占庭建筑特点一方面体现在设计布局和建筑材料的使用上，另一方面体现在对建筑物的内外装修上。拜占庭建筑的精巧特点与古典建筑的质朴宏大成鲜明的对比，构成独具特色的拜占庭建筑风格。

拜占庭的丝织纺织水平在当时世界也是独树一帜的，即使在丝织业随着拜占庭

帝国衰落而逐步萎缩期间，其技术和工艺水平仍然远在其他地中海和欧洲国家之上。拜占庭丝织业的发展为其丝织艺术的发展提供了广阔的空间，形成了拜占庭艺术的重要组成部分。与其他艺术形式相比，拜占庭丝织品一般依据其用途确定图案的内容，以动植物和几何图形为主，很少出现基督和圣徒的图像。拜占庭的织棉技术也比较发达，主要用丝、毛、麻混合的方法，而其中以金银丝与丝线混纺最有特色。

君士坦丁堡以金银细工闻名，如酒杯、圣物盒，珠宝首饰等。

古希腊罗马的时代，崇尚自然和谐的人们对音乐和舞蹈格外热爱，在音乐和舞蹈的实践中创造了许多新的形式，这一切对拜占庭人的影响极大。据记载，拜占庭人在重大仪式、庆典活动、崇敬礼仪、民间节日、婚礼、宴会等场合都会以音乐来营造气氛。但拜占庭的音乐和舞蹈受基督教禁欲主义的影响，宗教音乐获得了长远发展。虽然戏剧和舞蹈遭到教会的否定，但在民间却广泛流传，几乎成为其生活不可缺少的内容。遗憾的是，有关于戏剧和舞蹈的记载非常少，所以我们无法领略多才多艺的拜占庭人的舞姿，只能天马行空，充分发挥想象力再现当时的情景了。

现存意大利帕瓦的 9～10 世纪拜占廷工艺品——银质镀金墨盒。

拜占庭的教育

想在拜占庭社会高层占有一席之地，首要条件就是要有一定的经济基础，而后还要有处理行政和军事事务的能力，而能否进入行政机构工作主要取决于个人能力的大小。君士坦丁堡对贵族家庭的孩子有一套教育系统，在这里，文化不仅是一种乐趣，也不仅是区分社会地区的标志，而是一种需要。如此一来，提高文化素养就会被拜占庭人提高到一定地位，而受教育作为获取知识不可缺少的环节，人们对它的重视程度就可想而知了。

众神之母库柏勒（现在意大利佛罗伦萨的 4 世纪末拜占庭银盘）。

拜占庭人的教育主要来自于古典希腊罗马和基督教的传统，强调对经典文本的准确记忆，及根据基督教思想原则对古代文明遗产的深刻理解。这种两个似乎对立的文化因素的结合是 7 世纪以前拜占庭教育的特点，它导致相应的拜占庭教育方法和内容的产生。7 世纪以后，由于教会的发展，拜占庭教育一度被教会垄断，世俗教育大都由私人教师和父母在家庭中进行。直到毁坏圣像运动以后，世俗教育才重新获得了同步发展的机会。

　　拜占庭人继承古代希腊罗马文化，也继承了古希腊人重视教育的传统。拜占庭文化的高度发展与其完善的教育制度有直接联系。在拜占庭帝国，接受良好的教育成了每个人的愿望，而缺乏教养则被公认为是一种不幸和缺点。几乎每个家庭的父母都认为不对子女进行适当的教育是愚蠢的行为，甚至被视为犯罪，只要家庭条件许可，每个孩子都会被送去读书。社会舆论对没有经过教育的人进行辛辣的嘲讽，就连有些行伍出身未受到良好教育的皇帝和高级官吏也会因为缺乏教养而遭到奚落。

医药神阿斯克勒庇俄斯及其女人（现存英国利浦扬的 4 世纪末拜占庭象牙板）。

　　拜占庭帝国社会各阶层均有受教育的机会，但受教育的程度也会因为社会地位及财富的不同而存在差异。由于时代的局限，当时拜占庭的学生能接受什么样的教育首先取决于老师的能力与偏好。王公贵族的子弟几乎都有师从名家的经历，4 至 5 世纪最著名的拜占庭学者阿森尼乌斯（354～445 年）受皇帝塞奥多西一世之聘教授两位皇子，9 世纪的大学者和君士坦丁堡大教长弗条斯（810～893年）曾任皇帝巴西尔一世子女的宫廷教习，11 世纪拜占庭学界顶尖人物颇塞留斯（1018～1081 年）是皇帝米哈伊尔七世的教师。社会中下层人家的子弟虽然不能像上层社会子弟那样在家中受教育，但也有在学校学习的机会。

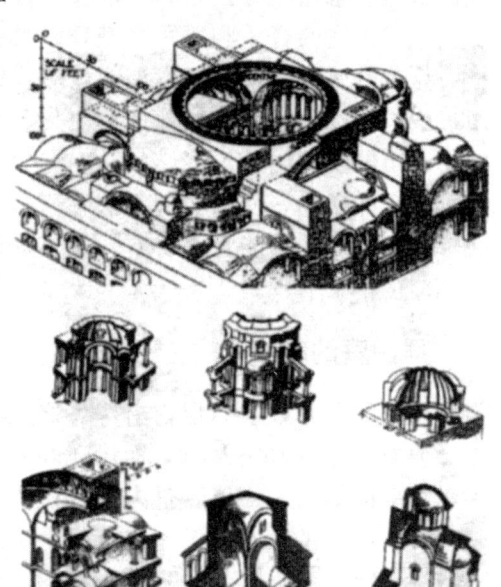

拜占庭式建筑的几种主要穹顶结构图

　　在拜占庭小学教育相当普及，儿童从 6～8 岁开始先进入当地的初级学校学习语言。语言课首先包括希腊语音学习，以掌握古代语言的发音和拼写方法为主。10～12 岁时，孩子们就开始了中学阶段的学习，学生们开始学习语法，语法课的目的是使学生的希腊语知识进一步规范化，使之能够使用标准的希腊语进行演讲，能准确地用希腊语读书和写作，特别是学会用古希腊语思维，以便日后正确解读古代文献。语言课包括阅读、写作、分析词法和句法，以及翻译和注释古典文学的技巧。早期拜占庭教育和学术界尚古之风极盛，普遍存在抵制民间语言、恢复古代语言的倾向，因此，语言课的教材主要是古典作家的经典作品，如《荷马史诗》等。此外，语言教材还包括基督教经典作品和圣徒传记。语言课除了读书，还包括演讲术、初级语言逻辑、修辞和韵律学，但这种语言课一般要在 14 岁左右才开始进行。修辞和逻辑课被认为是非常重要的课程，安排在语言课之后，使用的教材是亚里士多德和其他古代作家的作品，《圣经·新约》也是必不可少的教材。逻辑学教育常常与哲学教育同时进行，都属于中级教育的内容。

现存伦敦维多利亚博物馆的 8 世纪丝织物——赫拉克勒斯（或参孙）徒手猎狮。

中级教育之后，一部分学生进入修道院寻求"神圣的灵感"，而另一部分则进入大学继续深造。在初级语言、逻辑和哲学教育的基础之上，学生们要在大学里接受高级修辞学和哲学以及算术、几何、音乐、天文的学习，其中后四项被拜占庭人称为"四艺"。高级修辞课主要通过阅读古代作品采完成，学生们要求背诵古希腊文史作品，并按照古代写作规范和文风写论文或进行演讲练习。读书是学习的主要方式，例如在哲学课程中，学生必须阅读亚里士多德和柏拉图以及新柏拉图哲学家的全部著作，还要求他们背诵希腊文本福音书。基础教育的目的是培养完善的人格，造就举止优雅、能说会写的人，而高等教育的目的是培养探索真理和传播真理的人。在大学里，学习必须是全面的，无所不包的。这种教育应囊括知识所有分支的思想体现在教育的全过程中，基础教育更重视全面的教育，我们今天使用的"百科全

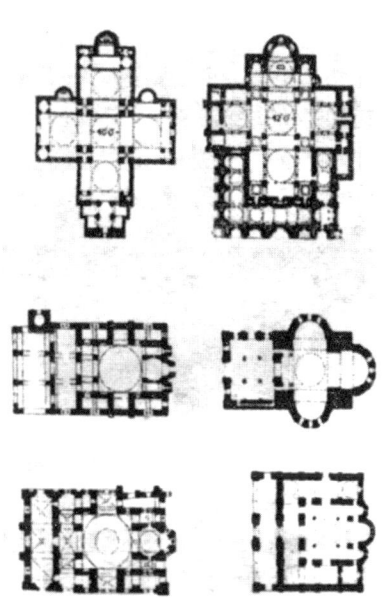

拜占迁式教堂建筑流行的式样平面图

书"一词即来源于拜占庭人基础教育的概念。法律、物理和医药学虽然属于职业教育的内容，但是学生们在大学中可以自由学习。

在拜占庭，立志读书做官的人必须经过系统的教育。他们首先要接受基础教育，而后在贝利图斯等地的法律学校通过拉丁语言和法律课程，毕业后最优秀的学生将继续在君士坦丁堡大学学习，这些学习经历是平民百姓仕途升迁必不可少的条件。而希望在法律界发展的学生必须经过良好的基础教育和贝利图斯法律学校的专门教育，他可以不像其他学生那样从事体育锻炼，也不必取得戏剧课程的成绩。但神学课是所有学生的必修课，而专门的神学研究不在学校里而是在教会和修道院里进行，对神学问题感兴趣的学生可以在修道院里进一步深造。

拜占庭基础教育和大学教育的内容相互交叉，只是深浅程度不同而已。有些学者既是大学教授，也是普通学校教师，例如，4 世纪的学者巴西尔在雅典大学教授

语法、政治学和历史，同时在当地的职业学校担任算学和医学教师，他同时还担任某些贵族的家庭教师。

"演奏苏不拉琴"（现存基辅国家图书馆的 11 世纪拜占庭古籍插图）。

拜占庭的学校普遍采取古希腊人以提问讨论为主、讲授为辅的教学方法。学生一般围坐在教师周围，或席地而坐，或坐于板凳上，使用的教材放在膝盖上。教师主要是就教材的内容提出问题，请学生回答或集体讨论，阅读和背诵是基础教育的主要方式，而讨论是高等教育的主要学习方式。

学校兼具教育和学术研究的功能，教学相长，最著名的教育中心同时也是最具实力的学术中心。在拜占庭帝国各地有许多集教育和学术研究为一体的中心。据考古和文献资料提供的证明，除了君士坦丁堡外，雅典是古希腊哲学和语言文学的教育中心，埃及亚历山大是"所有科学和各类教育"的中心，贝利图斯是拉丁语和法学教育的中心，萨洛尼卡是古代文学和基督教神学的教育中心，加沙和安条克是古代东方文学和神学的教育中心，以弗所和尼西亚是基督教神学教育中心。查士丁尼法典记载当时拜占庭帝国"三大法学中心"，它们是君士坦丁堡、罗马和贝利图斯，规定所有政府官员和法官律师必须取得有关的学历才能任职。

在拜占庭，学校分为国立、私立和教会三大类，它们在拜占庭的教育事业中占据着重要地位，缺一不可。教会学校由教会和修道院主办，办学的主要目的是培养教会神职人员的后备力量。拜占庭修道院学校办学方式和西欧修道院完全不同，是专门为立志终生为僧的人开办的，因此，其教学内容非常单一，只学习语言、圣经和圣徒传记。国立大学和普通学校是拜占庭教育的主要基地，对所有人开放，其教授由国家任命并发放薪俸。国立大学的课程在 7 世纪以前不受任何限制，非基督教的知识也可以教授，学校的拉丁语教授多来自罗马和北非，医学和自然科学教授多来自亚历山大，哲学教授来自雅典。查士丁尼一世时期，为了加强教育控制，对全国学校进行整顿，采取了取消除君士坦丁堡、罗马和贝利图斯以外的法律学校，关闭雅典学院，停发许多国立学校教师薪俸等措施，基础教育的责任就落在了私塾和普通学校的身上。7 世纪以后的许多著名学者都是在私塾中完成基础教育，然后进入修道院接受高等教育。很多学者学成之后，还自办私人学校。

拜占庭学校上课和教师指导的场面（13 世纪古书插图）。

拜占庭教育事业发展几经波折，出现过高潮和低潮，其中查士丁尼罢黜百家、独尊基督教的政策对拜占庭教育的破坏最为严重。查士丁尼以后的历代皇帝大多支持教育，例如，君士坦丁九世鉴于司法水平低下，在1045年建立新的法律学校，并要求所有律师在正式开业前必须进入该校接受培训，并通过考试，否则就没资格行业。他还任命大法官约翰为该校首席法学教授，任命著名学者颇塞留斯为该校哲学教授，通过加强师资力量的投入，以提高学生的水平。科穆宁王朝创立者阿莱克修斯一世除了大力支持国立大学和普通学校外，还创造性地开办孤儿学校，帮助无人照料的孤儿接受教育。许多皇帝通过经常提出一些测试性的问题，亲自监督国立大学和学校的工作，检查教学质量，任免教授和教师，给教学效果好的教师增加薪俸。在拜占庭皇帝的亲自过问和参与下，学术活动非常活跃，学校教育发展迅速。

拜占庭典型的教育情景

拜占庭政府高度重视图书馆的建设，因为这是学术研究的主要组成部分。建国初期，政府即拨专款用于收集和整理古代图书，在各大中城市建立国家图书馆，古希腊时代的许多作品即是在这一时期得到系统整理。查士丁尼时代推行的思想专制政策曾一度摧毁了很多图书馆，其中亚历山大和雅典图书馆的藏书破坏最为严重。但民间的藏书并未受到打击，仍然十分丰富，著名的贫民诗人普鲁德罗穆斯（1100~1170年）就是广泛借阅民间图书，自学掌握古代语法和修辞，并通过研究亚里士多德和柏拉图的大部分著作，成为知识渊博的诗人。由于国家政策的大力支持，教会图书馆发展尤其迅速，几乎所有教堂和修道院均设立图书馆，这些图书馆后来成为培养大学者的重要场所，直至今日它们仍是取之不尽的古代图书的宝藏。拉丁帝国统治时期是拜占庭教育和学术发展停滞的时期，文化上相对落后的西欧骑士在争夺封建领地的战争中，自觉或不自觉对拜占庭学校和图书馆造成了破坏，他们焚烧古书以取暖，其情形类似于4~5世纪时日耳曼人在罗马焚烧刻写罗马法条文的木板取暖。在民族复兴的政治运动中，拜占庭知识界掀起复兴希腊文化的热潮。分散在各地的拜占庭文人学者纷纷集中到反对拉丁人统治的政治中心尼西亚帝国，并在拉斯卡利斯王朝的支持下，开展了抢救古代图书文物的各种活动，或游访巴尔干半岛与小亚细亚地区，收集和抄写古代手抄本，或整理和注释古代名著，或建立私塾传授古典知识，组织学术讨论，以各式各样的方式拯救图书。这些活动为帕列奥列格王朝统治时期的"文化复兴"奠定了基础。著名的学者布雷米狄斯（1197~1269年）是尼西亚帝国时期拜占庭文化的领头羊，他培养出包括皇帝塞奥多利在内的许多知识渊博的学者，在文化界受到广泛的尊敬。

可以说，帕列奥列格时代的拜占庭文化教育活动是民族复兴自救运动的一部分。当时的拜占庭国家已经衰落，国内政治动荡，外敌欺辱，正一步步走向灭亡的深渊。拜占庭知识界为挽救民族危亡，在尼西亚帝国文化教育事业的基础上，开展文化复兴运动，使拜占庭文化教育发展进入又一个辉煌时期，出现了前所未有的学者群体。

他们积极参与政治宗教事务，同时研究古希腊文史哲作品，从事教育，从而成为民族重兴自救运动的一份子。他们对古典哲学和文学的广博知识令其意大利留学生极为惊讶，这些学者及其弟子中的许多人后来又成为意大利文艺复兴运动的直接推动者。直到拜占庭帝国即将灭亡之际，在君士坦丁堡和萨洛尼卡仍然活跃着许多民间读书团体和学术沙龙，它们经常组织讨论最著名的古希腊文史哲作品。在为数不多的学校里，仍然保持较高水平的教育活动，欧洲各地的学生仍继续到这里求学。

拜占庭的自然科学

正如拜占庭的文学一样，拜占庭人在自然科学方面也取得了令世人刮目相看的骄人成就，他们有先进的医疗技术、医疗设备和医疗机构，他们有几乎与现代社会同步的历法，他们有精密的天文仪器，等等。以上种种辉煌的成就，不仅对当时的整个世界产生了巨大的影响，时至今日，人们还在从中受益。

拜占庭医学

拜占庭医学是在古典希腊医学基础上发展起来的，是一门在民众中普及的科学，医学知识并不仅仅为专业医生所掌握，而是被所有拜占庭知识分子和大多数普通民众所了解。

拜占庭人认为血液、粘液、黄胆汁和黑胆汁是人类体质病理分类的基础，所有疾病均出自干、湿、热、冷四气失调，而健康则有赖于这四种体液的适当比例和四气状态的平衡。这与古希腊医生希波克拉底和盖伦的理论如出一辙。拜占庭医学著作，如皇帝朱利安的私人医生欧利巴修斯（325～395/6 年）的《诊断学》，保罗（?～642 年后）的《妇学》、《毒物学》和《处方》，11 世纪西蒙的《食谱》和《保健手册》等也都是以希波克拉底和盖伦的理论为指导。

拜占庭人注重养生和预防，广为流传的"饮食历书"将一年四季分成千、湿、热、冷四个阶段，并详细地罗列宜食和忌食的食物名单。他们认为：疾病是人体各种因素和状态失调的结果，因此治病的关键在于调理，治病的最好办法是休息、保温和发汗，养生应重于治病。在拜占庭人们非常推崇一些民间土方，例如，用胡椒调理肝脾，用青草去除口臭，一年春夏秋季三次放血，使用按摩和推拿治疗扭伤，用烧灼方法止住大出血，用艾蒿清洁空气，等等。我国古代史书中还记载拜占庭外科医生"善医眼及痢，或未病先见，或开脑出虫"。

拜占庭国家非常重视医院的组织建设，不

12 世纪西西里教堂镶嵌画——基督治愈跛子和盲人。

仅在军队中设立军事医护团，而且大的慈善机构和修道院也附设医院或高级医生团。

在拜占庭，医疗保健是教会的责任，修士会经营的医院遍布全国。其中最著名的是位于君士坦丁堡的潘托克拉特修道院医院。到12世纪已拥有50个床位，分属各病房，供外科、内科和妇科使用。医院有10名男医生和1名女医生，以及男女助手和草药师，1名医学教授为新医生授课，还有厨房工作人员，主要为病人准备素食。

按当时的标准，这些医院的医术已相当先进了。因为拜占庭不仅继承了希腊罗马丰富的传统医学遗产，也继承了阿拉伯的医学专长。拜占庭的医生能开出治消化不良、心脏病和胸痛的药，他们通过尸检和解剖改进手术技艺。医生们有专业分工，有眼科医生、妇科医生和牙科医生等。

"门珍医生"（现存巴黎国家图书馆的1339年拜占庭古籍插图）。

在一幅壁画中画着这样一幅图画，描绘医生圣潘托里蒙生活中的场景，他手握十字架和药箱，这两样东西象征他用奇方治愈病人的能力。

还有的壁画中画着一些器具，这是用来测量给病人放血量的，这是拜占庭常见的医疗程序。上面的两个机械师记录血流入下边盆中的高度。这种计量器是由阿拉伯人发明的，他们被尊为医学权威，他们的医学方法全欧洲都在研究。

在一幅画中画着两位医生用绳子吊着病人沿着梯子阶梯上下拉动，希望这种牵引和按摩能治好他的脊椎错位。

在10世纪拜占庭医学课本上的插图配有说明，解释怎样包扎头部。

拜占庭的天文历法

天文

在拜占庭最具盛名的天文学家是4世纪下半期拜占庭数学、天文学家塞奥（？～380年），他是当时地中海世界最著名的大学者，曾注释了托勒密的《天文学大全》，并对这部古典天文学的集大成著作的后半部进行补充。他还在仔细研究托氏理论的基础上，准确计算出364年两度发生的日食和月食。

为了计算天体运动，塞奥整理注释公元前4世纪古希腊数学家欧几里得的《几何原本》等著作，使这些极富价值的作品得以保存，它后来成为伊斯兰学者转译为阿拉伯文的古典几何学珍贵文本的主要依据。塞奥能受到学术界普遍的尊崇，还在于他培养了一大批学者，其中包括他的女儿海帕提娅，她被认为是拜占庭历史上最出名的女学者。

在天文学领域，拜占庭人仍视2世纪的亚历山大天文学家托勒密的理论为最高权威，其"地心说"仍然在拜占庭学术界流行。他们十分重视古代希腊罗马的天文知识，注重学习古典天文学理论。

自 4 世纪以后，拜占庭人翻译注释了许多古代天文学作品，其中影响最大的是晚期罗马帝国数学家和天文学家帕珀斯（？～320 年）的《天文学大全注释》，该书依据托勒密（130～175 年）天文学理论分析天体运行，准确地预测了发生在320 年 10 月 18 日的日环食。如同在古希腊也出现过"日心说"一样，拜占庭学者也对托氏理论提出挑战，但托勒密的理论并未被推翻。对于日环食现象，拜占庭天

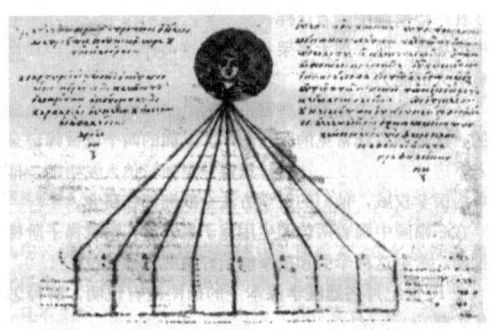

"九大行星"图（现存罗马国家图书馆的 9 世纪拜占庭古籍插图）。

文学家进行了正确的说明，他们还基本正确地解释了闪电雷鸣与暴风雨的关系，但是，对异常天象和自然灾害还没能有科学的解释，而常常将这些现象解释为来自上天的警告和对人类罪孽的惩罚。

拜占庭天文学的发展是从对包括托勒密在内的古代天文学家著作进行翻译注释开始的。令人费解的是，拜占庭人在翻译古代天文学作品时特别关注方法而不重视理论，特别注意研究星图和观测工具，而缺乏对天象生成道理的探讨。托勒密的地心说宇宙体系论和以所谓均轮及本轮圆周运动解释天体运动的理论，对拜占庭人来说既显得深奥难懂，难以理解，又没有实用价值，因此并未引起拜占庭的重视，反而遭到他们的轻视。而托勒密所绘制的星图却受到拜占庭人格外的青睐，拜占庭天文学家塞奥在翻译托氏著作时专门为该星图撰写大、小《注释》两部书。许多拜占庭天文学家也非常喜欢绘制星图，以至于今天拜占庭学家们仍然为拜占庭时代保留的大量星图感到惊异。除了星图外，太阳运行图、星辰目录等也非常受欢迎，它们的作者既有古代希腊罗马时代的人物，也有古代波斯或两河流域的居民。

拜占庭形形色色的天体运行图和星图之所以非常受欢迎，是因为它们是计算复活节等宗教节日的准确日期以及确定日常生活的计时标准，从而完善拜占庭历法体系。拜占庭人根据太阳运行图和月亮周期表，制定了太阴历和太阳历结合的 532 年大历法周期，他们还根据日晷记录分割白昼，根据星表记录分割夜晚，将每昼夜划分为 12 个时辰，太阳升起时为第一时辰，依此类推。为了计算更小的时间单位，拜占庭人使用日晷和滴漏设置，将每个时辰划分为 5 份，又将每份划分为 4 秒，再分每秒为 12 瞬间。通常，他们按罗马人的传统，将每昼夜 1/3 的时间作为夜晚，其他2/3 作为白天。

由于拜占庭人重视观测，所以拜占庭帝国时代天文观测工具发展迅速，诸如子午环、回归线仪、浑天仪、地座仪、星位仪等古代天文书籍中记载的工具全都被智慧的拜占庭人复制。其中的星盘是用来测量天体高度的仪器，公元前 3 世纪即被古希腊人发明，拜占庭人进一步完善了这种工具，现存的拜占庭星盘是由带有精细刻度的圆盘和可以旋转的观测管两部分组成，观测管与圆盘中心相连，类似于近代出现的六分仪。这些天文观测工具帮助拜占庭人绘制出许多星图，并比较准确地计算出数百年间的多种基督教节日。

在拜占庭占星术受到格外的重视，早在古希腊罗马时代，人们就通过观测星体之间的位置预测未来或解释过去。拜占庭人继承了这一传统，并进一步完善了星占学体系。他们通过大量实际观测，补充古代遗留下来的星图，使黄道十二宫的星位更加准确，更易于理解。

拜占庭人在古代星命术、择时占星术和决疑占星术的基础上，发展出总体占星术，也称政治占星术，使这 4 种占星术在细节上更加完善，并将它们统一成一个体系，涉及人类社会生活的方方面面。

当人们对个人的前途和命运感到不解时，可以通过其出生年月日时和某行星所在黄道十二宫的位置作出预测，即所谓星命术；当人们在进行诸如作战、手术等重

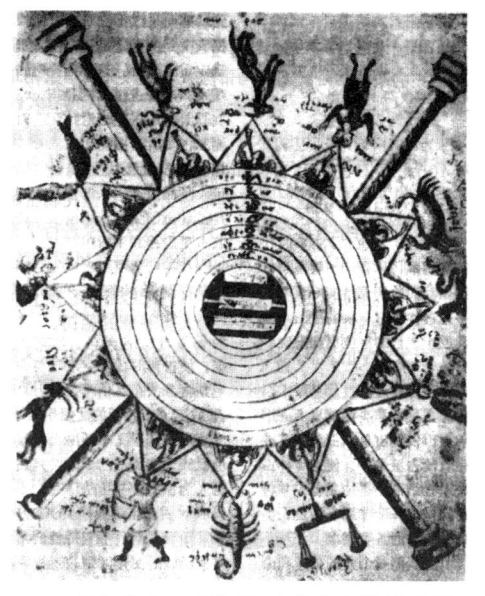

"黄道十二宫"图（现存巴黎国家图书馆的 15 世纪初拜占庭古籍插图）。

要行动之前感到疑惑而犹豫不决时，可以根据天文观测确定最佳时间，即确定黄道吉日，这称为择时占星术；决疑占星术则指根据求签算卦者的提问，对比天文观测和占星天宫图作出解答；而那些涉及社稷民生和国家大计，预测人类未来的占星术在拜占庭帝国受到特别的重视，其占星过程和手段则更为复杂。

拜占庭历法也根据占星术的结论确定了许多忌日和吉日。而基督教教会天文学家也从圣经中为占星术找到了理论根据，使古典时代产生的这一古老预言方法在笃信基督教的拜占庭社会获得广泛的社会基础。

拜占庭天文学还融合了其他民族天文历法的因素。拜占庭人为了完善其历法体系，不仅吸收古典希腊罗马的"异教"知识，而且也不再坚持他们与其他民族的文化区别，忽视宗教争议，大胆利用萨珊波斯和阿拉伯伊斯兰天文历法。

历法

拜占庭帝国是中世纪欧洲文明程度最高的国家，其历法是在古代希腊罗马天文历法基础上，结合基督教神学思想，形成具有重要特点的独立历法体系。

拜占庭人将每年分为 4 季，将每季分为 3 个月，一般将每月分为 4 周，将每周分为 7 日，将每天分为 12 时辰。每周以周日为头一天，称周一为"第二日"，以此类推。

由于拜占庭历法是在古代希腊罗马历法基础上发展而来的，所以从基督教角度看，这样的历法被认定为异教历法。

拜占庭人十分重视历史记述，由此留下了大量珍贵的历史资料。但是，这些历史资料的绝对年代却难以判断，因为早期拜占庭作家并不采用全通用的纪年法，在不同时代不同地区的拜占庭史料中纪年方法也不同，以上现象的出现是因为整个帝国内部缺乏为大家共同认可和使用的统一的纪年法。如 4 世纪的埃及土地契约中使

用"第二个税收年的第某年"表明年代，查士了尼的《法学总论》序言落款年代则记为"查士丁尼皇帝第三执政官期间"，等等。这种情况在拜占庭持续了相当长的时间，直到9～10世纪才出现类似于我国古代史书中通用的干支纪年和皇帝年号纪年法。

拜占庭帝国早期的历法主要是以罗马历法为依据，罗马历法形成于罗马共和国时期，据考证，它与罗马城初创者罗穆洛斯（公元前8世纪）结合古希腊人的历法制定而成的罗马古历法并不相同，它是以月亮运动为天文依据的太阳历，每年比实际回归年少10余天，这样一来至公元前1世纪时，罗马古历法已经变得十分混乱，无法规范罗马人的社会生活。形势所迫，恺撒（前102～前44年）遂邀请亚历山大城天文学家索西耶内斯主持历法修订，以太阳运动为依据制定太阳历，并取消罗马古历。新历法以凯撒姓氏命名为儒略历，分一年365天为12个月，并采取闰年增时措施，以克服计时的微小误差。

早期拜占庭人以儒略历为计时依据，实行"税收年纪年法"。所谓"税收年"是指国家向民众征收捐税的时间，最初是由罗马帝国皇帝戴克里先（284～305年在位）确定的，他为了保持国家税收数量的相对稳定，立法规定每5年调整一次税收量，以收获季节的9月为岁首。后来，拜占庭帝国第一位皇帝君士坦丁大帝又将5年一度的调整期改为15年。

在新旧罗马象征围绕下的执政官玛努斯身穿华服。

在拜占庭帝国早期，无论在正式的官方文件还是人们的日常生活中，"税收年"都被用来纪年。由于每个税收年周期为15年，因此在计算某个税收年的具体年份相当于绝对年代时，应采用"税收年周×154＋税收年4＋312"的公式，反之在计算某一绝对年份相对应的税收年时，应使用"（绝对年份—312＋3）÷15"的公式，能够除尽的为税收年周的首年，不能除尽的，其余数即为具体税收年份。

与税收年纪年法同时被使用的还有"执政官"、"皇帝年号"、"名祖"等多种纪年方法。前两种方法大多为真实的历史人物担任皇帝或执政官的年份，而后者大多为拜占庭帝国古代作家为记述方便，虚构出来的先祖或神的名字，用以标志年份。按照早期罗马共和国时代的传统，每年罗马人应选举执政官，任期一年。到晚期罗马帝国和拜占庭帝国时期，执政官已经失去原有的管理职能，已无实权，但仍保留其荣誉头衔意义，并由民众选举变为皇帝任命。由于其每年变更的特点使它具有标志年代的功能，许多拜占庭帝国早期历史作家便以某位执政官注明其描写事件的年份。

皇帝的年号在拜占庭历法纪年体系中的作用和执政官纪年大体相似。在采用这类纪年法计算绝对年代时，应注意参照有关的史料确定文献中提到的执政官被任命或皇帝在位的准确年份。皇帝年号纪年法比执政官纪年法更可靠，因为在注重政治事件记载的拜占庭帝国史料中，可资借鉴的旁证更多，用起来就更为可靠。历史的延续也说明了这一点，执政官纪年法仅使用到 7 世纪初，而戴克里先纪年法持续使用到 13 世纪。

这一时期，拜占庭帝国某些地区、特别是在重要的文化中心和地方政治中心还存在一些地方性纪年法，除了埃及地区流行的税收年纪年法外，在西亚的叙利亚地区还流行"安条克纪年法"。安条克纪年法于公元前 49 年 10 月 1 日算起，可能是为纪念恺撒视察该城市而设立，于公元前 47 年正式被采用。直到公元 5 世纪中期，安条克纪年的岁首才改为 9 月 1 日，为的是与中央政府颁布的历法保持一致，该纪年法至 7 世纪中期阿拉伯军队占领叙利亚以后逐渐停止使用。除了上述主要地方性历法外，还存在以大区长官或朝廷重臣命名的纪年，它们大多通行于某官员任职或出生地区，没有普遍性，但是，我们在涉及这类史料提及的年代时，还应给予充分的重视。

拜占庭纪年法

早期拜占庭历法由于受古希腊罗马天文历法的巨大影响，带有明显的世俗色彩，被基督教称为"异教历法"。然而，随着基督教思想在拜占庭帝国的传播，拜占庭历法逐渐表现出愈来愈明显的宗教性，笃信基督的拜占庭人极力准确地掌握"上帝的时间表"。

拜占庭帝国时期，基督教神学思想与古典天文历法相结合，形成了以基督教思想为核心、以古典历法为手段的新型历法。基督教在拜占庭帝国时代，其正统神学和教义逐步形成，在拜占庭皇帝的直接参与主持下，完善了其思想体系，成为在拜占庭社会占统治地位的意识形态。人们开始用基督教神学理论解释天文历法问题，反过来又用古典天文历法知识为基督教服务，尤其注意利用历法计算宗教节日。

"复活节纪年法"源自教会天文学家编制每年一度的复活节表。复活节确定在 3 月 2 日至 4 月 25 之间，按照拜占庭教会传统，每年春分节当天或节后一周遇有满月，则其后的第一个礼拜日为纪念耶稣基督死后复活的节日，如果满月恰好出现在周日，则复活节顺延一周。

为了推算出复活节的准确日期，拜占庭人做了很大努力，他们恢复古代天文学，加强天象观测，绘制星图。他们注意整理翻译注释古希腊罗马天文学著作，制作用于观测天体的星盘，并计算赤道和黄道的夹角，确定月亮运行的轨道等等。显然拜占庭人在发展拜占庭星占学的同时，为基督教历法发展提供了天文学依据。

笃信基督的拜占庭人以基督教基本教义解释计时含义，他们认为所谓"时间"是指发生某些事件的时段，他们的计时体系是以昼夜和四季等自然变化的现象为主要依据，同时以对天体运动的观测为参考。拜占庭人在如何解释计时单位时，特别强调基督教思想。他们虽然按照自然和天文变化确定了天、月、季节和年等时间单位，但是他们却以上帝创世和基督降生来解释其纪年方法的由来。他们还特别注意以圣经中关于上帝创世的故事为依据，完善了每 7 日为安息日的礼拜计时方法，并沿用至今。在 9 世纪以前拜占庭帝国流行的所有纪年方法中，以基督教历法发展最快，逐渐取代了古典历法的正统地位。这一时期，出现了"亚历山大纪年法"，"创世纪年法"、"基督降生纪年法"等等，最终形成了"拜占庭纪年法"。

拜占庭帝国多种纪年法混用的情况使 9 世纪以前的历史作家在使用古代文献时遇到极大的困难，他们常常为准确判断某个历史事件的年代而翻阅大量资料，即便如此，错误仍然会出现，就连当时最博学的作家塞奥发尼（Theophanis，752～818年）在使用 7～8 世纪的文献时也因纪年法混杂而出现了确定年代的错误。因此制定统一的历法纪年体系是中期拜占庭帝国知识界的迫在眉睫的事情，所以"拜占庭纪年法"应运而生，并成为此后占主导地位的历法。

"拜占庭纪年法"是严格按照《旧约·创世纪》的内容计算出来的，确定上帝于公元前 5508 年 3 月 21 日创造世界，因此这一天为拜占庭纪年的开端。

"拜占庭纪年法"还以复活节周期为主要依据，以校正可能出现的误差。拜占庭天文学家根据观测，确定以月亮运行为依据的太阳年周期为 19 年 235 个月，其中设置 7 个闰月，分布在第三、六、八、十一、十四、十七和十九年；又确定以太阳运行为依据的太阳年周期为 28 年，而后将太阴、太阳两周期相乘，得出 532 年的复活节大周期。事实上，设置这一大周期的目的在于通过改变其岁首月龄的办法以达到调整拜占庭历法在数百年间使用中出现的误差。"拜占庭纪年法"从 9 世纪以后成为拜占庭帝国通用的历法，直到 15 世纪中期拜占庭帝国灭亡以后，还被东正教教会采用。

拜占庭人为了更准确地计时，还注意吸收其他历法的优点，调整拜占庭历法的不足。他们一改以往的传统，在历法问题上并不在乎借鉴对象属于何种宗教，也不太关心使用对象来自哪个民族，只要它有可取之处就会改头换面加以利用，以丰富和完善计时体系。

拜占庭历法在中古地中海和欧洲文化发展进程中曾长期发挥重要作用，它对周边各民族，特别是对东欧斯拉夫各民族和东正教世界产生了不可忽视的影响。

拜占庭帝国覆灭

事件概况

罗马帝国建立之后，东西两个地区的经济发展很不平衡。公元 330 年 5 月，罗马皇帝君士坦丁正式决定迁都到拜占庭，并将此地改名为君士坦丁堡。公元 395 年，在罗马帝国皇帝提奥多西死后，他的两个儿子将罗马帝国一分为二：西罗马的首都为罗马，东罗马的首都为君士坦丁堡。因此，历史上也称东罗马帝国为拜占庭帝国。

在历史上，拜占庭帝国是个相当强大的国家，其疆域包括过去罗马帝国比较富裕的地区，例如巴尔干半岛、小亚细亚地区和埃及等。而且，君士坦丁堡位于欧亚水陆交通的要道，是中世纪欧洲人口密度最大的城市。由于位于中国和欧洲、非洲贸易的中转地，所以帝国每年有巨额的贸易税收。同时，经济的发达使拜占庭帝国拥有一支庞大的军队。

公元 476 年，西罗马帝国灭亡，而拜占庭帝国却继续保持了稳定和繁荣，是地中海地区强大的国家。

但是从公元 7 世纪起，阿拉伯人开始崛起，占领了地中海东岸和北非地区。东部的塞尔柱突厥人在 1055 年占领巴格达以后，继续向西部扩张，攻占拜占庭帝国。1071 年 8 月，塞尔柱突厥军队攻占了小亚细亚大部分地区。与此同时，来自北欧的诺曼人进入地中海，攻击拜占庭帝国在意大利南部的领土。不久，诺曼人占领亚得里亚海西岸的重镇巴里，结束了拜占庭帝国在意大利南部的统治。在北方，突厥人的一支佩彻涅格人于 1088 年在多瑙河附近的多罗斯托尔击败拜占庭军队，进而袭击色雷斯，威逼君士坦丁堡。

到 11 世纪末，拜占庭帝国结束了其原先的"东方帝国"的时代，丧失了地中海东部的控制权，其领土只剩下小亚细亚、色雷斯和巴尔干半岛地区，成为以希腊人为主的帝国。

拜占庭武士像

8—9 世纪，君士坦丁堡发生了破坏圣像运动。帝国皇帝和贵族为了削弱教会的势力，支持圣像破坏派夺取修道院的土地和财富，驱逐教徒。但是在运动过程中，在民众支持下的保罗派以异端形式出现，要求恢复原始基督教的平等，并举行起义。无奈之下，皇帝不得不宣布恢复圣像崇拜，农民起义遭到镇压。

此后，拜占庭帝国的封建化进程加速。11 世纪末，帝国实行领地制度，将国家的土地分给封建主，并且终生不收回。此外，土地领主在领地内享有司法权和行政权，领地内的农民需要缴纳地租，并丧失人身自由。至此，封建化基本完成。

正是由于封建化的完成，致使帝国中央集权化遭到破坏，拜占庭帝国开始日趋衰落，并遭到连续两次侵略。第一次是塞尔柱突厥人，他们夺去了拜占庭帝国的小亚细亚大片地区，使得帝国的领土再次减少；第二次是十字军东征，致使拜占庭帝国的商业贸易大为减少。1204 年，十字军在威尼斯商人们的鼓动下，攻占了君士坦丁堡。为了显示东征的威严，十字军统帅下令对君士坦丁堡进行任意洗劫，并持续了七天。

继而，十字军侵占了拜占庭帝国色雷斯、希腊等地区，建立了拉丁帝国。欧洲其他国家的封建领主占领了拜占庭的大片土地，并任意压榨领地内的农民。不过，十字军的残酷镇压遭到了拜占庭民众的不断反抗，后来逐渐形成了三个政治中心：一个是小亚细亚西北部的尼西亚帝国，一个是黑海南岸的特拉布松帝国，一个是希腊西北部的伊庇鲁斯王国，其中尼西亚帝国最为强大。1261 年，尼西亚皇帝领导希腊人民重新夺回了君士坦丁堡，推翻了拉丁王朝。

虽然拜占庭帝国复国了，但是其领土已经进一步缩小，仅包括小亚细亚小部分、色雷斯、马其顿和爱琴海北部地区的一些小岛屿。此外，帝国内部也四分五裂，昔日的强大国家，至此已经处于软弱地位。

由于长期的战乱，使得原先发达的商业和农业遭受了严重的破坏。农业上，耕地荒芜，农作物产量下降，加上小亚细亚耕地的丧失，导致拜占庭帝国粮食供应严重不足。在贸易上，埃及和红海成为东西方贸易通道的重心所在，拜占庭商业中心的角色已经丧失；另外，拜占庭和黑海和地中海的贸易处于意大利商人的控制下。贸易的衰落导致了财源的枯竭，拜占庭帝国的财政陷于严重的危机之中。

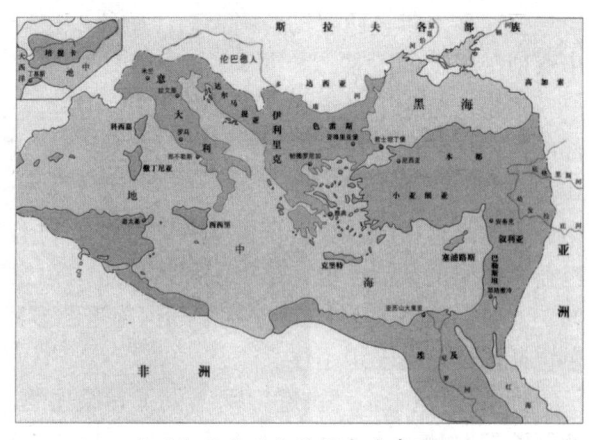

6世纪至7世纪的拜占庭帝国

就在拜占庭帝国衰落并日趋灭亡的时候，旁边逐渐兴起一个新的帝国——奥斯曼帝国。奥斯曼是土耳其人原始突厥部落的一支。13世纪依附于塞尔柱突厥人，占领了小亚细亚半岛西北角的小块土地。1242年，塞尔柱突厥人在蒙古人的打击下瓦解，但是却给这支部落带来了发展的好机会。

13世纪末，该部落酋长奥斯曼即位。不久，奥斯曼宣布独立，并自称苏丹，从此该部落不断向外扩张。

1301年，奥斯曼带领部落攻占了富庶的卑斯尼亚平原。至此，西边的拜占庭帝国成为其西进的主要障碍。不久，他们占领了小亚细亚的全部土地，并将首都迁到西亚的布鲁萨，建立了奥斯曼帝国。继而，他们渡过达达尼尔海峡，占领了东色雷斯，切断了君士坦丁堡和巴尔干半岛其他地方的联系。14世纪末，奥斯曼人获得了在君士坦丁堡建立土耳其人居住区和在加拉塔驻军的权利。至此，君士坦丁堡已经陷于孤立，并且有被随时攻陷的可能。

不过就在此时，东方的帖木儿帝国开始侵略奥斯曼帝国，使得奥斯曼帝国不得不回过来对付来自东面的侵略。1402年，帖木儿帝国在安卡拉附近大败奥斯曼帝国的军队，并将其首领苏丹擒获。奥斯曼帝国不得不放弃攻打君士坦丁堡的计划。

从15世纪20年代、30年代开始，帖木儿帝国开始衰落，这使得奥斯曼帝国已经没有后顾之忧了。1451年，穆罕默德二世上台统治奥斯曼帝国，奥斯曼帝国开始复苏，并决定最终攻打君士坦丁堡。在登基时，穆罕默德二世声称："世界的帝国只有一个，只能有一个宗教、一个王国，要缔造这个联合，世上没有比君士坦丁堡更合适的地方了。"

穆罕默德二世为了确保征服君士坦丁堡，做了充分的准备。1452年3月，穆罕默德二世派兵在君士坦丁堡以北不远处建立了鲁美利希萨城堡，作为进攻君士坦丁堡的基地，并在格利博卢集结了庞大的舰队。这个城堡切断了君士坦丁堡同黑海各港口的一切联系，也断绝了拜占庭帝国来自乌克兰的粮食来源。

1453年4月5日，穆罕默德二世亲率步骑兵9万人、舰船320艘，从陆海两面包围君士坦丁堡，企图彻底灭亡拜占庭帝国。

君士坦丁堡位于博斯普鲁斯海峡西岸南口，整个城市呈三角形：北面是金角湾，入口处有铁链封锁；南面是马尔马拉海峡，沿海岸修有防御工事；只有西面是陆地，修有两道城墙，城外挖有一条约 20 米、水深约 30 米的壕沟。所以，天然地势的险要，加上拜占庭帝国几百年来的构筑经营，城防工事十分坚固，真可以说是铜墙铁壁，固若金汤。

当时君士坦丁堡的守城将士不过 1 万人，居民约为 6—7 万人。总之，从兵力上来看，拜占庭帝国是不可能打赢这场战争的。他们只能凭着爱国之心和苦心经营的工事来战斗了。

君士坦丁大帝的巨大青铜头像

4 月 6 日，奥斯曼军队从四面陆地发起进攻。首先，他们用重达几百公斤的大炮、攻城锤和投石器轰毁了君士坦丁堡的城墙。之后，士兵们用树干滚动巨大的木桶，向护城壕沟冲去，企图用木桶里面的泥土把壕沟填平。城内军民在君士坦丁十一世的指挥下进行顽强抵抗，用枪炮打退了奥斯曼军队的第一次进攻。

强攻不行，奥斯曼军队便决定使用其他方法。首先，他们打算通过挖地道来穿过护城墙和城墙，但是还没等地道挖完，城内的居民就发现了奥斯曼军队的企图，并用炸药将地道炸毁了。

此计不成，他们又决定用攻城塔车。所谓攻城塔车，就是在战车上修筑起坚固的塔堡，然后再在上面裹上厚厚的牛皮，以防敌军的箭石，车上还载有弓箭手。此战车可以通过一个用滑轮升降的云梯来爬上城墙。不过当攻城塔车靠近城墙时，城内的军民就往塔车内投掷希腊火（用石油、石灰等制成的燃烧物），将塔车烧着，或用大杆推倒云梯。土耳其人的第二次进攻又遭惨败。

就在陆上奥斯曼军队受挫的同时，拜占庭海军也冲破了土军对海峡的封锁，由于金角湾有坚固的铁链封锁水面，所以土耳其的舰船不能进入该水域。同时，拜占庭的舰队也利用天然地势的优势，给土耳其舰队以沉重打击。

奥斯曼军队久攻不下，加上国内反对攻打君士坦丁堡的情绪开始增加，穆罕默德二世如热锅上的蚂蚁。后来，他想到金角湾的水面不宽，拜占庭人只是用铁索来阻挡进攻，但是如果能绕过这些铁链而从水路登陆，那么肯定能在敌军毫无防备的情况下攻破城池。但是，如何绕过铁索，却始终解决不了。

后来在手下的启发下，穆罕默德二世终于想到了一个策略。他首先派人到热那亚商人占领的加拉太镇去，买通那里的商人。在征得商人们的同意之后，他组织数千人在海峡和金角湾之间铺设长约 1.5 千米的涂油圆木滑道，利用暗夜掩护将 80 艘轻便帆船拖上海岸，用人畜和滑车拉过山头，再顺斜坡滑进金角湾，并在金角湾，并在金角湾最窄处架设浮桥，在桥上配置火炮，然后向君士坦丁堡发动新的攻势。

由于君士坦丁十一世认为金角湾固若金汤，根本不可能有敌军能够通过那里进攻的。所以，当奥斯曼军队在金角湾向君士坦丁堡内开炮时，城中的官兵都惊呆了。慌乱之下，君士坦丁十一世令从两线撤兵增援，而将西面的防守交给了来援的

3000多名热那亚士兵。

为了配合金角湾水路的进攻，穆罕默德二世在西面也发动了再次进攻。他将非正规军放在头阵，让他们进攻城墙最薄弱的地方。虽然非正规军在人数和作战技能方面都处于劣势，但他们仍然热情地战斗。战斗了两小时后，他们得到撤退的命令。

第二次进攻的是伊斯哈克军队的土耳其人。这支军队比前一支更加训练有素。他们炮轰城墙。他们利用喇叭和其他的工具制造噪音来分散守军的注意力。但是城内的士兵还是利用工事顽强抵抗。

就在这时，奥斯曼帝国的军队发现了机会。君士坦丁堡城墙发内墙和外墙，之间是"空场"，为了不让守外墙的士兵撤退而死战到底，君士坦丁皇帝下令锁死了所有内墙下的城门。一部分土耳其军队在用大炮攻破三道外城墙后，进入"空场"。此时第三道城墙下有个被叫做"竞技场门"的小门无人看守，而且敞开着（据后来历史学家推测，这可能是前一天晚上出来修补城墙的士兵所犯的致命疏忽）。

大队的土耳其军从这里蜂拥而入。他们是第一批冲进城市的军队。他们进入城市时，遭到城内守军的沉重打击，其中的大部分人被杀死。这次战斗在破晓时结束。

穆罕默德没给守军以喘息的机会，第三次进攻又开始了，这次是穆罕默德最为得意的苏丹近卫军。他们首先在远处向城内射击箭和子弹，投掷石头和标枪，然后在栅栏处与敌军进行肉搏战。这次，守军终于不敌，遭到奥斯曼军队的大肆屠杀。君士坦丁十一世此时从金角湾赶到，但已无力扭转战局，在投入战斗后不久就被杀。

1453年5月29日傍晚，土耳其人终于攻占了君士坦丁堡全部城区，此举意味着延续了一千多年的拜占庭帝国正式灭亡。

君士坦丁堡的陷落，意味着千年帝国——拜占庭帝国的灭亡，同时也标志着新的世界帝国——奥斯曼帝国的崛起。此后，君士坦丁堡改称为伊斯坦布尔，成为奥斯曼帝国的首都。这个名称一直沿用至今。原来城内的基督教堂和教徒被彻底毁灭，取而代之的是清真寺和穆斯林。在此后的二三十年间，奥斯曼帝国的领土急剧扩大，占领了几乎全部巴尔干半岛，并且占领了亚洲的安那托里亚和克里木汗国。另外，君士坦丁堡的陷落，也给现代穆斯林和基督教徒在巴尔干地区的争斗埋下了伏笔。

中世纪盛期知识的复兴

四项主要知识成就

中世纪盛期主要的知识成就表现在四个相关而又不同的方面：初级教育和扫盲的普及；大学的产生和发展；古典知识和伊斯兰知识的传入；以及西方人在思想领域所取得的实际进步。其中任何一项成就都足以使中世纪盛期在西方学术史上占据显著的位置；四项成就合在一起，就开创了西方在知识文化上层主导地位的时代，而此成为现代的一个界标。

初级教育的普及

公元800年左右，查理大帝下令，每一个主教辖区和隐修院都应兴办初级学校。

虽然这一命令是否得到不折不扣的执行尚属疑问，但在加洛林王朝统治时期肯定兴建了许多学校。不过，后来维金人的入侵危及这些学校的继续存在。在一些隐修院

中世纪有关基础教育的两个观念。左图选自 14 世纪一手稿插图，描绘一位教师一手指课本、一手用短棒维持秩序情景。右图描写的是中世纪情景，此时语法学校的教学较为文雅，其中一位象征字母表的女性领着听话的孩子进入学术塔，先修语法，渐次进入逻辑、修辞和神学。

和教区总教堂所在城镇，初级教育勉力维持下去，但在 1050 年之前初级教育发展的程度和质量仍处于相当低的水平。然而，此后，与在人类活动的其他领域进入全面发展时期一样，教育方面也呈现出蓬勃发展的局面。就连身历这种变化的人也为学校在欧洲普及的速度感到震惊。法国的一位修士在 1115 年写到，1075 年前后他在长大成人时"教师极为罕见，在乡村几乎一个也没有，在城市里也微乎其微"，但在他成人之后"众多学校脱颖而出"，学习语法"蔚然成风"。与此类似，一份佛兰德编年史提到了 1120 年前后人们异乎寻常的学习修辞术并进行实践的新的热潮。显然，经济的复苏、城镇的发展和强有力政府的出现使欧洲人得以前所未有地致力于基础教育。

中世纪教育的变化

1. 主座学校的发展

中世纪盛期教育的勃兴不只是表现为学校数目的增多，因为学校的性质发生了变化，同时随着时间的推移课程表和上学的人员也发生了变化。第一个重大变化是12 世纪的隐修院培育外来人的做法。在此之前，由于当时别无其他学校教人们读书识字，因而隐修院也收隐修院修士之外一些有特权的人进院学习。但到了 12 世纪，可作替代的学校十分充足。欧洲教育的主要中心变成了位于方兴未艾的城镇中的主座学校。教皇统治制度对这一发展予以有力支持，它在 1179 年下令所有主座教堂都应留出一部分收入供养一位学校教师，这样这位教师就可以免费指导所有希望上学的人（不论穷人富人）学习。教皇认为这一措施可以扩大训练有素的教士和潜在的管理人员的人数，事实也确实如此。

2. 课程范围增广

主座学校在一开始几乎完全只对教士进行基础培训，其课程设置只是为了让学生具备基本的读写能力，能认识教会祷告文即可。但庄 100 年之后不久，学校的课程范围增广了，因为教会和世俗政府的发展相应地需要越来越多训练有素的、不仅仅会读寥寥祈祷文的官员。法律再次得到重视，使改进初级教育的质量以培养未来的律师变得尤为迫不及待。更重要的是，课程表中包括了熟练掌握拉丁文法并能用拉丁文写作，其方法往往是学习某些古罗马经典著作，诸如西塞罗和维吉尔的作品。这些著作重新引起人们的兴趣，以及人们试图模仿它们的风格写作，就导致一些学者把这些现象称为"12世纪的文艺复兴"。

博洛尼亚大学的法学班。中世纪课程的核心是"三学科（trivium）——语法、修辞、伦理——和"四学科"——数学、几何学、天文学和音乐学生在掌握三学科后才进而研修四学科。教学的方式是师生进行口头辩论。

3. 世俗教育的发展

在 1200 年左右之前，城镇学校里的学生仍以教士为主。就连那些希望成为律师或管理人员而不只是教士的人通常也发现担任圣职是有好处的。但在 1200 年之后，更多的不属于教士阶层且根本不想成为教士的学生进入了学校。一些学生出自上层家庭，他们开始把识文断字视为地位的一个标志。其他学生是未来的文书（即起草官方文件的人），或者需要有一定识文断字能力并（或）掌握计算技能以便于经商的商人。一般说来，后一类人不会上主座学校，而进更多地传授实用技能的学校。在整个 13 世纪期间这一类学校如雨后春笋般发展起来，并完全不受教会的控制。不仅进入这些学校的学生是俗人，任教的教师往往也是俗人。随着时间的推移，教学不再像迄今一直那样使用拉丁文，而转而使用欧洲各种方言。

世俗教育兴起的重要意义

世俗教育的崛起是西欧历史一个极具重要性的发展，这样说有两个互相关联的原因。其一，在近一千年间教会第一次失去了对教育的垄断地位。学术以及由此产生的学术态度现在可以变得更为世俗了，同时随着时间的推移这种趋势愈来愈明显。世俗人士不仅可以对教士进行评价和批准，而且可以完全按照世俗的方法进行研究。因而，西方文化最终成为世界各种文化中最不受教会控制，最不受与教会相关的传统主义控制的一种文化。其二，世俗学校数目的增长，连同培育世俗人士的教会学校的发展，致使世俗人士中能识文断字的人数大大增加：到 1340 年，佛罗伦萨大致有 40％的人口能识文断字；到稍晚的 15 世纪，英格兰总人口中也大约有 40％能识文断字。（这些数字中包括奴女，她们通常是在家中而不是学校由支薪的家庭教师或家庭中的男性成员教会识字的。）考虑到 1050 年左右几乎完全只有教士能够识字、识字人数只占西欧总人口的 1%，我们完全可以说发生了一场令人瞩目的革命。没有这场革命，欧洲的许多其他成就也是不可能取得的。

大学的起源

大学的产生同样是中世纪盛期教育繁荣的一个方面。就起源而论，大学是提供普通的主座学校不能提供的对高深研究进行指导的机构。这些高深研究包括高深的文科七艺和对法律、医学和神学的专门研究。意大利最早的大学是博洛尼亚大学，它在整个 12 世纪期间脱胎成形。虽然博洛尼亚大学也传授文科教程，但自 12 世纪产生到中世纪结束一直以欧洲研究法律的主要中心而享有盛誉。在阿尔卑斯山脉以北，最早、最著名的大学是巴黎大学。与其他许多大学一样，巴黎大学一开始时是主座学校，但在 12 世纪它开始成为北方公认的知识学术生活的中心。出现这种情况的一个原因是学者们感受到了日益强大的法国王权所提供的进行学术研究所必需的和平安定的环境；另一个原因是该地农产品丰富，食物充裕；第三个原因是 12 世纪上半叶当时最具魅力、最引起争论的教师皮埃尔．阿贝拉尔（1079—1142 年）在此巴黎主座学校任教。阿贝拉尔是在法国经院哲学家，关于他在思想文化方面的成就，我们将在下文论述。欧洲各地的学生蜂拥前来听他讲课。据当时一个荒诞不经的传说，由于他的有争议的观点，阿贝拉尔被禁止在法国土地上执教，他就爬上一棵树，学生们围坐在树下听他讲课；当他被禁止从空中讲课时，他就开始在船上讲课，学生们聚集在两岸聆听他的教诲；由此可见阿贝拉尔是多么的激动人心。由于仰慕阿贝拉尔的声誉，其他许多教师也在巴黎大学定居下来，开始进行比其他任何主座学校都要形式多样和先进的教学活动。到了 1200 年，巴黎大学发展成为专门教授文科七艺和神学的大学。大约在这一时期，曾在巴黎大学受教的英诺森三世教皇把这所学校称为“为整个世界烤制面包的烤炉”。

中世纪大学的本质

应当着重指出，大学这种机构实际上是中世纪的发明。自然，在古代世界就有高级学校，但它们没有固定的课程或有组织的教职员工，同时它们也不授予学位。中世纪的大学本身起初并不是学者聚集之地。“大学”一词本意是指一个联合体或行会。实际上中世纪所有大学都是教师或学生的联合体，它们像其他行会那样组织起来以保护自己的利益和权利。但是大学一词逐渐用来指一种拥有一所文科学校以及一个或更多的从事法律、医宇和神学等专门学科教学的系院的教育机构。在约 1200 年之后，博洛尼亚大学和巴黎大学被视为大学的原型。在 13 世纪期间、牛津、剑桥、蒙彼利埃、萨拉曼卡、那不勒斯等著名的教学机构纷纷建立起来或获得正式认可。在德意志，直到 14 世纪才有了大学——这反映了该地

区四分五裂的状态。但在 1385 年，德意志大地上第一所大学海德堡大学建立起来，其后许多大学很快就涌现出来。

中世纪大学的组织

中世纪欧洲的每一所大学都是以博洛尼亚大学和巴黎大学这两种不同的模型建立起来的。在意大利各地、西班牙以及法国南部，大学通常那是以博洛尼亚为蓝本建立的，其中学生们自己构成一个委员会。他们雇佣教师，支付薪俸，可以解雇玩忽职守或教学效果不佳的教师或者予以罚款。北欧各所大学则以巴黎为样板，它们不是学生的行会，而是教师的行会。大学中包括四个系——文科、神学、法律和医学——每个系都以系主任为首。北方绝大多数大学都以文科和神学为主要分支。在 13 世纪结束之前，巴黎大学内部逐步建立起各个不同的学院。学院最初不过是捐赠给贫穷学生的住所，但最终学院既是学生居住的中心，又是教学的中心。在欧洲大陆，这类学院在今天大多已不存在了，但在英格兰，牛津大学和剑桥大学依然保留着自巴黎大学照搬过来的学院联合组织模式。这种学院构成了各个半独立的教育单位。

学习的科目

我们现代的大学组织和学位制度大都源自中世纪的大学制度，但实际学习的科目发生了很大变化。中世纪的任何课程表中都不包括历史或类似于现今社会科学的东西。中世纪的学生在进入大学之前就要精通拉丁文文法——他们是在小学或"文法"学校学习到这些的。只有男性方能进入大学。在进入大学后，学习要花大约四年的时间学习基本的文科技能，这就意味着要进一步钻研拉丁文文法和修辞学，并要掌握逻辑原理。如果考试通过，他就可以无一例外地获得初等的学位即学士（bachelor of arts，现今 B. A. 的原型）为了确保自己在职业生活中获得地位，他通常必须再花几年去获取更高的学位，比如文学硕士（M. A.），或法律、医学或神学博士。要获得硕士学位，就必须再用三、四年学习数学、自然科学和哲学。这可以通过阅读和评注古代经典之作（比如欧几里得，尤其是亚里士多德的著作）来达到。抽象分析很受重视，但没有实验科学之类的东西。要获得博士学位，则要进行更多的特殊训练。攻读神学博士学位尤为艰苦：到中世纪末，要获得巴黎大学神学博士学位，首先要花 8 年左右的时间攻读神学硕士学位，此后要花 12 至 13 年攻读博士课程。在这期间学生不必不间断地居住在学校里，因而能在 40 岁之前获得神学博士学位的人可谓凤毛麟角；实际上，校规了禁止授予 35 岁以广者博士学位。严格说来，有广博士学位，甚至包括医学博士学位，只获得了任教权利。不过在实际上大学的各级学位被看成所达到成就的标准，是通往非学术职业的一个途径。

中世纪大学的学生生活往往十分简陋。由于一般要在 12 到 15 岁之间开始大学学业，因为许多学生是些不成熟的少年。此外，所有大学学生都认为自己构成一个独立的和有特权的社会，从而与当地城市居民的社会格格不入。由于后者想从学生身上获得经济上的好处，而学生自然而然地爱吵闹，因此"城镇"（town）和"穿长袍的大学师生"（gown）之间常常发生冲突，有时还发生激战。不过，大学的学习生活非常紧张。由于大学最强调权威的价值，又由于书籍一无例外地十分昂贵（用手写在珍贵的羊皮纸上装订而成），因而学生要死记硬背的东西非常多。随着学生所受训导的加深，他们往往也被要求具备在正式的公开辩论中论争的技巧。高深的辩论练习非常复杂和抽象，有时也会延续数日。与中世纪大学生相关的最重要的一个事实是，在约 1250 年之后，大学生人数众多。巴黎大学在 13 世纪时在校学生人数达 7，000 人，牛津大学在任一学年都大约有 2，000 名学生。这就意味着在欧洲男性中间，除农民和艺匠之外至少有相当可观的人接受过较低层次的教育。

对希腊和阿拉伯知识有了了解

随着中世纪盛期在各个层次上受到教育的人数大大增加，学术质量也有了极大提高。这主要是由于中世纪欧洲人重新了解到希腊知识以及穆斯林所取得的知识成就的吸引力。由于实际上没有一位西欧人会希腊语或阿拉伯语，因而要了解用这些语言写成的著作只能通过拉丁文译本。但在 1140 年之前此类著作的拉丁文译本非常罕见：在 12 世纪中叶之前，亚里士多德数量众多的全部著作中，只有个别逻辑论文才有拉丁文译本，但在 12 世纪中叶突然迸发出翻译热潮，大量著作被迻译过来，西欧人几乎可以了解到古希腊人和阿拉伯人的所有科学知识。这些翻译活动发生于西班牙和西西里，因为居住在这里的欧洲人与讲阿拉伯语的人或既懂拉丁文又懂阿拉伯文的犹太人比邻而居，交往最密切，在翻译过程中可以求得他们的帮助。希腊著作首先是由更早的阿拉伯文译本转译成拉丁文的；后来一些西方人设法学会了希腊文（往往是通过到讲希腊语的地区旅行的办法），他们又由希腊文原文直接翻译不少希腊著作。结果，到了 1260 年前后，我们现在所能见到的亚里士多德的几乎所有著作都有了拉丁文译本。诸如欧几里得、伽伦和托勒密这样重要的希腊科学思想家的代表作也有了拉丁文译本。只有希腊文学的里程碑式的著作和柏拉图的著作尚未被译成拉丁文，因为这些著作没有阿拉伯文译本；它们虽有拜占庭抄本，但难以弄到。但是，除希腊人的思想外，西方学者也熟知所有伊斯兰世界重要哲学家和科学家（诸如阿维森纳和阿威罗伊）的成就。

西方科学和思辨思想的发展斯特和罗杰·培根

在掌握古希腊人和阿拉伯人的科学和思辨思想的精髓之后，西方人得以据此有所建树并作出了自己的进步。这种进步以不同的方式显现出来。在自然科学领域，西方人未遇到太多困难就在外来学术的基础上有所建树，因为这些外来学术与基督教的准则没有太多矛盾。但在哲学领域，就产生一个重大问题：如何才能彻底地把希腊和阿拉伯思想与基督教信仰协调起来。13 世纪最先进的西方科学家是英格兰人萝伯特·格罗西特斯特（约 1168—1253 年），他不仅是位伟大的思想家，而且作为林肯主教在公共生活中也很活跃。格罗西特斯特十分精通希腊文，曾把亚里士多德的《伦理学》全部翻译出来。更为重要的是，他在数学、天文学和光学方面作出了非常重要的理论性贡献。他对彩虹作了复杂的科学解释，同时指出了透镜的放大作用。格罗西特斯特最出类拔萃的弟子是罗杰·培根（约 1214—1294 年），在今天他比他的老师还要出名，因为他看来预言了汽车和飞行机器的产生。实际上培根对机械并不感兴趣，但他确实把格罗西特斯特在光学方面的研究进一步深入下去，比如更进一步探讨了透镜的种种特性、极快的光的速度以及人类视力的特性等。格罗西特斯特、培根及其在牛津大学的某些信徒辩称，建立在感觉证据之上的自然知识比建立在抽象理性之上的知识更为可靠。就此而论他们可以说是现代科学的先行者。但是他们仍然具有一个重要缺陷，即他们没有进行任何真正的科学实验。

作为宇宙设计师的上帝（13世纪法文《旧约》彩饰）。在中世纪人看来，上帝是万物之源。宇宙是一个著名的等级体系。由于人类灵魂不灭，既可能升入天堂，也可能因犯罪沦入地狱

经院哲学的含义

中世纪盛期希腊和阿拉伯哲学与基督教信仰的碰撞，这方面的结果基本上就反映在经院哲学的产生上。关于"经院哲学"一词，可以从不同的角度进行界定，同时人们也正是这样处理的。就词根而言，经院哲学指中世纪学校中遵循的教学和学术方法。这就意味着它是非常系统化的，也是极其尊重权威的。不过经院哲学不只是一种研究方法。它也是一种世界观。就其本身而论，它教导说，人类通过自然方式，即通过经验和推理所获得的知识与天启传授的知识是兼容的。由于中世纪学者认为希腊人精于自然知识，而所有启示都见于《圣经》，因而经院哲学就是使古典哲学与基督教信仰协调一致的理论和实践。

皮埃尔·阿贝拉尔

为经院哲学铺平了道路、但其本人并不完全是经院哲学家的最重要的思想家之一，就是爱惹麻烦的皮埃尔·阿贝拉尔。阿贝拉尔在12世纪上半叶在巴黎及其周围很活跃。他可能是第一位立意以知识分子为职业（而不只是一位在一旁教书的教士或无意促进知识发展的教师）的西欧人。他在逻辑和哲学方面极富才能，在求学期间就令当时的专家（这些人出任他的老师真可谓时运不济）相形见绌。别的人如果具有如此高的才识也许会韬光晦迹，但阿贝拉尔不然，他在公共辩论中以公开羞辱年长于他者为能事，因而树敌甚众。令事态复杂化的是，他在1118年诱奸了17岁的才华横溢的姑娘埃洛伊兹，后者一直在私下听他授课。埃洛伊兹怀有身孕后，阿贝拉尔娶她为妻，但两人决定保守这一秘密，以免影响阿贝拉尔的事业。然而这激怒了埃洛伊兹的叔父，因为他认为阿贝拉尔计划遗弃他的侄女；因而他为了家族的名誉进行报复，阉割了阿贝拉尔。阿贝拉尔遁为隐修士，他的敌人不久就第一次指控他为异端。阿贝拉尔仍安定不下来，脾气恶劣，感到隐修生活并未给他带来精神上的慰藉；在与两个不同的隐修社团发生争吵并断绝关系之后，他重新去过世俗生活，在1132至1141年间一直在巴黎大学任教。这一时期是他事业的顶峰。但在1141年他再次被指斥为异端（这一次指控者是非常有影响的圣贝尔纳），并受到宗

教会议的谴责。不久之后，这位受到迫害的思想家宣布弃绝信仰；1142 年，他死于退隐处。

阿贝拉尔在一封名为《我的苦难经历》的信函中谈到了其中的多次磨难。该书是西方自奥古斯丁的《忏悔录》以来最早的自传之一。捧读该书，人们的第一感觉是它极为反常地具有现代气息，因为作者喋喋不休地自吹自擂，看来有悖中世纪基督徒的谦卑美德。

但实际上阿贝拉尔叙述他的磨难并不是为了自夸。相反，他的主要意图是从道德角度解释他如何由于"好色"而受到失去"犯罪"部分（即生殖器被阉割）的公正处罚，以及他在首次遭到谴责出于知识的虚荣而焚毁自己的著作所受到惩处。由于阿贝拉尔在简约地题为《认识自己》的伦理论文中力促

阿贝拉尔

对人类的行为进行强烈的自省和分析，因而这样下结论看来是最为明智的，即阿贝拉尔从未打算向人们倡导自我主义信条，而反过来是 12 世纪中几位主要的试图通过个人内省而探究人性的思想家之一。不无讽刺意义的是，这几位思想家中有一位就是阿贝拉尔的敌人圣贝尔纳。

《是与否》与经院哲学方法

阿贝拉尔对经院哲学发展所作出的最大贡献，体现在其《是与否》（Sic et Non）和众多具有独到见解的神学著作上。在《是与否》一书中，阿贝拉尔辑录了早期基督教教会的神父们对 150 个神学问题的正、反两个方面的说法，从而为经院哲学方法铺平了道路。过去人们一直认为自以为是的阿贝拉尔这样做是为了让权威难堪，但事实恰恰相反。阿贝拉尔这样做的真正意图是开始一种仔细钻研的过程，据此就可以看出《圣经》这一最高权威是一贯正确的，各最好的权威虽然表面上与此相悖，但实际上是一致的。后世经院哲学家按照他的研究方法研究神学：先提出根本性问题，然后把权威文献上的答案一一罗列下来。阿贝拉尔本人在《是与否》中未作出任何结论，但他在其独创性

彼得·隆重巴尔德

的神学著作中确实开始这样做了。在这些著作中他认为要像对待科学那样对待神学，对它尽可能全面地进行详细，并把自己极其擅长的逻辑这一工具应用于神学研究之中。他甚至毫不迟疑地用逻辑这一工具分析三位一体的奥秘，这是他遭到指责的过头之处之一。因而，阿贝拉尔是最早的试图使宗教与理性协调一致的人士之一；就这一特性而论，他是经院哲学看法的先驱者。

彼得·隆巴尔德的《教父名言录》

在阿贝拉尔死后，紧接着的两个步骤就为成熟的经院哲学的出现铺平了道路。其中之一是阿贝拉尔的学生意大利神学家彼得·隆巴尔德（1100—1160年）在1155至1157年编纂的《教父名言录》。该书严格按照重要性把所有最根本性的神学问题都罗列出来，每个问题都由《圣经》和基督教权威中引证出正反两方面的答案，随后对每一个问题发表意见。到了13世纪，彼得·隆巴尔德的这部著作成了一部标准读本。一旦大学中有了正式的神学院，所有申请神学博士学位的人都要研读《教父名言录》并作出评论，毫不令人奇怪，神学家们在撰写著作中也仿照其框架结构。这样完整的经院哲学方法就孕育出来了。

如前文所述，经院哲学发展的另一个重要步骤，是约1140年之后古典哲学重新为西方人所了解。阿贝拉尔本人或许非常愿意吸取希腊人的思想，但由于当时已经译成拉丁文的希腊著作寥若晨星，他无法做到这一点。然后，后世的神学家可以充分利用希腊人的知识，尤其是亚里士多德的著作和阿拉伯人的注释。到1250年左右，亚里士多德在纯哲学问题上享有如日中天的权威地位，以致人们径直用“哲学家”一词来指代他。与此相应，13世纪中叶的经院哲学家虽恪守彼得·隆巴尔德的结构框构，但在考虑纯基督教神学权威之外还考虑到古希腊和阿拉伯的哲学权威。他们试图通过这种方法建构了解整个宇宙的种种体系，把过去各自独立的信仰领域和自然知识领域最为充分地协调起来。

圣托马斯·阿奎那

迄至那时在这种尝试中成绩最为卓著的是巴黎大学主要的经院派神学家圣托马斯·阿奎那（1225—1274年）。作为多明我会的一名修士，圣托马斯终生坚持信仰可由理性加以卫护这一原则。更重要的是，他认为自然知识和对上帝创世的研究都是探究神学智慧的正当途径，因为“自然”补充“神恩”。他这样说的含意是，由于上帝创造了自然界，尽管其最高真理的最终确定只能通过《圣经》超自然的启示才能达到，人们可以通过其措辞接近上帝。托马斯·阿奎那深信人类理性和人类经验的价值，深信自己有能力把希腊哲学和基督教神学协调起来，因而是心境最安宁的圣徒。他在执教巴黎大学和其他地方的长期教学生涯中，极少耽于争论，而是静静地撰写自己的两部煌煌的神学。《大全》：《反异教徒大全》（Summacontra Gentiles）和部头比前者大得多的《神学大全》（Summa The－ologica）。他希望通过这两部著作把有关信仰的所有说法都建立在最坚实的基础之上。

多数专家都认为圣托马斯仅差一丁点就实现了这一极为雄心勃勃的目标。他的两部恢弘的《大全》编排极为有序，颇具思想深度，令人赞羡不已。他在书中承认有一些"信仰的奥秘"，诸如三位一体和道成肉身等教义，不是孤立无助的人类才智所能探究的；除此之外，他对所有神学问题都以哲学方法进行了探讨。在这一点上，圣托马斯非常仰赖亚里士多德的著作，但他绝不仅仅"受到了亚里士多德的洗礼"，他把亚里士多德学说完全置于基督教的基本原则之上，使它为后者服务，从而形成了自己独具一格的哲学和神学体系。这一体系在多大程度上有异于更早的圣奥古斯丁的基督教思想，对此学者们意见不一。不过有一点看来是没有多少疑问的：圣托马斯·阿奎那更为重视人类理性，更重视人类在本世的生活，更重视人类参与自身救赎的能力。在他去世后不久，托马斯·阿奎那即被封为圣徒，因为他的思想知识成就看上去无异于奇迹。他的思想在今天仍具有影响，因为它有助于人们恢复对理性和人类经验的信心。从更为直接的角度看，现代罗马天主教会的哲学据认为是根据托马斯主义的方法、信条和原则进行传授的。

圣托马斯·阿奎那。15世纪时作品，由根特的于斯特斯据更早的版本绘制。

随着圣托马斯·阿奎那在13世纪中叶所取得的成就，西方中世纪的思想发展到了顶峰。西方中世纪文明的其他方面也臻于极盛，这并非偶然。在圣路易统治之下，法国正处于最富成果的和平和进步时期，在巴黎大学正在形成其基本的组织形式，法国最伟大的一批哥特式大教堂正在兴建过程中。一些景仰中世纪文化的人注意到了这些成就，把13世纪称为"最伟大的一百年"。自然，这种判断带有个人主观的感情，许多人会反驳说这一时期生活仍很艰辛，宗教正统的规定过于严厉，不能对这一逝去的时代极尽称颂之能。然而，不论我们对此作出什么判断，匡正一些有关中世纪知识生活的错误印象，以此结束本部分，看来是明智的。

有关经院派思想家的一些错误印象

人们往往认为，中世纪思想家极其保守，但中世纪盛期的最伟大的思想家实际上都令人惊异地迅速接受新思想。作为虔诚的基督徒，他们不允许对其信仰的原则表示怀疑，但在其他方面他们乐于接受他们所能得到的来自希腊人和阿拉伯人的一切知识。鉴于亚里士多德的思想强调理性并强调自然本质上是善的、具有目的感的，与西方人过去接受的观念大相径庭，因而经院哲学家迅速接受亚里士多德学说无异于一场哲学革命。另外一个错误的印象是，经院派思想家受到了权威的很大限制。确实，他们比我们今人更敬重权威，但圣托马斯·阿奎那这样的经院哲学家并不认为仅仅引经据典就足以解决争论。倒不如说，权威被用来说明种种可能性，但随后理性和经验显示出真理来。最后，人们往往认为经院派思想家是"反人本主义的"，但现代学者日趋得出相反的结论。毋庸置疑，经院哲学家认为灵魂高于肉体，来世的得救高于现世的生活。但他们也颂扬人性的尊严，因为他们把人性视为上帝的值得称道的创造；同时他们相信他们自己和上帝之间是有可能建立有效用的合作的。此外，他们对人类理性的力量有着异乎寻常的信念，其程度可能比现今有过之而无不及。

第一次农业革命

1059 年之前的农业状况

在近代工业化形成之前，农业劳动者即"荷锄者"通过其劳动从物质上支撑着欧洲文明，他们的贡献比其他任何阶层更大。不过，虽然看起来令人目瞪口呆，但在 1050 年前，他们甚至连把锄头也没有。加洛林时代的农具清单表明，就连在最富裕的农业庄园里，金属工具也极为罕见，甚至木制工具也数量不多，许多农业劳动者确确实实只能徒手与自然搏斗。约 1050 至 1250 年间，一切都发生了变化。在这大致二百年的时间里，一场农业革命发生了，它完全改变了西欧农业的性质，并大大提高了农业的产量。

中世纪农业革命的先决条件

1. 农耕地区转移

中世纪农业革命爆发的诸多先决条件在 11 世纪中叶之前都已具备了。最重要的一个先决条件在于，欧洲文明的重心由地中海移到了北大西洋。自英格兰南部到乌拉尔山脉欧洲北部的大部分地区土地辽阔、湿润，是非常肥沃的冲积平原。由于他们只统治着这一地区的一部分，由于这里离罗马文明的中心相去遥远，又由于他们没有适宜的工具和制度去开发它们，因而罗马人在这里基本上无所作为。大致从加洛林王朝时代开始，人们对拓殖并耕种这一广袤的冲积平原较为在意了。加洛林人开发了德意志的整个西部和中部，并且开始尝试着使用更适于耕种这一新拓殖地区的工具和方法。这一切都对加洛林人取得其他成就产生了促进作用。但如前文所述，加洛林时代的和平昙花一现，不可能产生任何长期的发展。在 10 世纪罹受外族入侵之后，必须重新开始有系统地开垦北方潜在的财富。然而，只要西方文明以英格兰、法国西北部、低地国家和德意志为中心，这片沃土就有可能得到耕种。

2. 气候好转

农业发展的另一个前提是气候条件改善了。对于以往几百年间欧洲气候类似的情况，我们所知远远不够，但气候史家不无道理地断定，自 700 年左右一直持续到 1200 年，西欧气候条件有所好转，出现了一个作物繁殖生长的"最适条件"。这不仅意味着在这几百年间平均气温有所提高（最多只上升了约 1 摄氏度），而且意味着气候也更为干燥一些。气候干燥对北欧最为有利，因为这里的土地通常过于潮湿，不适于精耕细作，却对南方的地中海地区不利，因为那里本就够干燥的了。在各种前提中，这一最适条件的出现有助于解释为何在冰岛之类的北方地带农耕活动比以后要多。（同样，由于北方海洋中的冰山减少了，挪威人才得以到达格陵兰和纽芬兰，而格陵兰那时或许真的较绿而不是完全被冰雪覆盖。）虽然最适条件开始于700年左右并在9、10两个世纪一直存在，但它本身不能抵过10世纪外族入侵的有害影响。万幸的是在欧洲人能够利用它时，气候依然很适宜。

3. 技术与有利的条件相结合

类似的评语也适用于下述事实：加洛林人即已知道我们下面将要讨论的许多技术发明，它们在后来促使西欧人完成了其第一次农业革命。虽然最基本的新发明在1050年以前即为人所知，但它们都是在1050至1200年之间及1200年左右才得到广泛使用并逐渐臻于完善的，因为只是在那时各种最有利的条件才结合在一起。外族入侵销声匿迹，优良的气候继续存在，不仅如此，较为优良的政府渐渐提供了农业大发展所必需的更为持久的和平。另外，地主更感兴趣的是获利而不是纯粹的消费。首要的一点是，自约1050年到1200年，一个进步引起另一个进步，财富积累愈多，用于投资的愈多；简单地说，现在有能力进行技术发明了。

技术革新

1. 重犁

农业领域首当其冲的突破之一就是重犁的使用。自然，耕犁古已有之，但罗马人只知道一种轻便"浅犁"，它只能犁开地表，而不能把地完全翻过来。这种农具对于地中海地区的薄地完全足够了，但对于欧洲北部更厚、更湿的土壤实际上毫无用处。在中世纪早期，出现了一种适于耕种北方土地的比过去更重、更有效得多的犁，这一较重的犁不仅可以犁翻更厚的土壤，而且犁上安装了新的部件，可以翻耕垄沟，使土壤充分通气。这种犁的好处不可估量。除了可以耕种先前抛荒的土地外，它耕出的犁沟为水涝地区提供了极好的排灌系统。另外它还节省劳力：罗马浅犁须在田里来回耕作两次，重犁只须耕一次，却更为彻底。简而言之，如果没有重犁，开发欧洲北部进行集约的农业生产以及随后出现的一切都是无法想象的。

2. 三田制

与重犁使用密切相关，作物轮作的三田制（三圃制）出现了。在近代之前，由于没有足够的肥料维持较为集约的农业生产，同时三叶草、苜蓿之类的固氮作物基本上不为人所知，因而，农民总是把其大片可耕地休耕一年，以免地力枯竭。不过罗马人生产力极为低下，在任何年份都无力耕种过半的耕地。中世纪的革新之处在于引进了三田制，从而把休耕地减少到总耕地的三分之一。在一年中，三分之一的田地抛荒，三分之一的田地留作秋季种植、初夏收获的庄稼，三分之一的田地留给暮春下种、八九月份收获的新式作物——燕麦、大麦或豆子。三种地块年年轮换，三年构成一个循环。重要的革新在于种植了生长期为整个夏季的新式作物。由于田地较为贫瘠，尤其是因为过于干燥作物根本不能在夏季生长，因而罗马人不能实行这一制度。就此而论,土地较湿润的北方显然具有先天之利。种植新式作物的好处在于它们不像小麦、黑麦之类谷物那样损耗地力(实际上,它们补充了谷物自土壤中带走的氮);此外,它们提供了新式食品。如果第三块田地即春耕地种上燕麦,人和马都可以此为食;如果种上的是豆子,这种作物可以提供蛋白质来补充主要摄取谷物类碳水化合物之不足,从而平衡人的饮食。由于三田制还有助于在全年中分散劳动,把产量由二分之一提高到三分之二,因而它无异于一个农业奇迹。

轻犁和重犁。请注意,使用轻犁的农民不得不用脚踩犁以增加犁的重量。重犁的主要创新之处在于长犁板,它的功用在于在犁铧插进土壤后把泥土翻转过来。下图还展示了中世纪的第二项重大发明即加垫的马轭,它使马得以倾力拉犁

3. 使用磨

第三项重要发明是磨的使用。罗马人知道水磨的情况,但很少使用它们,这部分上是因为他们拥有足够的奴隶,对节省劳力的装置不屑一顾;部分上是因为罗马多数地区缺乏湍急的适于安装水磨的溪流。然而,自1050年左右开始,北欧出现了兴建越来越高效的水磨的十足的热潮。在法国的一个地区,11世纪时有14座水磨,到12世纪上升到60座;在法国另一地,850至1080年间兴建了约40座水磨,1080至1125年和1125至1175年间又分别建造了40座和245座。一俟掌握了建造水磨的复杂技术,欧洲人就把注意力转移到驾驭风力上:大约1170年,他们兴建了欧洲第一座风磨。此后,在像荷兰这样没有湍急的河流的一马平川地区,就像水磨在其他地区广为传播那样,风磨在荷兰迅速蔓延。虽然磨的主要用途是碾碎谷物,但不久之后它们又被派作其他重要用场:比如用来拉锯、加工布匹、榨油、酿制啤酒、为铁匠炉提供动力以及捣碎纸浆等。早在此之前,中国和伊斯兰世界就已生产纸了,但它们从未用纸磨造纸;由此可证。与其他发达文明相比,西方技术达到了精密水平。

4. 其他技术进步

我们还应该注意到在1050年左右聚集力量的其他重要的技术突破。其中一些使马匹得以用作耕畜。800年左右,一种带衬垫的马轭首次被引入欧洲;这种马轭使马可以在不窒息自己的情况下全力拉拖。大致一个世纪过后,保护马蹄的铁马掌首次得到使用,同时或许在1050年前后出现了纵列挽具,从而使马可以前后纵列牵拉。由于这些技术进步,再加上实行三田制后燕麦产量更大了,因而马在欧洲某些地区取代牛成为耕畜,耕作效率更高,耕作时间更长。其他一些发明有手推车和耙。耙用来平整犁过的土地并把种子掺入土中。比上述发明的大多数更重要的是铁在中世纪盛期得到了更广泛的使用;铁能增加各种农具的强度,对于重犁中与土地接触的部门至为关键。

可耕地的增多和集约化种植

迄今我们一直在叙述技术的发展，似乎他们是促成中世纪盛期农业革命的仅有因素。事实绝非如此。紧随着技术进步而出现的是可耕地数量增多了，业已开垦的田地得到更为集约的种植。尽管加洛林人已开始开发耕种西北欧肥沃的平原，但他们选择清理的是那些最易开垦的地块：加洛林时农业拓殖地地图表明，无数小块耕地孤立存在，四周是大片大片的森林、沼泽和荒地。清理土地运动开始于 1050 年前后，在 12 世纪大大加速；这一行动完全改变了欧洲北部的地理情况。首先，更大的和平和稳定使法国北部和德意志西部的农业劳动者得以越出拓殖地孤岛，一点一点地开垦土地。起初他们不声不响地进行这种活动，因为他们实际上正在侵入贵族领主拥有的地块。不久，领主也想从中获得好处，就对开荒活动给予了支持。此后，清除森林、排干沼泽的活动进行得更为迅速了。这样，在整个 12 世纪过程中，加洛林王朝时代孤岛状的小块耕地逐步扩大，彼此连接在一起。在此过程中，同时在此之后依然存在，一些全新的地区得到拓殖和开垦，比如英格兰北部、荷兰，尤其是德意志东部地区。最后，在 12、13 世纪，农民开始更有效率、更为集约地耕种他们开垦出来的所有田地，以便为自己获得更多的收入。他们先犁后耙，经常锄草，又在其轮作年轮中额外进行翻耕，这些大大有助于地力的恢复。

中世纪的风磨。图左农民扛着一袋谷物去磨粉。请注意，磨建在一个轴上，这样只要有风就可以转动

建筑工程。选自 1250 年左右法国一绘画本圣经。请注意带有轮、绳和滑轮的踏车，一筐石头经由它运到建筑层面

所有这些变化的结果就是农业产量大大增加了。开垦的土地越多，种植的作物显然也就越多，而新的更有效率的农作方法的引入则进一步增加了产量。因此，下播一粒种子由加洛林时代至多收到二粒，上升到 1300 年左右的三或四粒。所有这些多余的谷物都可以比从前迅速得多地就地加工，因为一个磨一次加工的谷物相当于 40 人的工作量。因而，欧洲人第一次开始仰赖定期的、稳定的食物供应过活。

农业革命的后果

这一事实反过来对欧洲历史的进一步发展产生了最为深远的后果。首先，这意味着更多的土地可以用于生产谷物以外的用途。与此相应，随着中世纪盛期的发展，农业有了更大的分工和专门化。大片地区用于养羊，其他地区生产葡萄酿酒，或者种植棉花和染料作物。这些新的项目所出产的产品有不少是在当地消费的，但也有不少用于远距离贸易，或用作新型工业部门——尤其是织布业——的原料。如下文将要看到的那样，商业和制造业的发展促进了城市的产生并为城市提供了支柱。农业的繁荣还从另一个方面促进了城市的生长，即人口因此剧增。由于食物增多、饮食改善（尤其是蛋白质的增加），人的预期寿命由加洛林时代欧洲穷人的平均 30 岁左右增加到中世纪盛期的 40 至 50 岁。人们身体更健康了，出生率也就提高了。由于这些原因，自约 1050 年到 1300 年间，西方的人口增加了大约三倍。人口增多和更节省人力的装置的使用，意味着无需所有人都呆在农庄里：一些人可以迁到新兴的镇子或城市，在那里去过一种新的生活。

其他后果

农业革命还有其他一些后果。它增加了领主的收入，从而使他们可以过上更讲究的贵族生活；君王的收入也有所增加，这为国家的成长进一步奠定了物质基础。欧洲的普遍繁荣还促进了教会的发展，从而为学校和知识事业的蓬勃发展铺平了道路。最后一个更难以捉摸的结果是，欧洲人与其世界舞台上的任何对手相比，显然更为乐观、更富于活力、更愿意进行尝试和冒险。

世界近代史

文艺复兴

为什么欧洲能够在近代以来的世界竞争中占据优势地位，很多学者把它归功于欧洲曾经经历过一场历史上最伟大的"文艺复兴"革命。这场"文艺复兴"风潮席卷欧洲大陆后，为世人留下伟大的文学、绘画、雕塑艺术作品，及悠扬丰盛的乐章，滋润人们的性灵。最终使欧洲走到了世界的前面。

概况

这场 14—17 世纪上半期文化运动的得名，是因为 16 世纪 50 年代的人文主义者认为这次运动是继希腊、罗马之后欧洲文化史上的第二个高峰，史学家们认为它是古代文化的复兴，所以称它为"文艺复兴"。

关于文艺复兴的起源，史学界基本倾向于"文艺复兴多重起源说"，也就是说，文艺复兴是在政治、经济和文化等多方面因素交互作用下产生的。

从经济因素考虑，14—16 世纪，西欧各国封建社会内部先后产生了资本主义关系，新的资本主义要求为自己的发展扫清道路，正在形成的资产阶级为了取得政治上的合法地位，首先向教会神学统治和封建意识形态发起了冲击，文艺复兴是在资本主义关系和人文主义倡导下产生的。文艺复兴最早滥觞于意大利的佛罗伦萨，佛罗伦萨工场手工业发达，商业贸易规模大，为了发展资本主义经济，新文化的发展必然要冲破教会的桎梏和摆脱经院哲学的世界观，于是新兴资产阶级就从文化的各个方面向封建制度和教会展开了斗争。

从政治因素考虑，意大利之所以成为文艺复兴的摇篮，和某些城市政权的支持是分不开的。意大利美第奇家族当政时期是佛罗伦萨的黄金时代，其中罗伦佐·美第奇不但是"文学家的保护人"，他本身也是一位杰出的学者，对建筑、音乐、诗歌都十分爱好，他统治期间，佛罗伦萨的文化达到最高峰。有些统治者出于统治的需要，重用人文主义者，到 15 世纪中叶，人文主义者已大量充斥于各地的政府机构中，对推动文艺复兴运动无疑起了积极作用。

意大利圣罗伦佐教堂

从文化因素考虑，若干世纪以来，这里一直是古罗马文化的中心；由于地理位置和历史条件，使意大利在对古希腊文化吸收方面在西欧各国独占鳌头，从古代继承下来的文明还继续居于领导地位；它们有丰富的古典藏书和完备的图书馆系统，独步全欧的经济发展产生了一系列文化效应——文化的世俗化和非闭锁型倾向、注重文化教育投资的城市观念、物质归向于文化型的币民消费特征等，都成为意大利文艺复兴起源的原因。

文艺复兴时期主要的社会思潮为人文主义。

所谓人文主义，从原意讲，是从拉丁文"Humanue"深化而来的，又译成"人道主义"。文艺复兴时代的人文主义起源于14世纪意大利人文主义者彼特拉克。人文主义的思想核心是"人乃万物之本"，主张以人作为衡量一切事物的尺度。人文主义者重视人的价值，提倡个性与人权，主张个性自由，反对大主教的神权；主张享乐主义，反对禁欲主义；提倡科学和文化，反对迷信。中世纪基督教神学否定人性，否定现实，认为人生来就有罪。人文主义者认为主宰世界的不是上帝，而是人。天堂不在来世，而在现世。现在，人文主义已泛化成——种强调人的作用、地位的世界观或意识形态。

人文主义自14世纪在欧洲文艺复兴时期兴起以后，一直是西方思想史发展的一条主线，比如马克斯·韦伯，就是19世纪末20世纪初德国人文主义社会学的代表人物之一。韦伯承认西方资本主义一直依赖于技术因素，同时，韦伯也认为某种社会精神气质（ethos）对于资本主义精神的发展，尤其是对于它的起源是至关重要的。而这种社会精神气质，无疑是文艺复兴的产物。

吹响文艺复兴号角的是伟大的诗人但丁，他的作品《神曲》闪耀着人文主义思想的曙光，把矛头指向了封建教会，对教会的黑暗、腐败进行了无情的揭露和批判。他斥责教皇、主教和僧侣"用基督的名义做买卖"，"使世界陷入悲惨的境地"，他咒骂罗马教廷是"垃圾堆"。在地狱里，他专门给当时活着的教皇卜尼法斯八世留下了一个空位，预言这个恶人注定是要下地狱的。《神曲》也表达了但丁对人类智慧和理想的追求。《神曲》中的地狱是现实世界的实际情况，天堂是人类的理想和希望，炼狱则是人类从现实到理想须经过的苦难历程。但丁希望人们认识罪恶，悔过自新，去认识最高真理，达到最理想的境界，这在当时是非常难得的思想，显示了新的文化思潮的萌芽。

按时间顺序和发展过程，人们习惯将文艺复兴分为四个阶段：

14世纪初是一个"原始文艺复兴"阶段，又称开端期。这一时期，在思想领域方面受到圣方济各会激进主义的影响，冲破了当时封建、保守、压抑的神权思想的制约，歌颂自然的美和人的价值。这一时期突出的代表人物是佛罗伦萨的彼特拉克、薄伽丘

佛罗伦萨统治者在欣赏米郎基罗的雕刻作品

和画家乔托。其中彼特拉克、薄伽丘以及但丁被誉为文艺复兴的"前三杰"，乔托则被称颂为"欧洲绘画之父"。

14世纪末至15世纪上半期为文艺复兴的早期阶段。这个时期，人文主义和文学、艺术有了进一步的发展，为后来文艺复兴的鼎盛发展打下了基础。此间，意大

利产生了许多第一流的画家、雕刻家和建筑家。如著名画家马萨乔、雕刻家多纳太罗和建筑家布鲁内莱斯基等。

15世纪末至16世纪上半期为文艺复兴的盛期，又称成熟期、高峰期。这一时期历经三十七年，主要代表人物是文艺复兴的"后三杰"——达·芬奇、米开朗琪罗和拉斐尔。他们的艺术达到了的所未有的高度。蒙娜丽莎已经微笑了五百多年，但是在21世纪的今天，还是有人专程到巴黎卢浮宫去一睹佳人的笑容。米开朗基罗《创世纪》的触指画面是经典之作，现在连广告商都要借来打广告。拉斐尔的《雅典学派》将古代哲人画得栩栩如生，至今还为人津津乐道。这些艺术大师也具有非常的人格魅力，一直到现在还为人们所称道。据说达·芬奇是个"怪人"，有人看到他在刑场给吊死的囚犯作素描，或深夜在烛光摇曳中解剖尸体。更有人看见他跟踪一个长得极其丑陋的人，他说，奇丑的人跟极美的人一样不平凡。他不仅是个画家，也是数学家、发明家及人体学家。坊间都传说他是个反基督分子，说他不信神，还要把他烧死。拉斐尔并不相信这一说法。而另一位艺术大师米开朗基罗曾对别人夸耀："拉斐尔对艺术的所有知识，都是从我这里学来的。"米开朗基罗跟达·芬奇一样，是个多元艺术家，文艺复兴时期的艺术家大都有这样的特质。他对人体的研究非常细腻，还获得修道院特准，到医院解剖尸体及作画。拉斐尔也曾不屑地说："米开朗基罗就像个行刑者，孤独而忧郁。"

16世纪下半期至17世纪上半期为文艺复兴晚期。1527年，罗马遭受洗劫成了文艺复兴宣告结束的标志。文艺复兴晚期的杰出代表有威尼斯画派的四大名家：乔尔乔内、提香、委罗奈斯和丁托列托；三位著名的科学家和思想家：布鲁诺、伽利略和康帕内拉。

文艺复兴时期美术界的发展阶段大致上与上述四个时期雷同。但因艺术创作的时期、地点和条件的变化，在绘画方面形成了不同的艺术流派，当时艺术家们称其为三大画派：第一、二两个时期为佛罗伦萨画派；第三个时期为罗马画派；第四个时期为威尼斯画派。但是跟中古时代不同，文艺复兴的画家更关注人类存在的意义。所谓的人文主义是文艺复兴的精神核心，绘画内容不再纯粹为宗教服务，而是描摹更接近现实的事物。

伽利略像

文艺复兴时期的文学、艺术从内容到形式都有变化，具有以下几个特点：

具有斗争性。当时的小说家、诗人、画家、建筑家、音乐家都以人文主义为思想武器，矛头指向封建主义的精神支柱——教会和宗教神学，向统治中世纪的神权政治进行了英勇的挑战。其次，树立了注重现实和实际的务实精神。文艺复兴肯定现实世界和现实生活，肯定人的伟大，相信人类的发展。他们以人为本，突出人的作用，认为人有改变现实世界的能力，认为血肉之躯并不是什么污浊罪恶的东西，人应享受人间的幸福与爱情。意大利伟大的人文主义作家薄伽丘在他的代表作短篇小说集《十日谈》一书中，提倡男女平等，提倡把人的聪明、才智和思想感情从神的禁锢和封建枷锁中解放出来，强烈地反对禁欲主义，热情地歌颂现实生活。他的这部巨著反映了当时的社会现实，描写了人的世俗生活。深刻地刻画了活灵活现的"人"，不再着笔于那些梦幻般的虚无飘缈的"神"。著名的英国哲学家培根提出了"知识就是力量"的不朽名言。当时意大利有着浓厚的学习风气，佛罗伦萨新成立了美术学校、雕刻园、画院以及研究古典文化的中心等。随着新文化迅速向西欧各国传播，欧洲人把意大利视为"欧洲的学校"，纷纷派遣留学生前往学习，从中汲取新文化的养分。

具有科学性，在这一时期，波兰天文学家哥白尼提出了"太阳中心说"，用科学真理给几千年来上帝创造世界的神学以毁灭性打击。航海家哥伦布和麦哲伦等在地理上的伟大发现，为地圆说提供了无可辩驳的证据。意大利科学家、思想家布鲁诺（1548—1600 年），在

教会审判伽利略时的情景

天主教反动时期坚持科学真理，写了《论原因、本原和统一》、《论无限性、宇宙和世界》等专著，抨击宗教黑暗统治，最后为此牺牲于火刑柱上。像这样的成果文艺复兴中可以说是举不胜举，为人类的进步做出了重要的贡献。

文艺复兴是欧洲从中世纪封建社会向近代资本主义社会转变时期的反封建、反教会神权的一场伟大的思想解放运动，代表欧洲近代资本主义文明的最初发展阶段，是"人类从来没有经历过的最伟大的、进步的变革"，其光彩夺目的成果影响深远。文艺复兴意义不仅在于天才辈出，灿若群星，出现大量美不胜收的各类著作，更因为它是一次思想大解放，从根本上改变了人的价值观念，改变了人们对生活的态度，它促使欧洲人从以神为中心过渡到以人为中心，唤醒了人们积极进取的精神、创造精神以及科学实验的精神，从而在精神方面为资本主义胜利开辟了道路。

14 世纪：初始期意大利文艺复兴

自 14 世纪开始，佛罗伦萨的新文化出现了蓬勃发展的景象，当时人们认为这是封建社会中前所未见的，似乎是光辉灿烂的古典文化的"再生"和复兴，因此也就把这种文化发展总称为"文艺复兴"。这种观点，早在当时人对但丁和乔托的文艺活动的评价中已有表露，后来由于人文主义极力提倡学习古典文化，就更为深入人心，这也就是日后史学上通称这时代为文艺复兴的由来。当时人这种看法既表现了对自己新时代的赞赏，也表现了对古典文化的肯定和对中世纪封建文化的批判。他们认识到希腊罗马古典文化中的进步成分，例如哲学中的人本主义思想、文艺中的现实主义传统，以及科学技术的研究等等，和封建社会黑暗时代的教会文化确实判然有别、对比鲜明、前者是值得仿效的典范，后者则是应予抛弃的糟粕；另一方面，当时人尊古典为良师益友，恢复和学习古典文化的努力，绝不是单纯的复古，而是意

味着反对封建旧文化和创造新文化，即创造符合新兴资产阶级和人民大众要求的新文化。因此，这个名为学习古典的复兴运动，实际上却是一个春意盎然的新文化运动。

在学习古典和创造新文化的过程中，人文主义思想起着重大作用。人文主义来源于人文学，它最初是一种市民阶级要求掌握文化的世俗教育活动。在中世纪时，教会垄断文化教育，神学占据统治地位，大学课程不仅少得可怜，而且主要为神学服务。市民阶级兴起后，城市的大学和一般学校开始重视那些和神学关系较少而能为市民

意大利佛罗伦萨城是文艺复兴的摇篮

经济政治服务的学科，其中主要是修辞学，通过它市民们不仅可以掌握商业通信、契约文件以及政治辩论等实际生活所需的手段，还可以接触古典文化的著作。因为修辞学的教材完全取自希腊罗马古籍。这样，以修辞学为渠道，在14世纪的先进城市中逐渐形成了人文学这一新学科和新思想。最初的这些从修辞学走向人文学的人都是市民活动家——商人、律师、俗人教师、学者等等。到14世纪后半期，人文学趋于成熟，逐渐成为文艺复兴新文化的主流，它本身也从教育活动进而发展为内容丰富的思想体系，代表着新一代人们的世界观。在14世纪的著名文化人物中，但丁和乔托可以说是属于前半期的阶段，而彼德拉克和薄伽丘则可以说属于后半期，亦即人文主义趋于成熟期的阶段。

但丁（1265—1321年）是佛罗伦萨的政治活动家和诗人，他在1302年后因派系斗争失败遭到终身流放，遂以诗歌创作为自己的主要事业，《神曲》则是其不朽名作。恩格斯称赞但丁说："封建的中世纪的终结和现代资本主义纪元的开端，是以一位大人物为标志的，这位人物就是意大利人但丁，他是中世纪的最后一位诗人，同时又是新时代的最初一位诗人。"这是对但丁的历史地位的确切评价。但丁的《神曲》也可说是中世纪最后、新时代最初的一部伟大诗篇，故事情节本身是宗教性的：诗人漫游了地狱、净界和天堂，见到了各类灵魂、诸天圣众直至上帝，其中自不乏中世纪神学观念，但是代表着文艺复兴新思想的萌芽却是诗篇中的精华。他借神游三界的情节广泛反映社会现实生活，爱憎分明、观察入微，抨击教会的贪婪腐化和封建统治的黑暗愚昧；同时，他要求人们关心现实生活，强调人的"自由意志"，歌颂有远大抱负和坚定顽强的英雄豪杰，公开提倡以古典为师，并且努力使文化普及于市民群众，坚持文学创作应该使用口语和群众语言，使《神曲》成为奠定意大利民族语言的重要基石。这些都鲜明地表现了他的人文主义思想倾向。和但丁同时代的乔托（约1266—1337年）则是在美术方面具有同样开创之功的伟大人物。乔托也是佛罗伦萨人，并且和但丁友谊甚笃。乔托的壁画像但丁的诗一样，虽然题材仍是宗教性的，却开始努力表现真实生动的人物形象和充满矛盾的现实世界，传达出当

时初露曙光的人文主义思想，并且在表现技法上取得巨大革新，被日后的文艺复兴艺术大师奉为新美术的鼻祖。可以说，以但丁和乔托为开始，文艺复兴的伟大时代揭幕了。

彼德拉克（1304—1374 年）在人文学的研究和宣传上更见成效，被称为"人文主义之父"。他的抒情诗坦率表露了作者的内心生活，无论是爱情的热烈和生活的渴望，写来都逼真而细腻，在当代和后世都极受欢迎。但彼德拉克对当代和后世最有影响的作品，却不仅仅是这些抒情诗，最重要的还有他用典雅的拉丁文写的文章、书简等等，其中更为鲜明地表现了他的人文主义思想：对古典文化的崇敬与学习、对中世纪旧文化和经院哲学的厌恶与嫌弃、对人性的肯定和个性自由的追求等等。在他的带动下，意大利文化界学习古典成风，掀起了搜求古籍

罗洛佐·美第奇

和仿效古典文风的热潮，而且，这种仿效并不停留在形式上或文体上，而是着重吸取古典文化的精神实质，是利用古典文化来反对和批判中世纪的宗教神学与禁欲主义。正因为这样，彼德拉克在古典文化中愈来愈多地找到了合乎新时代的人文主义要求的东西，而古典学同时也就是人文学，两者合而为一。与此相伴的是，他开始从时代的角度批判中世纪旧制度，他看到的中世纪是一个愚昧、黑暗、野蛮和退化的中世纪。用"黑暗时代"来称呼中世纪，彼德拉克可说是其第一个源头。彼德拉克的好友薄伽丘（1313—1375 年）则是第一个近代小说家和热情的人文主义战士。他的名作《十日谈》包括 100 篇短篇小说或故事，以诙谐生动的语言讽刺教会和贵族，赞扬市民群众，被誉为欧洲现实主义小说的滥觞。但他同时也是和彼德拉克并肩齐力推进人文主义学术运动的主将，他不仅仅写了许多仿效古典的诗文，还学彼德拉克的榜样到处搜求古籍抄本，取得显著成效，其中最有代表性的一次就是他到蒙特卡西略修道院的寻访，他终于在门倒墙斜的古老藏书室中找到了许多久已遗失的重要古籍，把它们从毁灭的边缘上抢救过来。他不仅精通拉丁文，还在彼德拉克的鼓励下，求师教他学会了希腊文，成为从十世纪以来第一个懂希腊文的西欧学者。他还担任了佛罗伦萨大学的但丁讲座，注释了《神曲》，写了但丁的传记，并把但丁的文学活动称为"复兴"。所有这些，都足以说明为什么他自己认为平生主要贡献不在他的《十日谈》，而在于人文主义的学术研究。

经彼德拉克和薄伽丘的提倡，人文主义和文艺复兴文化在佛罗伦萨蓬勃发展起来，尤其重要的是，人文主义学者开始进入政治界，为共和国政治服务，在这方面开辟道路的是萨琉塔蒂（1330—1406 年）。他从 1375 年起终身担任佛罗伦萨政府的文书长，他用拉丁文写的檄文、信函和外交文件为佛罗伦萨政府解决了不少问题，佛罗伦萨的敌人——米兰统治者甚至赞叹说，萨琉塔蒂的一纸文书所起的影响，可和 1000 兵马的武力相当。人文主义和佛罗伦萨的市民政治的结合，为人文主义的进一步高涨准备了良好条件，因此到十五世纪，就迎来了人文主义和文艺复兴的新高潮。

15 世纪：早期意大利文艺复兴

15 世纪初年，佛罗伦萨不断面临外敌的威胁，市民阶级为了对外反抗强邻，对内巩固专政，更重视利用人文主义作为动员群众和激励人心的手段。他们把维护共和国的要求说成是保卫独立、自由和新文化繁荣的斗争。每当外敌大军压境之时，人文主义的口号就能发挥巨大作用。而人文主义的高潮也在保卫自由独立的斗争中掀了起来。15 世纪初期的两位佛罗伦萨人文主义的代表：列奥纳多·布鲁尼（1369—1444 年）和波绰·布拉丘里尼（1380—1459 年）都像他们的老师萨琉塔蒂那样长期担任佛罗伦萨文书长，他们都写有《佛罗伦萨人民史》之类的著作，极力赞扬佛罗伦萨的共和政治和新文化的繁荣。他们还以空前未有的热情学习和恢复古典文化。布鲁尼除了精通拉丁文外，更千方百计力求精通希腊文。然而，这方面的困难很大。薄伽丘虽然走了第一步，但由于师资和教材的缺乏，他没能传下衣钵。在 14 世纪末，萨琉塔蒂才在几位热心新文化的佛罗伦萨商人资助下，从拜占庭请来一位造诣很深的希腊学者赫雷索洛那，开了四年的希腊文讲座，布鲁尼就是其中最热心的学生之一。他描述这次学习说："当时我正在专攻法律，要不要放弃它而去学希腊文呢？在我心里引起了剧烈的斗争……我想，意大利已有七百年没人精通这种文字了，但我们却异口同声地肯定一切学问都是从它而来。难道可以放弃这样一个神圣的机会么？我终于决定全力投入赫雷索洛那的讲座，我学习得那样用心，以至白天所学所读，晚间睡梦中也一直萦回于脑际。"布鲁尼勤学的结果，确实为他，也为整个新时代打开了知识的宝库，他后来翻译和编纂了不少希腊古典名著，特别是他们那种废寝忘食以古典为师的热烈态度，转变了一代学风，使 15 世纪真正变成了"人文主义的世纪"。

和热烈学习古典并驾齐驱的，是搜求古本古籍的努力。在这方面，波绰·布拉丘里尼是个著名的代表。他曾遍访意大利、瑞士和德国的古老修道院，希望能从中搜寻和抢救出一些佚亡古籍。例如，在瑞士圣加仑修道院的一个荒废多年，据说只用来拘禁死囚的塔楼里，他发现了好几种佚亡的抄本，其中包括古罗马诗人昆体良的《修辞学全书》，这是所

《农民家庭》勒南

有人文学者梦寐以求的珍宝，于是他用一个多月的时间，把这部书抄录下来，并急速送到佛罗伦萨。在佛罗伦萨，他受到了最热烈的欢迎，布鲁尼写信给他说："整个文坛都将为你已发现的宝藏欢欣鼓舞，你真不愧是那些被你发现的古籍的再生父母，就像英雄卡米卢斯是罗马的再造者一样。"从这个具体例子中，我们不难想见当时人

学习古典的热烈情况。然而，正如我们前面已指出，当时人学习古典并不是单纯的模仿，而是借古典来反对封建旧文化，创造新文化。因此古诗文对他们说来绝不是什么古董，而是真正的生活教科书，随着人文学的研究，也就推动了哲学、史学、政治学以及自然科学的研究，形成了新的人文主义教育制度，尤其对现实主义新艺术的发展起了重大影响。人文主义在反对宗教禁欲主义方面也进一步提出了肯定人性和人的全面发展的思想，这就是日后资产阶级人道主义思想的一个重要来源。这种全面发展的人的思想，就是要达到恩格斯所说的那种"在思维能力、热情和性格方面，在多才多艺和学识渊博方面的巨人"。在 15 世纪，确实有不少学者和艺术家力求实践这个思想，把自己培养为学识渊博、技艺全面、精力充沛的人物；而对于人的创造能力的信念，更激发了许多歌颂人的尊严的时代最强音，把人文主义提倡"人道"以反对"神道"，提倡"人权"以反对"君权"，提倡"个性解放"以反对"宗教桎梏"及其一切残余的进步观点发挥得淋漓尽致。例如，洛伦佐·瓦拉（1407—1457 年）通过考证教廷的《君士坦丁敕令》确系伪造，动摇了教廷对西欧拥有统治权的理论根据，并在《论享乐》一文中提出了反对教会禁欲主义的人生观理论。15 世纪后半期的人文主义者米朗多拉在《论人的尊严》的演说里，借上帝的口表述人的伟大时说："我把你放在世界的中间，为的是使你能够很方便地注视和看到那里的一切。我把你造成了一个既不是天上的也不是地上的，既不是与草木同腐的也不是永远不朽的生物，为的是使你能够自由地发展你自己和战胜你自己。你可以堕落成为野兽，也可以再生如神明……只有你能够靠着你自己的自由意志来生长和发展。你身上带有一个宇宙生命的萌芽。"尽管他们还不反对上帝并且仍然信奉宗教，15 世纪人文主义对人性的强调却给日后的资产阶级留下了一份贵重的遗产，在资产阶级上升的时代，这是他们手中的一个反封建的有力的武器。

15 世纪早期文艺复兴的另一重大发展是艺术上的成就。新艺术从乔托的创作中就开始起步了，但是 14 世纪后半期它经历了暂时的停滞，因为他的后继者们拘泥于仿效老师，背离了现实主义方向，成就不大。到 15 世纪初期，随着人文主义的高涨，在古典艺术的启示下，新艺术大师再度高举面向自然的大旗，才促成了新艺术的高潮。因此，在艺术方面，以古典为楷模同样发挥了非常积极的作用，正如恩格斯所说：罗马废墟中发掘出来的古代雕像，在惊讶的西方面前展示了一个新世界——希腊的古代；在它的光辉的形象面前，中世纪的幽灵消逝了，意大利出现了前所未见的艺术繁荣。15 世纪佛罗伦萨的两位著名艺术大师——建筑家布鲁列尼斯奇（1377—1446 年）和多纳太罗（1386—1466 年），就是通过到罗马废墟学习而形成自己的新风格的。他俩青年时代联袂而至罗马，在古城废墟中直接对残柱断墙和雕像碎片学习观摩，那种热衷的程度甚至被人误认为是在搜求埋于地下的宝物。通过这种直接的观摩学习，他们就能创作出许多既有优美的古典形式又有新时代特点的建筑和雕刻，终于使整个文艺复兴艺术的发展走上了全新的道路。布鲁列尼斯奇的建筑杰作是佛罗伦萨大教堂的圆顶，这个在高度和宽度上具有空前规模的大圆顶，曾被人认为即使用一百年时间也难以完成，而布氏仅用十多年（1420—1436 年）就建成了它，不仅设计新颖美观，而且显示了他对工程技术的精湛知识，使这个建筑变成了新时代第二个宏伟的纪念碑，直到今天仍矗立于佛罗伦萨城中，成为全城的标志和象征。布鲁列尼斯奇还利用他的科学知识从事透视法的研究，为绘画的现实主义表现奠定了科学理论的基础。他的好友多纳太罗则从古典雕刻中得到了现实主义的真髓，不仅倾慕于古典雕像的和谐与优美，还直接观察、研究甚至解剖人体。他的作品在充满古典精神的同时，又异常逼真生动，被当时人誉为"使顽石具有生命"。多纳太罗的杰作如《圣乔治像》、《大卫像》、《佣兵队长格太梅拉达骑马像》等等，都以其现实主义的形象体现人文主义的思想，达到了表现形式与思想内容的高度结合。在他们两人帮助和启示下，年轻的画家马萨卓（1401—1428 年）在壁画领域进行了巨大的革新，把透视画法与人体解剖知识运用于绘画，进一步发展了乔托的现实主义传统。这位只活了二十多岁的画家的作品气魄浑厚，人物形象具有强烈的立体感和重量感，而背景空间则合乎视觉法则，具有前所未见的真实的深远效果。因此，他的为数不多的作品日后一直是所有文艺复兴大师学习的榜样。在马萨卓之后，意大利文艺复兴绘画的繁荣期来到了，在 15 世纪这一百年间，佛罗伦萨一地就产生了许多即使在世界美术史上也足够称为第一流的画家，达到了恩格斯所说的那种"前所未见的艺术繁荣"。

在 15 世纪，文艺复兴在意大利得到了广泛传播，威尼斯、米兰、罗马等城逐渐成为新文化和新艺术的重要中心，与此同时，文艺复兴也传向西欧各国，促成了北方文艺复兴的萌发。

16 世纪：盛期意大利文艺复兴

16 世纪的意大利呈现出远比前两个阶段复杂而矛盾的情况：一方面是文艺复兴文化进入盛期；另一方面却是经济政治的发展面临复杂的局面：意大利的工商业衰落，政治日益混乱，外国势力占据统治地位，城市共和国逐渐转变为封建君主国。这种经济政治的逆流终于决定了盛期文艺复兴的命运：它是短暂的（实际上只包括 16 世纪头二十年）；经过一百余年的反复，从 17 世纪起，意大利的经济文化进入一个长期的衰落过程，而意大利也丧失了它在欧洲历史上的领先地位。

盛期文艺复兴的三位伟大代表都是艺术家。艺术在这时候走在新文化的最前列并非偶然，因为只有艺术才最充分地体现了人文主义思想，同时又吸收、结合了科学技术的积极成就。意大利盛期文艺复兴的第一位巨人就是身兼艺术家和科学家的列奥纳多·达·芬奇（1452—1519 年），恩格斯称赞他说："列奥纳多·达·芬奇不仅是大画家，而且也是大数学家、力学家和工程师，他在物理学的各种不同部门中都有重要的发现。"他确实是这样一位博学多能，百艺精通的全面发展的人的完美典型。他的艺术创作在体现人文主义思想和掌握现实主义技法上有了极大的提高，塑造了一系列无与伦比的艺术典型。例如，他的壁画《最后的晚餐》，描写耶稣被捕前与门徒最后聚餐的情景，深刻而又精确地画出各种人物的典型性格和动作，被誉为世界艺术宝库中的不朽杰作，古今千百幅同类题材的作品和它相比都黯然失色；他的《蒙娜丽莎》画像则表明对人的观察分析与艺术概括都达到了极高的境界。画中妇女的微笑含意无穷，超过一切言语形容。同时，列奥纳多·达·芬奇精深的艺术创作又是和他广博的科学研究密切结合的。他对许多学科都有浓厚兴趣和重大发现，在解剖学、生理学、地质学、植物学、物理学、应用技术和机械设计方面建树尤多。他对人体观察之精密，解剖之周详，远远超过同时代任何医学家。他不仅在历史上第一次正确、全面地描述了人体骨骼和摹画了全部肌肉结构，而且在神经和血管系统方面有不少新发现。他研究过各种岩石构造、地形演变和古生物遗迹，最早提出地质学和地史学的概念。他在物理学、光学、静水力学上的各种发现也是非常惊人的。特别在机械设计方面，他的探索极有创见。他曾设计先进的纺车、高效率的起重机、各种车床、冲床和钻床，而且预想到飞机、潜艇、自行车等等，被誉为许多现代发明的先驱。列奥纳多·达·芬奇的现实主义艺术实践和精博的科学研究还使他进一步形成了初步的唯物主义观点，他在笔记中写道："我们一切知识来源于我们的感觉"，"依我看，那些不从经验（一切无可怀疑的结论的母亲）中产生，又未曾被经验检查的知识，就全是虚假而极端谬误的"，"一切真科学都是通过我们感官经验的结果"。他这种先进的哲学思想不仅使他和中世纪传统断然决裂，而且也使他能够摆脱当时新文化阵营中出现的保守和唯心主义的逆流。

和列奥纳多·达·芬奇并列的另外两位盛期文艺复兴的代表：米开朗琪罗（1475—1564 年）和拉斐尔（1483—1520 年），也都在艺术创作上取得了极高的成就。米开朗琪罗在建筑、雕刻、绘画方面都留下了不朽的杰作。他创造的人物形象雄伟有力，精确生动，体现了浪漫主义和现实主义的结合。他在罗马梵蒂冈西斯廷礼拜堂屋顶上画的壁画，面积达 500 多平方米，是世界上最宏伟的艺术巨作，其中充满了热情洋溢、力量无穷的英雄形象，虽然壁画的题材仍属于基督教的神造世界和人类的故事，作品本身却反映了新时代的气魄和信心。米开朗琪罗的许多雕像精美无比，在技艺上已超过了希腊古典雕刻的杰作，他还设计了罗马圣彼得大教堂的圆顶和一些著名建筑，在发展文艺复兴的建筑艺术上很有贡献。作为后起之秀，学习和充分吸收了列奥纳多·达·芬奇和米开朗琪罗的优秀成果的拉斐尔，则通过自己的画幅把人文主义的理想发挥到极致，在秀美、和谐、典雅的艺术风格上放出异彩。他画的圣母像最为著名，圣母玛利亚的形象在他笔下已没有丝毫神秘的宗教禁欲主义的气味，成为生活中的温柔美丽的女性典型。拉斐尔也在梵蒂冈教皇宫中留下了一系列极为优美的壁画作品，无论构图、形象的描绘都达到了第一流水平。他的生命虽然短促，却是佳作如林，影响极大，被后世尊为"画圣"。他们三人在 16 世纪的意大利艺坛上取得的成就，以后一直是欧洲文化和西方文化宝库中最灿烂的明珠。

马基雅维利（1469—1527 年）是盛期文艺复兴最有影响的政治学家和史学家。他曾长期担任佛罗伦萨共和政府的重要职务，有丰富的政治和外交工作经验，在共和政府被推翻后，他转而从事政治学和历史学研究，写有《君主论》、《罗马史论》、《佛罗伦萨史》等书。马基雅维利主要是从意大利的历史和实际中寻找政治问题的解答，他竭力不把政治的概念和任何道德的、伦理的或宗教的概念牵扯在一起，使政治学成为一门独立的学科，因而他被资产阶级学者称为"政治学之父"。他认为人类的政治发展自有其规律，虽然他所谓的规律是从人性论出发，但在摆脱中世纪的神权政治观点上已前进了一大步，并总结了列奥纳多·布鲁尼等人文主义者有关城市共和政治兴替演化的论点。联系到意大利当时强敌压境、城市衰落的现状，他认为唯一的出路在于建立统一的中央集权君主国，他的《君主论》一书主要就是讨论这个问题。然而，可悲的是，在意大利当时既不存在支持统一的强大的资产阶级，也不存在能担当集权君主的政治势力，因此他的讨论不得不围绕着君主统治的手段、计谋、气度等问题上，构成了他的政治学说的一些特点。马基雅维利强调为建立这种君主国应该采用一切手段，并且指出政治统治的实质是不顾一切保持实力。从此出发，他发表了一系列大胆的言论，强调统治者既要坚忍狠毒，又要假仁假义；既要勇猛善战，又要能说会道。残暴能使人敬畏，他就不必顾虑被人指为残暴而退缩；慈悲能受人爱戴，他即使没有也要假装做出来。在《君主论》第18章，当讨论到君主应如何遵守信义的问题时，他就写下了那些日后被称为"马基雅维利主义"的名言："每个人都同意，一个君主能有信于人民，诚笃不欺，那是最好不过的了。可是经验却告诉我们：那些成其大事的君主很少恪守信用，反而总是善用机巧，使那些守信的人大上其当。由此可见，双方相争决定胜负有两种途径：一取决于法律，一取决于强力，前者是人类独有，后者为兽类同具。然而当法律无济于事的时候，就须求助于强力。因此，君主应兼用人兽之术。古人对此有一形象的教喻，他们用阿奚里和其他古代君主受教于半人半马仙基隆门下的故事，说明君主之师既兼有人兽之性，君主之术也应该是兼有两者之长，缺一不可。所谓君主之效法野兽，主要是指狮子与狐狸，因为狮子虽勇却不能识陷阱，狐狸虽猾却不能抗恶狼，因此要兼有狮狐之长，如狐之善识陷阱，如狮之威敌恶狼，才可立于不败之地。如果只学狮子，那就要吃亏。由此可见，一个聪明的君主眼见遵守前约于己不利之时，就不能，也不应该讲什么信用，或者，当那些使他守信的理由已不存在之时，他就不妨失信。假若人皆圣贤，我这种观点当然不能成立，可是人性本恶，他们不会守信于你，你又何必跟他们讲什么信用，何况一个君主总会找到合法的理由为自己的失信辩解的。关于这些，当代有无数事例可以说明，多少条约协议都由于君主的失信而归于失败；而那些学狐狸学得最到家的君主就能得到最大的成功。——然而，有必要指出，善学狐狸还得善于伪装，为狐却不露尾，使人不知其为狐，乃为上策。"在这里，马基雅维利的政治学说实际上变成了对资产阶级政治欺骗手法的揭露，同时也鲜明地反映了整个文艺复兴文化的资产阶级个人主义的特色。与马基雅维利同时期的圭契阿迪尼（1483—1540年）的史学著作，阿里提诺论文艺复兴风格的《廷臣论》，阿里斯奥托的文学诗作《狂怒的奥兰多》，是文艺复兴盛期著名的代表作。

16世纪初期，佛罗伦萨共和派曾两次起义，驱逐了从15世纪中期便大权独揽的银行家美第奇家族，但是，得到罗马教皇和西班牙武力支持的美第奇统治者最后终于复辟，并在1532年受封为公爵，把佛罗伦萨所在的托斯卡纳地区变成了公爵国，意大利盛期文艺复兴也从此宣告结束。当时除米开朗琪罗还健在外，我们上面所说的几位代表皆已去世，在意大利只有威尼斯一地还有一个文艺复兴艺术流派——威尼斯画派继续繁荣到16世纪末。可是，在意大利以外，德国、英国、法国和西班牙的文艺复兴运动正方兴未艾，取得了巨大进展。16 世纪欧洲的两个具有伟大历史意义的事件"哥白尼日心说"引起的科学革命和马丁·路德领导的宗教改革，也是在文艺复兴影响下发生，并从广义上说包括在文艺复兴的洪流中的。

达·伽马开辟新航线

葡萄牙崛起

15 世纪初期，葡萄牙人首先绕过非洲西海岸，开始奴隶贸易活动。由于奴隶贸易的利润极为丰厚，因此英国、荷 兰等国也纷纷加入。贪得无厌的贩奴者为了获取更多的暴利，沿着非洲西海岸往南继续寻找奴隶的来源。1446 年，他们的足迹到达了佛得角，并在几内亚湾找到了大量黄金。此后，更多的探险家和贩奴者到达这里，期望获得更多的财富。

由于《马可·波罗游记》对印度和中国的描述，使欧洲人认为东方遍地是黄金和香料。由于原有的东西方贸易商路被阿拉伯人控制着，为了满足自己对黄金的贪欲，欧洲的封建主、商人、航海家开始冒着生命 危险远航大西洋去开辟到东方的新航路。但是包括哥伦布在内的航海家都没有从大西洋到达印度和中国。所以，很多人期望通过其他路线来实现这个目标。

随着这些探险队沿西海岸南下，人们开始逐渐明白整个非洲西海岸的地形。因此，很多探险家就想，能否通过非洲南边而到达印度。葡萄牙人自从航海家从亨利王子（公元 1394—1460 年）时代起就一直在寻找这样的一条航线。

1486 年，巴都罗苗·狄亚士率领 3 艘轻便帆船出航，途中遭到风暴袭击而被吹往南方。在黄金海岸住了几个月后，狄亚士到达了非洲最南端。在这里，狄亚士的探险队遭到了汹涌的海浪袭击，几乎全队覆没。狄亚士率领少数生存者逃生到了非洲南端岬角处。为了让人们记住这里的巨大风浪，狄亚士将这里命名为"风暴角"。不过狄亚土回到葡萄牙后，葡萄牙国王对这个名字非常不满，建议将之改名为"好望角"，意为"过了这里前往东方就大有希望了"。

国王十分清楚，那条长期寻找的通往印度群岛的路线眼看就要成功了。但是由于其他各种原因，葡萄牙国王一直没有派出另外的航海队。1492 年，哥伦布从大西洋出发寻找印度，最终发现了美洲大陆。当时人们都认为哥伦布已经找到印度了，所以整个欧洲为之振奋。

显然，西班牙在航海方面已经超越了葡萄牙。为了赶上西班牙，葡萄牙国王决定派遣到印度群岛的探险队。1497 年，这支探险队真正起航，国王挑选瓦斯科·达·伽马为探险队队长。

1460 年，瓦斯科·达·伽马出生在葡萄牙锡尼什的一个小贵族家庭。他的父亲曾是一名出色的航海家，并受命于葡萄牙国王开辟一条通往印度的航道，但最终因失败而病逝。他的哥哥也是一名从事航海生涯的船长，在他后来的探险过程中，哥哥几次陪同。

1497 年 7 月 8 日，达·伽马率领由 4 艘船只组成的探险队，从里斯本南部的海港出发，开始了前往印度的航行。这支探险队共计 170 多名船员，其中包括会讲阿拉伯语的翻译。

探险队由到过非洲南端好望角的航海家狄亚士领航，最初向佛得角群岛航进。8 月 3 日，船队离开佛得角群岛，3 个月后到达圣赫勒那岛海域。在对船只进行检修和物质补给后，达·伽马没有沿着狄亚士航行过的航道行进而是向大西洋远航，航线几乎是直线向南。在向南行进了很长一段路线后，在朝东转去。达·伽马的探险队终于抵达好望角。

达·伽马是开辟了西欧到印度的新航路

达·伽马的探险队也在好望角受到了巨大海浪的袭击，很多海员要求返回里斯本，但是遭到达·伽马的拒绝。在遭受 3 天 3 夜狂浪骤雨的袭击之后，船队终于绕过好望角，随后又沿非洲东海岸而上。

12 月 16 日，达·伽马的探险队进入了当时欧洲船队从来没有进入过的海域，然后于圣诞节到达南纬 31°附近一条高耸的海岸线前。考虑到那天是圣诞节，达·伽马将该地命名为"纳塔尔"，意为葡萄牙语的"圣诞节"。今南非共和国的纳塔尔省的名字就从此而来。

在向北航行的路上，探险队还在几个穆斯林控制的城市停留过。1498 年 4 月，探险队来到现今肯尼亚

欧洲人努力去寻找更多的殖民地

的马林迪。在这里，达·伽马受到马林迪酋长和当地居民的热情对待，并为他提供了一位有经验的阿拉伯领航员，即著名的阿拉伯航海家艾哈迈德·伊本·马吉德。在马吉德的领航下，达·伽马一行从 4 月 24 日从马林迪起航，乘着印度洋的季风，安全横越印度洋。

5 月 20 日，大约在离开葡萄牙 10 个月之后，达·伽马到达当时印度南方最重要的贸易中心卡利卡特。当时的卡利卡特是欧洲人和阿拉伯人进行商品交易的最大商业中心。达·伽马他们一上岸，立刻就被这里的繁荣富庶与异国风光给惊呆了。

达·伽马他们用国内带来的物品与印度人交换当地的土产、宝石、香料等，价格是欧洲本地的 1/10。根据当时的商业惯例，商人每经过一个国家的关口，都需要缴纳大量的关税，这是造成欧洲商品价格居高不下的主要原因。由于卡利卡特是一个直接交易的港口，所以没有关税。

长期垄断卡利卡特贸易的阿拉伯商人，把达·伽马一行视作自己的竞争对手，并逼迫他们在 8 月底离开此地。同年 8 月 29 日，达·伽马带着香料、肉桂和五六个印度人率领船队返航，途中经过马林迪，并在此建立了一座纪念碑，这座纪念碑至今还矗立着。

返航比出航更为艰难。由于没有领航员，穿越阿拉伯海就用了大约 3 个月的时间。在此期间，许多船员都死于坏血病，加上由于暴风雨袭击导致船队被冲散，达·伽马一行损失惨重。最终有两艘船安全返航：第一艘于 1499 年 7 月 10 日到达葡萄牙里斯本，达·伽马自己的船也于两个月后到达。到达时，船队只剩下了 55 名船员，还不到启程时船员的 1/5。

不过葡萄牙国王还是认为达·伽马这两年的航行是一次巨大的成功。达·伽马不仅带回来了名贵货物，还带回不少航海资料，包括印度海岸、孟加拉湾、锡兰岛以及马六甲海峡的情况。所以，当达·伽马回到葡萄牙时，葡萄牙举国欢腾，国王也极为高兴，下令授予达·伽马贵族称号，并赐给他许多的钱财和土地。

6 个月后，葡萄牙国王派遣了一支以佩德罗·阿尔瓦雷斯·卡布拉尔为首的追踪探险队去印度。卡布拉尔如期到达印度，并载着一大批香料返回葡萄牙。但是这支船队在卡利卡特中转时，有些船员遭到阿拉伯人的杀害。因此，国王命令达·伽马率领一支由 20 条航船组成的舰队去卡利卡特执行讨伐使命。

1502 年 2 月，达·伽马开始了他对印度洋的第二次航行。由于这次航行的目的是为了建立葡萄牙对他所发现的这条航线的霸权地位，因此达·伽马在探险中的行为极其残忍。

船队一离开印度海岸，就捕获了一条过路的阿拉伯商船，把商船上面的货物卸下来后，达·伽马下令在海上把那条船带人一起烧掉，包括其中的妇女和孩子。据当时的船员说："在持续了长时间的战斗之后，队长以残暴的手段烧毁了那只船，烧死了船上所有的人。"当船队经过吉尔瓦时，达·伽马又背信弃义，把国王扣押在自己的船上，要求其臣服葡萄牙。

达·伽马的船队，一路上耀武扬威，向沿途居民进行挑衅、威胁，并宣布对某些地方的宗主权，同时抢劫路过的商船、屠杀船员与渔民。到达印度后，达·伽马的船队攻占了那里的城市科泽科德和权钦，使它们成为葡萄牙在印度进行殖民统治的最早根据地。

到达卡利卡特后，达·伽马凭借自己船队先进的武器，蛮横地要求当地官员把所有的阿拉伯穆斯林都驱逐出这个城市。当他看到卡利卡特的领导人对自己的要求犹豫不决时，达·伽马就命令自己的船队向卡利卡特市区发射炮弹，导致 38 名印度人伤亡。虽然印度人对达·伽马的行为极其愤怒，但却无可奈何，只得答应了达·伽马的要求。不久，达·伽马又在附近的海面上击溃了阿拉伯国家的一支商船队。在从印度回来的途中，达·伽马又在东非建立了一些殖民地。

1503 年 9 月，达·伽马带着从印度带回来的黄金、宝石和香料等珍品回到了葡萄牙。这次航海给达·伽马带来了丰厚的利润，使之成为葡萄牙最富有的贵族。

1519 年，葡萄牙国王因为达·伽马在第二次远航中的巨大成就，而封其为伯爵，并给予大量财富和领地。1524 年 9 月，达·伽马又被任命为葡萄牙在印度的总督，并马上以此身份第三次赴印度。然而，由于年老体衰，达·伽马在到达果阿之后染上了重病。12 月 24 日，达·伽马病逝，后来被重新安葬在葡萄牙里斯本附近。

达·伽马既是一名优秀的航海家，也是葡萄牙早期殖民者之一。作为航海家，他所开辟的新航线，对东西方经济的发展起到了很大的促进作用，在此以后仅4个世纪里，来往于欧洲和亚洲的船只都只能沿着他开辟的航线前进。这条航道开辟以后，世界贸易的范围和商品流通的条件都因此而扩大。此后，欧洲的贸易商业中心从地中海沿岸转移到了大西洋沿岸。

这条航线开辟之后，原先阿拉伯人控制的陆上贸易之路遭受了严重挫折，从此变得荒凉冷落。阿拉伯商人不久就被葡萄牙人彻底击败并取而代之，阿拉伯国家的经济也因此受到巨大影响。

作为殖民者，他的航线开辟了欧洲进行殖民掠夺扩张的新时代，自己也是葡萄牙对印度的最早殖民统治者。

从大西洋到印度这条新航线的开辟，对葡萄牙产生了巨大影响。在达·伽马发现此航线后的几十年间，葡萄牙一直控制着这条通往东方的贸易航线，因此而获得了巨大收益。葡萄牙不久便甩掉贫穷落后的帽子而成为欧洲最富有的国家之一。

不仅如此，葡萄牙成为印度最早的殖民主义者，在印度周围建立起一个强大的殖民帝国。葡萄牙人在印度、印度尼西亚、马达加斯加、非洲及其他地区都设立了殖民地。这个当时只有150万人口的小国，竟然囊括了东大西洋、整个印度洋和西太平洋的贸易和殖民权力。这些殖民地中有几个直到20世纪上半叶还被葡萄牙人所控制。

从长远的观点来看，达·伽马航线的开辟影响最大的是印度和东南亚，而不是葡萄牙、其他欧洲国家或中东国家。在达·伽马发现这条航线之前，印度和东南亚国家还处于闭关自守的状态，但是达·伽马的航海使印度通过海路与欧洲文明世界相接触。此后，葡萄牙人和其他欧洲人对印度的影响逐步上升。

19世纪下半叶，整个印度次大陆都成为印度的自治领。虽然说殖民统治给印度带来了痛苦，但是这段时期在印度历史上是整个印度统一在一个君主之下的唯一时期。殖民统治给印度带来了工业革命后的生产技术，使之产生了民族资本主义经济。

哥伦布发现新大陆

黄金的诱惑

黄金，在我们的语言中是名贵的象征，人们常以其誉称一些美好和荣耀的东西。但是，由于黄金本身特有的价值，又使不少利欲熏心的人拜倒在它的脚下。在他们眼中，黄金仿佛就是圣洁和权威的化身，占有黄金，就会掌握整个世界的命运。在黄金占有欲的驱使诱惑下，15世纪到16世纪初，欧洲人扬帆出海，远涉重洋，闯荡到传说中的地方去寻访神话中的黄金国，从而演出了一幕地理大发现的历史剧。

15世纪以后，西欧的商品经济不断发展，资本主义生产关系的萌芽促进了交换的进行。作为一般交换手段的货币，它的需要量急剧增长。那时候，西欧的货币制度正由银本位制逐渐过渡到金本位制（即把黄金作为一般等价物的货币制度）。黄金变成了欧洲各国和欧亚各国间国际贸易唯一的支付手段。欧洲社会的这种变化，刺激了上层阶级对财富的贪求。新兴的商人冒险家疯狂地追求黄金，以谋扩大他们的资本；日渐没落的封建贵族穷奢极欲，愈感入不敷出，也拼命地追求黄金；日益强大起来的封建王权为了巩固和维持其统治秩序，豢养了庞大的军队和官僚体制，也要求有更多的黄金。由于渴望财富西欧上层社会形成了一种拜金狂。哥伦布曾露骨地说过："黄金是一个令人惊叹的东西！谁有了它，谁就能支配他所需要的一切。有了黄金，甚至能使灵魂升入天堂！"

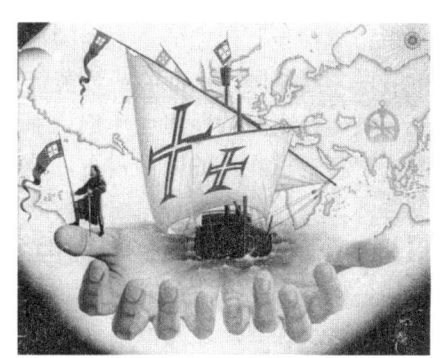

满足黄金欲望，开辟东方新航路

尽管黄金成为封建主和有产阶级疯狂追逐的宠物，但是，欧洲的金银储藏量却很小，富金矿更是少见。由于受当时生产技术水平的限制，可供开采的贵金属矿日渐稀少。从1300年到1450年，欧洲旧金矿的产量不断减少，对于新矿的开采也进行得十分缓慢。而商业的发展，使西欧各国迫切需要金钱和铸造货币的贵金属，不仅广泛的商品交换需要大量的黄金，它还逐渐取代土地成为社会财富的象征。因此，西欧社会上自国王、宫廷贵族，下至中小贵族、僧侣，人人追求奢侈豪华，个个渴望发财致富。上上下下好像都被黄金勾走了魂儿一样。

自从十字军东侵以后，欧洲和东方的商业贸易关系迅速发展起来。欧洲从东方输入商品数量13世纪末比12世纪初增加了十倍多。东方的香料（胡椒、肉桂、丁香、肉豆蔻等）、珠宝、化妆品、丝绸等物资，日渐成为西欧中上等阶层的生活必需品。为此，他们每年都要付出大笔黄金，造成西欧贸易逆差。

不仅如此，在东西方贸易往来过程中，一些欧洲商人长期不能直接得到东方商品。他们只能从地中海沿岸的市场购买，中间必须经过阿拉伯、印度、南洋和中国商人多次转手。当时，东西方商路主要有三条：一条是从中亚由陆路沿里海、黑海到小亚；一条是先由海路至波斯湾，然后经两河流域到地中海东岸的叙利亚一带；第三条是先由海路至红海，然后再由陆路到埃及的亚历山大港。在这几条商路中，红海以东是由阿拉伯商人掌握；地中海一带则为意大利的威尼斯和热那亚所垄断。15世纪中叶，奥斯曼土耳其帝国兴起，占领了巴尔干半岛、小亚细亚和克里米亚地区，控制了东西方之间的传统商路，对在商路上往来的欧洲商人横征暴敛，使运抵欧洲的商品比原先的价格提高八至十倍。为了换取东方异国货物，欧洲上层社会不惜出重金购买，结果造成大量黄金外流，引起贵金属恐慌。为此，英国政府从15世纪末到16世纪初，先后十几次制定和重申禁止金银外流的法令，均未见效。这时，"黄金问题"变成了要求迅速解决的经济问题。

然而，欧洲大陆本身难以解决黄金短缺的问题。唯一的出路就是面对海外，冲出欧洲寻找财富。在东西方文化交往过程中，欧洲人久闻亚洲的富庶和繁荣，羡慕那里的物质文明。这时在欧洲广泛流传一部书，名为《马可·波罗游记》，其中对亚洲许多国家的财富作了夸张的描述，使欧洲的封建主和其他贪得无厌之辈受到极大的诱惑。

《马可·波罗游记》是由著名的意大利旅行家马可·波罗口述，经比萨文人鲁思梯谦记录整理而成的一部关于亚洲的游记。书中叙述了中亚、西亚和东南亚等地区许多国家的情况，重点是中国。马可·波罗夸大了亚洲的富庶，在他的叙述中，仿佛中国、印度、东南亚等国遍地都是黄金。例如：他在描写日本时说，这里的黄金之多，数也数不清。由于黄金太多，都不知道如何使用它了。于是，宫廷的屋顶全部是用"精金"建造的，室内的地板竟铺满了金砖以代替石板。他在讲述南海诸岛国时说，这些国家出产"或为黄金宝石，或为一切种类香料，多至不可思议。"书中在写到出产宝石的斯里兰卡时，荒唐地宣称斯里兰卡国王拥有一块与手掌一般大，同人的胳膊一样长的巨型宝石，是为稀世之宝。《马可·波罗游记》记载的中国、印度等国"遍地黄金、香料盈野"的说法，激发起西欧社会中国王、封建贵族、僧侣以及商人们日益炽烈的掠夺东方黄金的欲望。在黄金的诱惑下，他们不惜冒着生命危险，探寻到东方去的航路。

在这次探寻新航路的活动中，热情最高的是西班牙、葡萄牙等大西洋沿岸国家。它们远离地中海，不得不从意大利商人手中购买东方商品，这使它们付出了很高的代价，丧失了大量黄金。为了破坏意大利商人对东方商品的垄断，跻身到一本万利的东西方贸易中来；为了到遥远的东方探宝寻金，它们更加积极地关心开辟一条直接通往印度和中国的新航路。正如恩格斯所说："葡萄牙人在非洲海岸、印度和整个远东寻找的是黄金；黄金一词是驱使西班牙人横渡大西洋到美洲去的咒语；黄金是白人刚踏上一个新发现的海岸时所要的第一件东西。"

哥伦布航海壮举

随着科学技术的发展，到了 14、15 世纪，中世纪欧洲流行的"天圆地方"、笔直远航有掉下深渊危险的传说，遇到了挑战，越来越多的人开始相信地圆学说。西欧绘制地图的技术已很先进，出现了标明海岸线及港口位置的航海图。中国发明的罗盘针，经阿拉伯人西传后，14 世纪已被欧洲普遍使用。罗盘针使海船装上了"眼睛"，使远航有了依据而不迷失方向。15 世纪时造船术也有很大进步。过去的帆船使用旧式三角帆，只适宜于在地中海周围航行，这时出现了新式的多桅、多帆的大型海船，具有船舱宽、速度快、安全性能好等特点。一个探索通往东方新航道的大航海时代开始了。由此产生了一批伟大的航海家，这其中就有发现美洲大陆的哥伦布。由于他的发现，使得世界的面积扩大了几乎一半，对后世产生了无法估量的影响。

伟大的航海家

哥伦布出生于意大利热那亚一个纺织工人家庭。他从青年时代就刻苦学习天文、地理，受德埃利地理著作《世界图志》和意大利地理学者托斯卡内利影响，深信"地圆说"。

哥伦布还读过《马可·波罗游记》，对东方的富庶非常向往，总想找一条从西方通向印度、中国和日本的新航线。为此他于1474—1475年到热那亚的船队工作。哥伦布拟定了从欧洲西行至东方的航海计划，从此开始了他的航海生涯。但是他所在的商船队遭到法国和葡萄牙组成的联合舰队的袭击，哥伦布抓住一块木板飘到葡萄牙，从此定居葡萄牙。

哥伦布与自己的船员在一起

1484年，哥伦布向葡萄牙国王若昂二世提出他的航海计划，寻求财政支持，未获成功。1485年他移居西班牙，向伊莎贝拉一世女王求助。1492年4月，他的计划终为西班牙女王所接受，同他签订了航海协议，授予他"海上大将"称号，任命他为所发现的岛屿和陆地的总督，准其从这些地方的产品和投资所得中抽取一定收入，并答应给予必要的财政和物质支持。

1492年8月3日，哥伦布开始了第一次航行（1492—1493年），此次他携带着西班牙王室致中国皇帝的国书，率领"圣玛丽亚"号、"平塔"号和"尼尼亚"号3艘船，船员90人，从西班牙西南海岸的帕洛斯港起航，经加那利群岛西行，历尽艰险，终于在10月12日发现巴哈马群岛中的瓜纳阿尼岛（即今华特林岛。当时哥伦布把这个岛定名为圣萨瓦尔多，即基督教"救世主"之意）。接着发现古巴的东北海岸。继续东航，又发现海地岛，并称之为"埃斯帕尼奥拉"，意为"小西班牙"。他在海地岛寻找黄金，筑纳维达德堡，派人驻守，旋即返航。1493年3月15日返抵帕洛斯。

第一次航行取得了意想不到的成果。当哥伦布经过240天远航探险回到西班牙的时候，不仅轰动西班牙，也震撼了整个欧洲。这是人类历史上首次完成横渡大西洋的壮举，甚至还发现了新天地与新人种，被称为"自开天辟地以来，除了造物主的降生与死亡的最伟大的事件"。对于大西洋彼岸还有不为人所知的陆地，这对欧洲人来说，整个世界的概念，顷刻之间起了惊天动地的变化。因为在这之前，人们都以为西班牙西岸是世界的尽头。

第一次航行以后不久，哥伦布开始了自己的第二次航行（1493—1496年）。1493年9月25日，他在西班牙国王资助下，怀着在新发现地区殖民和寻找黄金的目的，率领约1200人分乘17艘船只，满载牲畜、农具、种子和粮食，从加的斯出发，第二次前往美洲。11月3日发现多米尼加岛，接着又发现瓜德罗普岛和波多黎各等岛，然后驶抵海地岛。因纳维达德堡已为当地印第安人夷平，于是另筑伊莎贝拉堡，建立西班牙在美洲的第一块殖民地。印第安人被课以黄金重税，或被驱使到金矿从事奴隶劳动，还有的被捕捉运回欧洲贩卖。1496年，哥伦布返回西班牙，其弟B·哥伦布留在海地岛，另建圣多明各城作为西班牙新的殖民据点。

1492年，哥伦布终于实现了出海航行的计划

1498 年 5 月 30 日，哥伦布率领由 6 艘船只和 200 人组成的船队，开始第三次航行。哥伦布将船队分两组从圣卢卡尔起锚，3 只船直驶海地岛，另 3 只船由哥伦布率领，经佛得角群岛向西航行，于 8 月 1 日发现特立尼达岛。8 月 5 日在委内瑞拉帕里亚半岛登陆，第一次踏上南美大陆。8 月 31 日返回圣多明各。此时海地岛西班牙人互相倾轧，争权夺利，虽然哥伦布实行委托监护制进行安抚，仍不能稳定局势。1500 年 10 月，哥伦布连同他的两个弟弟被强行押回西班牙。哥伦布后虽获释，却失去统辖其所发现土地的权力。

1502 年 4 月 3 日，哥伦布率领 4 艘船只和约 150 人从加的斯出发，开始了他第四次也是最后一次航行，企图在古巴和帕里亚半岛之间的海面上尽快找到通往"印度"的航道。1502 年 6 月 15 日，发现马提尼克岛，然后沿海地岛南海岸西行，过牙买加向中美洲进发，再沿洪都拉斯南驶，越尼加拉瓜和哥斯达黎加，最后抵巴拿马的达连湾。因无西行航道，只得于 1503 年 6 月折回牙买加岛，经圣多明各返回西班牙。

1504 年 11 月 7 日哥伦布完成了他的最后一次航海回到西班牙，结束了他充满惊险的海上生涯。这时他刚 50 多岁，但是长期的航海生活极大地损害了他的健康，而且哥伦布的发现并未给西班牙国王带来丰厚的收益，他所发现的土地并不如他所宣称的那样富庶，和人们所了解的亚洲毫无共同之处，所以受到国王的冷遇。1506 年 5 月 20 日，哥伦布在贫病交加中死于巴利亚多利德。他死后留下的航海日记和信件，成为研究美洲航行的重要史料。

沟　通

哥伦布在航海中，不但发现了新大陆，而且也将很多新大陆的物产带回了欧洲。比较重要的，一个是烟草，一个是梅毒。

1492 年 10 月 12 日，哥伦布的船队到达圣萨尔瓦多岛屿时，其中两船员"看到无数人，男男女女手里拿着火把和草叶在吸"。哥伦布的航海人员被那些"吞云吐雾"的印第安人惊呆了。只见他们一手持着点燃的木棒，一手拿着一根长管，嘴巴和鼻孔里喷出一缕缕浓雾般的青烟。经过一番调查，终于揭开了其中的奥秘。原来，那是用一种草的叶子（即烟草）卷在玉米叶子里制成的。这就是烟草的发现。哥伦布成了目前世界公认的烟草传播者。现在，烟草行业成为世界工业的重要组成部分，不但影响着人类的经济，而且几十亿人都在抽烟，也大大改变了人类的生活习惯。

如果对哥伦布把烟草传到欧洲有非议的话，另一个梅毒就更是污点了。哥伦布既有很好的名声——航海发现了新大陆，也有不太好的名声——把花柳病（梅毒）带回到欧洲。哥伦布的船员在新大陆寂寞的生活导致他们接近一些印第安妇女，而他们并不知道，在新大陆，有一种极其严重的疾病——梅毒，这种病就在现在也是非常危险的，关键是传播很快，不好控制。哥伦布的船队回到欧洲，也把梅毒带到了欧洲。梅毒迅速在欧洲蔓延，很多人因此丧命。后来由于交往的缘故，欧洲人又把梅毒带到了中国。现在，全世界范围内都能看到梅毒的影子。

但是不管怎么样，新大陆的发现还是将哥伦布推到了世界伟人的地位。虽然哥伦布发现了美洲新大陆，但他一直把它当作印度，直到去世也未曾明白这一点。哥伦布尽管没有达到亚洲大陆，但是他发现了西半球的美洲大陆，发现了加勒比海中几乎所有重要的岛屿，开辟了横渡大西洋的新航线，并带回了在这个大陆的另一面存在一个"南海"的消息，所有这些重要的地理发现，都大大开拓了人们的视野，打破了长期禁锢人们头脑的传统地理概念。哥伦布的航行揭开了地理大发现的序幕。欧洲新兴的资产阶级纷纷步哥伦布的后尘，踏上新发现的美洲大陆。另一位伟大的航海家麦哲伦，继续哥伦布未完的事业，进行了人类历史上的第一次环球航行。

到达美洲

"啊！看见陆地了。"一位水手突然激动地大叫起来。大家兴奋地拥到船前的甲板上。哥伦布马上双膝跪下，感谢上帝。他吩咐全体船员高唱"光荣属于至尊的上帝"，并且让船队朝海岛驶去。但船队行驶了几个小时也没有看到这个海岛，而且根本就不存在什么海岛。他们目睹的所谓海岛只不过是地平线上一缕和陆地相似的云彩。

水手们再也忍耐不住了，埋怨、不满情绪一下子都迸发了出来。他们围住哥伦布又嚷又喊，有的甚至号啕大哭，"海军上将先生，我们在海上一个多月了，陆地在哪里啊！""你究竟要把我们带到哪里去？我们还有老婆孩子，不想死在海上，让我们回家吧！"水手们都愤怒地嚷。他们认为：每过一分钟，离开西班牙就增加一段距离，死的威胁就增长一分。必须强迫哥伦布返航，要不就把他扔到海里去。

这时，哥伦布虽然忧心忡忡，但他没有动摇西航的坚定信念。他平静地向大伙儿讲西航的种种好处，并向大家保证说："光埋怨、喊叫没有用，请大家相信我，如果三天之内找不到陆地，我就允许返航。"水手们被哥伦布的自信和冷静震慑住了，他们终于平静了。

大西洋风平浪静，碧波万顷。哥伦布站在甲板上，远眺天水相连的景色，心潮翻腾起伏，他暗下决心：向印度前进，决不返航。

是的，不能返航，返航就意味着失败。西航印度是哥伦布多年的夙愿，为能争取西班牙国王的资助，他费了多少心思啊！

赫里斯托弗尔·哥伦布，1451 年出生在地中海沿岸热那亚一个纺织工的家庭。他从小就对航海产生了浓厚的兴趣。成年后，又是一名很有经验的水手，到过英国、几内亚和冰岛等地。一个偶然机会，使他读到了《东方见闻录》（又名《马可·波罗游记》），从此他认为东方是"香料盈野"，"黄金遍地"的天堂。因此，他渴望到东方去寻找黄金和财富。

为实现横渡大西洋远航亚洲的计划，哥伦布先后向葡萄牙、西班牙、英、法等国请求资助，结果都遭到了拒绝。1487 年葡萄牙人迪亚士的船队沿着非洲西海岸向南航行，到达非洲最南端的好望角。这就意味着葡萄牙成功地开辟了从欧洲到印度的新航路，并对新航路进行垄断。西班牙国王为获得更多的殖民地，因而同意资助哥伦布，以实现他西航印度的计划。

经过了半年的准备，1492 年 8 月 30 日拂晓，海军上将哥伦布率领船队从西班牙南端的巴罗斯港扬帆出发了。这是一支由 90 人分乘三只小船的船队，其中的尼尼亚号和平塔号较小，圣玛丽亚号最大，它长约20公尺，宽约六公尺，排水量130吨。哥伦布就是站在这条船的甲板上指挥航行的。

10月11日虽然没有发现陆地，却看到海水里漂浮着树枝、绿树叶和花朵。哥伦布兴奋地指给大家看："陆地已经离我们不远了，谁第一个发现陆地，我就赏给他一件丝绸上衣。"每个人都迫切地希望找到陆地。晚十点，哥伦布看到地平线上似乎有摇曳不定的火光，过了几分钟，光又完全消失了。船员们认为这只是注意力过度紧张而引起的错觉、幻觉。

船破浪前进，上下颠簸，水沫四溅。在阳光照耀下，船头激起的浪花泛着银白色的光。10月12日清晨两点钟，一名叫特里亚纳的水手，站在高高的桅杆上首先发现了陆地。他放声大叫"陆地！陆地！"这时，船上的人对天放炮，把消息告诉另外两条船。水手们欣喜若狂，欢呼雀跃，兴奋得不能入睡，站在船头上等待着黎明的到来。

天亮后，船队靠上一座小岛。岛上长着许多阔叶植物，海岸边布满了闪闪发光的珊瑚。哥伦布带领水手举着一面白底上缀有绿十字架的远征队旗，庄严地踏上航行了七十天第一次遇到的陆地。上岸以后，大家流着欢喜的眼泪，跪在地上，抚摸着土地。哥伦布慢慢地站起身，将这个岛宣布为"救世主岛"。救世主在西班牙语中，念作"圣萨尔瓦多"，从此人们就称这个岛为"圣萨尔瓦多"岛，就是现在加勒比海上的巴哈马群岛中的华特林岛。

岛上的居民看到穿着奇异服装的人出现在岸上，立刻从四百八方拥来。他们半裸露着身体，脸上、身上画着各种色彩的花纹；男子头戴羽冠，妇女鼻子上穿挂着金片。欢呼歌唱，表示欢迎客人的到来。

第二天，哥伦布下令船队绕岛一周，考察了圣萨尔瓦多的自然风光和风土人情。他们在这里没有找到香料和黄金，便雇佣了当地的六名居民做向导，在10月14日下午离开圣萨尔瓦多，向西南继续航行。不多几天，船队到达了古巴岛和海地岛。哥伦布以极大的兴趣探索着这些岛屿地一切。这里有莽莽丛林、村落和农田，有用很大的棕榈树造的房屋，房屋里陈列着精制的家具，妇女们在室内纺纱织布。他们在这里看到了欧洲人从未见过的玉米、马铃薯、烟草等。哥伦布将这些果实和种子带回里斯本，后来传播到全世界。不过，除本地人所佩带的装饰品以外，这儿并没有发现任何黄金的踪迹。

哥伦布苦心孤诣去寻找盛产黄金的国度，他曾在日记中写道："黄金是一个可以令人惊叹的东西，谁有了它，谁就能随心所欲地支配一切。有了黄金，就是要把灵魂送到天堂也是可以做到的。"但命运却做出相反的决定。可怜的哥伦布没有找到黄金和香料，三条船继续沿着港湾众多的古巴海岸向西航行，突然，"圣玛丽亚"号猛的一震，"不好！"一个水手突然惊叫起来，过度疲劳的水手都惊醒了，只见水不断地注入船舱。原来，由于水手们的疏忽，"圣玛丽亚"号触礁了。哥伦布只得决定返航，他将三十九名水手留在岛上。为他们修建了营房，并把他们居住的营房命名为纳维达德，意思是圣诞城。1493年初，哥伦布和剩余的水手驾着两条小帆船向西班牙返航。

两条小帆船在大西洋中缓缓东行。在一月份的前四周都是风平浪静，但到一月的最后一天，海上突然飓风骤起，恶浪汹涌，小船一会儿被抛到半空，一会儿又跌落到深谷。哥伦布目不转睛地注视着迎头冲来的每一个巨浪，沉着指挥。

"哗啦"一声，桅杆被飓风折断了，狂风把风帆撕成碎片，船身很快地倾斜下去，帆船就要被卷进海底！哥伦布感到绝望了。他迅速走进自己的船舱，船身拼命地摇晃，舱里的物品也在随着船身的摇摆而不断滚动。哥伦布机智地把自己捆在一张固定的椅子上，在膝盖上绑上一块木板，急速把自己发现的"东方"土地（他自认为已到达了东方）和有三十九名水手留在海地岛上等情况记在羊皮纸上。写好后，用上蜡的布包扎好，塞进一只椰子壳里，用沥青密封起来，抛进大海。他想能在他死亡之后把这次航海的材料保存下来，希望海浪把它送到西班牙。做完了这一切，他安然地闭上眼睛，任凭风浪摆布。

可是"尼尼亚"号经受住了这场飓风的袭击，海浪把哥伦布送到了葡萄牙的海岸。葡萄牙国王热烈地接待了哥伦布。

1493 年 3 月 15 日，哥伦布的船队回到了西班牙。巴罗斯港人声鼎沸，鼓乐齐鸣，人们簇拥在街道两旁，欢迎哥伦布的归来。

哥伦布的前面走着几个印第安人，他们头上插着羽毛，身上佩带着鱼骨和黄金做成的装饰品。接着是几个水手抬着奇异的植物和鸟的羽毛，手里还提着装鹦鹉的笼子。哥伦布走在队伍的最后，在鼓乐声中向群众招手致意。国王和王后在王宫里设宴庆祝他们的胜利。

哥伦布在人类历史上首次完成了横渡大西洋的航行，为以后全部发现美洲大陆奠定了基础，也为麦哲伦环球航行提供了必不可少的资料，他的功绩是伟大的。

影　响

哥伦布处在 15 世纪末 16 世纪初欧洲商业资本主义发展和封建制度瓦解的转变时期，他对美洲的发现顺应了欧洲资产阶级掠夺新财富、发展资本主义的迫切要求。美洲的发现和殖民，促进了世界市场的形成，大量金银流入欧洲，扩大了资本主义的原始积累，推动了欧洲资本主义的发展，加速了欧洲封建制度的崩溃。同时，哥伦布发现美洲以后，在拉丁美洲建立起殖民奴役制度，给印第安人带来了深重的灾难。但从另一方面来讲，同样也加速了美洲的开发和资本主义化的进程。总之，哥伦布的远航是大航海时代的开端。新航路的开辟，改变了世界历史的进程。它使海外贸易的路线由地中海转移到大西洋沿岸。从那以后，西方终于走出了中世纪的黑暗，开始以不可阻挡之势崛起于世界，并在之后的几个世纪中，成为海上霸主。一种全新的工业文明成为世界经济发展的主流。

马丁·路德宗教改革

概况

16 世纪初期，文艺复兴运动在欧洲各国相继展开。当这场人文主义的春潮席卷整个欧洲之时，一场更为深刻的运动也在德国进行，这就是宗教改革运动。

自罗马帝国灭亡之后，基督教逐渐进入了欧洲人的意识，并被接受。在一段时间内，基督教在维护世界和平和稳定、建立学校、抵抗外来侵略等方面都起到了很大作用。到16世纪时，资本主义经济开始萌芽，封建制度开始逐渐解体，民族国家逐渐形成。这时的基督教渐向保守。以教皇为首的罗马教廷，控制着欧洲的政治经济，宗教神学成为唯一的意识形态。

通过几个世纪的积累，教会拥有大量的土地和财富，成为欧洲最大的封建主。他们通过宗教手段和世俗封建主的一切手段去剥削人民。为了维护自己的利益，罗马教廷极力维护旧的封建秩序，阻碍了社会进步。

当时的德意志是神圣罗马帝国的主要组成部分，是个没有统一行政机构的四分五裂的国家，没有全国性的法律、货币、度量，全国人口达到1500万，分别属于7个选帝侯、十几个大诸侯、200多个小诸侯和上千个独立的帝国骑士。

在经济上，德国开始逐渐出现资本主义经济，采矿业、纺织业等发展迅速。当时采矿工人已经达到十几万，从1493年到1540年，德国的白银产量达到了85000公斤，而当时欧洲其他各国的白银产量才两万公斤。另外，由于从地中海到北欧的商业道路需要经过德国，因此德国在欧洲国际市场上占据重要的位置。

政治上的分裂严重阻碍了经济的发展，但是却给天主教会势力的发展提供了很好的条件。德国天主教会和罗马教廷相互勾结，成为德国最大的封建势力。天主教会占有整个德国1/3以上的耕地，有的天主教成了诸侯或者选帝侯。教会凭借其政治和宗教权力去掠夺和奴役人民，例如教会可以向人民征收各项名目的税收，包括大什一税（谷物）、小什一税（蔬菜）、血什一税（牲口）等。

天主教会的堕落，引起德国人民的极度不满。新兴的资本主义经济强烈要求整个德意志民族统一，建立中央集权化的国家，同时摆脱罗马教廷的控制。一些诸侯和帝国骑士也希望减少天主教会占有的土地，取消他们的特权。这一切最终导致了德国的宗教改革。

在德国宗教改革发生之前，天主教会内部已经采取了一些改革措施。从14世纪开始，教会内部就开始对有关教义的争论，最终导致教会将教廷从罗马迁到了亚维农。在教皇格里高利十一世之后，罗马和亚维农各选出了一个教皇，出现同时存在两个教皇的局面。另外，教会的腐化堕落也致使教会内部某些教徒希望能够对教会进行改革。

一些有识之士也纷纷提出要进行宗教改革，包括英国的威克里夫和捷克的胡斯，但是他们的微薄力量并没有引起广泛的影响。直到16世纪初，马丁·路德才真正开始揭开宗教改革的序幕。

1483年11月3日，马丁·路德出生在德意志东部的一个小山村，父亲是当地的一个小矿主。在他出生后的第二年，路德全家迁到曼斯菲尔德。在他5岁时，路德被送入曼斯菲尔德的一个拉丁语学校，13岁时被送到马格德堡读书。他的父亲希望马丁·路德长大后能够继承和扩大他的基业，因此在他中学毕业之后就将他送到爱尔福特大学学习法律。

在少年时代，马丁·路德就受到文艺复兴思想的影响，同时目睹了天主教会的腐败糜烂，便下定决心要学习神学。因此，他在大学毕业之后，进入爱尔福特圣奥古斯丁修道院当修士，在那里学习神学。1510 年，路德去了罗马。在那里，他看到教皇和其他教职人员的奢侈和败坏生活，使他非常震惊。他原先决定真诚苦行的决心受到了摇动。

胡格诺派教徒被处死的场面

1512 年，路德获得了神学博士学位，并成为维登堡大学的神学教授。

经过几年的学习和研究，路德形成了自己的神学思想。他认为，宗教信仰是每个个人自己的事情，不能受到教会的强制和干预；一个人灵魂的获救只须靠个人虔诚的信仰，根本不需要什么教会的繁琐仪式，教徒灵魂的得救，并不一定要通过由教士主持的宗教仪式来达到；在强调《圣经》权威性的同时，他认为教皇颁布的敕令都是荒唐的；应该建立没有教阶制度、没有复杂的宗教礼节的"廉俭教会"。

1517 年，罗马教皇利奥十世为修缮圣彼得大教堂，派人到德国贩卖赎罪券。荒唐的是，赎罪券价格的高低由罪行的大小而定，并且声称只要购买了赎罪券，罪人的"灵魂马上会从炼狱升上天堂"。

路德对罗马教廷的做法极其不满。10 月 31 日，马丁·路德把一张拉丁文的告示钉在教堂的大门上，邀请参加"关于赎罪券功能的辩论，出于爱心和对真理的热诚，愿公之于亮光中"，即著名的《九十五条论纲》。《论纲》的主要内容就是讨论赎罪券的问题，揭露赎罪券的欺骗性，但是没有直接反对罗马教皇，只是说教皇并不知道此事。

在将《九十五条论纲》钉到教堂大门上的同时，马丁·路德还将它们送给朋友和当地教职人员。辩论会并没有举行，但是其中一份公告到了迈恩的大主教亚伯特手里，他是包销赎罪券的人之一。他跟几个神学家商量，决定把公告送去罗马，并要求对马丁·路德采取压制行动，同时告诫赎罪券贩子，在贩卖时不要过分夸张。

但是路德这个《论纲》在德国引起强烈反响，其程度甚至出乎路德自己的预料。人们纷纷把这个《论纲》翻译成德文，互相传抄和讨论。到 1518 年初，公告已经被翻印、传送到好些城市。这时，全国掀起了要求宗教改革的运动，主题主要是宗教与钱财的关系。在不到一个月之内，欧洲各大学和宗教中心，都掀起一片热潮。

路德一下子成为德国全民族的代言人，在各阶层的热烈支持下，路德走上了同罗马教廷彻底决裂的道路。不久，路德发表了更为激烈的文章和演讲，直接否定教皇的权力。

教皇知道路德的举动之后，命令奥古斯丁修道院的总主持处分那不守规矩的会士。结果，路德写了一份长篇大论的答辩书。经过奥古斯丁修道院的开会辩论，免除了路德区会监督的职务。

1519 年，罗马教会的神学家约翰·艾克同马丁·路德在莱比锡展开了大论战。

在论战期间，路德的教会朋友、威登堡的教员们都站在路德一方。最后，约翰·艾克狼狈不堪地败下阵去。

1520 年是路德的宗教思想传播最快的一年。当年，路德一共出版了德文书籍 133 册，文章 50 多篇，其中包括被称作宗教改革三大论著的《致德意志贵族公开书》、《教会被囚于巴比伦》、《基督徒的自由》。这一年被视为路德宗教改革的最高潮。

在这些著作中，路德坚持认为教会没有教皇也能存在，并申明自己同意捷克宗教改革家胡斯的观点。继而，他的攻击矛头从原先的教皇指向整个封建神权政治。

路德的举动已经令教皇不能再忍受。1520 年 10 月，教皇下诏书，勒令路德在 60 天内悔过自新，否则将开除他的教籍。为了支持路德的宗教改革，威登堡的神学院学生和一些教职人员在城门广场上，把教廷的书籍点燃焚烧。同时，路德也把教皇谕令投在烈焰中，并且宣告："因为你污损神的真理，愿神把你毁灭在这火里！"

面对路德及其拥护者的举动，教皇一再敦促德皇查理五世为路德定罪，并决定于 1521 年 4 月 17 日在沃尔姆斯召开帝国会议，为路德定罪。面对教皇和德国皇帝的威胁，路德拒绝朋友们善意的劝阻，昂首挺胸地到达沃尔姆斯。很多德国民众从其他地方来到沃尔姆斯，支持路德。一些德国的武士和许多民众，都站在路侧，表示支持他。路德成了举世瞩目的英雄。

在帝国会议上，路德据理力争，毫不让步。当皇帝的代表问他"是否认错收回这些所发表的意见"时，路德清晰响亮、著名的回答，震动了欧洲，也决定了历史："除非圣经或理由清楚的说服我，我受所引用的圣经约束，我的良心受神的话捆绑。我不能，也不愿收回任何的意见，因为违背良心既不安全，也不正当。我不能那样做。这是我的立场，求神帮助我。"

查理五世、教皇等一帮人无计可施，只好宣称路德是"恶名彰著的异端分子"、"恶魔化身"，"他和他的党徒都该除灭"。同时，教皇宣布路德著作是异端邪说，应当禁止并焚烧。同时，教皇宣布开除路德的教籍。

在当时的欧洲，一个没有教籍的人是不受法律保护的，任何人都可以对之进行追杀。在人身安全没有保障的情况下，路德只好隐居到瓦特堡，从事圣经翻译。

1522 年，德文《圣经》新约部分出版。海涅认为路德对圣经的翻译是"创造了德语"。德文圣经的出版，使所有德国人都可以读到自己语言的《圣经》，因此有助于宗教改革的进行。他的翻译为德国民众提供了对抗天主教会的思想武器。

没有路德的威登堡，陷于混乱当中。人们开始反对天主教会，从而失去了信仰中心。一些诸侯趁乱夺取了教会的财产和领土，并在他们的领地之内建立了新教会。底层广大人民在宗教改革的影响下行动起来，在反对罗马教廷的同时，开始起来反对封建主的压迫。不久，德国爆发了大规模的农民战争。

当民众要把宗教改革变成一场推翻现存剥削制度的政治革命时，路德退缩了，并且成为世俗统治者的代言人。路德写信给选侯腓德烈说："现在不是你保护我，是我保护你的时候了。"1522 年 3 月，路德回到威登堡，住在那里直到离世。

回到威登堡时，路德写了《劝基督徒勿从事叛乱书》，指责当时的农民起义。之后，他又写了《反对杀人越货的农民暴徒书》，对待农民起义的态度由劝抚、调解到力主镇压，以求平息叛乱。后来，路德竟然说："无论谁，只要力所能及，无论是暗地里也好公开的也好，都应该把他们戮死、扼死、刺杀，就像必须打死疯狗一样！"恩格斯后来说："路德不仅把下层人民的运动，而且连市民阶级的运动也出卖给诸侯了。"

1529 年，路德编写了《教义问答》。次年，在奥格斯堡帝国会议上，路德发表了公开纲领《奥格斯堡信条》，成为路德教的基本纲领和信仰声明。

1546 年 2 月，路德病逝于出生地艾斯勒本，享年 63 岁。路德至死还坚持他的教义。当他弥留之际，有位教徒问他："你是否至死坚信你所传的呢？"路德睁开眼睛，以坚定清楚的声音回答说，"是的！"这是他在世上所说的最后一句话。

路德病逝后，德国的新教运动并没有消失。1555 年，德国皇帝被迫和新教诸侯签订了《奥格斯堡和约》，规定"教随国定"，各个诸侯有权选择新教或旧教，他们的继承人如果愿意，也可以改变信仰；但是其所属领地内的臣民，只能信仰当时统治者所信奉的宗教。此时，路德教正式得到了确认。在此之前，挪威、丹麦和瑞典分别于 1536 年、1537 年和 1541 年成为最先公开接受路德教的国家。

马丁·路德的宗教改革，是当时影响最为深远的。不久，加尔文也发动宗教改革运动，建立了加尔文教；英国发生了自上而下的宗教改革运动，成立了英国国教。到 16 世纪后期，基督教分化成新教、天主教和东正教三大派。应该说，路德领导的宗教改革运动，突破了传统宗教思想的束缚，使欧洲在思想上得到了一次大解放。恩格斯认为路德是他那个时代的"巨人"。

宗教改革条件的成熟

15 世纪末和 16 世纪初，德国虽然仍是封建生产方式占统治地位，但社会经济已较前有了很大进步。工业方面，采矿、冶金、纺织、印刷、武器制造业等都很发达。德国白银产量为全欧其他地方总产量的两倍半。全国总人口约有 1200 万至 1500 万，其中矿工的人数达十万之多，并且是当时欧洲最熟练的矿工。在矿冶和纺织等部门中，资本主义手工工场日益增多。印刷和建筑业中已有十至二十名雇工的企业。在法兰克福、乌尔姆、斯特拉斯堡、海尔布琅、门明根以及科伦和奥格斯堡，"分散"型的手工工场甚为普遍。商业方面，德国的中介贸易、尤其是边境地区的对外贸易相当繁荣。在德国西部以科伦、美因斯、特里尔等城市为主，曾组成莱茵同盟。参加这一同盟的多系莱茵河两岸的城市，以呢绒制造和金属生产著称。这些城市同尼德兰、法国和意大利贸易关系活跃。在德国北部波罗的海沿岸以汉堡为主的汉萨同盟，虽从新航路开辟后，已经失去了它原来在商业上的垄断地位，但是，直到 16 世纪时，汉萨同盟的诸城市仍然在北海、波罗的海以及从北欧至西欧之间的商业上占据着重要地位。德国南部和西南边界上则建立了一个士瓦本城市同盟，它包括多瑙河上游约 90 个城市，为首的工商业中心是奥格斯堡、纽伦堡、乌尔姆等城市，奥格斯堡主要经营意大利的丝织品、印度的香料以及东方的各种商品，是东西方商品集散的中心之一。

虽然德国存有不少繁荣的商业城市，已经产生了资本主义的萌芽，还有一些极大的富豪，如南德奥格斯堡的大银行家佛该尔，他不仅是矿山业的投资者、大银行家，并且是德皇以及许多大诸侯的债权人。他不但操纵着中欧的经济，甚至也极大地影响着德国的政治局势。但是，德意志帝国经济上的致命弱点，则是发展的不平衡和经济上的严重分散，大城市都处于边疆地区，主要经营对外贸易，相反的，对国内贸易则关心不大，整个德国没能形成统一的国内市场。

威克里夫的门徒到各处传播他关于宗教改革的思想

因此，也"没有一个城市像英国的伦敦一样发展成为全国工商业的中心。"在没有一个统一的国家的支持下，当然也就无力进行在海外殖民掠夺方面的竞争。因此，德国的经济较前虽已有长足的进步，并有一些方面超过了英、法等国，但以总体来比较，比法国、英国等先进国家，还是相差甚远的。

德国经济上分散性的特点，决定了德国政治上长期处于分裂割据的局面。德国同当时中央集权制的英国和法国相反，实际是一个独立的诸侯国的大联合。宗教改革前，在德国除七大选侯外，还有十几个诸侯，二百多个小诸侯，上千个帝国骑士，他们各自独立，成为国中之国。诸侯、骑士和城市市民经常混战，或同德皇对抗。国内又复关卡林立，仅从美因斯到科伦不足二百公里，就有关卡十三处之多。德国的货币繁杂，达千种以上。政治分裂和封建混战，严重地阻碍了德国资本主义经济的进一步发展。

16世纪初，德国的阶级矛盾也同样十分复杂和尖锐。在封建贵族内部，统治的阶层是帝国诸侯。他们在领地内有收税、司法和铸币等特权，并拥有常备军。他们对上要求分权，对下则实行集权，同德皇、教会互相对抗，残酷压榨农民，反对任何社会改革。低级贵族（即骑士）随着枪炮的应用和步兵作用的增长，其作用和地位均日趋下降。骑士反对诸侯跋扈，嫉视教会富有，希望统一德国与王权强大，但是，骑士又是个必然要竭力维护封建农奴制的阶级，这就决定了他们不可能得到人民群众的同情和支持，而只能孤军作战。

天主教会，作为封建社会的精神支柱同时又是最大的地主阶级来说，内部也有严格的教阶制度，大主教、主教、修道院长等高级教士是特权阶层，靠搜刮民脂民膏养肥了自己，是当时德意志帝国各阶层都很嫉恨的主要对象，也是革命的主要对象。但是，在城乡中的一般僧侣传教士，属于低级僧侣，并多为平民出身，收入微薄，与下层被压迫的广大人民群众交往广泛，由于他们低下的社会地位，又属于知识分子阶层，因此往往可能参加人民的反抗斗争，并为反抗斗争提供理论人材。

城市内阶级结构的变化也很大。城市贵族把持政权，与诸侯的联系和一致性增强，常共同镇压人民的反抗。市民阶级包括手工业主、商人和新兴的手工工场主。他们要求发展工商业和资本主义，主张结束封建分裂局面，实现国家统一，建立"廉俭教会"。城市居民的下层是平民，包括贫困的手工业者，帮工、日工，他们积极参加宗教改革和农民战争，但当时还未形成一支独立的政治力量。

被压在社会最下层的是占全德人口 80％的广大农民。15 世纪后，随着商品经济的发展，封建主不断增加地租和徭役。有些地区，尤其是在西南部，封建主力图将自由农变成农奴，还强占残留的村社附属地。封建主任意蹂躏农民及其妻女，农民稍有反抗或不满，封建主就施以割耳、劓鼻、挖眼、截指断肢、车裂等酷刑。有一位农民只从河里抓了几只螃蟹，便被封建主斩首。此处，农民还要受商人的剥削和高利贷者的盘剥，因此，农民是当时德国最革命的阶级，他们迫切要求改变现状。

15 世纪末和 16 世纪初，德国在各种复杂的矛盾中，教会封建主是各阶层共同痛恨的对象。德国的天主教会不仅据有宗教特权，并且按鄂图一世（913—973）所规定的"鄂图特权"，高级僧侣同时就是大封建领主和地方行政、司法长官，他们占有和管辖全德 1/3 的土地和人口。教会不仅征收贡赋，要求农奴执行各种封建义务，还利用宗教手段，如征收什一税、出卖圣职、出售圣物、出卖赎罪券……等欺骗讹诈的手法，恣意榨取人民的血汗。据统计，16 世纪初，罗马教廷每年从德国榨取的钱财多达 30 万古尔登之巨，这个数目比德皇的年收入还要多好几倍。因此，德国在当时有"教皇的奶牛"之称。

因此，德国反封建剥削、反罗马教廷、反抗天主教会特权统治的斗争是结合在一起的，所有的斗争集中表现为反对天主教会的斗争。

早在德国宗教改革和农民战争之前，农民反封建主的起义斗争就此伏彼起。1476 年，法兰克尼亚的数万农民在牧人汉斯·贝海姆领导下举行起义。自 1493 年起 30 年间，农民在"鞋会"的旗帜下，多次发动起义。1502 年，"鞋会"起义不仅主张废除农奴制，而且提出了没收教产分给人民和建立统一的君主国的要求。1503 年，在士瓦本出现"穷康拉德"组织，其成员包括逃散的一部分"鞋会"成员。1514 年"穷康拉德"也曾发动过武装起义。上述各次起义虽都遭到镇压，但社会基本矛盾却更加尖锐，更大的斗争风暴正在酝酿当中。

15 世纪末和 16 世纪初，德国的阶级关系和社会矛盾极为复杂和尖锐，当然主要矛盾是广大农民和封建主阶级之间的矛盾。但因当时各种矛盾的焦点集中在教会问题上。所以德国大规模的反封建的农民战争，便在宗教改革的旗帜下爆发了。

马丁·路德的宗教改革

马丁·路德（1483—1546 年）的宗教改革，点燃了德国这个火药桶。路德出身于富裕市民家庭，在大学学习期间，接受人文主义思潮影响。1511 年，路德去罗马朝圣，亲眼看到罗马教廷的腐败和黑暗，决心进行宗教改革。

1517 年，教皇立奥十世借口修缮罗马圣彼得教堂，在德国大规模地发售赎罪券。教皇的特使特兹尔前来出售，他宣称，只要购买赎罪券的钱币一敲响钱柜，罪人的灵魂，马上可升天堂，这种无耻行径引起许多人的反对。1517 年 10 月 31 日，路德写成"九十五条论纲"，公布于维登堡教堂的正门，揭露、斥责贩卖赎罪券的无耻行径。路德不准备和教皇决裂，只想同教皇进行神学辩论。但是，当时德国的革命形势已经成熟，"论纲"被人由拉丁文译为德文，不胫而走，各地争相传抄，两周之内就传遍了整个德国。路德放出的闪电引起了燎原大火，人民群众纷纷投入了这场运动。由于人民的支持，路德的态度逐渐趋向坚决。1519年，在莱比锡的神学论战中，他开始否认教皇的权力，指出没有教皇，教会也可以存在。他公开同情胡司的观点，谴责康斯坦茨宗教会议。1520年初，他号召"运用百般武器"讨伐罗马罪恶之城的蛇蝎之群，"用他们的血来洗我们的手！"1520年12月，他当众烧毁教皇斥责他的论点为邪说的敕令。次年1月，教皇下令开除路德的教籍，路德写成《反对反基督者的敕令》，斥教皇为反基督者，还写成著名的《致德意志民族的基督族贵族书》，建议组织独立的德国教会，没收教会地产。1521年1月，皇帝查理五世在沃姆斯召开帝国议会，要路德到会辩护或公开表示悔改，路德在一些大诸侯的支持下，拒不让步，会后皇帝下令逮捕路德。但路德藏身于萨克森公爵的瓦德堡，并利用空闲将《圣经》译成德文，影响颇大。使德国社会各阶层可以利用《圣经》的语句作为宗教改革的武器。

路德的宗教哲学的核心是"唯信称义"。他认为，信徒只要虔诚信仰上帝都可以和上帝直接交通，不需教会的中介，人死后能否得救（升天堂）惟有靠个人的信仰，信仰唯一的根据是《圣经》，而不是《圣言》（教皇的诏令和中世纪宗教会议的决议等）。《圣言》认为：人的得救必须通过教会和"圣礼"（在教会指导下举行的各种礼拜仪式和捐献）完全是骗人的。因此路德主张建立没有教皇和教阶制度、没有繁文缛礼的廉价教会。

随着宗教改革深入，德国社会各阶级逐渐分裂为三大政治集团，即：反宗教改革的天主教反动集团，属于这个集团的有皇帝、高级教士、部分诸侯和城市贵族，他们要求维持现状，反对任何改革；温和的改良派集团，属于这个集团的有新兴资产阶级、中小贵族和部分大诸侯，他们主张改革天主教，建立脱离罗马教廷的民族教会，但反对进行彻底的革命；激进的革命派集团，主要由农民和城市平民组成，他们要求彻底推翻现存封建制度。路德在革命斗争日益尖锐的情况下，抛弃了运动的下层人民，托庇于诸侯的保护，成了温和改良派的代言人。

路德教的确立和传播

伟大的德国农民战争失败后，封建统治者对起义农民进行了骇人听闻的反攻倒算。许多村庄被夷为平地，有10万以上的农民惨遭杀戮。幸存的农民多沦为农奴，重新陷入封建主的奴役之中。中产阶级的革命半途而废，城市特权被诸侯剥夺，不得不向诸侯交纳巨额赔款。更严重的是，工商业的普遍衰落和德国的分裂割据状态加强，资本主义的发展受到阻碍。

从1525年革命中得到好处的只有诸侯。一部分诸侯不仅乘机夺得大量教产，加强了对农民的压榨，而且为了维护既得利益，利用路德宗教改革的形式，在自己的领地内保持路德教派，建立新教教会，自己成为教会首脑。利用路德新教作为加强政权工具的诸侯被称为新教诸侯。在萨克森选侯和普鲁士的公爵领地内，早在1525年已信仰路德新教，黑森伯爵领地内是1526年信仰路德新教的，接着在不伦瑞克—吕纳堡也流行了路德教。

路德为了建立路德教也广为活动。1527至1529年，路德在萨克森选侯领地内，曾随同新选侯约翰到各地巡视并督促路德教派的牧师开展传教活动，并且不准旧教徒举行礼拜。特别是 1529 年 10 月 1 日至 3 日，路德在玛尔堡城内同慈温利的公开辩论，影响很大。路德将福音的基本观念归纳为"14 条"，这便是路德派新教教义主张的重要根据。路德后期宗教改革活动的特点是加强系统的教理建设和创建与整顿路德宗的教会。他先后发表了许多重要著述。如《基督教信仰的纲要并说明》是 1529 年 5 月发表的。《士马尔卡登信条》（1536 年 12 月）、《论教会会议与教会》（1539 年 3 月）是最有代表性的论著，其中详细阐明了路德派的教理和主张。《桌上谈》和路德译注的全部《圣经》修订本，充分表述了路德对基督教和宗教改革的观点。路德晚年仍然坚持了同罗马教皇的斗争，直至他逝世。

信徒肩上扛着皮鞭在教堂或集市广场上，用皮鞭疯狂地抽打自己

德皇以及天主教诸侯力图在德国全面恢复天主教会的完全统治，因而同新教诸侯展开长期斗争。1529 年，德皇查理五世召开帝国议会，重申 1521 年沃姆斯会议关于反对异端的禁令。在旧教诸侯结成"士瓦本联盟"之后，新教诸侯以萨克森选侯约翰和黑森伯爵菲力普为首，于 1530 年 12 月在萨克森境内的士马尔卡登小城聚会抗议并组成对抗性的秘密同盟，即"士马尔卡登同盟"。路德派新教诸侯由于对斯拜尔会议提出抗议，因而被称为"抗议者"。此后，在德国进行了一段时期的新、旧教诸侯以及诸侯同皇帝之间的封建混战。新教诸侯最初曾受挫，后来某些天主教诸侯在法国国王的武力支持下，同新教诸侯一道反对德皇，在 1552 年战败了德皇的军队。经过谈判，1555 年 9 月 25 日德皇与诸侯签订并颁布"奥格斯堡宗教和约"。和约规定了诸侯在其领地内有权决定本人及其臣民宗教信仰之权利的"教随国定"原则。新旧教同权平等、路德教的合法地位从此得到确认。至此，路德派新教最后确立了。德国出现两个诸侯集团，北部和东北部属于路德教诸侯集团，南部和西南部属于天主教诸侯集团，德国的封建分裂局面加甚，并长期继续下去。

诸侯提出抗议，故路德教又称抗议教。1531 年，他们组成士马卡登同盟，抗击以皇帝为首的天主教诸侯武装，直到 1555 年双方才缔结奥格斯堡和约，规定诸侯有权决定臣民的信仰，路德教在德国和天主教有平等地位，标志路德教的确立。

路德的宗教改革虽然不彻底，但在一定程度上符合市民建立廉价教会的要求；路德教会首领的世俗化，也适合一些国家加强王权和使教会民族化的需要。一些北欧国家，自上而下地实行宗教改革，改奉了路德教。1536 年，丹麦国王实行宗教改革，剥夺了天主教会的大量地产，大多转归国王所有，国王成为教会的首领。1527 年至 1544 年，瑞典国王也改奉了路德教，没收了天主教会的财产，直接管辖新教会。挪威国王也在同一时期接受了路德教。

路德教的确立和传播，大大缩小了天主教的势力范围，对罗马教廷是一个沉重打击。

马丁路德的转变与奥格斯堡告白

沃尔姆斯会议以后，革命进一步深入。首先，托马斯·闵采尔站在下层人民一边批判路德，提出自己的革命主张。其次，1522 至 1523 年爆发了骑士暴动。原来路德的宗教改革一开始就得到骑士的支持。胡登曾致书路德，希望为了祖国的自由和解放建立密切联系。胡登知道路德在沃尔姆斯会议上的坚决态度后，曾写信声援，并谴责迫害路德的高级教士。沃尔姆斯会议以后，路德却更深地投入诸侯的怀抱，骑士遂单独举行暴动。骑士暴动没有得到市民或农民的支持，以失败告终。

革命深入以后，路德一再讲道和撰文攻击闵采尔和革命群众。1521 年底，维登堡发生学生、市民冲进教堂驱逐神甫事件。一直躲在瓦特堡的路德再也坐不住了，潜回维登堡观察形势。1522 年元月，他出版《劝基督徒毋从事叛乱书》，伪装公允，谴责双方，要群众"镇定"，听从"教导"，千万不能乱说，乱想、乱动，并提出上帝禁止暴动的口号。他还不指名地攻击闵采尔"草率从事"、"违反福音"。同年 3 月，路德在维登堡接连八次讲道，攻击群众"太过火了"、太"激烈"了，号召大家"彼此顺服，携手相助"。他以自己为例现身说法：虽反对赎罪券和教皇，但从来不用暴力。1523 年 3 月，路德发表《论俗世的权力》，公开维护当时的政治制度，号召"缴纳税款，尊敬长官"，"服事政府，帮助政府"。这篇奇文是路德堕落的耻辱柱。

1524 年夏，德国南方首先爆发大规模的农民战争，翌年达到高潮。在滚滚的农民战争洪流面前，路德把一切旧仇忘得干干净净，罗马教廷变成无罪的羔羊。他公然号召市民、贵族、诸侯和教皇团结起来反对起义的农民，堕落为可耻的叛徒。1524 年 8 月闵采尔住在缪尔豪森，路德给市当局写信告密，请求镇压。1525 年 5 月 15 日，当他获悉闵采尔被俘后立刻致书约翰·吕埃尔说："我希望知道怎样捉住他、他是怎样表演的，这样可以彻底弄清这个家伙的傲慢无礼。这个可怜的畜生落到这个下场可怜又可鄙，然而，我们有什么办法！这是上帝的意旨，要使老百姓懂得惧怕。否则，魔鬼会更加肆虐。这种不幸比较可取，这是上帝的审判，动刀者必死于刀下。"同年 5 月，路德还发表《反对杀人越货的农民暴徒》，号召无论谁只要力所能及，应该把起义农民戮碎、扼死、刺杀、就像打死疯狗一样。路德仇恨革命达到疯狂的程度。

路德叛变以后，他从事的宗教改革蜕变成诸侯手里的工具。他虽然没有抛弃只靠信仰得救的主张，但对信仰的解释有重大变化。路德不再讲信仰自由和思想自由了，却起劲地攻击自由意志。他一再攻击伊拉斯莫有关自由意志的观点，认为自由意志只能对挤牛奶、盖房子等小事情起作用，以信仰完全无能为力，甚至狂叫"理性是信仰之敌"。1529 年 10 月 16 日，路德在提交奥格斯堡帝国议会的声明（后称"路德告白"中说得更清楚：信仰"不是人为的，也不是人力所能及的，它是神的化工"。此外，他还极力污蔑农民、美化诸侯，甚至力争与天主教会重归于好。1529 年，他在一次讲道中说：诸侯虽有宏伟的城堡，穿戴宝石、金项链和丝绒，但非常"忙碌、危险和劳苦"，庄稼汉闭眼不看诸侯之苦，只看到戴貂皮帽子是不对的；其实，"国王和贵族虚有闪光的外表，而臣民才有真正的黄金"，因为诸侯的貂皮帽下思虑和忧愁之多宛如帽上之毛。1530 年 6 月 15 日，路德把他亲自审定的《奥格斯堡告白》提交议会宣读，系统阐述路德教的理论。告白以给查理五世的信为序，号召基督教各派"宽容、温和与平心静气地"协商，生活在一个教会里，因为"我们大家都是基督的臣民和战士"。告白还攻击自由意志和再洗礼派。恩格斯愤怒地斥责《奥格斯堡告白》是一场令人作呕的交易，是改头换面的"市民教会制度的最后定案"，路德的宗教改革蜕变为"庸俗市民阶级性质"的"官方的宗教改革"。马克思指出："路德战胜了信神的奴役制，只因为他用信仰的奴役制代替了它。他破除了对权威的信仰，却恢复了信仰的权威。他把僧侣变成了俗人，但又把俗人变成了僧侣。他把人从外在的宗教解放出来，但又把宗教变成了人的内在世界。他把肉体从锁链中解放出来，但又给人的心灵套上了锁链。"

路德教简化宗教仪式，废除圣象、圣物和十字架，牧师可以结婚，用地方语言做礼拜，实行廉价的教会。路德教会的首脑是诸侯，不受教皇控制。由于诸侯互不统属，德国没有统一的路德教会。德国北部和东北部的诸侯，如萨克森、麦克伦堡、普鲁士、不伦瑞克等改宗路德教，乘机夺取天主教会财产。南部和西南部的诸侯多宗天主教。德国的分裂割据依然如故。1555 年的奥格斯堡和约规定教随国定的原则，即诸侯有权决定臣民的信仰。路德教取得合法地位。十六世纪时，瑞典、丹麦和挪威也改宗路德教，建立从属于王权的路德派教会，天主教会的垄断地位从此被打破。今天，路德教是新教中最大的一派，在德国、美国和北欧诸国势力很大，拥有信徒约 7 千万人。

尼德兰革命

概况

"尼德兰"一词的原意为低地，是指欧洲西北部莱茵河下游、缪司河、些耳德河下游及北海沿岸一带低洼地，包括现在的荷兰、比利时、卢森堡和法国东北的一部分。在中世纪初期，这里曾是法兰克王国的中心。

11 世纪后，这地区分裂为许多封建领地，分别隶属于德国和法国。15 世纪，它的大部分地区成为勃艮弟公国的部分。后来由于无免联姻及继承关系的演变，成为神圣罗马帝国哈布斯堡家族的领地，16 世纪初又成为西班牙王国的属地。

早在 13 世纪至 15 世纪，尼德兰的手工业和商业就已经得到了很大发展，弗兰德尔的呢绒业早已闻名整个欧洲。新航路开辟之后，随着国际市场的扩大，欧洲商业中心开始逐渐转移到大西洋沿岸。由于尼德兰地处大西洋西岸，天然良港加上原先较为发达的工商业，使得尼德兰和资本主义有了相当发展。

16 世纪初时，尼德兰共有 17 个省，约 300 多个城市，总人口大约 300 多万，因此有"多城市国家"之称。由于历史和地理的原因，尼德兰各地的资本主义发展程度并不一样。在北部 7 省中，以荷兰和西兰两省的工商业最为发达，这里是毛、麻纺织业和造船业中心。航海业和渔业也具有相当高的水平，16世纪中叶时，每年有1000多条船从阿姆斯特丹和北方诸省出海捕鱼，各类鱼年产值为330万杜卡特。

阿姆斯特丹是北方诸省的经济中心，当时这里已经出现了规模较大的手工工场。由于该城市的法律保障商业自由，并保护外国商人的利益，所以它与英国、波罗的海沿岸各国以及俄罗斯等有着频繁的贸易往来，但与西班牙则较少经济联系。

在南方的弗兰德尔和不拉奔，纺织业、冶金业、印刷业等都出现了不同程度的发展，手工工场随处可见。不拉奔省的最大城市安特卫普是当时欧洲商业和殖民地贸易的中心之一，也是当时的国际金融中心，银行业非常发达。由于该城拥有天然的良港，致使这里每天都有几千条商船进进出出。在城内的国际性商品交易大楼中，每天还有几千名外国商人在进行商业洽谈。据说，当时这个大楼门前悬挂着"供所有国家

16世纪荷兰布市场

和民族的商人使用"的标牌。此外，这里还有1000多个外国的商务办事处分支机构。

不过南方的资本主义发展和北方不同。北方具有相对的独立性，并不依赖西班牙宗主国。而南方纺织业等工业的原料供应和产品销售都依赖于西班牙市场，因此这里的资产阶级和西班牙殖民当局之间有着较为密切的依赖关系。

另外，当时尼德兰东部以及北部的一些边远省份如阿多瓦、那慕尔、卢森堡等，经济发展还比较迟缓，封建土地所有制仍占统治地位，农奴制还在这里部分生存，农民对地主不仅有土地依附关系，甚至还有人身依附关系。

16世纪初期之后，西班牙政府为了遏制法国，加紧对尼德兰的控制。尼德兰曾是历代国王"王冠上的明珠"，给他们提供了大量的财政支持。在查理一世期间，西班牙在尼德兰获得的税收收入，是当时西班牙国库总收入的一半左右。因此，西班牙不希望看到尼德兰资本主义经济的发展，害怕新兴的资产阶级会脱离他们的控制。另外，西班牙还在尼德兰推行天主教统治，设立宗教裁判所，据此迫害给西班牙带来利益威胁的新教徒。当时有个恐怖的"血腥敕令"，规定凡是从事新教活动或者被指控为新教教徒的人，男的杀头，女的活埋。

但是资产阶级的发展势不可挡。在北方，大商人和大的工场、农场主已经成为城市的资产阶级，他们要求摆脱西班牙的压制以自由发展资产阶级。在宗教上，他们接受了加尔文教，给以天主教为统治阶级的西班牙殖民当局以重大打击。由于有推翻西班牙封建统治的需求，这些新兴的资产阶级愿意和工人农民一起，共同打击西班牙殖民统治，并在运动中担任了领导职务。

南方虽然也发展了资本主义，不过由于这里的资产阶级和西班牙当局的联系太

紧密，致使他们对西班牙殖民者妥协，不希望通过革命手段获取自身的发展。

那些靠封建制度生活的地主和旧贵族，更加不愿意资产阶级革命，而是希望能够继续保持封建土地所有制和特权，继续维持天主教统治，所以他们是反革命者。一些和西班牙有矛盾的旧贵族，也只是希望能够仿效德国路德教诸侯和法国胡格诺贵族，通过宗教改革没收教会的土地和财产，以增加自己的财富。

手工工场的工人、农场的雇佣劳动者、矿工、帮工和学徒，以及城市贫民和人数众多的农民群众，深受异族和阶级的双重压迫，处境极端困苦。他们每天要工作 12 甚至 14 小时，却只能领到微薄的工资，女工和童工的工资更低。他们当中很多人参加了再洗礼派．强烈要求改变现状

1556 年，西班牙国王腓力二世上台，任命自己的姐姐玛格丽特公爵为尼德兰总督，由红衣主教格兰维尔辅政，全面加强对尼德兰的压迫和控制。玛格丽特到任后，迅速剥夺尼德兰 17 省的自治权利，到各地加派驻军。此外，尼德兰的天主教主教区从原先的 6 个增加到了 20 个，他们利用设立的天主教宗教裁判所，接二连三地处死许多加尔文教徒和再洗礼派教徒。

为了从经济上打击尼德兰资产阶级，腓力二世于 1557 年宣布国家"破产"，拒绝偿付原先向尼德兰银行发行的国债，致使尼德兰的银行家损失惨重。此外，他还宣布取消了尼德兰商人和西班牙殖民地直接通商的特权．禁止尼德兰和英国的贸易往来。1560 年，西班牙故意提高西班牙羊毛对尼德兰出口的税率，使得尼德兰很多纺织业工场不得不关闭，大批工人失业，城市巾的流浪汉日益增多。这些措施实施后，尼德兰北部城市原先的一派经济繁荣景象不见了，取而代之的是一片萧条。

西班牙的暴行，激起了尼德兰人民的反抗，各地人民要求推翻西班牙的殖民统治。尼德兰新教徒和天主教徒之间的矛盾激化，在佛兰德尔、不拉奔、荷兰、弗里斯兰和安特卫普等省市，先后多次发生新教徒反抗西班牙反动统治的暴动。

以奥兰治亲王威廉为首的尼德兰贵族，利用人民运动日益高涨的形势，组成了以中小贵族为主的"贵族同盟"。1566 年 4 月 5 日，贵族同盟向玛格丽特总督呈递请愿书，要求废除"血腥敕令"，停止宗教迫害，召开三级会议，撤退西班牙驻军，免除红衣主教格兰维尔的职务等项要求。西班牙政府拒绝了他们的要求，并一再辱骂他们是"乞丐"。

1566 年 8 月，弗兰德尔等地方出现了以破坏圣像为主要形式的人民起义，起义者手执棍棒和其他武器，冲进教堂和修道院，捣毁圣像、圣徒遗骨和遗物，并没收教会财物，焚毁地契和债券。运动迅速扩展，到 10 月份的时候，已经席卷了不拉奔、西兰、荷兰、弗里斯兰等 12 个省区，参加起义的人超过数万人，捣毁教堂和寺院 5500 多所。起义发展到后来，起义者不仅限于破坏圣像和烧毁债券、契约，还强迫市政当局停止迫害新教徒，承认新教徒信仰自由，限制天主教僧侣的活动。

面对尼德兰的起义，西班牙首先采取了缓兵之计，暂停宗教裁判所的活动，允许加尔文教徒到指定地点做礼拜．赦免贵族同盟的成员。对此，害怕人民起义再次扩大的尼德兰贵族们和加尔文派的资产阶级领袖毫无保留地接受了西班牙统治者做出的"让步"，反过来要求人民遵守秩序，一部分贵族甚至公开帮助政府镇压人民

起义。

1567 年 8 月，腓力二世派遣阿尔发公爵率领 18000 名士兵到尼德兰镇压起义。这个以残暴闻名的阿尔发一来到尼德兰就向外发布消息："宁把一个贫穷的尼德兰留给上帝，不把一个富庶的尼德兰留给魔鬼。"他在尼德兰设立了"除暴委员会"，用以审判起义者和异端分子。此后，绞刑架和宗教裁判所的火刑柱遍布各地，西班牙军队在尼德兰大肆搜捕起义者，只要是参加过起义的人，一经抓到就马上处以火刑，甚至对一些没有参加起义的人，也以不起来反对起义的罪名加以杀害。因此这个"除暴委员会"又有"血腥委员会"之称。

在这场镇压中，大约有 8000 余人被杀，其中包括贵族反对派的首领厄格蒙特伯爵、荷恩大将以及资产阶级领袖安特卫普市市长凡·斯特拉连等人；几万人的财产被没收。经过镇压之后，原先发达的尼德兰工商业处于停滞时期，成千上万的工人失业。

当贵族和资产阶级纷纷逃亡国外时，广大的底层人民群众和部分革命的资产阶级分子继续战斗，他们在密林中组成森林游击队，称为"森林乞丐"，袭击西班牙的小股军队。北方的荷兰、西兰、弗里斯兰等地的水手、渔民和码头工人组成海上游击队，称为"海上乞丐"，袭击西班牙船队和沿海据点。

各地游击队的斗争不断取得胜利，1572 年 4 月，"海上乞丐"游击队收复了布里尔城，6 月又击溃了庞大的西班牙舰队，削弱了西班牙的海上力量。到该年夏初，荷兰、西兰两省的大部分地区都已经摆脱了西班牙的控制。随之，参加的人越来越多，队伍日益壮大，一些逃亡国外的贵族和资产阶级人物，也回来参加游击队，并且逐渐取得了领导地位。

8 月，奥兰治亲王威廉在北方各省议会上被推选为总督。到 1573 年，北方 7 省先后都摆脱了西班牙的统治。虽然西班牙派来了增援的部队，但是都遭到起义军和尼德兰人民的顽强抵抗。不得已，腓力二世换掉了阿尔发，改派另一员大将去镇压起义，但是也是徒劳无功。

北方革命的胜利推动了南方各省人民的反抗运动，他们也联合起来，共同打击到处窜扰的西班牙军队。1576 年 9 月 4 日，布鲁塞尔爆发起义，起义者占领议会大厦，逮捕议会成员，并解散了国务会议，推翻了西班牙在尼德兰的最高统治机关。10 月，尼德兰南北各省的代表，在根特举行全尼德兰三级会议，商讨南北联合斗争问题。11 月 3 日，会议各方签订了"根特协定"，宣布废除阿尔发颁布的一切法令，各城市恢复原有的自治权利和贸易自由，南北联合共同反对西班牙，承认加尔文教的合法地位。

这次会议虽然提出了南北联合抗争的问题，但是对尼德兰独立和彻底消灭封建土地所有制方面却未涉及，于是人民群众决心把革命斗争继续开展下去。1577 年秋，南方的布鲁塞尔、根特和安特卫普军城市的人民又发动新的起义，在推翻了旧的市政委员会后，建立了革命的"十八人委员会"权力机关，并采取了一些民主措施。某些省的农村也爆发了大规模打击地主的起义。

南方革命的高涨，引起了南方贵族、天主教的恐惧，1579 年 1 月 6 日，南方反动贵族长阿图瓦省城阿拉斯坦成"阿拉斯联盟"，承认西班牙对尼德兰的"合法统治"，并宣布天主教为唯一合法的宗教。从此，南北方分道扬镳。

为对抗南方各省的背叛，北方各省结成了以荷兰为首的"乌特勒支同盟"，宣告北方各省为永不可分的联盟，以各省代表组成的三级会议为最高权力机关。1581年7月，乌特勒支同盟的三级会议正式宣布废黜腓力二世，成立"联省共和国"，后来改名为荷兰共和国，由资产阶级和贵族公认的奥兰治·威廉为领袖。

西班牙殖民者不甘心自己在尼德兰北部的失败，新总督和阿拉斯联盟的旧贵族一起，在镇压南方的革命后率军北犯，但是遭到北方联军的强烈反击，屡被挫败。1588年，西班牙的"无敌舰队"远征英国惨败，致使其海上力量遭到致命性打击。这对北方共和国极为有利，北方联军乘机收复了被西班牙占领的北方领土，还夺取了南方的部分地区。1598年，西班牙国王腓力二世死后，西班牙完全衰落，更没有力量进攻荷兰了。

1609年4月9日，西班牙与联省共和国缔结12年休战协交，事实上已经承认共和国的独立。后来在1648年30年战争结束后订立的"威斯特发里亚条约"中，西班牙正式承认了荷兰独立。

尼德兰革命是人类历史上最早成功的资产阶级革命，并建立了欧洲第一个资产阶级共和国，为荷兰资本主义发展扫清了道路。当整个欧洲还处于封建专制统治之际，这次胜利具备深远的影响。此后，荷兰的资本主义有了巨大发展，在欧洲商船的总吨数中，荷兰商船占了3/4，"海上乞丐"变成了"海上马夫"，几乎垄断欧洲的海运贸易。17世纪前期，荷兰已拥有庞大的殖民地。1602年成立的荷属东印度公司，享有印度洋和太平洋贸易的独占权，并先后排挤了西班牙和葡萄牙。1621年荷兰成立了西印度公司，垄断了美洲和西非的贸易、殖民特权。

革命前夕的尼德兰

尼德兰资产阶级革命是在宗教改革的外衣下进行的，它是尼德兰社会政治经济发展的结果，也是整个16世纪宗教改革发展的产物。

"尼德兰"意为低地，指莱茵河下游及北海沿岸一带地方。16世纪的尼德兰包括现在荷兰、比利时、卢森堡和法国东北部的一部分。中世纪初期，尼德兰是法兰克王国的中心，11世纪后，分裂为许多封建领地，有些臣属于法国，有些臣属于德国。15世纪，勃艮第公爵统一了尼德兰各邦。1477年，勃艮第公国被法国吞并，尼德兰成为独立的领地，归德国的哈布斯堡王族统治（勃艮第公爵的次女嫁给哈布斯堡族的王子）。1516年，出生于尼德兰的哈布斯堡族的王子查理继承了西班牙的王位，称查理一世（1516—1556），从此尼德兰成为西班牙的属地。1519年，查理又当选为德国神圣罗马帝国皇帝，称查理五世（1519—1556）。查理五世的领地除德国、西班牙及美洲殖民地之外，还包括尼德兰、意大利的大部地区和北非的突尼斯等地。西班牙以天主教为统治工具，成为天主教势力的最大支柱。

早在13至14世纪，佛兰德尔的毛纺织业就很有名，布鲁日、根特等城所产呢绒质量，远远超过英法等国的产品。16世纪前期，尼德兰的经济发展更为迅速，北方各省，以荷兰和西兰两省的工商业最为发达，这里的毛、麻纺织业、造船业、航海业都负有盛名。许多大城市都有不少规模很大的手工工场。商业以阿姆斯特丹为中心，与英国、波罗的海沿岸诸国以及俄罗斯有比较密切的贸易关系，与西班牙的经济联系则较少。农村中封建势力比较薄弱，土地大部分掌握在自由农民、资产阶级和新贵族手里。他们或者自己耕种，或者经营资本主义农场，或者把土地出租给自由佃农。

在南方各省，经济最发达的佛兰德尔和不拉奔，早在 14 世纪就已出现许多手工工场，16 世纪，毛、麻纺织工业的手工工场特别发达。这里的毛纺织业主要依靠英国和西班牙的羊毛和市场，这里的大商业资产阶级和西班牙及其殖民地有密切的经济联系。在农村，农奴制业已瓦解。农民向封建地方缴纳货币地租，成为小土地租佃者。资本主义农场也已出现，但为数不多，南

16 世纪尼德兰农民的婚礼

部的安特卫普是当时世界上最大的商业中心之一，欧洲各国在这里设立的商行和代办处约千余家，每日往来的外国商人有五六千人。港内可同时停泊大小船只 2000多艘。

尼德兰的新贵族（主要在北方）和资产阶级，多是加尔文教的信徒，他们都主张推翻西班牙的封建专制统治，在革命中起了领导作用。旧贵族（主要在南方）力图保持封建土地所有制和各种特权，他们信奉天主教，反对革命。但也有一部分旧贵族与西班牙有矛盾，他们羡慕德国路德教诸侯和法国胡格诺贵族的地位，要求没收天主教会财产以加强自己的经济地位。他们一般信奉路德教或加尔文教，投机革命，有很大的妥协性。南方的大商业资产阶级，特别是和西班牙及其殖民地有经济联系的人，则比较保守，他们虽然反对西班牙专制统治的某些措施，但不想根本脱离西班牙，在宗教上他们或者属于天主教或者属于加尔文教的右翼。

广大的城市平民（破产的手工业者、手工工场工人、其他雇佣劳动者等）和农民群众，在阶级和民族双重压迫下，处境痛苦，革命要求最坚决，是革命的主力军。他们一般信奉再洗礼教或加尔文教。

尼德兰成为西班牙的属地以后，查理五世在尼德兰推行专制统治，无限制

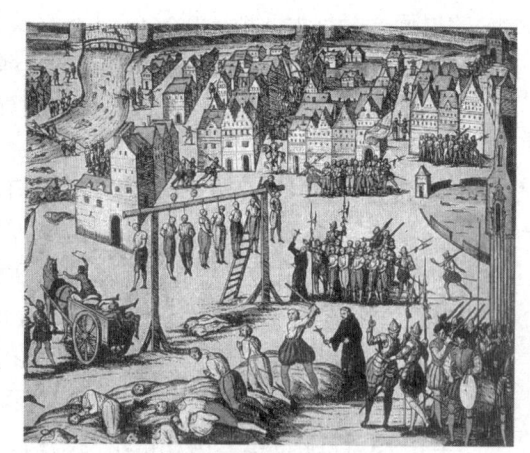

西班牙士兵在尼德兰杀戮新教徒

地搜刮财富，妨碍了尼德兰资本主义的发展。

1556年，查理五世退位，德国方面的领地和皇帝的关衔，由他的弟弟斐迪南继承。西班牙王位以及尼德兰、意大利、美洲殖民地等国土都由他的儿子腓力二世（1556—1598年）继承。腓力二世笃信天主教，残暴专横，对尼德兰的统治尤为残暴。查理五世时期，尼德兰资产阶级在他庇护下可以前往德国、西班牙和美洲等地经营有利可图的贸易。到腓力二世时，他为了保护西班牙本国资产阶级的利益，限制尼德兰商人进入西班牙的港口，并禁止他们与西属美洲直接贸易。尼德兰资产阶级在腓力二世身上得不到一点好处。1557年，他还拒付国债，使尼德兰的银行家蒙受巨大损失。因此，双方的矛盾空前尖锐。

圣像破坏运动

尼德兰的最高统治者是西班牙委派的总督，他拥有最高的行政、司法和财政大权。总督之下设有由大贵族组成的国务会议。各省另有省长。除政权机关外，还有等级代表机构：各省有省议会，在它之上有全国性的三级会议。起初，省议会和三级会议享有一定的自治权，例如征收新税，需经省议会批准，方可征收。但西班牙国王查理一世，不顾尼德兰的传统权利，恣意加强政治控制和搜刮捐税，掠自尼德兰的捐税收入占西班牙国库总收入的一半。因此尼德兰曾被查理五世称为他"王冠上的一颗珍珠"。他以天主教会作为专制统治的重要工具，压制一切自由思想，在尼德兰设立宗教裁判所，残酷迫害新教徒。1550年颁布的敕令规定，凡是新教徒或被控为新教徒者，"男的杀头，女的活埋"，甚至帮助过新教徒或和他们谈过话的人也要治罪，没收其财产。因此人们把这个敕令称为"血腥敕令"。

腓力二世（1556—1598年）继位后，变本加厉地推行专制统治政策。他任命其姐玛格丽特公爵为尼德兰总督，由宠臣红衣主教格兰维尔辅政，全面加强对尼德兰的压迫和控制。玛格丽特剥夺尼德兰17省残存的自治权利，加派各地驻军，利用天主教会，大肆镇压尼德兰人民。宗教迫害案件激增，宗教裁判所接二连三地处死许多加尔文教徒和再洗礼派教徒。

腓力二世为了保护西班牙本国资产阶级的利益，限制尼德兰商人进入西班牙港口，禁止他们同西属美洲殖民地直接进行贸易，提高从西班牙运出羊毛的税额，从而使尼德兰从西班牙进口的羊毛锐减40%（由每年40000万包减到25000包）。许多手工工场倒闭，成千上万工人失业。他还公开拒付国债，更使许多尼德兰银行家蒙受巨大损失。外来统治者强加给尼德兰的这些灾难，都带有明显的民族压迫的性质。尼德兰资产阶级和广大人民群众与西班牙专制制度之间的矛盾急剧激化，在佛兰德尔、不拉奔、荷兰、弗里斯兰和安特卫普等省市，先后多次发生新教徒反抗西班牙反动统治的暴动。

腓力二世的高压政策，激起尼德兰人民的极大愤慨，甚至尼德兰贵族也因在政治上受到

尼德兰：破坏圣像运动

排斥而日益不满。尼德兰贵族利用人民运动日益高涨的形势，组成以中小贵族为主的"贵族同盟"。1566年4月5日，贵族同盟中300多人联合行动，向玛格丽特总督呈递请愿书，提出废除"血腥敕令"，召开三级会议，撤退西班牙驻军，免除格兰维尔的职务等项要求。西班牙政府拒绝了他们的要求。

1566年8月11日，佛兰德尔的一些工业城市中的手工工场工人和城市贫民发动起义，斗争的锋芒首先指向西班牙反动势力的精神支柱—天主教会。起义者冲进教堂和修道院，捣毁圣像、圣徒遗骨和遗物，没收教会财物，焚毁地契和债券。运动从南部开始迅速扩展，很快席卷了不拉奔、西兰、荷兰、弗里斯兰等12个省区，起义群众捣毁教堂和寺院5500多所。起义者不仅限于破坏圣像，并烧毁债券和契约，还到处强迫市政当局停止迫害新教徒，承认新教徒信仰自由，限制天主教僧侣的活动，起义者甚至准备夺取城市领导权。汹涌澎湃的群众性革命运动是尼德兰革命的开端。

西班牙统治者慑于人民的革命威力，在8月23日颁布的"协议令"中，被迫答应暂停宗教裁判所的活动，允许加尔文教徒在指定地点做礼拜。尼德兰贵族们对群众运动怀有恐惧心理，因此毫无保留地接受了西班牙统治者作出的"让步"，一部分贵族甚至分开帮助政府镇压人民起义。加尔文派资产阶级也不敢坚持斗争，并号召人民服从政府。由于资产阶级的妥协和一部分贵族的叛变，各地的人民起义于1567年春遭到反动当局的镇压。

狡诈的西班牙国王腓力二世于1567年8月，派遣以狂暴闻名的阿尔发公爵率18000名讨伐军来到尼德兰。阿尔发宣称："宁把一个贫穷的尼德兰留给上帝，不把一个富庶的尼德兰留给魔鬼"。他设立所谓"除暴委员会"（即处理有关"异端"和叛逆案件的非常法庭，史称"血腥委员会"），在各城市派驻西班牙军队，大肆搜捕起义者，实行恐怖统治。绞刑架和宗教裁判所的火刑柱遍布各地，九千多人财产被没收，直接被处死者达一千多人。贵族反对派的首领厄格蒙特伯爵、荷恩大将以及资产阶级领袖安特卫普市市长凡·斯特拉连等人，也都被送上了断头台。阿尔发为了掠夺尼德兰人民，于1569年3月，颁布新税制：一、各种动产和不动产的财产税，税率1％；二、土地买卖税，税率5％；三、商品交易税，税率10％。仅第一项税，一年就搜刮到330万佛洛林。高税盘剥，使得尼德兰的经济受到致命的打击。

阿尔发公爵的恐怖统治与掠夺政策，迫使贵族和资产阶级中许多人相继逃亡国外。奥兰治·威廉逃到他的德国领地拿骚，在那里联系德国新教徒诸侯和法国胡格诺贵族，期望能得到他们的援助。威廉本人有一定作战经验，他21岁时便在查理五世麾下任军事指挥官，曾指挥过一支2万名士兵的部队。1568年，阿尔发下令要他前往"除暴委员会"受审，威廉率领23000名雇佣军进攻弗里斯兰，但被阿尔发打败。此后他又多次带兵回尼德兰，进攻西班牙反动军队，都因没有发动群众而受挫。

当贵族和资产阶级纷纷逃亡国外时，南方的许多手工工场工人、手工业者、农民和部分革命的资产阶级分子转入佛兰德尔、根涅皋和海诺特的密林中组成森林游击队，称为"森林乞丐"，袭击西班牙的小股军队，惩办天主教神甫和司法官吏。北方的荷兰、西兰、弗里斯兰等地的水手、渔民和码头工人组成海上游击队，称为

"海上乞丐"，袭击西班牙船队和沿海据点。各地游击队的斗争不断取得胜利，参加的人越来越多，队伍日益壮大，一些逃亡国外的贵族和资产阶级人物，也回来参加游击队，并且逐渐取得了领导地位。

1572年北方起义和革命运动的扩大

人民群众坚持反抗斗争，推动了革命高潮的到来。1572年4月1日，一支海上游击队突袭攻占了西兰岛上的布里尔城。随后，符利辛根和恩格华也先后爆发了起义。到1572年夏，几乎整个荷兰、西兰两省都摆脱了西班牙的统治，资产阶级在许多城市中组成武装队伍，夺取政权。农民群众则群起捣毁天主教堂、寺院和贵族庄园，拒缴什一税和履行各种封建义务。到1573年底，北方各省乌特勒支、佛里斯兰、上伊科塞尔、格尔德兰等都先后宣告独立。1572年7月，奥兰治·威廉亲王在北方各省议会上被推为总督。阿尔发对起义各省市进行野蛮的反扑，但无法挽救西班牙的失败。1572年12月至1573年7月，哈勒姆城军民抗击西班牙的围城军达七个多月之久，阿尔克马城的市民英勇抵抗，迫使西班牙不得不放弃围城计划。在一连串失败以后，腓力二世不得不于1573年12月把阿尔发召回，任命长于外交的列撰生为总督。

列撰生于1574年5月围攻莱登城，守城战士英勇奋战，8月间，放水淹没敌军，西班牙侵略者狼狈而逃。军事失利后，列撰生又施展政治阴谋。为了分化革命阵营，列撰生下令停收新税并赦免投诚的奥兰治党人。1574—1576年，南方的贵族，特别是在经济上和西班牙有密切联系的大资产阶级，渐渐趋向于妥协，但在北方，奥兰治·威廉所领导的革命势力，仍继续扩大，日益巩固。

北方革命的胜利鼓舞了南方革命人民的斗志。1576年9月4日，布鲁塞尔首先爆发了奥兰治党人的起义，并夺取了政权，接着许多其他南方城市的市民，纷纷拿起武器，革命声势日益壮大。与此同时，列撰生于1576年春病死，他所统率的军队由于西班牙国库枯竭，不能按时发饷，不断哗变，到处劫掠，更加激起南方人民革命情绪的高涨。南方各省想和北方起义各省市联合起来，反对西班牙这个共同的敌人。1576年10月，尼德兰南北各省的代表在根特集会，商讨联合斗争问题。会议期间西班牙军队又一次发生政变，1567年11月4日，洗劫了最大城市安特卫普，杀死居民8000人，劫走财物约值500万杜卡特，烧毁房屋1000多所。西班牙军队的暴行，促使根特会议于1576年11月8日达成协定。"根特协定"规定：废除阿尔发颁布的一切法令，南北联合共同反对西班牙；南方仍然信奉天主教，但承认加尔文教的合法地位。

"根特协定"缔结后，南北各省联合斗争，革命声势更加壮大。1577年，伊普塞尔、伊普尔、安特卫普等城市，都发生了武装起义。农民运动也席卷了佛兰德尔、不拉奔、上伊塞尔、德伦特、格罗林根等省。但革命潮流的高涨引起南方反动贵族的恐惧，他们不愿失去西班牙王权的保护。1579年1月6日，阿尔土瓦和海诺特两省的反动贵族在阿拉斯城缔结联盟，决定联合西班牙反对革命。

阿拉斯联盟破坏了"根特协定"，于是北方各省于同年1月23日成立了"乌特勒支同盟"，加盟者包括北方各省和南方部分城市，宣告同盟各省市永不分离；有各省代表参加的三级会议为最高权力机关，制定共同的军事和外交政策，统一货币和度量衡。1581年，三级会议废除腓力二世的王位，成立联省共和国，革命在北方取得胜利。

1584年，奥兰治·威廉被西班牙派人刺死，西班牙军队配合"阿拉斯联盟"发动进攻，先后攻占安特卫普、布鲁塞尔、根特、布鲁日、伊普尔等城，恢复了西班牙在南方的统治。但西班牙军队向北方进攻则遭到强烈的反抗，屡被击退。在外交上联省共和国获得英、法两国的大力支持。1588年，西班牙的"无敌舰队"远征英国；1589—1598年，西班牙出兵干涉法国胡格诺战争，均遭到失败，国力大削，1609年，不得不与联省共和国订立十二年休战协定。直到1648年西班牙才正式承认联省共和国独立。至此，尼德兰革命在北方取得最后胜利。

尼德兰革命的历史意义

尼德兰革命是历史上第一次胜利的资产阶级革命，这次革命推翻了西班牙的专制统治，建立了历史上第一个资产阶级共和国，在封建欧洲打开了第一道缺口，为资本主义的发展开辟了道路，为历史的发展指明了方向，是有深远历史意义的。尼德兰革命以加尔文教派为旗帜，在资产阶级和新贵族的领导下，主要是依靠人民群众，特别是城市平民的积极斗争取得胜利的，革命的胜利说明在人民群众充分发动起来的革命战争中，小国可以打败大国，弱国可以打败强国，新生力量必然战胜反动力量。由于革命的胜利，尼德兰北方获得了民族独立、政治民主和宗教自由。但由于领导革命的是资产阶级和新贵族，他们和封建制度有千丝万缕的联系；以国外贸易和手工工场为基础的资产阶级还不成熟，他们在斗争中不坚决，因此，反封建斗争不能彻底胜利。反西班牙统治的斗争，只在北方各省获得成功，南方仍然处在西班牙统治之下。无论是全国的三级会议还是各省市的会议，都只代表少数在资产阶级和贵族的利益。封建土地所有制没有彻底摧毁，农民没有分到土地，对工业资本的发展起了限制作用。这次革命的成就，远不能同17世纪英国革命相比，更不能同18世纪的法国革命相比。"1789年的革命只有1648年的革命来做它的原型（至少就欧洲来说），而1648年的革命，则只有尼德兰人反对西班牙的起义来做它的原型。这两次革命中的每一次革命，都比自己的原型向前迈进了一个世纪；不仅在时间上如此，而且在内容上也如此。"

17世纪前期荷兰经济的发展和对外殖民掠夺

尼德兰革命后成立的联省共和国以荷兰省经济最为发达，它提供全国财政开支的57％。荷兰省还是全国政治中心，国家的最高权力机关设在这里。故联省共和国又称荷兰共和国。

17世纪前期，荷兰资本主义经济获得迅速发展，呢绒业、麻织业、丝织业及陶瓷业等均在国际上享有盛名。迄17世纪初，英国的呢绒还要靠荷兰最后加工和染色，荷兰从事谅项职业的工人达数千人。荷兰的造船业尤为发达，居当时世界的首位。当时荷兰商船的吨数占欧洲总吨数的 3/4。荷兰为西班牙造大型船，向英国供应平底船、渔船和运煤船。

荷兰资本主义发展的特点是商业超过工业，对外贸易超过本国贸易。17 世纪初，重要港埠阿姆斯特丹，已胜过安特卫普，有居民 10 万。它不仅是荷兰的经济中心，也是国际贸易和金融中心。港内每天停泊的船只达两千艘以上，转销东方、北欧和中欧的各种商品。荷兰的商船航遍世界各地，商船多达一万多艘，替许多国家转运商品，其至英国殖民地的商品也由荷兰船只运输，所以荷兰有"海上马车夫"之称。1609 年，荷兰创办了欧洲第一个资本主义类型的银行——阿姆斯特丹银行，其势力伸展到荷兰境外，经营大规模的存款和信贷业务。

17 世纪前期，荷兰已拥有庞大的殖民地。对殖民地的血腥掠夺是资本主义原始积累的重要手段。早在 16 世纪末年，荷兰就已开始了海外殖民侵略。它逐渐排挤了西班牙、葡萄牙和英国在东方的势力，把贸易权夺到自己手里。1597 年，荷兰商业远征队首次到达印度，此后继续东进到爪哇和摩鹿加群岛。1602 年成立的荷属东印度公司，享有印度洋和太平洋贸易的独占权。它先后排挤了西班牙和葡萄牙。英属东印度公司和它相比，资本额要少十几倍。它以巴达维亚为大本营，先后占领爪哇、摩鹿加、锡兰为殖民地。在印度、马来亚、澳大利亚建殖民据点，还侵占了重要的战略据点毛里求斯等地。这个公司特别注意榨取盛产香料的摩鹿加群岛，采用直接掠夺、强迫贡纳或不等价交换等各种卑鄙手段搜刮当地财富，利润达几百倍。为了保持欧洲市场上香料的高昂价格，有时焚毁大批宝贵的产品。荷兰殖民者野蛮地屠杀当地居民，或掠卖为奴，把强占的土地开辟为种植园，使用奴隶劳动。马克思在论述荷兰的殖民政策时曾尖锐指出："荷兰——它是 17 世纪标准的资本主义国家——经营殖民地的历史，'展示出一幅背信弃义、贿赂、残杀和卑鄙行为的绝妙图画'。""他们走到哪里，那里就变得一片荒芜，人烟稀少。"

荷兰在西方也建立了殖民地。1621 年，创办西印度公司，从西班牙手里夺取了西印度的一些岛屿。1622 年，占领了北美洲东岸的土地，建立新阿姆斯特丹城（1674 年被英夺取改名为新约克，即今美国纽约）。1648 年，荷兰殖民者从非洲南端排挤了葡萄牙人，将该地区变为荷属"海角殖民地"。17 世纪中叶，荷兰几乎控制了德国的对外贸易。在对俄国的进出口贸易中，荷兰排挤了英国而居首位，是波罗的海贸易的主人，该地区 70% 的贸易为荷兰人所控制。

荷兰商船当时也曾出现在我国东南沿海。1624 年，荷兰殖民者开始侵入我国领土台湾，先在安平建立据点，然后逐步扩大占领范围。荷兰殖民者的侵略行径，受到岛上的汉族和高山族人民的强烈抵抗，多次起兵痛击侵略者。1661—1662 年，我国东南沿海人民在民族英雄郑成功的领导下，把荷兰侵略者全部驱逐出去，收复了台湾。

17 世纪的荷兰共和国是一个联邦国家，它有两个首都，政治首都海牙和经济首都阿姆斯特丹，都设在荷兰省。荷兰的政治制度具有半共和、半专制的性质。国家的最高权力机关是三级会议，常设机构是国务会议。国务会议共由 12 名委员组成，按各省纳税数量的多寡决定所出委员的人数，因荷兰和西兰两省纳税最多，故出五名委员，实际左右着国务会议。三级会议由各省的资产阶级、教士和贵族的代表组成，有立法、决定赋税、宣战、媾和、处理重要国务之权。各省不论代表人数的多寡，都只有一票表决权；对重要问题的决议，必须一致通过才有效。国务会议的首脑是执政，由奥兰治家族世袭。三级会议中各省代表的意见分歧时，由执政协调，如协调仍不能取得一致，执政可行使最高职权进行仲裁，作出决定。

资产阶级在荷兰的三级会议中起着主导作用，因此它具有共和性质。但荷兰的执政与贵族的联系远较同资产阶级密切，他在贵族与资产阶级发生利害冲突时，通常是反映贵族集团的利益和要求，因而荷兰的政治制度又有贵族专制的性质。

荷兰各省在处理本省内部事务时享有广泛的自治权。各省经济发展状况不一，其三级会议的社会成分和作用也不尽相同，如荷兰省的三级会议，贵族势力微弱，大资产阶级占绝对优势；东部的格利德恩和奥维依谢尔，则是贵族占多数。

17世纪的荷兰，随着资本主义经济的发展和海外殖民掠夺的加剧，国内的阶级矛盾也尖锐起来。掌握国家政权的大资产阶级和贵族，他们的对内政策是公开反民主的。人民群众在政治上无权，国家和军队的巨额开支的主要负担，都通过间接税压在他们身上。资本家把从殖民地掠夺来的财富，在本国转化为资本，加强了对工人的剥削。荷兰工人的工作日长达12—16小时，工资低微。手工工场里大量雇用女工和童工。许多工人家庭，挣扎在饥饿线上。马克思在说明17世纪中叶荷兰的情况时讲道："荷兰的人民群众在1648年就已经比欧洲所有其他国家的人民群众更加劳动过度，更加贫困，更加遭受残酷的压迫。"

革命胜利后的荷兰，农村仍保留一定程度的封建残余，特别是落后的东部农业省份，封建土地所有制仍旧存在，一部分贵族还享有特权，剥削农民群众。

因此，17世纪荷兰的阶级矛盾仍十分尖锐。农民不时掀起暴动，雇佣工人和小手工业者组成工会，为要求提高工资，改善劳动条件，多次采取独立行动，向资本家展开斗争。

英国霸主地位的确立

英西战争

15—16世纪，西班牙是当时世界上最为强大的国家之一，在西半球，西班牙更是不可一世。在最强盛的时期，西班牙拥有一支有100多艘战舰，1000余门大炮，数以万计士兵的强大海上舰队，因此西班牙在当时有"海上霸主"之称。

它凭借这支庞大的舰队，垄断了许多地区的贸易，甚至干预欧洲乃至国际事务。到16世纪中叶时，西班牙拥有1000多万人口，其殖民势力范围遍及欧、美、非、亚四大洲。到16世纪末，世界贵重金属开采中的83％为西班牙所得。

随着英国、法国等国的崛起，西班牙的霸主地位受到了挑战，对西班牙最具挑战性的就是英国。15世纪后，英国资本主义经济通过圈地运动、血腥立法、海外掠

西班牙舰队

夺而获得了很大发展，对外贸易和殖民掠夺日益扩大。但在殖民扩张的道路上，英国却遭到了劲敌西班牙的严重阻遏。

最初，英国尝试寻找，一条从西欧到达远东的西北路线或由西欧到达美洲的东北路线，均因受西班牙海军的阻遏而失败。英国认识到，要实现海外扩张的目的，必须首先击败西班牙，摧毁它的强大舰队，

起初，由于西班牙拥有庞大的舰队，英国不敢正面交锋．于是雇佣海盗来打击西班牙力量。英国以高官厚禄招募大批富有实战经验的海盗为皇家海军所用，这期间英国招募和支持的大量海盗在大洋上大肆劫掠西班牙商船甚至军舰。这些海盗在海上扰乱西班牙航线、掠夺西班牙船只、乘机进行走私贸易。

英国政府支持的海盗活动给西班牙带来了巨大损失。对于西班牙来说，英国的扩张必然同西班牙发生矛盾。对于当时的这个"海上霸主"而言，是不允许其他国家来分享殖民地的利益的。英国的海上抢劫以及对美洲等殖民地的掠夺，严重威胁着西班牙对殖民地的垄断地位，引起西班牙国王腓力二世的仇视。

伊丽莎白一世的肖像

到 16 世纪 70—80 年代，英国和西班牙之间的矛盾愈演愈烈。当时，英国出于自身利益而援助遭受西班牙统治的荷兰人起义，向起义者提供港口以反击西班牙军队的镇压。不久，英国又支持法国的胡格诺教徒反对法国天主教会，而法国天主教会又受到西班牙的支持。

为了报复英国对西班牙的挑衅，西班牙试图煽动英国的天主教徒和分裂势力去颠覆伊丽莎白女王的统治，组织暗杀英国女王伊丽莎白，扶植前苏格兰女王玛利亚上台。但阴谋很快被伊丽莎白女王识破，1587 年 2 月，玛利亚被处死。此举惊动了天主教廷，教皇立即颁布诏书，号召天主教徒征讨英格兰，对英国进行圣战。西班牙国王腓力二世趁机响应。

英国当时显然还没有做好同西班牙舰队作战的准备，士兵缺乏训练，军饷和战争物资等都供应不足。1587 年 4 月，伊丽莎白女王支持和供养的海盗德雷克带领自己的海盗舰队沿西班牙海岸一路扫荡，击沉和俘获了 36 艘西班牙补给船。接着，海盗德雷克又进入西班牙本土港口，袭击停在港内的船舶。在他返航时，德雷克还顺手抢劫了腓力二世的私人运宝船。

德雷克的袭击行动，给西班牙造成了大量损失，致使西班牙进攻英国的作战计

划被迫推迟了一年。而英国则利用这些时间组建了一支海军舰队。到1588年，这支英国海军舰队包括皇家海军、海盗等各种船只140艘，士兵9000余人，由霍华德上将任舰队司令员，海盗德雷克和霍金斯也参与海军的指挥。

即使如此，英国皇家海军的实力还是不能和西班牙舰队同日而语。不过，英国这支舰队也有它的优点：船体小而狭长，船只航行速度快；除甲板上安装了大炮以外，舷窗上也装了大炮，因此船只的活力较强；由于英国属于岛国，而大西洋比地中海更加险恶多雾，因此靠抢劫起家的英国水兵比那些习惯于在风平浪静的地中海作战的西班牙水兵更具有战斗力。

西班牙舰队自遭到德雷克的袭击之后，不得不招兵买马、采购战争物资、准备武器弹药。眼看着大功即将告成，海军统帅克卢斯突然病逝。国王命令梅迪纳·西多尼亚公爵顶替克卢斯的位置。由于西多尼亚公爵没有海战经验，于是上书国王要求辞职，被国王驳回。

1588年5月，西班牙国王腓力二世强令梅迪纳·西多尼亚公爵率领那支"最幸运的无敌舰队"从里斯本出发，计划与集结在尼德兰（相当于今比利时、荷兰、卢森堡及法国东北部地区）港口的陆军运兵船会合。然后，舰队掩护陆军横渡多佛尔海峡，登陆英国本土，对英国本土实施进攻。

这支庞大的"无敌舰队"拥有130余艘舰船，2000多门火炮，水兵8000余人，步兵1.9万人，同时还有2000多名奴隶用以摇桨。不过该舰队出师不利，出发不久就遭风暴袭击，被迫进入拉科鲁尼亚港避风，等待补给。由于指挥不善，近一半的舰船被惊涛骇浪冲散或触礁沉没，以致6天以后，还有33艘战船杳无音讯。

7月中旬，西班牙无敌舰队在获得补给后，从拉科鲁尼亚港再度起航，两天后到达利泽德角附近海区，进入英吉利海峡。此时，英国舰队竟在西班牙军队毫未觉察的情况下尾随而来。英舰队派出小舰群快速挺进，不断袭扰和迟滞西班牙舰船，使西班牙舰队还没有正式交战就遭到了较大损失。

7月22日，双方舰队交火。霍华德指挥的英国海军舰队采用灵活的战术，放过"无敌舰队"的前卫后，充分发挥自己活力猛烈的优势，重炮轰击其后卫舰船。"无敌舰队"由于指挥不利，阵脚大乱。23日，由于"无敌舰队"处在东北风上风头，以优势兵力重创英国最大军舰"凯旋号"。

7月25日，双方再次交火。经过数小时激战，双方的弹药基本上都消耗光了。由于战场就在"家门口"，英国海军很快就得到了弹药补给。而"无敌舰队"则要困难得多，梅迪纳于是决定改变原来计划，东航到加莱以补充弹药。在航行途中，英国军队对这支没有弹药的舰队实施打击，在怀特岛附近击伤西班牙的旗舰。"无敌舰队"一直在遭受袭扰的状况下继续北进。

26日黄昏，"无敌舰队"到达加莱附近海域，随后英国海军舰队也赶到。霍华德将军明白西班牙舰队此时弹药空虚，无力打击就在面前的英军，于是放心地让他们停泊在海港中等待时机。

27日夜，海面上正刮着强劲的西风。英国舰队抓住这次极好的天气，将6艘船身涂满柏油、舱内装满易燃物和炸药的旧商船点燃，在西风的作用下冲进"无敌舰队"的停靠地，引起"无敌舰队"基地的极大混乱。

由于有些船只被大火点燃，梅迪纳命令舰队砍断锚索，等火船飘过后再回到投锚地。不想那些军舰为了逃命而互相撞击，甚至互相发生交火。而且大部分舰船为了躲火船而丧失了两个主锚，海面上的西风把它们吹向东北方向。

梅迪纳命令"无敌舰队"朝敦刻尔克方向撤退。28日黎明，英军霍华德将军看见"无敌舰队"队形混乱、兵无斗志地驶向敦刻尔克，下令自己的舰队继续咬住"无敌舰队"的船只猛打。刚开始时，"无敌舰队"还组织了几次反击，但是很快由于弹药不足导致火力难以持久。

在决战中，西班牙舰队墨守过时的横阵战术，坚持接舷战，但舰体笨重，机动性差，难以靠近英舰，且舰炮射程近，不能毁伤英舰。而霍华德指挥舰船灵活出击，加上舰炮射程远，使英军始终处于主动地位。虽然"无敌舰队"舰船上载有大量步兵，但是由于无法靠近船舷而发挥不了作用。

这次战役给"无敌舰队"以致命性的打击。双方从28日早上一直打到下午，直到英军将炮弹全部打完。从22日到28日这一个星期里，虽然"无敌舰队"发射了10万发炮弹，但是没有击沉一艘英军舰船，自己却死亡1400余人，是英军伤亡的14倍。

由于舰队损失惨重，梅迪纳被迫决定返航。英舰队当时的弹药也消耗殆尽，而且风向突变，故未予追击，即使如此，英军也是满载而归。

由于风向的转变，使得"无敌舰队"无法返回英吉利海峡，加上德雷克的威胁，只好绕过苏格兰和爱尔兰折返西班牙。但是这段航线给"无敌舰队"带来的打击，实在不比加莱海战的要小。

在苏格兰北部，"无敌舰队"遭到了大风暴的袭击，很多已经破损不堪的舰船在那次风暴中沉没。另外，由于大西洋航道比地中海要复杂得多，习惯于地中海航道的"无敌舰队"，在遭遇大风暴之后又进入了礁石密布的爱尔兰西海岸，很多船只触礁或者因此搁浅。此后，由于船上缺乏粮食和饮用水，加上伤员伤口溃疡和坏血病等疾病的发生，"无敌舰队"的船员和士兵损失严重。

1588年10月，梅迪纳终于带领残兵败将回到了西班牙，原先庞大的"无敌舰队"仅剩43艘舰船，死亡船员达到8000余人，近乎全军覆没。损失了大半舰船的"无敌舰队"，事实上已经不复存在。它一半是被英国舰队打败，另一半是被狂风骇浪摧垮的。

之后，英国海军在海盗的配合下，继续扫荡西班牙海上力量。虽然西班牙为弥补国库空虚而更加疯狂地掠夺殖民地，但财富大部分在海上被劫掠。1702年，西班牙满载价值2000多亿英镑财宝的"黄金舰队"遭到英荷联合舰队拦截。虽然西班牙军队在关键时刻焚毁了大部分船只，但是还是被联合舰队俘获不少船只，被抢去数百亿英镑的财宝。

当"无敌舰队"覆灭之后，西班牙自此丧失了制海权，使之迅速从世界强国的顶峰上跌落下来。相反，加莱海战之后，英国获得了海上霸主的地位，代替西班牙而成为新一个"日不落帝国"。英国海军从一支不起眼的力量，迅速发展成为世界上首屈一指的强大海军。17世纪，英国皇家海军击败了荷兰舰队，18世纪又击败了法国海军。截至1938年，英国海军舰船总吨位达214万吨，数量近700艘。

与此同时，英国国家实力也随着海军的强大而不断强大。在强大海军力量的保护下，英国疯狂地占领殖民地。这个仅有几百万人口的孤岛小国，从此成为世界头号殖民帝国。一度英国海外殖民地面积占全球总面积的1/4，比英国本土几乎大100倍，殖民地人口达4亿多。英国国内经济空前强盛，伦敦成为当时世界国际贸易和金融信贷的中心。此外，英国的人口也随之大幅度增长，这奠定了以后战争胜利的基础。仅就伦敦而言，1500年时伦敦才5万人口，到1600年的时候，伦敦人口已经超过25万了。

这次海战以后，西班牙一蹶不振，它的海上霸权从此成为历史，历时一个世纪建立起来的帝国大厦开始坍塌。而英国则一跃成为海上强国，夺得了大西洋上的部分制海权，并从此开始走上了全面争夺海上霸权的道路。因此，英西战争，是英国强盛的开始，西班牙日渐衰落，英国获得了海上霸主地位，为英国成为17、18世纪的世界强国奠定了基础。

纵观世界战争史，海战对许多国家的前途和命运曾产生过决定性的影响。如：萨拉米斯海战之于波斯和希腊；阿克兴海战之于罗马和埃及。1588年，海上霸主西班牙派遣自己的"无敌舰队"入侵英国，最后失败，再一次证明了海战对历史发展的影响力。西班牙衰落，而英国一跃成为世界上最强大的国家。

两个海军强国的较量

16世纪，世界上的"超级大国"不是美国，也不是后来殖民地遍布全球、号称"日不落"的大英帝国，而是欧洲的西班牙。自从哥伦布远涉重洋发现美洲新大陆后，西班牙殖民主义者纷纷涌到那里掠夺金银财宝，致使西班牙很快成为欧洲最富有的海上帝国。

据统计，公元1545—1560年间，西班牙海军从海外运回的黄金即达5500公斤，白银达24.6万公斤。到16世纪末，世界贵重金属开采中的83%为西班牙所得。为了保障其海上交通线和其在海外的利益，西班牙建立了一支拥有100多艘战舰、3000余门大炮、数以万计士兵的强大海上舰队，最盛时舰队有千余艘舰船。这支舰队横行于地中海和大西洋，骄傲地自称为"无敌舰队"。

那时，英国的资本主义处于萌芽状态。轻工业的发展，迫使它急于寻找海外商业市场；舰船制造和航海技术的革新，更加膨胀了英国夺取殖民地的勃勃野心。

对于西班牙来说，自然不允许其他国家分占他来自殖民地的利益。英国的海上抢劫以及对美洲的掠夺严重地威胁着西班牙对殖民地的垄断地位，引起西班牙国王腓力二世的仇视。起先腓力二世不想诉诸武力，他勾结英国天主教势力，企图把信奉天主教的苏格兰女王玛丽扶上英国王位。为此，他在英国开始进行颠覆活动。

玛丽早在1568年就因苏格兰政变而逃到英国，被伊丽莎白所囚禁。当英国的天主教徒在西班牙的怂恿下谋刺伊丽莎白而另立玛丽时，伊丽莎白乘机处死了玛丽。腓力二世谋杀不成，就决心用武力征服英国。

当时，英国的海上实力并不强大，难以与西班牙海上舰队相匹敌，只能靠海盗头子德雷克、豪金斯和雷利等人组织的海盗集团在海上袭击、拦劫西班牙运载金银的船只，进行海盗活动。而腓力二世却拥有一支庞大的舰队——"无敌舰队"。

战争初期

1588年5月末，西班牙公爵梅迪纳统率的西班牙"无敌舰队"从里斯本扬帆出航。这时"无敌舰队"共有舰船134艘，船员和水手8000多人，摇桨奴隶2000多人，船上满载2.1万名步兵。显然，梅迪纳是要利用西班牙步兵的优势，运用传统战法，冲撞敌舰，在强行登舰后进行肉搏，然后夺取英国船只。

不幸的是，"无敌舰队"出发不久，就在大西洋上遭遇风暴。狂风恶浪使帆船失去控制，水手们被晃得晕头转向，准备登陆的"旱鸭子"更晕得像站不住的醉汉。这样，舰队只好返港避风。待到7月，舰队又踏着大西洋的滔滔海浪，一路浩浩荡荡地驶进英吉利海峡。

英国方面也做好了迎击准备，由霍华德勋爵任统帅，德雷克任副帅。英军共有197艘战舰，载有作战人员9000多人，全是船员和水手，没有步兵。英国的战舰性能虽不如西班牙，但由豪金斯做了改进，船体小、速度快、机动性强，而且火炮数量多、射程远。这种战舰既可以躲开西班牙射程不远的重型炮弹的轰击，又可以在远距离对敌舰开炮，以火炮优势制胜。

7月22日清晨，战争爆发，英军纵队列阵，迎着强劲的西南风，抢到横队列阵的"无敌舰队"上风位置，放过"无敌舰队"的前卫后，充分发挥自己两舷的火力，重炮猛轰其后卫舰船。"无敌舰队"阵脚大乱，节节败退。23日拂晓，海上风向逆转，"无敌舰队"处在东北风上风头，于是他们以多围少，重创英国最大军舰"凯旋"号。这样，在第一回合双方打了个平手。

25日，双方再度交手，激战几小时后，双方尽管损失不大，但弹药基本上消耗光了。梅迪纳决定改变计划，向加莱前进。霍华德也率领舰队转向多维尔。此刻，双方面临的主要问题是弹药补给问题，霍华德还可以从附近的港口获取一些补给，而"无敌舰队"则要困难得多，在未到达加莱之前，一点接济都没有。

26日黄昏，"无敌舰队"到达加莱附近海域，在加莱与格里斯尼兹港之间驻锚，英国舰队也随后赶来。鉴于"无敌舰队"弹药空虚，英国舰队放心大胆地在敌人长炮射程之内停泊，甚至一些英国舰只驶到敌轻武器射程的边缘线上，穿来穿去，随心所欲，梅迪纳对此惟有望洋兴叹。

28日凌晨，霍华德在旗舰"皇家方舟"号的主舱召集作战会议。因为攻击的时间紧迫，决定在舰队中挑选8艘200吨以下的小船，改装成大船，作为突击使用。清晨，"无敌舰队"的哨兵发现几艘轻装船只向他们靠拢，突然，小船上发出熊熊火光，接着，"无

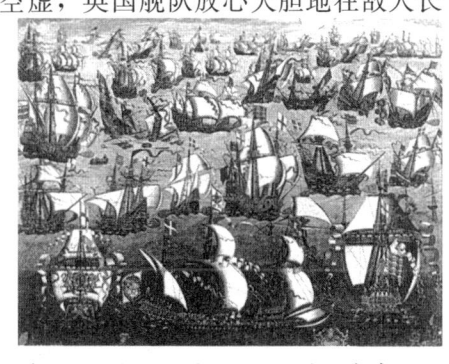

英国舰队与西班牙无敌舰队海上交战图

敌舰队"的大小船只一片混乱，一些船已经被大火点燃。梅迪纳慌忙命令各舰砍断锚索，想等火船过去后，重新占领这个投锚地。但在混乱中，许多船只顾夺路逃走，结果互相碰撞，甚至自己打了起来，全舰队已经开始溃散。火船过后，梅迪纳命令所属各分舰队向加莱集中，但只有少数船只执行了命令，大多数船只由于刚才砍去两只锚，只靠剩下的一只锚已经系留不住，遂沿岸向东北方向漂流而去。

此时发生的情况，霍华德看得清清楚楚，"无敌舰队"正以杂乱无章的队形驶向敦刻尔克方向，这样它就没有可能再回到加莱了。霍华德立即命令舰队全速追击，在高速航行中，英国舰队与"无敌舰队"的距离逐渐缩短。考虑到自己的弹药也不是十分充足，霍华德命令舰队尽量靠近敌人，在保证弹无虚发、全部命中的短距离才开始实施炮击。此时，"无敌舰队"已没有弹药储备了，英国舰队抓住这个弱点，把握风向，进退灵活，无所顾忌，时而左舷，时而右舷，连续不断地向敌舰发射大小炮弹。"无敌舰队"只有后退之力而无招架之功。

上午9时，双方舰队在格南费里尼斯角接火。英国舰队步步紧逼，"无敌舰队"各舰距离越拉越大，秩序更加混乱。英国舰队各舰配合默契，各式火炮此起彼伏，打得有章有法。海战一直持续到下午6时，突然风向转变，霍华德及时命令舰队摆脱战斗，"无敌舰队"趁此机会，退出英吉利海峡。

整整一个星期的交战中，"无敌舰队"耗费了10万多发大型炮弹，而英国舰队无一遭到重创，只是阵亡了一名舰长和20余名水手。与此相比，仅仅格南费里尼斯一战，"无敌舰队"即死伤1400余人。

7月29日黄昏，梅迪纳召集作战会议，权衡利弊后，决定如果风向有利，应再度设法控制英吉利海峡，否则，别无出路，只能绕道北海，返回西班牙。结果，天公不作美，风向始终未变，"无敌舰队"只得采取第二方案，返回西班牙。

"无敌舰队"的覆灭

8月，英西两军在加莱东北海上进行了二次会战。西班牙的战舰高耸在水面上，外形壮观，但运转不灵，虽然人数和吨位占优势，却成为英国战舰集中炮火轰击的明显目标。英国战舰行动轻快，在远距离开炮，炮火又猛又狠，打得"无敌舰队"许多舰只纷纷中弹起火。西班牙开炮向英舰射击，却不能命中英舰，英国舰只尽可能避免进入西班牙火炮射程之内，在远处灵活闪避，活动自如。这种远距离炮战使西班牙舰队的步兵和重炮不能充分发挥作用。激烈的炮战持续了一整天，直到双方弹药用尽，轰击才告终止。"无敌舰队"被打得七零八落，两个分舰队的旗舰中弹、撞伤，一个分舰队司令被俘。

西班牙全线退却，在退却途中，英国舰队紧追不舍。8月8日，在格拉夫林子午线上，英国舰队又紧逼"无敌舰队"的50多艘军舰，以优势兵力发起攻击。这时，"无敌舰队"其余70余艘军舰正在6海里外，未能及时介入战斗。英国军舰轻便灵活，机动性能好，其火炮射程也远远大于敌人，因此，英舰始终保持着有利于自己的距离作战。而西班牙火炮射程近，只能力图靠近英舰队，以便进行接舷战。英舰凭借强大火力压制对方，不让其靠近一步。战斗持续到下午6时才以西班牙舰队受到重创而结束。这一战，"无敌舰队"被击沉 16 艘军舰，而英国军舰虽有一些损伤，但无一被击沉。

"无敌舰队"集中起残余船只，从北面绕过不列颠群岛向西班牙驶去。英国舰队虽取得胜利，但一些舰只受创，加之弹药消耗过大，霍华德命令停止追击。剩下的西班牙舰只乘着风势向北逃窜，准备绕过苏格兰、爱尔兰回国。受损的舰队抵达苏格兰西北岸的拉斯角时，遇到猛烈的大西洋风暴掀起的巨浪。战舰漏水、损坏，船员饥饿、生病，他们孤立无援地在海上随风漂泊。许多战舰撞上了岩石；另一些战舰进水下沉，消失在浪涛之中。风暴狂吹了一个月。还有一些战舰在爱尔兰海岸外失踪，数千人淹死。许多好容易登上爱尔兰海岸的幸存者也被杀死或饿死。到 1588 年 10 月，"无敌舰队"仅剩 43 艘残破船只返回西班牙，近乎全军覆没。而英舰没有损失，阵亡海员水手只有百人左右。

"无敌舰队"覆灭以后，西班牙逐渐衰落下去，而英国则取得了海上霸主地位，使本来一个仅有数百万人口的孤岛小国一跃成为世界上头号殖民帝国，并在以后好几个世纪中保持着世界"第一强国"和"海上霸主"的地位。16 世纪末，英国几次派舰队去侵掠西印度群岛。接着，英国开始组织向北美的殖民活动。16 世纪后半期，英国国势空前强盛，生产力不断增长，经济走向繁荣，伦敦成为国际贸易和信贷的中心。1500 年，伦敦大约有 5 万人口，过了一个世纪，它的人口增加到原来的 5 倍左右，而且还在继续增长。

英荷战争

1652—1678 年英荷战争又叫"荷兰战争"，是英国和荷兰为争夺殖民地和海上霸权而展开的战争，共进行了 3 次：1652—1654 年；1664—1667 年，1672—1678 年。经过这几场战争，最终确立了英国的海上霸权地位。

17 世纪，是西欧各封建国家走向衰落、资产阶级革命正在兴起的历史转折时期。荷兰在 16 世纪后半期至 17 世纪前半期，经过 80 年战争，打败了西班牙，实现了民族独立，完成了资产阶级革命。

荷兰是个小国，面积 2.9 万平方公里，自然资源贫乏。但是荷兰人民富于聪明才智，利用千百部风车排干海水，拦海造坝，使万顷海洋变成沃野，建立了发达的农业和畜牧业。荷兰人还利用面向大西洋的几百公里海岸线和国内纵横交错的水网河道和沿海的良港，大力发展海外殖民和贸易事业。荷兰人自古善于航海，他们建立了世界上首屈一指的商船队，17 世纪上半叶共拥有商船 1.6 万艘，是

英国和荷兰在海上激战

法国、英国、西班牙和葡萄牙四国商船的总和，占全世界商船总吨位的 3/4。荷兰人垄断了世界的贸易，荷兰商人的足迹遍及五大洲各个角落。荷兰人被人们称为"海上马车夫"。

荷兰人还大力开展海外殖民事业，夺取了广阔的海外殖民地：从葡萄牙人手中夺取了南非的好望角、锡兰（今斯里兰卡）、印度的马拉巴海岸和科罗曼德海岸以及马六甲；还占有印度尼西亚、北美的新尼德兰、南美的圭亚那，还曾于 1622—1662 年侵占了我国的领土台湾。

荷兰的海上霸权严重威胁了英国的利益。17 世纪，英国资本主义正迅速发展、原始积累不断加强，也在对外殖民扩张。但是 17 世纪中期以前，英国资产阶级正忙于进行革命，无暇与荷兰竞争。荷兰乘机在世界各地排挤英国。荷兰的东印度公司 1619 年打败了英国的东印度公司，迫使英国转向印度。6000 艘荷兰船在波罗的海张帆遨游，封闭了英国同北欧各国的贸易，使英国的木材、大麻和油脂等重要物资奇缺。波罗的海的全部贸易以及对印度和美洲的贸易均由荷兰人垄断，甚至在英国西

英荷两国舰队在一场战役中的交战场面

印度群岛的殖民地上，荷兰商人也压倒了英国商人，仅与巴巴多斯做买卖的荷兰商船就是英国的 2 倍。英国捕鱼业也受到荷兰的沉重打击。荷兰人不仅在英国领海上捕鱼，而且还把打的鱼拿到英国市场上销售。到 17 世纪上半叶，荷兰的海外投资已比英国多 15 倍，船只多 10 倍。

1649 年英国处死查理一世后，取得了资产阶级革命的胜利。英国资产阶级迫切要向海外扩张，开辟海外殖民地和市场。这时，荷兰对海上贸易的垄断权是英国海外扩张最大的障碍和直接威胁，英国已无法容忍荷兰的海上霸权了。克伦威尔当政时制定的战略就是控制海洋。英国政治家活尔特·雷利爵士曾经说过这样一句名言："谁控制了海洋，即控制了贸易；谁控制了世界贸易，即控制了世界财富。因而控制了世界。"为实现这一战略，从 1649—1651 年英国加紧海军建设。克伦威尔对海军格外关注，他抓了两件事：一是成立了专门的"海军委员会"负责建造专门为海战设计的新型战舰。革除了以往打仗是征召武装商船和海盗的习惯做法，而让武装商船和海盗船作为预备役用。二是加强对海军的训练和管理，一改以往靠商船水手打海战的做法，专门从陆军中选出精壮士兵担任职业海军军人，并由经验丰富的职业军官指挥海军。著名海军将领罗伯特·布莱克担任海军统帅后，加强训练和战备，使

自信的荷兰人

英国海军保持良好的战备状态。这期间，英国海军从 1649 年的 39 艘战舰增至 1651 年的 80 艘，增长了 2 倍多，其中大部分是二层甲板、拥有 60 至 80 门炮的巨型战舰，排水量达 1000 吨。最大的是"海上主权"号，排水量 1500 吨，有四层甲板 104 门重炮，水兵 800 人，最大的炮弹重 60 磅，一次齐射的炮弹重一吨。

英国在海军建设告一段落，战争准备完成后，便向荷兰开刀了。1651 年 10 月 9 日，英国议会颁布了著名的《航海条例》，主要内容为：亚洲、非洲或美洲的商品，必须使用英国船只才准许运入英国及其殖民地；欧洲商品输入英国及其殖民地，必须使用英国船只或原商品出产国的船只运送；不准英国商人进口中介商品；保护英国渔业。该条例各条款正是针对专搞"中介贸易"和海运的荷兰商人。

对于《航海条例》，荷兰断然拒绝。英荷双方都意识到战争不可避免了，便剑拔弩张，扩军备战。英国海军在原有基础上，又紧急动员了 125 艘商船。荷兰海军原仅有 60 艘战舰，1652 年也紧急征用商船后，达到 226 艘。但是荷兰战舰比英国要小得多，最大的才 54 门炮，大多数只有 20—30 门炮，均比英国小 1 倍。英国海军无论是数量还是质量，均比荷兰占有较大的优势。双方到了 1652 年，均已做好准备，严阵以待，大战一触即发。

第一次英荷战争

1652 年 5 月 29 日，布莱克率领英国舰队在多佛尔海峡巡逻，与荷兰舰队相遇。荷兰舰队由海军名将特罗普指挥，有 42 艘军舰。英国舰队只有 20 艘军舰。但是布莱克坚持要荷兰人必须下降军旗向英国国旗致敬。荷兰人拒绝了这种无理要求，英舰便开炮轰击，击沉荷舰 2 艘，于是第 1 次英荷战争便爆发了。

第 1 次英荷战争主要集中在多佛尔海峡战区（包括北海）和地中海两大战区，其中又以多佛尔海峡为主。

英舰队司令布莱克针对荷兰对外的咽喉多佛尔海峡制定了战略：控制多佛尔海峡和北海，切断荷兰与外界的一切联系，迫荷兰人投降。为此，他采取了集中强大舰队、拦截通过海峡的一切荷兰船只的战术。他还派出舰队到苏格兰北部袭击荷兰东印度公司的运银船，到北海捕获和击沉荷兰的捕鱼船，甚至深入到波罗的海，破坏荷兰与东欧之间的海上贸易。这种战略战术对荷兰经济上是致命的打击。

荷兰由海军上将德·赖特指挥。他在和法国海盗船及西班牙海军的长期战斗中积累了丰富的海战经验。荷兰制定的战略就是以强大的舰队为商船护航，强行通过海峡，确保外界的联系。但是荷兰在军舰的战略部署上不当，把过多的力量投入到次要战区地中海，从而使在海峡争夺中处于数量上的少势。

战争分两大战区展开。在多佛尔海峡和北海战区，双方共展开 9 次激烈的海战。参战的各有一、二百艘军舰和 2、3 万士兵在海上厮杀，这一战区的战斗可分两个阶段：

相持阶段（1652 年 5 月—1653 年 2 月）

英荷双方互有胜负，主要海战有：

1. 普利茅斯海战（1652 年 8 月 26 日）

赖特指挥荷兰舰队护航商船通过英吉利海峡。中午，阿伊斯秋率领 40 艘军舰和 5 艘纵火船的英国舰队进行拦截。在普利茅斯港外赖特投入了 30 艘军舰和 6 艘纵火船与英军作战，双方力量相近，赖特奋勇作战，终于将英舰队击败，使荷兰商船队成功地通过了海峡。此仗，双方互有伤亡，但荷兰海军通过海战，感到与英军在航海技术、炮术、海战战术方面与英军不相上下，从而增强了信心。

2. 肯梯斯诺克海战（1652 年 10 月 8 日）

英国舰队在布莱在指挥下，在北海给荷兰捕鱼船以沉重打击，使之损失惨重，有 900 多渔民被俘。荷兰舰队司令德·维特从普利茅斯之战中，认为英军战斗力不如荷兰，便没有从地中海战区抽调援兵，不顾兵力和火力都弱于英国的现实，向布莱克发起攻击。10 月 8 日，双方在泰晤士河口外的肯梯斯诺克相遇。双方舰只英 68 艘荷 64 艘。英舰数多，火炮多，占了上风。双方混战了 2 天 2 夜，由于布莱克进攻的勇敢顽强，荷兰舰队招架不住，被击沉 3 艘，还有许多舰只毁坏。英国舰队大获全胜，

3. 达格尼斯海战（1652 年 12 月 10 日）

英国在取得了肯梯斯诺克海战的胜利后，开始骄傲轻敌，以为荷兰海军不堪一击，于是把英国舰队分了好几部分，还抽出 20 艘去地中海，这样英国在海峡战区只有 42 艘军舰，从数量上处于劣势。荷兰方面特罗普又重掌帅印，他带领荷兰舰队担任来往于荷兰与外界的商船队的护航任务。12 月 10 日特罗普出动 78 艘战舰为 300 艘庞大的商船队护航。布莱克在英格兰东南的达格斯坦海角终日海战。荷英双方军舰为 70：42。特罗普和副手赖特作战英勇，指挥果断，数量也占优势。荷兰人击沉了 3 艘英国战舰，俘获 2 艘。英舰队大败，残舰龟缩在英国南方的港口，不敢出战。

4. 波特兰海战（又叫"三日海战"，1653 年 2 月 28 日至 3 月 2 日）

失败使英国人脑子清醒了，认识到荷兰人非等闲之辈，必须认真对付。于是英国又把海军力量集中起来，又建造了许多新舰，随时准备报上次惨败的一箭之仇。

1653 年 2 月 28 日，特罗普又率 80 艘战舰护送 180 艘商船返回荷兰，在波特兰以西海面与英国舰队相遇。英军有 70 艘战舰。一场残酷的海战爆发。荷兰舰队投入攻击，以掩护商船队前进。双方在海上激战了整整 3 天，特罗普费了九牛二虎之力才突破英军封锁，大部分商船安全回国。但是荷兰损失巨大：11 艘战舰被击沉或被俘获，30 艘商船也被击毁或缴获，阵亡近 2000 人。英国只损失 1 艘船，伤亡 1000 人，布莱克本人也负了伤，由蒙克继任。

第 2 阶段：英国取得战略优势（1653 年 2 月—1654 年 4 月）

三日海战后，英国海军重新获得了对海峡和北海水域的控制。蒙克海军上将很有远见，他坚持集中兵力，以优势舰队封锁海峡，切断荷兰对外联系的战术。为此，克伦威尔动员了全国工业生产力量集中赶制战舰，雄厚的工业实力生产的高水平的战舰一艘接一艘地下水，加入英国舰队。而荷兰由于工业基础薄弱，损失的战舰很难得到补充，逐渐处于劣势。

1653 年 4 月，英国海军还颁布了两个在海军历史上具有历史意义的文件。一个是《航行中舰队良好队形教范》，规定了在航行中保持良好队形、指挥统一、完整的

联络方法等重要内容。二是《战斗中舰队良好队形教范》，第一次作出了组成纵队战斗队形的规定。这两个教范有力地保证了英国海军指挥一致，作战中相互协同，大大地提高了战斗力。而荷兰海军仍采用旧的战术，不可避免地走向失败。这阶段双方主要有两次大海战：

1. 加巴德沙洲海战（1653 年 6 月 12 日—13 日）

6 月 12 日，特罗普指挥荷兰舰队从本土基地出发，试图打破英国海军的封锁。荷兰舰队有 104 艘军舰，英国舰队由蒙克和迪恩指挥，拥有 115 艘战舰，双方力量相当。开始，双方混战，相持不下。天黑时，布莱克率 18 艘军舰赶来增援，英军在数量上占了优势，荷舰队于 13 日开始撤退到佛兰德浅滩，英国军舰大多吃水深，无法进入浅滩，遂停止了追击。战斗中，荷兰被击沉 9 艘，被俘 11 艘，损失兵员 1400 人。英国虽只损失 1 艘军舰和 400 人，但舰队司令迪恩海军上将阵亡。

2. 斯赫维宁根战役（1653 年 8 月 8 日—10 日）

英国舰队夺取了海峡和北海制海权后，对荷兰海岸严密封锁，荷兰经济陷于瘫痪。为了打破英军封锁，特罗普和德维特决定孤注一掷出击，进行"敢死"的冲击。荷英双方舰数之比为 106：100，大体相当。8 月 10 日战斗正式开始，这是一场决战。在激战中，荷兰杰出的统帅特罗普中弹身亡。荷兰舰队失去卓越的指挥官后，斗志剧减，被蒙克打得一败涂地，仓皇撤退。荷军损失了 15 艘战舰，伤亡 4000 人，而英军只沉了 2 艘军舰，伤亡 1000 人。

斯赫维宁根战役后，荷兰舰队元气大伤，再也无力出击了。英国对荷兰实行绞杀式封锁。海峡和北海战区再无大战。

在地中海战区，从战略上对战争结局影响不大，荷兰集中了强大的舰队，保持了对英国的优势。范·盖伦指挥的荷兰舰队有 14 艘战舰组成，每舰有 26—30 门炮，还有增援的 22 艘武装商船。英国舰队有 15 艘舰，每舰 30—54 门炮。但英舰队部署不当，分为两部分驻在地中海东部的里窝那厄尔巴岛。

荷舰队司令范·盖伦巧妙地集中舰队兵力插入英两支分舰队之间，切断了他们的联系，造成局部优势，分而歼之。1652 年 8 月 28 日，厄尔巴岛的英分舰队冲出去和优势的荷舰队交战，被荷兰舰队打得落花流水。荷军继而又封锁里窝那 6 个月。1653 年 3 月 13 日，范·盖伦把英舰队诱出里窝那予以全歼，英舰队除跑了 1 艘外，全被击沉或俘获。荷海军虽然大获全胜，但是其卓越统帅范·盖伦在激战中阵亡。此战后，英残余舰只撤出地中海，荷兰海军控制了地中海。

尽管荷兰海军在地中海控制了制海权，但对于战局无补。英海军的窒息式的绞杀封锁完全切断了荷兰与外界的联系，以海运和海外贸易为主的经济完全瘫痪。工厂关门，商店停业，商船腐烂，有 1500 艘商船为英国俘房。繁华城市阿姆斯特丹街上杂草丛生，乞丐遍地，有 1500 所房子无人居住。荷兰无力再战，被迫向英国求和。根据 1654 年 4 月两国签订的《威斯敏斯特条约》，荷兰被迫支付的 27 万英镑赔款同意在英国水域向英船只敬礼，英国可以与远东通商。荷兰还割让了圣赫勒拿岛。

第 1 次英荷战争以英国胜利而告终。英国胜利的原因：一是荷兰战略部署失当，在次要战区集中优势兵力，而在生死攸关的海峡和北海战区兵力处于劣势。二是英国有雄厚的工业实力，能迅速弥补战争的损失。三是英国海军的装备、数量、火力和战术水平优于荷兰。

第二次英荷战争

荷兰战败后，英荷矛盾并没有解决。荷兰对于《航海条例》如芒在背，一直在寻找时机，报仇雪耻，打败英国，废除《航海条例》。赖特海军上将这时担任荷兰海军的头面人物。他励精图治，改组海军，重建海军舰队，招雇和训练水兵。他还认识到：单凭给商船护航是打不败英国的。只有改变这种被动战略，抛开商船，只用战舰作战，以海军主力与英国舰队决战，夺取制海权，才能取得战争的胜利。为实现这一战略，荷兰加紧建造大型战舰，到1664年，已拥有103艘大型战舰，上有大炮共4869门，官兵2.1631万人。

而英国，自取得第1次英荷战争的胜利后，便不把荷兰放在眼里。克伦威尔建立了军事独裁，对内镇压本国劳动人民，对外侵略爱尔兰并与西班牙进行战争，造成200万镑的债务，搞得国内人民怨声载道，危机四伏。1658年克伦威尔死后不久，蒙克便投向保皇党，让查理二世于1660年复辟。查理二世复辟后，为了对外扩张，仍加紧建设海军。但这时英国海军今非昔比，由于政界和军界的腐败，使海军陷于债务，1660年欠债100万镑。而全年海军拨款仅及海军预算的2/3，造成舰只失修破旧，士兵常常领不到薪水，士气低落，战斗力不降。

荷兰卧薪尝胆、忍辱负重10年，一直在寻机报仇，这时机会终于来了。早在1660年，查理二世十分狂妄，又颁布了新的《航海条例》，而且条件更为苛刻。但当时荷兰还未准备好，未有行动。1663年，英国得寸进尺，开始进攻荷兰在非洲西岸的殖民地并于1664年攻占。同年，英国还攻占了荷兰在北美的属地新阿姆斯特丹，并命名为纽约。荷兰忍无可忍，开始采取了行动。1664年8月，赖特率8艘战舰扬帆驶向西非，很快便收复了西非被英国占领的据点。1665年2月22日，荷兰正式向英国宣战，第2次英荷战争爆发了。

查理二世的画像

第二次英荷战争主要是以双方海军主力决战的形式来夺取制海权，海战的规模更大了，由于火炮的改进和射程及杀伤力的提高，使海战中的损失大大提高。战场主要在英吉利海峡和北海地区，战争进程可分3个阶段。

第1阶段：英国占据优势（1665年6月—年底）

荷英两国宣战后，由于是冬季，气候条件不利于海战，直到春天之后才正式交战。

1665年6月13日，两国舰队在英格兰东海岸外的洛斯托夫特展开海战。英国舰队由国王的兄弟约克公爵任总司令，共有109艘战舰，其中50门至90门炮的战列舰35艘，其他战舰53艘，武装商船21艘，纵火船21艘及小型船只7艘，共有4200门大炮和2.2万人。荷兰舰队因赖特远征非洲未及返回，由沃森纳尔和奥布丹指挥，拥有 103 艘战舰，11 艘纵火船和 7 艘通讯船。共有 4900 门炮 2.1 万人，但荷兰人的舰和炮仍比英国的要小。荷兰舰队本处于顺风的有力位置，但奥布丹等未及时主动攻击，不知何故。等风变向后，荷兰舰艇顶风攻击，双方开始还能相互列阵齐射，但不久队形乱了，转入混战。从上午 3 时一直打到下午 3 时，有些荷兰舰支持不住转舵逃跑，给英国人留下了缺口。英舰队立即插入。在激战中，荷兰旗舰"伊恩德纳赫特"号被击中弹药库爆炸，两位舰队司令沃森纳尔和奥布丹阵亡，409 名人员中仅有 5 人获救。旗舰沉没后，荷兰又一艘巨舰"奥兰奇"号陷于敌舰重围被俘获，后被焚毁。荷兰舰队乱了阵营，纷纷溃逃。荷兰人在英舰炮击、火攻和登船攻击下，损失惨重，至少损失了 17 艘战舰、3 名海军上将及官兵 4000 多人。英国仅损失军舰 2 艘和 800 名官兵。英国获胜是因为炮的射程远，英海军战术水平高。二是由于荷兰人指挥失误及旗舰过早损失之故。

洛斯托夫特海战后，荷兰舰队一时伤了元气，德维特下令马上重建舰队。这时，英国舰队向北欧进发，企图俘获停在挪威卑尔根港内的 70 艘荷兰商船，但被荷兰人击退。8 月，赖特终于回到国内。他立刻稳住了荷军阵脚，担任荷兰海军统帅。他率荷兰舰队驶往挪威，把在卑尔根的船队安全带回国内，只有 10 艘因风掉队被英国人俘获。在下半年的大部分时间里，赖特靠出色的指挥艺术，巡逻于英吉利海峡和泰晤士河口以外，有效地保护了荷兰的海上贸易。但是英国的战略优势地位仍然存在，荷兰只是处于保护交通线的被动态势。

第 2 阶段：战争的扩大与相互拉锯阶段（1665 年年底—1666 年 9 月）

1665 年秋天起，一场大祸降临英国。伦敦及英国各地流行大瘟疫，这是由老鼠引起的鼠疫（又叫"黑死病"）大流行。夏天，鼠疫开始发作，9 月后流行，死亡人数剧增。伦敦人口的 1/4、约 10 万人死于鼠疫。这使英国国内一片混乱。1661 年 1 月，荷兰又先后与法国、丹麦结为反英同盟。法丹两国向荷兰提供了各种援助。虽然法国并不想积极参战，但是也迫使英国舰队分出 20 艘军舰对付法国人，使英国舰队的力量受到削弱。因此，英国的战略优势逐渐丧失。

经过冬季休战后，春夏之交双方又恢复了战斗。在短短的几个月，双方连续展开了五次大小海战，激烈程度以往罕见，双方互有胜负。

1. 四日海战（1666 年 6 月 11—14 日）

6 月 11 日晨，赖特率荷兰舰队出海。这支舰队是冬季花了 1100 万盾组建的，共有 84 艘战舰，4600 门大炮和 2.2 万官兵。英舰队在蒙克（现在是阿尔比马尔公爵）和鲁珀特亲王联合指挥下前来迎战。英舰队共 78 舰 4500 门炮和 2.1 万人。战前，英军收到错误情报，说法国舰队来了，便由鲁珀特亲王率 20 舰去截击"法国人"。仅给蒙克留下 2/3 的力量，作为支援鲁珀特的预备队。但不想迎头蒙克撞上了荷兰主力舰队。双方立刻展开激战。荷舰利用数量优势渐渐包围了蒙克的舰队。荷军抢占了上风，加上多年的训练使炮手射术大长，所以射则十分准确，给处于逆风的英舰沉重打击。英"绥夫蒂秀尔"号被俘，舰队司令贝克利阵亡。英舰"亨利"号受了重伤，但仍战斗，荷兰先遣舰队司令埃弗森被炮弹击中身亡。头天战至黄昏，双方各损失几艘舰，平分秋色。第 2 天，英舰队又发起攻击，荷兰后卫舰队想抢先英方占领上风，引起荷方阵形大乱。但英方因舰只数量上占劣势，无法抓住战机打击荷方。双方又一次平手。6月13日，英方仅有30艘军舰还能战斗，蒙克被迫西撤。英先头舰队旗舰"皇家亲王"号被荷舰包围搁浅，舰队司令阿伊斯秋举白旗投降，该舰被荷兰人焚毁。正当英舰队危急之际，鲁珀特亲王的舰队因未找到法国人又返了回来，与蒙克舰队残部会合。6月14日清晨，双方展开决战。赖特的两员大将奋勇当先，其中一人是特罗普之子小特罗普，英舰队中先头舰队走得太快，与主力舰队间留下空隙，被荷舰切入，英舰队后卫又为小特罗普迂回，赖特率主力猛攻入英舰队中央。英舰队陷于混乱，但为避免灭亡，拼死抵抗。海面上一时硝烟滚滚，弹如雨下，杀声震耳，双方打得天昏地暗。荷兰为全歼英军，先后投入了3万人和6000门炮。这时天降大雾，天也黑了。英军为避免全军覆灭，被迫撤出战斗。而荷兰人也耗尽了弹药，筋疲力尽，只好也返航了。这一仗，是英荷战争中最大的一场海战。英国有17艘战舰（包括3艘旗舰）被击沉，官兵阵亡8000人，被俘3000人，其中有2名将军和12名舰长阵亡。这是英皇家海军历史上少有的几次败仗之一。荷兰海军仅损失6艘战舰，伤亡2500人，其中有3名将军。

2. 古德温海战（1666年7月1—4日）

但四日海战并不是决定性的，赖特虽然把泰晤士河口封锁了一段时间，但是英国舰队很快便修复完毕，又出现在海洋上。7月1日，蒙克率60艘军舰与小特罗普等指挥的荷兰舰队（约100艘军舰，其中71艘是战列舰）遭遇，双方激战了两天，3日荷兰援兵赶到，蒙克遂撤出战斗。但4日，鲁珀特亲王又率一支分舰队来援，蒙克又发起攻击，但被击退。此仗是一场中等规模的海战，英军10艘军舰被击沉，其余大部分军舰丧失了战斗力，死伤1700人，被俘2000人。荷兰的损失较轻。

3. 圣·詹姆斯日之战（1666年8月4日—5日）（北福兰角之战）

赖特准备率荷兰舰队想在光天化日之下溯泰晤士河而上攻打英国首都伦敦。蒙克和鲁珀特奋起卫国，国王严令督军，英舰队出海与荷兰舰队决战。荷兰方面有89艘战舰，英国约有90艘。这次英国较好地发挥了其炮火优势，因为在前几次混战中英准确的射击和射程远的特长难于发挥，而这次是列阵作战，英又占上风，所以战斗与4日之战正好反了个儿。战斗刚开始不久，荷兰先头舰队中的7名将军便死了3名，先头舰队四散溃逃。特罗普这时指挥荷后卫追赶一些逃跑的英国船，赖特的中央舰队面对优势的英军，只好采用机动战术，边打边撤。8月5日清晨，特罗普杳无踪影，赖特只好用8艘军舰掩护沿着荷兰海岸浅滩赶上来的掉队船只。特罗普一直有被切断退路的危险，但他借助浅水海域的掩护，终于安全返回荷兰。这一仗，英军获胜，只损失了1艘战舰和2至3艘火攻船，伤亡不到300人，但有5位舰长阵亡。荷兰人则损失了20艘战舰，伤亡7000人，其中有4位将军阵亡，英海军又一次掌握了制海权。

4. "霍尔姆斯篝火"（1666年8月8日）

英国霍尔姆斯受命率一支小型分舰队袭击荷兰的弗利兰岛，但意外发现了隐藏的大量荷兰商船。英国舰队经短暂的战斗烧毁了两艘出来迎战的小型荷兰军舰。然后放火焚烧了挤在一起的150多艘荷兰商船，这就是有名的"霍尔姆斯篝火"。荷兰这一下午受到的损失超过了英国舰队在整个战争期间给荷兰造成损失的总和。英军然后又劫掠了弗利兰岛上的居民，然后离去。

这一阶段战事，双方互有胜负，展开了拉锯战，损失巨大，英国仍占上风。

第3阶段：荷兰获胜（1666年9月—1667年7月）

荷兰虽在圣·詹姆斯之战失利，但舰队主力依在，元气未挫。赖特通过这场在英国本土附近作战的实践，总结出了宝贵的经验：必须在夜间进行偷袭。以往两国海战均在白天，夜晚基本不打。于是赖特派出间谍，摸清了泰晤士河的潮汐、水位、航线等情况以及伦敦地区的军事和经济情报，并对水兵进行了夜战训练，准备寻找有利时机闯入英国心脏地区。

1666年9月10日，又一场灾难降临伦敦。一场罕见的大火在伦敦燃起，大火整整烧了4天4夜，伦敦繁华的商业中心、无数楼房、教堂、宫殿、工场等被大火烧成灰烬。伦敦城被毁2/3，损失超过800—1000万镑，超过两次与荷兰战争的费用。火灾给英国经济以沉重打击。英国无力再战，从1667年1月开始，与荷兰就恢复和平举行谈判。

荷兰并不急于和谈，而是想再给英国狠狠一击，以实力迫英国签订城下之盟，并对霍尔姆斯的纵火予以报复。荷兰元首德维特是个足智多谋、精明强干的人物。当荷英两国在布雷达会谈时，他已制定了秘密计划，令赖特率舰队全体出动，在特塞尔岛外紧急集合待命。德维特亲自向赖特面授机宜，并派他的兄弟随舰队行动，监督这一计划不惜任何代价地完成。该计划就是冒险溯泰晤士河而上，再沿梅得威河直驶查塔姆，那儿是英国战舰的船坞，然后将英战舰击沉或焚毁。该计划风险太大，不要说沿途有英国的各种防御设施，而且泰晤士河口和梅德威河多沙洲和浅滩，必须涨潮且顺风才行，稍一疏忽，错过潮位，风向不顺，则军舰就会搁浅。尽管计划冒险，但俗话说"艺高人胆大"，前已说过，赖特早已做过周密的侦察和准备工作，并对士兵进行了夜战训练，早已胸有成竹。于是海战史上的奇迹出现了。

1667年6月19日，赖特率荷兰舰队24艘战列舰、35艘各类舰只，乘黑夜涨潮时冲入泰晤士河，荷兰舰队此举出英国人意料之外，引起极大恐慌。荷兰军舰一路行驶，一面炮击，沿途英国船只不是被击中起火，便是相撞沉没。岸边建筑物也燃起熊熊大火。荷兰舰队横行直撞，寻找和击毁所发现的英国舰船，一些最好的军舰被俘获准备带回荷兰。荷兰舰队还炮轰伦敦，使伦敦浓烟弥漫，火光冲天。英国人从上到下，惊慌失措，纷纷逃难，无法组织有效的防御。22日，荷兰舰队一直驶入查塔姆船厂，打哑了岸上炮台，登陆部队及纵火船人员拆除或毁掉了河上障碍，船厂中的9艘巨型战舰均被俘获或焚毁。其中蒙克的旗舰"皇家查理"号被荷兰人带回国内。荷兰舰队横行了3天后，全部安全返回。然后，赖特便封锁了泰晤士河口，长达几个月。

赖特直闯英国腹地，是战争史上的奇迹，也是以海军立国的英国的奇耻大辱。英国遭此大败，加上大瘟疫和伦敦大火这两大灾难，已焦头烂额，无力再战。1667年两国签订了《布雷达和约》，英国对《航海条例》作了有利于荷兰的修改，在海上贸易权方面作了让步，把南美的苏里南归还给荷兰，荷兰则放弃了在北美的殖民地。

荷兰在第 2 次英荷战争中获胜，其原因主要是建造了大批堪与英舰匹敌的巨型战舰，战略战术得当，能集中优势兵力，与英国争夺制海权。还得力于杰出海军统帅赖特的杰出指挥艺术，尤其是奇袭伦敦的壮举。英国国内政局腐败，士兵士气低落，指挥低下，也是其败因之一。

第三次英荷战争

这场战争实际上也是荷法战争的一个组成部分，战争使许多国家卷入其间。战争起因是，法国国王路易十四早就图谋瓜分荷兰领土，把现今比利时的荷兰领土作为法国的"天然边界"，以巩固法国欧洲大陆的霸权地位。而英国不甘心上次战争的失败，想卷土重来。于是英法两国不谋而合地勾结起来。1670 年 6 月路易十四与查理二世经过秘密谈判，达成交易，于 1670 年 6 月签订了《多佛密约》。该约规定：查理二世有"义务"在英恢复天主教，并与法国共同对荷作战。法国则有"义务"出兵镇压英国可能发生的"骚乱"。于是 1672 年法国对荷兰宣战，英国也退出了原与荷兰、瑞典组成的三国同盟，援助法国对荷作战。为此，法王给了英王 40 万镑奖励。英法和瑞典三国先后向荷兰发起进攻，于是第 3 次英荷战争爆发了。

第 3 次英荷战争实际上并不仅仅是英荷两国间的战争，而是一场扩大了的国际战争，参战的还有欧洲一些主要国家，如法国、丹麦、瑞典，西班牙等。战争大体为两个阶段。

第 1 阶段（1672—1674 年）以海战为主，陆战为辅

1672 年 5 月，英法两国先后对荷兰宣战。法军从陆地、英军从海上两方面向荷兰发起了进攻。法军在孔代和蒂雷纳指挥下，从陆地向荷兰进攻。荷兰陆军仅仅是象征性的，根本不是久经沙场的、欧洲第一流的法国陆军的对手，接二连三地丢城失地，荷兰的格尔德兰、奥弗赖塞尔和乌得勒支等省相继陷落，连久孚众望的威廉将军也抵挡不住路易十四骑兵的凶猛冲击。法军节节进逼，突破了埃塞尔河防线，直逼首都阿姆斯特丹。荷兰到了最后关头，军民百姓全都撤到船上，准备随时撤离。为了阻止法军的进攻，荷军统帅部迫不得已采取了最后一招，下令打开堤坝。汹涌的海水立刻涌入荷兰人开垦的良田沃野，须德海和莱茵河之间立刻成了一片汪洋大海。法军先头部队赶紧后撤，才免受灭顶之灾。荷兰在付出巨大损失后，阻止了法军陆上进攻。

这时，海上战斗又成为战争的主要内容了。赖特已有 65 岁高龄，这次又担任荷兰舰队总司令。他分析了双方实力对比，认为英国海军是最主要的威胁，法国海军无足轻重，于是他只是分出一支小舰队来牵制法国舰队，集中主力对付英军。他把主力部署在靠近荷兰海岸的浅海中，可以随时利用浅滩掩护。如有时机便向英国舰队发动攻击。这种战术十分奏效。双方在这阶段共展开了 5 次海战：

1. 海峡之战（1672 年 3 月）

在宣战之前，英国舰队进攻一支荷兰护航船队。英方有 12 艘战列舰及 6 艘小型战舰，荷兰只有 5 艘战舰护送 72 艘商船（其中有 24 艘是武装商船）。荷兰舰队司令哈恩依靠出色的指挥与优势英军周旋，终于击退了英舰队的攻击，使大多数商船安

全抵达目的地，只被击沉 1 艘、被俘 3 艘商船。

2. 索尔湾（索斯伍德湾）海战（1672 年 6 月 7 日）

英法联合舰队主力泊于英国东南部的索尔湾，共有 150 艘各类舰只，其中有英国 45 艘战舰，法国 26 艘战舰，其余是后勤补给船等，共有 5100 门炮和 3.3 万人。赖特指挥荷兰舰队约 130 艘（其中大型战舰 61 艘）、共 4500 门炮和 2.1 万人，于 6 月 7 日偷袭索尔湾的英法舰队。荷兰舰队先在港外布置了封锁线，乘涨潮放纵火船，造成敌人的混乱。接着赖特挥军逼近港湾，炮击逃窜的英法舰艇。英舰队司令约克公爵是著名的战术家，指挥沉着冷静，很快克服了混乱局面，编成队形出港作战。双方展开近距离炮战，由于法舰队只躲在远处用远射程炮轰击，不想参加近战以蒙受重大损失，所以荷兰舰队集中主力攻打英国舰队。战斗十分激烈，英后卫舰队司令桑德威治和荷兰后卫指挥范根特中将均在战斗一开始就被打死。战斗从中午一直打到天黑才告结束。英国损失了 4 舰 2500 人，荷兰损失了 2 舰 2000 人。此战战果虽然不大，但荷兰人在战略上粉碎了英国计划中的对荷兰的入侵，也挫败了普鲁士从陆地入侵荷兰的企图，拯救荷兰于危亡之中，这次先发制人的进攻具有重大战略意义。

在 1672 年的余下时间里，赖特再次把舰队撤至海岸边的浅水地带，随时从浅滩中出击打击敌人。7 月，英法联合舰队载一支强大的登陆部队到达特塞尔岛外，企图进行登陆，但由于赖特的舰队在侧翼牵制，英法军队未敢实行登陆入侵的计划。8 月，荷兰仍处于敌人的海陆包围之中，威廉三世在危急时刻担任了荷兰国家首脑。荷兰开始展开外交活动，于 1673 年春天，争取到奥地利和西班牙站在荷兰一边，加入了战争。而普鲁士则和法国签订了和约，战争规模开始扩大。

3. 第 1 次斯库内维尔海战（1673 年 6 月 7 日）

英法联军集结了强大舰队载陆军，又企图登陆入侵荷兰。赖特率海军出来迎战，双方军力为：荷兰 89 艘军舰，其中战列舰 52 艘；英法联军有 127 艘各类舰只，其中战列舰 81 艘（内法国 27 艘）。英法数量占优。双方激战至天黑，各损失了一些小型舰只。

4. 第 2 次斯库内维尔海战（1673 年 6 月 14 日）

过了 1 周之后，风向突变，荷兰占了上风。赖特立刻当机立断，向英法联合舰队主动攻击，迫使英法舰队仓皇撤退，从而使英法的登陆计划一次受挫。

5. 特塞尔海战（1673 年 8 月 21 日）

8 月，英法联军又一次企图入侵荷兰。2 万陆军集结在英国，第 1 梯队 1 万人登船，在鲁珀特亲王指挥的联合舰队指挥下，驶向荷兰。鲁珀特计划在荷兰的战略要地特塞尔岛登陆，建立前进基地，然后一举攻克荷兰本土。联合舰队准备充分，兵精弹足，鲁珀特的副手拉帕尔与赖特多次交过手。他仔细研究了赖特的战术，制定了相应对策。

8 月 21 日，英法舰队接近特塞尔岛，赖特又率荷兰舰队出击。英法有 90 艘战舰，荷方有 75 艘战舰。尽管英法方兵力占优，但荷兰水兵想到背后就是祖国，已无退路，于是同仇敌忾，奋勇向前，誓死拼杀。双方战斗空前激烈。赖特和英将拉帕尔 3 次更换旗舰，仍勇敢战斗。荷军首先突破了法国人的防线，法军一片混乱，丢下英军首先逃跑。鲁珀特指挥舰队中坚力量避开赖特的主力，双方后卫舰队展开激战，英后卫舰队司令斯普拉格被击毙。天黑时，英国舰队开始返航，原定的登陆计划也取消了。战斗中双方舰船都没有被击沉的，主要是炮弹是实心的，爆破弹还未问世。但许多舰只受到严重损害。联军损失 2000 余人，荷兰伤亡 1000 人。但是荷兰消除了海上威胁，取得了制海权，大批东印度护航船安全返回。

特塞尔海战导致英法的裂痕。英军对法军临阵逃脱不满，加上议会削减军费，英无力再封锁和入侵荷兰了，于是便单独与荷兰媾和。1674 年 2 月，英荷签订了《威斯敏斯特和约》，双方恢复了战前状态，英国退出战争。

第 2 阶段（1674—1678 年）

英国退出战争后，并没有使战争平息，反而扩大了。荷兰通过外交，联合了西班牙、丹麦、勃兰登堡等国在陆上对付法国。而法国仅获得瑞典一个盟国的支持。战争以海战和陆战相结合，海战主要在大西洋的北海、波罗的海及地中海进行。陆战遍及欧洲各地。

在陆战方面：1674 年 8 月，孔代亲王指挥法军于瑟内夫与荷军交战。法军 4.5 万人，荷方是荷兰与西班牙联军约 5 万人，由奥兰治的威廉指挥。双方激战 17 小时，不分胜负。法国名将蒂雷纳在辛茨海姆和蒂尔凯姆两次会战中，打败了日耳曼人及荷兰、西班牙组成的联军。接着，法国陆军又在阿尔萨斯—洛林地区获胜。1675 年 6 月 28 日，勃兰登堡军队在费尔贝林之战中打败了瑞典军队，这是荷兰方面在陆战中第一次获胜，迫使瑞典退出战争。1676 年，法军又在西西里击溃了西班牙军，控制了西西里岛。陆战法国占了上风，攻占了荷兰的大部分领土。

在海上，双方处于僵持状态。在波罗的海和地中海两个战区，荷兰与丹麦控制了波罗的海制海权，地中海是主要战场，大的海战主要有以下几次：

1. 阿里卡迪海战（1676 年 1 月 8 日）

1675 年 12 月，赖特带领 15 艘战列舰和快速帆船驶入地中海，援助保卫西西里岛的西班牙人。1 月 8 日，荷兰舰队和法国舰队在阿里卡迪交战。荷方舰只 19 艘（内 1 艘西班牙舰）1200 人，法地中海舰队由杜贵尼海军上将指挥，有战列舰 20 艘，火炮 1500 门。荷兰舰队处在下风的不利位置，但赖特成功地保持了密集队形，用猛烈的舷炮挫败了优势法舰的进攻。荷兰击沉了 3 艘法国纵火船，但自己有 1 艘战列舰重伤沉没。

2. 奥古斯塔海战（1676 年 4 月 22 日）

荷兰与西班牙联合舰队为保卫西西里，与法国地中海舰队又一次展开决战。荷西舰队由西班牙的切尔达海军上将任司令，拥有 17 艘战列舰（西班牙占 4 艘），9 艘快速帆船（5 艘为西班牙的），共 1330 门炮。法国舰队仍由杜贵尼斯指挥，拥有战列舰 29 艘，2200 门大炮和 10700 人。战斗中荷兰舰队为优势法舰包围，经过激战才突出重围。但赖特不幸身负重伤，几天后死去，这对荷兰是个沉重打击。

3. 巴勒莫海战（1676 年 6 月 2 日）

法国舰队在维渥尼伯爵指挥下，共约 60 艘军舰向西西里岛首府巴勒莫港内停泊的荷西联合舰队（27 艘军舰）发起攻击。在法国 9 艘战列舰猛烈炮火的掩护下，6 艘法国纵火船冲入联合舰队队列，使之造成巨大损失。经过激战，荷西联合舰队几乎全军覆灭，死伤 2000 人，6 位海军上将阵亡，其中有荷兰司令哈恩和西班牙司令切尔达。法国舰队几乎没有什么损失。法国取得了对地中海的控制权。

巴勒莫海战基本上决定了战争的结局，在欧洲水域几乎没有什么大的海战了，荷兰控制了北海制海权，法国在地中海称雄。仅仅在 1677 年 3 月 3 日，荷法两国海军在西印度群岛的多巴哥岛附近展开了一次海战，荷兰舰队打败了法国舰队，法 10 艘战舰损失了 5 艘，荷兰的 6 艘战舰沉了一半。但法国最后依靠增援部队攻占了多巴哥岛。

海战的胜利加上陆地上的优势，使法国取得了战争的胜利，荷兰已无力再战了。由于国内财政困难以及害怕英国再度参战来瓜分胜利果实，法国便与交战各方谈判，于 1679 年 2 月 5 日签订了《奈梅亨和约》，法国侵占了德国和荷兰的许多领土，包括：阿尔萨斯、洛林、弗莱堡、布莱沙赫、法兰齐、柯门特等地。法国获得的土地超过了三十年战争。

德意志三十年战争

德意志帝国的政治分裂

近代开端后一直到 19 世纪中叶为止，政治上的分裂与经济上的落后是德意志的两大历史特点。

从 11 世纪以后，神圣罗马帝国的疆域逐渐缩小，到 1500 年只限于德意志领土了。而且 15 世纪以后，当英、法诸国逐步形成中央集权的统一国家的时候，神圣罗马帝国仍处于分崩离析的状态。所谓神圣罗马皇帝不过是徒有其名的国家元首，帝国境内的封建诸侯各自为政，他们的领地实际上等于独立的王国。以皇帝为代表的中央政府毫无实权，不能干预诸侯领地的内政。皇帝是由选举产生的终身职，他是由几个特定的选帝侯选出来的。最初一共有八个选帝侯，从 1692 年起，又出现了第九个——汉诺威选帝侯。但是自从 1273 年以来，哈布斯堡王朝的代表一成不变地被选为皇帝，这是因为这个王朝在帝国境内领有奥地利这样强大的领地，当时德意志时常遭到土耳其的侵略威胁，奥地利的强大及其地理位置起了抵制土耳其侵略的前哨作用。

这种政治上的分裂，到 16 世纪进一步加深，这是宗教战争所促成的。在宗教改革的过程中，帝国境内有许多天主教教会的土地被没收了，封建诸侯乘机抢到大块教会土地，并且使新成立的路德派教会服从自己的支配。这便增大了他们的力量，从而更加强了他们的独立性。

但是，皇帝是不甘心自己所处的无权地位的，他渴望加强帝国中央的权力，而诸侯却力求维持自己的独立自主的地位。于是便发生了皇帝与德意志诸侯之间的斗争，这个斗争演变为三十年战争。

1618 年捷克反对哈布斯堡王朝的起义，是三十年战争的导火线。神圣罗马帝国皇帝为在捷克（波希米亚）恢复天主教，指定斐迪南二世为捷克国王。斐迪南二世下令禁止新教活动，拆毁其教堂。1618 年 5 月 23 日，布拉格民众冲入王宫，把几个官吏从王宫窗口掷了出去，史称"掷出窗外事件"。这一事件引发了三十年战争。

三十年战争从 1618 年至 1648 年，历时 30 年，共分为四个阶段：①捷克－普法尔茨时期（1618—1624）："掷出窗外事件"发生后，捷克摆脱了哈布斯堡王朝的统治。1619 年捷克议会选举普法尔茨选帝侯弗里德里希为国王。1620 年，神圣罗马帝国皇帝斐迪南二世（1619—1637 在位）依靠德意志天主教同盟军，

战争中惨遭蹂躏的村庄不计其数

入侵捷克。为援助蒂利伯爵 J·采尔克莱斯率领的天主教同盟军，西班牙出兵普法尔茨。1620 年底，捷克和普法尔茨联军在白山为天主教同盟军所败，弗里德里希逃亡荷兰，捷克重归奥地利统治。同期，休战 12 年的西班牙和荷兰于 1621 年战事再起。

②丹麦阶段（1625—1629）：神圣罗马帝国皇帝的胜利，引起外国参战。丹麦得到英国和法国的资助，于 1625 年在北德意志新教诸侯支持下攻入帝国境内。捷克贵族 A. E. W. von 瓦伦斯坦率雇佣军协同蒂利伯爵打败丹麦军队。丹麦王国同皇帝于 1629 年 5 月签订《吕贝克和约》，保证不再干涉德意志事务。皇帝的势力伸展到波罗的海。

③瑞典阶段（1630—1635）：神圣罗马帝国皇帝和天主教同盟势力北进，促使瑞典加速军事行动，与法国结成同盟。瑞典国王古斯塔夫二世·阿道夫率军于 1630 年 7 月进入波美拉尼亚，同勃兰登堡和萨克森选帝侯联合，在德意志西部和南部接连取胜。1632 年，蒂利伯爵在累赫河战败身亡。吕岑会战中，瓦伦斯坦战败，后被暗杀。古斯塔夫二世·阿道夫也在会战中阵亡。1634 年皇帝联合西班牙打败瑞典军队，返回波罗的海沿岸。萨克森和勃兰登堡于 1635 年 5 月同皇帝缔结《布拉格和约》。

④法兰西－瑞典阶段（1635—1648）：瑞典军队战败，促使法国直接出兵，与瑞典联合对哈布斯堡王朝作战。1635 年 5 月，法国又联合荷兰进入莱茵地区，瑞典军队在莱比锡附近的布赖滕费尔德取胜，并继续南进。法国军队大败西班牙军。瑞典的胜利，又引起丹麦的不满，1643—1645 年丹麦同瑞典开战，结果，战败求和。此后法、瑞两国军队进入德意志南部。长期战争使双方都有极大的消耗，帝国方面的困难更为突出。皇帝斐迪南三世（1637—1657 在位）被迫求和，得到法国和瑞典的赞同。战争结束。

1648 年 10 月 24 日，参战各方代表齐集明斯特市政厅签署《奥斯纳布吕克条约》和《明斯特和约》。奥斯纳布吕克和明斯特两个城市都在威斯特伐利亚境内，故两个和约统称《威斯特伐利亚和约》。《威斯特伐利亚和约》规定：法国得到 3 个主教区（梅林、图尔、凡尔登）和整个阿尔萨斯（斯特拉斯堡除外）。瑞典取得西波美

拉尼亚及东波美拉尼亚的一部分、维斯马城和不来梅、维尔登两个主教区，从而得到波罗的海和北海诸港口。正式承认荷兰、瑞士独立；帝国境内勃兰登堡、萨克森、巴伐利亚等邦诸侯领地恢复到战前状况，诸侯在领地内享有内政、外交上的自主权。

这场战争使德意志损失了 1/3 的人口，300 多座城市，2000 多个村庄毁于一旦。封建主利用战争造成的破坏，大肆霸占土地，许多自由农变成了农奴，13 世纪已被废止的农奴制得以复活。在易北河东岸地区，自由农就"像白色的乌鸦一样罕见"。

三十年战争和《威斯特伐利亚和约》削弱了哈布斯堡王朝的统治，加深了德意志境内的分裂割据局面。当时的德意志地区，出现了大大小小 360 多个独立邦国，以及 4 万个世俗领地和 4 万个教会领地。一年有多少天，德意志就有多少个邦国。例如，威斯特伐利亚面积仅 1200 平方英里，却存在着 52 个邦国。领地如此狭小，使邦君不敢轻易进行军事演习，害怕稍不留神炮弹掉入领邦而引出祸端。

政治上的分裂割据也导致了关税壁垒。易北河上，从皮尔纳到莱比锡要通过 32 道税卡。从柏林到瑞士，要经过 10 个邦国，办 10 次手续，换 10 次货币，交 10 次关税。度量衡和货币十分复杂，仅货币就有 6000 种。皇帝的最后一点权威已荡然无存，帝国各种构形同虚设，德意志民族的神圣罗马帝国已名存实亡。

恩格斯指出：三十年战争所造成的严重后果，"使德国有 200 年不见于政治积极的欧洲国家之列"。直到 18 世纪末 19 世纪初，在外力的作用下，德意志才重又步入欧洲资本主义发展的轨道。这个外力就是法国大革命和拿破仑战争。

三十年战争（1618—1648 年）

三十年战争是哈布斯堡王朝同盟和反哈布斯堡王朝同盟两个庞大的强国集团为争夺欧洲霸权而进行的第一次全欧国际性战争。由于战争打了 30 年，故称三十年战争，又叫"宗教圣战"。它具有德国内战，国际混战和人民起义的三重特点，其主要战场为德国。在战争初期，德国内部新旧教派之争占有明显的地位，但不久就演变成欧洲各国争权夺利的混战。西欧、北欧一些主要国家都卷入了这场战争。战争结局不仅决定了德意志帝国的历史命运，而且对西欧各国，尤其是德法两国关系产生了深远影响。

16、17 世纪之交，欧洲社会的重大变化，各国的政治经济冲突，封建王朝及诸侯的领土之争以及宗教派别的矛盾，构成了三十年战争的复杂背景。经过宗教改革运动以后，欧洲形成了天主教、路德教和卡尔文教三大教派的三足鼎立。同时，英、法、西班牙及北欧的丹麦、瑞典等国的民族主义和国家意识开始成熟，并形成了统一的国家，封建专制制度也进一步加强，走上了对外扩张、争夺海外殖民地和商业优势以及地区霸权的道路。这期间，欧洲共存在两大争霸热点，一是北欧的瑞典和丹麦争夺波罗的海地区的霸权；二是以法国荷兰为首的联盟与以奥地利和西班牙的哈布斯堡王朝争夺欧洲的霸权。欧洲的各种矛盾和冲突都集中围绕德国展开。

战争背景

德国地处欧洲中部，具有重要的政治、经济和军事上的战略地位，也是称霸欧洲的关键。但此时的德国在政治上正处于四分五裂、分崩离析的状况。这个号称"神圣罗马帝国"的大帝国已今非昔比，穷途末路。奥地利哈布斯堡王朝皇帝长期担任帝国的皇帝，名义上为最高统治者，实际上已成了摆设，毫无实权。这个大帝国已分成了几百个大小不等的"国家"，其中包括选帝侯国、大公国、公国、伯爵领地、自由市、主教辖区、骑士领地等等，大的如勃兰登堡选侯国，面积1万平方英里，人口40万，小的面积不足1平方英里，人口才几十人。各类诸侯均是本"国"太上皇，拥有很大的权力，根本不听皇帝号令。他们各霸一方，割据称雄，有的还随意与外国结盟反对本国皇帝。16世纪的宗教改革和农民战争使地方贵族的权力进一步扩大，皇权进一步削弱。此外，各路诸侯之间也在为争夺领土、扩大地盘而明争暗斗。这样，德国在政治上形成了诸侯与皇帝和诸侯与诸侯之间的两大对立矛盾。

经济上，德国自16世纪末期也日渐衰落。由于新航路的开辟，世界商路的转移，南德城市和意大利的商业往来日减，原来商贾络绎不绝的阿尔卑斯山大道和客栈已人迹罕至。莱茵河一带的城市无法与英国和荷兰竞争，汉萨同盟在国际市场上也受到英荷的排挤。手工业也处于萧条状况，由于商人把工业原料输往国外并从国外输入工业品，从而影响了手工业必要的原料和市场。同时，农民战争失败后封建制度在各地的恢复也阻碍了工业的发展。此外，农村普遍恢复了农奴制，对农民的剥削和压迫进一步加重。农奴制的"再版"不仅阻碍了城市资本主义的发展，而且还摧毁了农村中资本主义生产的萌芽。随之而来的是国内市场萎缩，工商业萧条，城市衰落，各地间的经济联系日渐减少。

宗教上，德国自宗教改革运动之后，境内分成了势均力敌的两大教派势力：天主教和新教。天主教的势力范围主要在德国的南部、东南部和莱茵河中下游。新教由路德教和卡尔文教两派组成：路德教派的中心在北部的萨克森、黑森和勃兰登堡；卡尔文教派主要传播于莱茵河上游一带。德国各诸侯经常打着宗教旗号来争夺地盘和教产。各地的教会也分别隶属于当地的诸侯，充当诸侯的工具。皇帝是天主教诸侯的首领，他以反对"异端"为借口，以限制新教诸侯为号召，争取信天主教诸侯的支持，力图使德国成为中央集权的天主教国家。罗马教皇因为反对宗教改革，所以也站在皇帝一边。1607年，天主教的巴伐利亚公爵依靠德皇的支持，用武力进攻信奉新教的帝国小自由城市多瑙弗特，并将其并入公爵领地之内。这个事件是个战争信号，促使德国各路诸侯分化成两大阵营。1608年，以巴拉丁选侯腓特烈为首组成了"新教同盟"（又叫"福音同盟"）。1609年又成立了以巴伐利亚公爵为首的"天主教同盟"，与之对抗。德国各大小诸侯按照各自利益分别加入了各个阵营。

德国政治和宗教上的分裂给欧洲各国以可乘之机。当时，欧洲的主要国际矛盾是法国与奥地利哈布斯堡王朝之间争夺欧洲的霸权。为夺取欧洲霸权，法国反对德国的统一和强大，力图保持德国的分裂状态，所以一再怂恿和支持德国的新教诸侯反对皇帝。英国和荷兰既想阻止德国同北欧扩大贸易关系，又力图削弱西班牙的势力；丹麦和瑞典都想借机夺取波罗的海和北海沿岸的德国领土和港口。因此法国、英国、荷兰、丹麦、瑞典等国以及特兰西瓦尼亚和意大利一些邦都站在新教阵营一边。而俄国则企图收复被波兰占领的土地，土耳其的奥斯曼帝国则想扩大在巴尔干的势力范围，他们也从背后支持反哈布斯堡阵营。而站在天主教阵营一边的则有：罗马教皇、西班牙和波兰贵族共和国。需要指出的是，这两大阵营内部也存在不同的矛盾，如新教阵营中路德派与卡尔文派的矛盾，萨克森选侯国为此没有参加同盟；而德皇和巴伐利亚公爵之间为争夺联盟领导权也在明争暗斗。但这些矛盾同天主教和新教两大教派之间的矛盾相比，那就小巫见大巫了。

这样，到了 17 世纪初，欧洲和德国内部的两大阵营纷纷扩军备战，严阵以待，一场大规模国际战争一触即发。1918 年 5 月爆发的捷克人民反对哈布斯堡王朝的起义，终于成了这场国际大战的导火线。

一般史书把这次战争的过程分为 4 个阶段，其间先后进行了近 20 次大的会战。

战争第一阶段——捷克阶段（1618—1624 年）

胡斯战争之后，捷克一度获得独立。1526 年，捷克又被重新并入神圣罗马帝国的版图，帝国皇帝兼捷克国王。当时捷克保有很大的自治权，国会和改革后的教会继续存在，捷克语仍为国语。但是后来哈布斯堡统治者违背诺言，把捷克当作附庸国看待，限制捷克的自治，并派遣奥地利官吏进行干预。奥地利人还凌驾于捷克人之上，专横跋扈，作威作福。奥地利的民族压迫政策激起捷克人民的愤怒和反抗。17 世纪初，皇帝鲁道夫二世在捷克推行天主教反动政策，迫害新教徒。1609 年捷克议会领导人民起来反抗，声明如果皇帝不保证捷克人的政治和宗教权利，就不承认他为捷克国王。捷克首都布拉格的新教徒还组建了军队，以图恩伯爵为统帅。鲁道夫二世怕事情闹大，便被迫作出让步，签署了有名的《大诏书》，承认捷克人的宗教自由权，准许捷克人选出 30 名"执政官"来保护自己的权利并监督《大诏书》的实施。

但是皇帝并没有真正实行《大诏书》，反而派遣耶稣会传教士深入捷克内地，企图恢复天主教。1617 年，新登基的皇帝马蒂亚斯指定自己的堂兄斐迪南为捷克王位的继承人。斐迪南是个狂热的天主教徒。他上台后，在捷克对新教徒进行迫害，拆毁新教教堂，把做礼拜的新教徒投入监狱，禁止新教徒集会。捷克议会对他的倒行逆施提出抗议，拒绝承认他为国王。马蒂亚斯仍一意孤行，继续迫害新教徒。于是1618 年 5 月 23 日，捷克人民举行了武装起义。起义者冲入王宫，按照捷克惩罚叛徒的古老习惯，将国王的 3 名亲信走卒从 7 丈多高的窗户里扔出去，摔到宫外的壕沟里。"掷出窗外事件"是捷克民族起义的信号，也是三十年战争的开端。

布拉格人民很快占领了全城，夺取了政府的权力，组成以图恩为首的临时政府，再度摆脱哈布斯堡王朝的统治，宣布独立。1619 年，捷克议会推举新教联盟首领、普法尔茨选侯腓特烈为国王，宣布对皇帝开战。图恩率领起义军很快突入奥地利境内，6 月兵临维也纳城下。这时刚刚接任皇位的斐迪南手下没有多少军队，当他闻讯捷军兵临维也纳城下时，正同 16 个贵族在宫中开会商讨对策。他吓得浑身发抖。一名贵族急得抓住斐迪南的肩章惊呼："斐迪南，你派代表去签字嘛！"可惜，由于起义的领导者捷克贵族不敢发动人民群众，幻想通过谈判让皇帝作出让步。于是他们下领停止攻城，派出代表进宫同皇帝谈判，结果坐失良机，使皇帝赢得了喘息时间。

斐迪南缓过气来，向天主教联盟求救，并宣布剥夺普法尔茨选侯的爵位，授予天主教联盟的主力巴伐利亚选侯马克西米利安以公爵爵位。马克西米利安立即派出自己的精锐部队2.5万人"救驾"，由名将蒂利统帅。西班牙也派兵参战。天主教同盟还向皇帝提供了大量金钱援助。

而新教阵营方面却因各自的私利，行动迟缓，举棋不定，迟迟不出兵支援捷克。许多诸侯认为捷克的事与自己的利益无关，甚至有的还向皇帝提出：如果皇帝能保证他们的财产和宗教信仰，他们就不参战。由于嫉妒普法尔茨选侯当上捷克国王，强大的新教诸侯还站在皇帝一边与新教阵营为敌。法国和英国也袖手旁观。只有特兰西瓦尼亚同捷克和普法尔茨站在一边参战。

由于新教阵营的分裂，所以双方力量对比十分不利于捷克和普法尔茨。从1620年开始，战局开始逆转。斯皮诺拉指挥2.4万西班牙军很快突入普法尔茨境内，而蒂利军队也打败捷军，迫使捷军撤回捷克境内。战争从奥地利转到捷克境内，战争主要在捷克和普法尔茨两地展开。

在捷克战场，蒂利于1620年7月率军攻入捷境。11月8日，在布拉格附近的白山，双方展开决战。天主教阵营方面有蒂利统帅的2.8万军队。这支军队是当时德国诸侯中唯一的一支常备军队，训练有素，装备精良。新教军队有2.2万人，由曼斯费尔德指挥。其中有1.2万名步兵组成8个长矛兵方阵，另外有火枪手和1万匈牙利骑兵助战。虽然新教军占有位于白山和沼泽之间良好的防御阵地，但士兵缺乏训练，纪律松弛，步兵遭敌长矛兵的首次猛烈冲击便四散溃逃。天主教军只用不到2个小时便取得了会战的胜利。在布拉格，只知寻欢作乐的国王腓特烈正准备一个丰盛的宴会，闻讯天主教军前来攻打，吓得扔下王冠，带着妻子和亲信，仓皇逃出布拉格，后又逃往荷兰。捷克起义者受到了血腥镇压，捷克又丧失了独立，沦为奥地利的一个行省，天主教被定为国教，德语被定为国语，从此捷克处于哈布斯堡王朝统治之下长达几百年之久。

捷克失败后，战争转到普法尔茨。1620年年底、斯皮诺拉指挥2.4万西班牙军队攻入普法尔茨。新教军队在曼斯费尔德指挥下与之对抗。西军很快攻占了莱茵河西岸的普法尔茨地区。德国的天主教军在镇压了捷克起义之后，也调过头来攻入上普法尔茨地区。新教军面临两面夹攻之下。但曼斯费尔德是位杰出的将领，号称"基督世界的阿提拉"。他指挥军队灵活机动地与敌军优势兵力周旋。1622年双方3次大战。1622年4月16日，普法尔茨军在曼斯费尔德指挥下，与蒂利的天主教军在维斯洛赫展开会战，普法尔茨军击溃了天主教军，使敌损兵3000人，并丢失了全部火炮。此战获胜使曼斯费尔德得以与巴登侯爵军队会师。5月6日，巴登侯爵指挥1.4万普法尔茨军同蒂利和科尔多瓦指挥的天主教军于温普芬展开战斗。蒂利首先向未设防的新教军营地发动攻击，新教骑兵反击，击退了天主教军的攻击并缴获了蒂利军的所有火炮。但由于新教步兵未及时支援，蒂利又将军队集中起来打退了骑兵的攻击夺回了火炮，然后击溃了巴登的步兵。新教军队伤亡2000余人，丢失了全部火炮和辎重。6月22日，普法尔茨军2万人在克里斯丁指挥下，与蒂利统帅的

3.3万帝国军队在赫希斯特展开决战。克里斯丁因未能与曼斯费尔德军会合，便开始撤退，急于去守卫美因河上一座大桥。正当普法尔茨军进行部署时，蒂利发起攻击。普法尔茨军在桥头村庄英勇抗击达 5 小时之久，最后撤走，伤亡和被俘共 1.2万人，帝国军队的损失较少。普法尔茨军退入阿尔萨斯。1623 年 8 月 9 日，新教军1.6 万人与蒂利的帝国军队在施塔隆德进行决战。新教军大败，四散逃窜，克里斯丁逃往荷兰。9 月帝国军队攻占了普法尔茨首府海得尔堡，控制了普法尔茨全境，1623 年，帝国军队又乘胜攻占了新教诸侯控制下的威斯特伐利亚和下萨克森地区。

战争第 1 阶段以天主教联盟胜利而告终。天主教军获胜的原因，是因为军队训练有素，作战技能优于捷克和普法尔茨军队。此外，捷克军主要为平民武装，普捷两国的贵族不敢发动广大人民群众，关键时刻妥协动摇，致使战争初期的大好形势很快丧失。新教同盟的分裂、法英两国的观望，也是捷克和普法尔茨失败的重要原因。

战争第二阶段——丹麦阶段（1623—1629 年）

帝国皇帝和天主教联盟的胜利大大加强了皇帝的权力，使国际形势发生转折。哈布斯堡王朝势力增强和西班牙军队对普法尔茨的占领，直接威胁到法国和荷兰的安全，引起了德国新教诸侯的恐慌和英法荷等国的不安。法国不能容忍查理五世帝国的复活；荷兰则于 1621 年与西班牙重新处于战争状态。英王詹姆士一世只关心自己的女婿、普法尔茨选帝侯腓特烈的命运；丹麦和瑞典垂涎德国北部领土，也不愿意哈布斯堡对全德实行有效的统治，尤其是丹麦，受到皇帝的威胁最大。

丹麦是北欧一个小国，历来以农牧业经济为主。16 世纪中叶，丹麦国王通过宗教改革，推广路德教，使天主教会的大片地产落入国王和贵族手中，并且巩固了农奴制经济。17 世纪初，英荷等国资本主义经济的发展大大推动了丹麦农牧业的增长和外贸的扩大。丹麦经济的发展促进了上层集团扩张野心的膨胀。他们把从波罗的海通往大西洋的丹麦海峡看作自己的"聚宝盆"，不容他人染指。此外，他们还企图控制北海和波罗的海，使自己成为北欧的霸主。同时丹麦国王还竭力想巩固和扩大在北德的领地。于是丹麦国王的扩张企图便与皇帝的侵略势力发生了尖锐冲突。法国、英国、荷兰等国支持丹麦国王克里斯蒂安四世并提供大量资金和武器。在英法等国的鼓动下，丹麦积极备战。国王迅速募集了 6 万人的军队，并且和北部的新教诸侯以及曼斯费尔德的新教军队联合在一起。同时，特兰西瓦尼亚的新教诸侯卡博尔也率军和新教军统一行动。于是，新教阵营的军队在克里斯蒂安指挥下，向皇帝及其军队发起进攻。战争遂进入第 2 阶段——丹麦阶段。

丹麦和新教联军进攻初期，进展顺利，很快攻入德国西北部，曼斯费尔德的军队由西进攻捷克，卡博尔的部队从东面向奥地利和巴伐利亚进攻。丹麦及新教军多是临时拼凑的雇佣军队，组织松散，缺乏训练，战斗力不高，但是训练有素、久经征战的皇帝军队却挡不住对方攻击，连连败退，陷于被动。其原因是，经过对捷克和普法尔茨的战争之后，皇帝方面耗资巨大，财政遇到了困难。同时，在哈布斯堡统治下的匈牙利和捷克人民对民族压迫不满而经常起义，牵制了皇帝的大批兵力。

此外，天主教阵营内部特别是皇帝和巴伐利亚选侯之间的矛盾日益尖锐；再加上法国当政的著名政治家黎塞留的离间政策，更进一步加深了天主教阵营内部的矛盾，诸侯故意不出兵作战。

丹麦军队的胜利引起哈布斯堡宫廷一片恐慌，皇帝手下无兵，在万般无奈之际，重新起用了 A·瓦伦斯坦的雇佣军与丹军作战。瓦伦斯坦是杰出的军事家和政治家，是捷克贵族，但因长期在皇帝军中服役，已经德国化了，连他自己也自认为是德国人。他于 1604 年加入皇帝军队为哈布斯堡王朝效劳。捷克起义时，因忠于皇帝而失去全部领地。1620 年白山之战后担任捷克北部军队司令，1621 年成为帝国军事委员会成员，1622 年任布拉格卫戍司令。1625 年晋封为公爵。在皇帝军队败退之际，他向皇帝建议：建立一支不受巴伐利亚牵制的独立的军队。他声称已经招募到一支 3 万人的军队，军队的薪水和供应可向驻地人民征收，不要皇帝一分钱，只要皇帝授给他一个正式官衔，他就能率领这支军队上前线作战。皇帝十分高兴，便正式委任他为帝国军队总司令。

瓦伦斯坦曾对自己的雇佣军进行过严格训练，再加上他本人是个军事家，具有出色的统帅能力和组织才能，所以他的军队具有较强的战斗力，此外，他采用"以战养战"政策，靠掠夺驻地居民的粮食和财富来维持军队的供应。每攻克一地，他的军队都像蝗虫一样将居民抢劫一空，人称他的军队为"瓦伦斯坦蝗群"，1626 年 4 月，瓦伦斯坦军队出动，首先攻击曼斯费尔德的军队。4 月 25 日双方在易北河畔的德绍要塞展开会战，曼斯费尔德正在攻打德绍要塞，瓦伦斯坦军 1 万人借助树林作掩护，接近新教军队，从侧翼发起突然袭击。新教军猝不及防，全线败退，1 万多人被打死，被俘者占 3/4。接着瓦伦斯坦挥军直进，迅速攻克了勃兰登堡、梅克伦堡、什勒斯维希等地，并很快控制了整个萨克森地区。他的军队一边前进，一边洗劫当地人民，一边补充扩大军队。8 月份全军已达 8 万人。8 月 27 日，双方展开了鲁特会战。当时克里斯蒂安指挥的丹麦军队和新教联军正在撤退途中，蒂利军在鲁特城堡附近的开阔地追上联军。这时联军已构筑了坚固的工事，蒂利军发起攻击。丹麦步兵顽强抗击，但德国新教军队骑兵拒绝参战，结果丹军大败，阵亡 4000 人，被俘 2000 人，被缴获大炮 22 门和军旗 60 面。丹麦国王逃往荷尔施坦。蒂利军攻占了巴伦堡和布伦维克地区，瓦伦斯坦则挥军攻入丹麦境内。另一支新教军在曼斯费尔德率领下退入特兰西瓦尼亚境内。

1627 年起，战争在丹麦和波罗的海沿岸地区展开，瓦伦斯坦军在丹麦境内横冲直撞，丹军节节败退。7 月 5 日起，瓦伦斯坦军进攻波罗的海沿岸重要港口斯特拉尔松要塞，由于守军顽强抵抗，围攻 11 周后，瓦伦斯坦军损失惨重，被迫撤退。但不久在沃尔加斯特战役中瓦伦斯坦再次击败丹麦军队。

正当瓦伦斯坦和蒂利的天主教军连连奏凯之际，法国首相黎塞留和瑞典国王古斯塔夫二世从战略上考虑，开始介入战争，直接援助新教军队，以挽救新教同盟。瑞军援助丹军在斯特拉尔松保卫战中获胜。瑞典还向北德新教诸侯和丹麦提供军事财政的援助。法国则在意大利北部直接出兵同哈布斯堡军作战，法国、西班牙和奥地利军队打得难分难解。而瓦伦斯坦也在波美拉尼亚组建海军，进行训练，准备向瑞典开战。到 1628 年年底，丹麦在丧失北德的重要港口维斯马和罗斯托克以后，已完全失去在德国的立足之地。这时，丹麦已筋疲力尽，无力再战，被迫于 1629 年 5 月 12 日，与皇帝签订了《吕贝克和约》，丹麦表示接受恢复原状和不干涉德国内政的条件。瓦伦斯坦则从丹麦撤军。皇帝通过和约进一步控制了德国北部。由于瓦伦斯坦为皇帝立下了战功，皇帝授予他"大洋和波罗的海将军"称号和大片封地。

在战争第 2 阶段，战争范围进一步扩大到北欧波罗的海沿岸和意大利北部，参战国逐渐增多，交战规模进一步扩大。天主教同盟依靠军事天才瓦伦斯坦，又一次打败了新教同盟的军队。

战争第三阶段——瑞典阶段（1630—1635 年）

丹麦战败后，德国皇帝的权势进一步扩大到了德国北部。1629 年，德皇又颁布"教产复原敕令"，规定新教贵族应把 1552 年后所夺取的天主教会的全部财产和土地都归还给天主教会。这更增加了德国新教诸侯的恐慌和反抗。但是这时瓦伦斯坦提出了一项建立一支强大的德国波罗的海舰队和统一的德意志帝国的计划，招致了德国新旧教诸侯和支持他们的欧洲各国的普遍仇视。德皇帝每天都收到一百多封弹劾瓦伦斯坦的奏折。德皇迫于无奈，免去了瓦伦斯坦的职务，解散了他的军队。正当德国天主教阵营发生内乱之际，号称"北欧雄狮"的瑞典军队却从德国北方打了进来。于是三十年战争进入了第 3 阶段。

瑞典是北欧一个封建王国，16 世纪时，还是一个落后的农业国，全国约 85 万人口，其中 5% 是城市人口，其余均是农民。1611 年，年轻有为的古斯塔夫·阿道尔夫二世继承了王位。他是欧洲卓越的政治家和军事家，博学多才，目光远大。他上台后，为改变瑞典的落后面貌，从政治、经济、文化、军事等各个方面实行了全方位改革，通过改革，加强了中央集权，消除了贵族分裂势力，使以采矿业为龙头的工业和贸易迅速发展起来。经济繁荣，成为北欧的大国。古斯塔夫进行的军事改革具有革命的意义。他在欧洲首先废除了雇用兵制，实行了征兵制，组建了以农民为主的 3.6 万人的正规军。他对这支军队严格训练，实行严格的纪律，大大提高了战斗力。同时他建立了军火工业，大量生产枪炮和弹药，并对滑膛枪进行了技术上的改进，使之火力更强，更轻便灵活。他还组建了一支强大的炮兵部队，以先进的轻型野战炮为主要火炮。他创建了线式战术，即全军排成"楔形阵形"；骑兵为纵深三列，长矛步兵排成三至六列横队，左右两翼为火枪手，全军成横列线式队形。这种队形一改传统的笨重方阵，可以在作战中更灵活快速地机动、布阵和进攻。这是军事史上的一个里程碑，它标志着从古代和中世纪的战术向近代战术的转化。古斯塔夫还重视骑兵的建设，用骑兵作为突击力量。他还建立了高效率的后勤补给系统，建立了一系列兵站和仓库，保障军队的供应。改革后的瑞典军队成了欧洲第一流的军队。

古斯塔夫努力提高瑞典的国际地位，制定了争霸波罗的海的战略计划：第 1 步，孤立瑞典最危险的敌人波兰，先打败俄国；第 2 步，打败波兰；第 3 步，控制波罗的海沿岸所有的土地，把波罗的海变成瑞典的内湖。为实现这一野心勃勃的战略目标，瑞典于1614年和1615年先后同荷兰和德国的新教诸侯建立了联盟。接着1617年瑞典打败了俄国，切断了俄国通往波罗的海的出海口。接着又打败了波兰，根据1629年的"阿尔特马克条约"，瑞典占领了波罗的海沿岸全部港口和大片土地，波罗的海成了瑞典的"内湖"。

古斯塔夫完成了称霸波罗的海的目标后，又参与争霸欧洲大陆的角逐。三十年战争提供了有利时机。古斯塔夫二世分析了形势，认为德皇和天主教联盟的胜利是对瑞典的威胁。因为德皇控制了北德后，正开始建立波罗的海舰队，威胁到瑞典对波罗的海的控制。而一旦德皇和天主教联盟控制了波罗的海，将威胁到瑞典经济的生命线——输出矿产的海上商路的安全。此外，天主教的波兰也会向瑞典讨还失地。于是古斯塔夫根据瑞典历来的作战原则："只可在敌国领土上逐鹿打仗，不要在自己本土上兴兵打仗。"他制定了作战计划：主动出击德国，以保卫本土。他指出："假如我们在瑞典境内等待敌人，则可能丧失了一切而一败涂地。如能侥幸在日耳曼境内一战成功，那就只有利而无害了。所以我们必须到国外作战，瑞典境内绝不许有敌军出现。"这时法国也想利用瑞典人打败天主教军，让瑞典当作法国称霸欧洲的工具，因此便提供大量金钱援助，鼓动瑞典出兵德国。

1630年7月6日，古斯塔夫二世统率1.3万军队在德国东北部奥德河口登陆，揭开了"瑞典阶段"的序幕。不久，瑞典又派来2.6万人的援军，使古斯塔夫二世的总兵力达到近4万人。北德意志的新教诸侯都站在瑞典一方。瑞典军队沿奥德河流域向易北河流域挺进。瑞军得到了法、荷、俄等国的援助，包括粮食和军用物资，还同萨克森结为同盟。瑞军势如破竹，很快攻占了德国北部和中部许多地区。

德皇闻讯后令蒂利率军阻击。1631年3月，蒂利首先攻击瑞军攻占的马格德堡。蒂利军有2.2万人，而守城的瑞军仅数千人，由法尔肯贝格指挥。5月，古斯塔夫急率军驰援。但蒂利已先行攻占了该城，法尔肯贝格阵亡。蒂利大开杀戒，屠杀了该城数千名手无寸铁的新教居民。7月22日，古斯塔夫军1.6万人与蒂利军2.3万人在韦尔本展开会战。瑞典炮兵大显威风，以猛烈炮火击溃了进攻的蒂利军，瑞骑兵乘胜追击，蒂利军损失惨重。几天后蒂利又发动攻击，再遭惨败。损失6000人。9月17日，双方主力集中于莱比锡附近的布赖滕费尔德，展开决战。蒂利军3.5万人，火炮26门。瑞典军2.4万人再加助战的1.8万萨克森军，共4.2万人，拥有火炮100门，无论是兵力还是火力均占上风。瑞典军队排成了新型的线式阵形，而蒂利军则按传统战法排成一个个密集的方阵。双方先用炮兵互射，瑞典军炮兵火力占压倒优势，给敌造成巨大损失。蒂利军在炮轰后发起攻击，但骑兵7次冲锋都被瑞军滑膛枪齐射的火力击退。但瑞典军右翼萨克森军还未与蒂利军方阵接仗，便向后溃退，蒂利军又迂回到瑞军薄弱的左翼发起攻击。古斯塔夫沉着冷静地调动兵力，使队形向右翼倒卷过来，迎头截击敌军。瑞军炮兵和滑膛枪的密集火力把以长矛为主的敌军方阵打得一排排倒下。蒂利军伤亡达8000人，尸横遍野，蒂利也负了重伤，率残兵逃回莱比锡。瑞军俘敌5000，缴获了敌军全部大炮和辎重。而瑞萨联军共伤亡2700人，其中瑞军仅伤亡700人。布赖滕费尔德战役是古斯塔夫二世军事艺术的杰作。以机动如火力为基础的新战术第一次战胜了以数量加长矛为基础的旧战术。这在军事史上具有划时代意义，显示了改革后的瑞典军队对旧式欧洲军队所具有的优势。

布赖滕费尔德大捷震动了欧洲，新教联盟欢喜若狂，把古斯塔夫二世推选为新教阵营的盟主。而德皇斐迪南二世则惊恐万状，跑到意大利向教皇乞援。在胜利面前，古斯塔夫二世有些飘飘然，他制定了一个冒险的军事计划：乘胜深入德国南部地区，进攻天主教同盟的基地巴伐利亚，然后沿多瑙河进攻哈布斯堡王朝的老巢奥地利，逼帝国皇帝投降。于是瑞军继续向德国南部挺进，1631 年底和 1632 年初攻占了美因茨。1632 年 4 月，古斯塔夫二世的瑞典军及德国新教军队 2.6 万人与蒂利军 2 万人在莱希河展开激战。瑞军准备强渡莱希河，用炮火掩护工兵架桥。在炮战中蒂利重伤身亡，天主教军仓皇撤退。瑞典及新教联军顺利渡过莱希河，继续南进，直下奥格斯堡、慕尼黑和纽伦堡等重镇，占领了整个莱茵区，并把西班牙军赶回荷兰。瑞军在南下过程中沉重打击了天主教阵营的封建反动势力，但也具有侵略性。瑞军一路烧杀掳掠，给德国人民带来深重灾难。

瑞典军队的胜利迫使皇帝斐迪南二世重新启用瓦伦斯坦担任帝国军队总司令，以扭转战局。这时法国担心瑞典的胜利会导致新教徒控制德国，威胁到法国在德国南部的利益，便千方百计阻止瑞典军队的行动，并策动德国的新教诸侯不再支持瑞典，同时，瑞军的暴行也激起了德国农民的起义。这样，古斯塔夫二世面临四面受敌的不利境地，加上战线过长，军队过于分散，指挥困难。从 1632 年下半年开始，瑞军逐渐丧失了战略主动权。

1632 年瓦伦斯坦复出后，采取了强征和募兵相结合的办法重建了一支雇佣军，并起用以前的旧部军官担任指挥，连帝国残军在内，共有 4 万人。他针对瑞典军队供应线过长的弱点，以最快的速度飞军插向瑞军侧后方，攻入萨克森，切断了瑞军供应线。这是十分高明的一着，它打乱了古斯塔夫进攻奥地利的原定计划，迫使他掉转方向，解救萨克森。这时瓦伦斯坦军主力驻守莱比锡附近的交通枢纽吕岑。古斯塔夫决定乘瓦伦斯坦兵力分散之机，与他决战，以打通莱比锡大道。为达成战役突然性，他于 11 月 14 日夜率军星夜急进，于 15 日凌晨抵达吕岑。16 日早晨，大雾迷漫，双方军队列阵相对，瓦伦斯坦军 1.8 万人，火炮 60 门，列成 4 个步兵方阵，两翼是骑兵。瑞军 1.85 万人，炮 66 门，列成线式队形。双方兵力旗鼓相当，同时发起攻击，在浓雾中展开短兵相接的混战。由于大雾迷漫，加上瓦伦斯坦也运用了古斯塔夫以前用过的新战术调动兵力，所以古斯塔夫的新战术未发挥更大的威力。激战中，古斯塔夫二世头部中了流弹，坠马倒地身亡，一代军事天骄像流星一样过早陨落，年仅 38 岁。古斯塔夫二世阵亡后，贝恩哈德大公接替指挥，瑞军在为国王报仇的口号下奋勇向前。帝国军队因是新招募的雇佣军，训练很差，挡不住久经征战的瑞军猛攻，伤亡惨重，指挥官帕彭海姆伯爵也被击毙。瓦伦斯坦见势不妙，丢下全部火炮乘夜撤离战场。是役、帝国军队损失 6000 人，瑞军伤亡 3000 人，吕岑之役瑞军虽然获胜，但统帅阵亡大大挫伤了军队士气，新教诸侯乘机摆脱了瑞典人的控制，独立行事。瑞典国内贵族和王室之间的争权夺利斗争也随之加剧，进一步削弱了瑞典的力量。

吕岑战役后，由于瓦伦斯坦兵权在握，不把皇帝放在眼里，这使皇帝和诸侯把他视为眼中钉，他们联合起来，伺机要除掉他。1634年，瓦伦斯坦因企图与瑞典和谈，恢复国内和平，并使外国军队撤出德国领土。皇帝认为他有通敌嫌疑，于2月派人刺杀了瓦伦斯坦。瓦伦斯坦的去世也使天主教阵营失去一位天才统帅。这是天主教阵营最后失败的一个重要因素。

德皇杀了瓦伦斯坦后，由皇太子斐迪南掌握军权，并联合西班牙军队共同与瑞典军队作战。1634年9月6日，在纳德林根西班牙和天主教军4万人与瑞典和新教联军3万余人展开了一场决战。瑞典和新教联军大败，1万人阵亡，6000人被俘，丢失火炮80门。天主教军乘胜追击瑞典残军到波罗的海岸边。纳德林根战役具有决定性意义，瑞军主力损失殆尽，无力再战。新教联盟解体，而天主教同盟也筋疲力尽。1635年5月，萨克森和勃兰登堡与皇帝议和，签订了"布拉格和约"，其他德国新教诸侯也纷纷和皇帝议和。根据和约，皇帝要控制大多数诸侯的军队，所有的诸侯联盟一律解散。皇帝在军事和政治上再次取得了胜利。

在战争第3阶段，天主教同盟取得了胜利。战争规模进一步扩大，瑞典成为战争的主角。交战双方主要通过主力会战来决定胜负。古斯塔夫二世指挥的布赖滕费尔德战役和吕岑会战在战史上堪称典范。古斯塔夫的阵亡导致战局逆转，结果皇帝和天主教阵营第3次占了上风。战局演变导致了法国的参战，并形成全欧洲战争。

战争第四阶段——全欧混战阶段（1635—1648年）

天主教同盟的再次胜利促成法国的参战。法国本是天主教国家，同德皇、西班牙和德国天主教诸侯在宗教上是一致的，并无宗教矛盾。但法国的国策是对外扩张，争夺欧洲霸权。在三十年战争前3个阶段，法国一直假手他国和新教联盟的力量来打击哈布斯堡王朝，待两败俱伤后，法国好从中取利。在"丹麦阶段"，法国虽曾参战，但仅在意大利北部打了一场小仗，并未大规模卷入。现在法国担心瑞典在德国建立听命于瑞典的新教同盟政府，还担心哈布斯堡王朝的实力再度恢复和壮大，不利于法国在欧洲建立霸权。于是法国趁德国交战双方疲惫不堪、元气大伤之际，决定出兵收拾残局，给哈布斯堡王朝以最后一击，实现称霸欧洲的伟业。

17世纪上半期，由于奥地利哈布斯堡王朝已虚弱，无力与法国抗衡，只有西班牙是法国争霸的最大障碍。西班牙也是哈布斯堡王朝统治下的天主教封建专制的国家。西班牙在教皇支持下，实行"世界基督教帝国"计划，妄图把欧洲所有国家都置于西班牙统治之下。在国内，西班牙建立了欧洲最反动的封建专制，残酷迫害异教徒，臭名昭著的宗教裁判所遍及全国各地，无数导教徒被处以火刑。西班牙还到处向外扩张侵略，除在拉丁美洲建立庞大的殖民帝国外，还在欧洲统治着尼德兰（今荷兰、比利时和卢森堡）意大利一些邦和葡萄牙。为了争霸欧洲，西班牙与英国打过仗，并介入过法国国内纠纷。但西班牙进入17世纪后，力量已大大削弱，"无敌舰队"的毁灭，尼德兰的革命，使它焦头烂额。但西班牙仍具有盯相当实力，法国仍视它为主要敌人。

为了实现霸业，法国宰相、著名政治家和外交家黎塞留制定的战略是：双管齐下，一方面打击西班牙，夺取它在尼德兰和意大利南部的属地，并使西班牙无力援助德皇和天主教贵族；另一方面，进军德国境内，建立法国的势力范围。为此，黎塞留在外交上使法国和瑞典、荷兰、威尼斯和匈牙利等国结成反哈布斯堡的同盟，另一方面又和德国的新教诸侯结成反对皇帝和天主教联盟的同盟。1635 年 5 月，法军按照黎塞留制定的兵分数路，多点进攻，破袭敌方交通线的作战计划，在德国、尼德兰、意大利和西班牙同时展开反哈布斯堡王朝的军事行动。在法军行动的同时，滞留在德国北部的瑞典军队已恢复了元气，趁机再次侵入德国的中部和南部。战火开始在欧洲大陆各地燃起。由于十几年的战争已使交战双方的人力、物力受到极大消耗，双方军队无力再进行像前几阶段那样的大规模会战，尽量避免决战，使战争变成了旷日持久的消耗战。战争范围扩大到欧洲各地，各主要欧洲国家均卷入战争，而且无固定的战线，到处是混战。战争进程可分两大阶段：1635—1643 年以法国同西班牙交战为主；1643 年—1648 年，战场以德国为主。

在法国与西班牙的战争中，1635—1640 年西班牙占了上风。1635 年，西班牙首相奥利瓦雷斯制订了三路入侵法国的作战计划，并提出了"宁愿牺牲一切，否则卡斯提尔（指西班牙）将成为世界霸主"的口号。1636—1637 年，西班牙军及其盟军巴伐利亚军队先后从北面和南面攻入法国，一度逼近了首都巴黎。但由于战线过长，军力分散，再加上国力空虚，财力和军力补充不足，西军的优势逐渐丧失。法军于1637 年把西班牙军逐出法国南部，但在 1638 年，法军在尼德兰和意大利连连受挫。后法军采取集中兵力、各个击破的战术，相继取得一些胜利。在意大利战场上，法军在南部通过与萨伏依、曼图亚等小国军队协同作战，重创了西班牙军队，同时在意大利北部切断了西班牙从米兰、热那亚到尼德兰的重要通道。

这时法国及盟友荷兰在海上取得了辉煌胜利。1638 年 8 月，法国舰队在圣塞巴斯蒂安附近击沉了西班牙一支分舰队 28 艘军舰的大部分。1639 年 10 月 21 日，荷兰海军又与西班牙在唐斯展开了一场从战争以来规模最大的海战。当时，特罗普指挥下的荷兰舰队有 100 艘军舰。在这次海战中，西班牙舰队 70 艘军舰被击沉 44 艘，被俘 14 艘，死伤 7000 人，被俘 1800 人，荷海军仅损失 500 人和 1 艘军舰。从此西班牙海军便一蹶不振。海战的胜利大大改善了法荷在陆战的态势。法荷军队密切协同，于 1640 年在尼德兰南部战场上攻占了阿图瓦等重要城市和地区。1643 年 5 月，法军同西班牙军在法国与尼德兰交界的罗克鲁瓦展开决战。法军 2.2 万人由孔代指挥，西班牙军 2.8 万，由梅洛统率。战斗十分激烈。开始法军左翼被击溃，中军也受到动摇。但西班牙军缺少骑兵，未能扩大战果。法军重整旗鼓，采用了瑞典军队改革后的新阵式，以线式队形集中主力从一翼实施突破，打乱了西班牙军的方阵，西军全线溃退，法军大获全胜。西军阵亡 8000 人，被俘 6000 人，而法军仅损失2000 多人。西班牙的精锐部队几乎丧失殆尽。从此，西班牙失去了反击能力，法军确立了对西战争的胜局。

在德意志战场，瑞典军队又恢复了锐气，于 1642 年 11 月 2 日同皇帝军队展开了第 2 次布赖滕费尔德会战。瑞军在撤退途中在布赖滕费尔德为皇帝军队截住去路。托尔斯滕森元帅指挥瑞军奋起迎击，击溃了帝国军队，奥地利军损失了 1 万人。瑞军再度向德国南部挺进。瑞军节节胜利，引起丹麦国王的嫉妒和恐惧。丹麦便乘瑞军深入南德之际，向瑞典宣战。瑞军托尔斯滕森放弃向维也纳的进军，回师北上，反击丹麦军队。瑞典军队从陆海两方面进攻丹麦，迅速攻占了什勒斯维希一荷尔什坦因地区和日德兰半岛的许多地方。丹麦海军表现不凡，1644 年 1 月击败了荷兰瑞典联合舰队，封锁了在基尔湾的瑞典舰队。但不久，瑞荷舰队在洛兰岛海战中摧毁了丹麦的 17 艘战舰，丹麦海军的主力被消灭了。经过 3 年战争，丹麦海军主力被歼，国土大片被占，丹麦被迫战败求和。

瑞典军在同丹麦鏖战时，在其他方向也进展顺利。法国为了制止瑞典实力的增强，急忙调兵东进，自莱茵河南下挺进德国腹地。但 1643 年 11 月，法军在托伊特林根被帝国军队打得溃不成军，司令德朗佐将军等被捕，火炮辎重全被天主教军队缴获。1644 年 8 月，法军与天主教军在弗赖堡交兵。法军 2 万人，由军事家孔代和蒂雷纳指挥。对手则是梅尔奇率领的巴伐利亚军队 1.5 万人。法军击败了巴伐利亚军并缴获了其全部火炮和辎重。法军乘胜前进，与瑞典军会师。

1645 年，法瑞两军双双凯旋。2—3 日间，瑞典军在捷克的扬考一战给帝国军队以致命一击，然后攻入奥地利，占领了斯泰因等地。法军则于 8 月进行了第 2 纳德林根战役。孔代指挥 1.5 万法军同冯梅尔西元帅的 1.2 万帝国军队交战。法军大获全胜，毙俘敌军 6000 人，缴获敌所有的火炮，冯梅尔西元帅也被打死。法军损失4000 人。

1646 年，瑞典军重新攻入巴伐利亚，法军也进入士瓦本和巴伐利亚。不久，两军联合攻入奥地利。1648 年 5 月，法瑞联军在楚斯马斯豪森大胜巴伐利亚和帝国的军队。这次决定性胜利后，瑞典军攻占了布拉格，奠定了战争的结局。法军从美因茨攻入巴伐利亚，双方对维也纳形成了钳形攻势。

皇帝和天主教同盟经多年战争，加上失去了西班牙的援助，已无力再战，被迫求和。其时瑞典军也十分疲劳，军中传染病流行，战斗力大大削弱。法国对英国革命深感不安，和瑞典也时有摩擦，已无心再战。于是法瑞双方也同意停战。这样，持续了三十年之久的大战终于尘埃落定，偃旗息鼓了。

日本大化革新

公元 645 年（大化元年），在日本发生了革新运动，因革新始于大化年间，故称大化革新。大化革新是日本从奴隶社会过渡到封建社会的变革运动，它废除了奴隶制，建立了以中央集权制和国家土地所有制为特点的封建制度。大化革新的划时代伟大意义，堪与十九世纪发生的明治维新相比拟。

奴隶制岌岌可危

奴隶制的大和国产生于三世纪后叶，以大和（今奈良县）为中心的近畿地区，四世纪末统一了日本。统一国土之后，大和国同中国南朝刘宋和朝鲜半岛的百济密切交往，积极摄取大陆先进文化和生产技术，发展了生产力，促进了日本经济文化的发展。

生产力的迅速发展与旧有的奴隶制生产关系部民制发生尖锐矛盾，阶级矛盾和统治阶级内部矛盾加剧，经济衰落。六世纪末至七世纪初，奴隶主贵族更加残酷地榨取部民的膏脂。不堪忍受奴隶主贵族残酷压榨的部民起来反抗。最初的反抗形式是逃亡。后来，部民进山入薮，经常袭击奴隶主贵族。626 年（推古三十四年），"强盗窃盗并大起之，不可止"。部民的反抗斗争日益高涨。这种部民的斗争打击了奴隶主贵族，动摇了奴隶制的根基，为新的生产关系开辟了道路。

统治阶级内部的相互倾轧也越来越激烈。奴隶主贵族大肆兼并土地，为了争夺土地"争战不已"。皇室以各种名义霸占地方贵族的土地，扩大自己的直辖领地屯仓，因此，地方贵族同皇室的矛盾也很尖锐。当时朝廷内部上下相克的事件不断发生。氏姓制度也出现混乱状态，如"父子易姓，兄弟异宗"等等。

部分奴隶主贵族看到部民制已无利可图，于是采取租佃制的剥削方式。他们把兼并的土地出租给邻近百姓（平民）和逃来的部民，收取地租。当时从平民中成长起来的富裕的大家庭也将靠家庭成员无力耕种的多余土地出租给无地少地的平民和逃亡部民，征收地租。这种租佃制是封建生产关系的萌芽。封建生产关系的产生和发展，加速了奴隶制的崩溃。

革新与守旧势力早期的矛盾

部民制开始衰落的六世纪中叶，朝廷出现了改变现行统治制度，以挽救社会危机的改革者苏我稻目（？—570 年）。稻目任宣化（535—539 年）、钦明（539—571 年）两朝的大臣。苏我氏与大陆移民有着密切的关系，所以便于吸收中国、朝鲜的先进思想和文化，成为开明的政治家。稻目于 555 年（钦明十六年）在吉备五郡设了白猪屯仓，但此后十多年间逃亡的部民甚多，为了制止这种现象，569 年（钦明三十年）派胆津去白猪屯仓，编制部民户籍。编制部民户籍是一项重要改革措施。由于建立了户籍，原来以部为单位生产的部民，变成以户为单位生产和向国家交纳年贡的小生产者。

苏我稻目的政治主张遭到守旧势力的代表人物大连物部尾舆的坚决反对。他们之间的矛盾，在崇佛和排佛问题上表面化了。钦明王皇时期，百济圣明王献给日本朝廷佛像、经论。当时稻目主张崇佛，而尾舆和主管神事的中臣镰子反对。稻目主张崇佛的政治目的在于通过信仰佛教来代替氏神的崇拜，以统一全国的思想，削弱氏姓贵族的势力，提高皇权，挽救社会危机；尾舆则主张不能改变氏神的崇拜，以维护腐朽没落的部民制和氏姓制。天皇允许稻目试拜，后来，国内流行瘟疫，尾舆和镰子上奏天皇把这场灾祸归罪于崇佛，要求掷弃佛像。他们经天皇同意，把佛像投进难波的堀江，又纵火烧掉了伽蓝，由是与稻目的矛盾加剧。

587 年（用明五年），用明天皇死后，苏我稻目之子大臣苏我马子和物部尾舆之子大连物部守屋围绕皇位继承问题展开激烈斗争。当年，马子消灭了守屋，掌握朝廷的实权。他拥立泊濑部皇子为天皇。这就是崇峻天皇，崇峻天皇因不满马子在朝廷专权，于 592 年（崇峻五年）被马子指使的东汉直驹暗杀。

圣德太子的初步改革

崇峻天皇死后，推古天皇即位，翌年，即 593 年（推古元年）天皇立用明天皇遗子厩户皇子（574—622 年）为皇太子，又委以摄政重任，厩户皇子后来被世人称圣德太子。太子曾分别向高丽僧惠慈和五经博士觉哿学习佛典和中国典籍。他广泛吸收中国的先进思想和文化，成为著名的政治思想家和改革家。他试图以加强皇权，削弱氏姓贵族势力的办法，整饬社会秩序，挽救社会危机，为此采取一系列改革措施。

603 年（推古十一年），制定冠位十二阶。冠位是按才能和功绩，由天皇授予贵族个人的荣爵，不得世袭。它和可以世袭的姓是完全不同的。实行冠位制，在一定程度上提高了皇权，为选拔人才创造了有利条件，推进了贵族的官僚化和官僚体制的形式。

次年，即 604 年（推古十二年），颁布 17 条宪法。17 条宪法是贵族的行为规范，并不是国家的根本法典。其条文，大都出自中国诸子百家的典籍和佛教思想，而尤以儒家经典居多。《宪法》规定"承诏必谨，君则天之，臣则地之"，"国非二君，民无两主，率土兆民，以王为主"，以提高天皇的地位。《宪法》还提到"以和为贵，无忤为宗"，"群卿百僚，以礼为本"要求贵族息争守礼。为了发展生产，消弭人民的反抗情绪，《宪法》还规定了"国司、国造勿敛百姓"，"农桑之节，不可使民"等条款。

圣德太子又采取兴隆佛教的政策。594 年（推古二年），通过天皇下诏兴隆佛、法、僧"三宝"。太子带头建寺、讲经、注经。结果全国出现了竞造佛舍，弘扬佛法的局面。太子兴隆佛教旨在用佛教来统一全国的信仰，以加强皇权。

太子遣使通好于中国隋朝，恢复了中断一个多世纪的中日邦交，积极移植中国的先进思想和文化。600 年（推古八年）至 614 年（推古二十二年）的十五年间，派出四次遣隋使和八名留学生和学问僧。随遣隋使到中国留学的高向玄理、僧旻等人，后来学成归国后，在大化革新中发挥极为重要的作用。

圣德太子的改革，在一定程度上打破了氏姓制的束缚，削弱了大氏姓贵族的势力，提高了天皇的地位，培养和选拔了人才，这为后来的大化革新打下了基础。但圣德太子的改革，局限在上层建筑领域，而在这个领域里的改革也很不彻底。冠位制是在没有废除氏姓制的情况下实行的，实施范围仅在畿内及其周边地区。17 条宪法作为训诫，只能起到教化作用，没有多大约束力。所以抑制大氏姓贵族的势力，提高皇权是有限的。由于太子的改革没有触动日趋衰落的经济基础部民制，要挽救社会危机是根本不可能的。

大化革新的出现

622 年（推古天皇三十年），圣德太子病逝，改革事业随之停止下来。苏我马子对太子的改革，采取消极抵制的态度，因为提高皇权，削弱氏姓贵族的势力，不利于苏我氏在朝廷专权。因此，太子死后，马子自然不会继续推进改革事业。626 年

（推古天皇三十四年）马子死后，其子苏我虾夷继任大臣，独揽朝廷大权。628 年（推古天皇三十六年）推古天皇病死，虾夷排斥圣德太子之子山背大兄王，第二年拥立田村皇子即位（舒明天皇）。在皇极朝（642—645 年）时期，虾夷之子苏我入鹿登上政治舞台，专擅朝政。他痛恨圣德太子的名望，反对他的改革事业。入鹿为了根除改革事业的后继者及拥古人大兄的障碍，消灭了山背大兄王。古人大兄是舒明天皇和马子的女儿法提郎媛所生的皇子，与苏我氏有密切的关系。山背大兄王事件说明，统治阶级内部新旧势力的斗争日益激化。苏我虾夷和苏我入鹿父子与其祖辈苏我稻目不同，他们不断扩大田庄增加部民，加强以东汉氏为主力的私兵，打击改革势力，已成为极力维护部民制的奴隶主贵族的总代表和社会变革的最大绊脚石。

社会危机越来越严重的七世纪三、四十年代，圣德太子派到中国的留学生陆续回国。623 年（推古天皇三十一年）归国学问僧惠日等上奏天皇："留于唐国学者，皆学以成业，应唤。"天皇可能采纳了这个意见，召唤在唐学习的学生。僧旻于 623 年（舒明天皇四年），惠隐、惠云于 639 的（舒明天皇十一年），南渊请安和高向玄理于 640 年（舒明天皇十二年），回到日本。他们去中国留学二、三十年，学到了丰富的中国思想文化和隋唐两朝的统治经验，回国后积极进行传播，在部分贵族中发生强烈影响。在部民斗争的冲击和中国封建政治经济制度的影响下，出现了以中臣镰足（614—669 年）和中大兄皇子（626—671 年）为代表的革新人物。中臣镰足是大夫中臣御食子的长子，自幼好学，博览群书，尤其反复诵读中国兵书兼政书《六韬》。他曾受教于僧旻和南渊请安，丰富了知识，开阔了眼界。镰足在中国先进思想和社会制度的影响下，立志打倒苏我氏，实行变革。舒明朝（629—641 年）之初，他称病推辞中臣氏在朝廷的世袭职务祭官，来到摄津三岛的别墅，与住在难波的轻皇子结交。但后来见轻皇子器量不足便返回飞鸟，接近舒明天皇之子中大兄皇子。两人志同道合，成为知交，在就学于南渊请安的往返路上，商讨消灭苏我入鹿。夺取政权，以唐制为蓝本，进行变革。644 年（皇极天皇三年）春，从苏我氏中分化争取了与入鹿素有矛盾，又有声望的大夫苏我石川麻吕。尔后，又吸收了以守卫宫门为世袭职务的佐伯连子麻吕、葛城稚犬养连纲田等人，组成了革新派。645 年（皇极天皇四年）6 月 12 日，革新派利用皇极天皇在宫中接见"三韩"使者的机会，杀死了苏我入鹿。随后，革新派以法兴寺为根据地准备迎接虾夷的反攻，同时派人说服苏我氏一派归顺。当时，皇族和朝廷的重臣大都站在中大兄一边。守卫虾夷、入鹿宅门的东汉氏也解除了武装，四处逃散。虾夷见大势已去，于 6 月 13 日焚宅自尽。消灭虾夷、入鹿父子之后，革新派立即组成了新的政权。6 月 14 日，轻皇子即位为孝德天皇，中大兄为皇太子，阿倍内麻吕为左大臣，苏我石川麻吕为右大臣，中臣镰足为内臣，留学中国的僧旻、高向玄理为国博士。国博士是高级政治顾问。革新政权于同月 19 日，仿效中国建年号为大化，有步骤地开始实行改革。当年 8 月，分别往东国和倭（大和）六县（高市、葛木、十市、志贵、山边、曽布）派遣国司和使者，命造户籍，校田亩。9 月，遗使诸国，没收武器，登记人口，为下一步改革做了准备。12 月，首都由飞鸟迁至难波。646 年（大化二年）正月元日，发布《改新之诏》。《改新之诏》是革新的纲领，这一纲领在实施过程中不断充实提高，至 701 年（大宝元年）以《大宝律令》的法律形式被肯定下来。从 645 年诛灭苏我入鹿到 701 年《大宝律令》的制定，大化革新经历了大约半个世纪。革新的主要内容如下：

在经济上，废除了部民制，建立了封建国家土地所有制。政府把全国的土地和人民收归国有，变成"公地公民"，在此基础上实行了班田收授法与租庸调制。班田收授法是，政府每隔六年班给六岁以上的男女口分田，其数目为男子二段，女子为男子的 2/3，"官户"、公奴婢与良民相同，"家人"、私奴婢的男女分别为良男良女的 1/3，受田人对口分田只有使用权，没有所有权，他们死后，土地归还国家。除了口分田外，政府按户分给少量的园田宅地，这些土地经允许可以买卖，只是绝户时归公。山川薮泽为公用。分得口分田的农民负担租、庸、调和杂徭、兵役。

租，是实物地租，每段租稻 2 束 2 把，约当收获量的 3%。庸，是劳役，凡正丁每年到都城服劳役 10 天，但原则上，交纳庸布 2 丈 6 尺来代替，次丁减半。调，是按丁别交纳的地方特产。杂徭，是地方国司役使农民从事水利、土木工程等事业的劳役，规定正丁为 16 天，次丁为 30 天，少丁为 15 天。兵役，是正丁的 1/3 轮流充当士兵，在一定时期受各地军团的训练，其中有的作为"卫士"到首都服役一年，有的作为"防人"到大宰府服役三年，武器粮食自备。

在政治上，建立了中央集权制，规定了身份制度。中央设二官、八省、一台、五卫府。二官即神祇官和太政官，前者掌管神事，后者处理行政事务。太政官下设中务、式部、治部、民部、兵部、刑部、大藏、宫内八省。一台即弹正台，掌管肃正风俗，监督官吏的机构。五卫府即门卫府，左、右卫士府，左、右兵卫府，是守卫宫廷的军事机关。地方设国、郡、里三级行政单位，分别由国司、郡司、里长治理。在政治军事上的要地首都、摄津、九州分别置左、右京职、摄津职、大宰府。

在身份制度方面，国民分为"良民"和"贱民"，良民包括皇族、贵族和公民。皇族和贵族享有种种特权，如，按位接受位田、位封、位禄，按官职受职田、职封，按功受功田。又有三位以上者之子孙，五位以上者之子，到规定的年龄，受一定位阶和官职，这叫荫位制。有位者一律免庸调。他们在法律上，还有减刑的特权。公民包括革新前的平民和革新后被解放了的部民，他们占人口的绝大多数。公民在法律上被规定为良民，具有一定的人身自由。贱民包括"陵户"、官户、家人、公奴婢、私奴婢，约占人口的 10%，大都集中在畿内。他们不得同"良民"通婚，两者之间非法所生之子从贱。

革新后，国家把土地一举集中到自己手里，班给农民以口分田，以租庸调的形式，征收地租和课以徭役，而班田农民则紧缚在田地上，依附于国家。这正是封建国家土地所有制所具有的特点。在封建国家土地所有制下，国家既作为土地所有者，同时又作为主权者同直接生产者相对立。在这里，国家就是最高的地主。在这里，主权就是在全国范围内集中的土地所有权，

由于实行了封建国家土地所有制和新的身份等级制度，阶级关系发生了根本的变化。革新后，氏族贵族变成领取俸禄的封建官僚贵族。位田、职田、位封、职封是国家发给贵族的俸禄。受田的贵族对土地没有所有权，病死或离职时还给国家。

位封、职封是食封制的形式，封主占有封户交纳租的一半和庸、调的全部，但不完全占有封户的人身。封户是分得口分田的公民，并非奴隶。封建官僚贵族的剥削对象是公民，剥削方式是占有公民的租赋。公民在法律上有人格，拥有占有权的口分田和可以买卖的园田宅地，有固定的租费和徭役，对山林沼池也有使用权。部民已经改变了过去没有生产资料和人身自由的身份地位。只是品部和"杂户"虽系良民，但因在生产中所处的地位没有改变，其地位还较低贱。

大化革新并没有彻底废除奴隶制，贱民作为奴隶保留下来，但他们在社会生产中已退居次要地位，主要从事非生产性杂务。因此，奴隶制生产关系不起主导作用。

日本经过大化革新，废除了部民制，建立了封建国家土地所有制和中央集权制，由奴隶社会过渡到封建社会。

改革与反改革的斗争

在长期的大化革新过程中，革新势力和守旧势力之间进行了尖锐复杂的斗争。

645 年 9 月，革新政权建立不久，古大人兄皇子谋反。苏我入鹿被杀后，他以"勤修佛路，奉祐天皇"为名，避居吉野，勾结守旧势力策划叛乱，但因同伙自首，事遂暴露。中大兄立即派兵吉野，讨灭了古人大兄皇子。

649 年（大化五年）3 月，发生了右大臣苏我石川麻吕之变。苏我日向诬告其异母兄石川麻吕要损害皇太子，中大兄迫使石川麻吕自尽。石川麻吕是与入鹿有矛盾，被拉到革新队伍里来的，但思想仍旧保守，跟不上革新形势的发展。大化四年，废止古冠时他和左大臣坚持戴古冠，以抵制新的官僚体制。中大兄趁日向告发的机会，除掉了深入改革的障碍。

石川麻吕之变发生的第二年，穴户国司草壁连醜经向朝廷献白雉。朝廷认为白雉的出现是吉祥之兆，于是举行盛大庆祝仪式大赦天下，改元白雉。这充分反映了革新派大功告成，万事大吉的思想情绪。

653 年（白雉四年），中大兄为了便于控制守旧势力，奏请孝德天皇还都飞鸟，天皇不同意。中大兄不顾天皇的反对，率领皇族和群臣，回到飞鸟。孝德天皇陷于孤立，第二年病死在难波。

孝德天皇死后，中大兄之母前皇极天皇重祚，称齐明天皇。齐明年间（655—661 年）大兴土木，修建宫殿，加重了人民的徭役负担，引起人民的强烈不满。

孝德天皇之子有间皇子，借人民群众的不满情绪，阴谋叛乱。658 年（齐明天皇四年）11 月，天皇和皇太子去纪伊的温泉疗养期间，留守官守旧势力的代表人物苏我赤兄举出齐明天皇的失政，鼓励有间皇子谋反。有间皇子欣然同意，但后来，苏我赤兄见皇子一伙准备不足，事难成功，于是摇身一变，一面派人包围有间皇子的宅邸，一面派驿使报告天皇。有间皇子被中大兄绞死在藤白坂（今和歌山县海南市）。

中大兄为了转移人民的不满情绪和守旧势力的视线，大举证讨北方少数民族并出兵朝鲜。658 年（齐明天皇四年）和 660 年（齐明天皇六年），朝廷派阿倍比罗夫征伐虾夷的肃慎。660 年，百济受唐和新罗联合军的进攻，濒于灭亡。日本朝廷应百济遣使鬼室福信的求援，派兵朝鲜。663 年（天智天皇二年），日军在白村江战役中惨败于唐和新罗军队。战败后，为了防备唐和新罗军的进攻，在筑紫、对马、长门、大和、濑岐等要地修建城池。这次侵朝战争的失败，加重了国内阶级矛盾。人民对沉重的战争负担不满，守旧势力借此机会向革新政权施加压力。中大兄为了缓和统治阶级内部矛盾，采取对守旧势力妥协、退让的政策。664 年（天智天皇三年），肯定诸氏之氏上，赐予一定的民部、家部，部分恢复了部民制。这无疑是倒退之举。

667 年（天智天皇六年）3 月，迁都近江的大津。翌年，中大兄即位，称天智天皇。当年，命中臣镰足制定《近江令》。令共 22 卷，但全部失传，不知其内容。670 年（天智天皇九年），政府为了防止人民逃避徭役而逃亡，编制了户籍，因庚午年制定，史称"庚午年籍"。

侵朝战争和修建宫殿、都城、城池等土木工程，不仅给人民带来灾难，也增加了地方中小贵族的负担。664 年部分恢复部民制，有利于大贵族，但对于地方中小贵族，并没有带来多大好处，所以地方中小贵族对近江朝廷不满。

这时，皇室内部天智天皇同其弟大海人皇子（？—686 年）之间的矛盾相当尖锐。大海人皇子是很有才能和胆略的革新政治家和军事家，在天智天皇即位时被立为皇太子，是法定的皇位继承者。671 年（天智天皇十年），天皇任命他的宠儿大友皇子为太政大臣，剥夺了大海人的皇位继承权，还恢复了左右大臣制，任命对革新事业不满的苏我赤兄为左大臣，中臣金为石大臣，苏我果安、臣势人、纪大人等三人为御史大夫。他为了维护年轻的大友皇子的地位，吸收守旧的大贵族组织了政权。大海人不仅受到排挤，就连生命也没有保障。他为了摆脱这种危险境地，以出家为名，离开近江来到吉野。当年 12 月，天智天皇病死，政权落到守旧的大贵族手中。

近江朝廷一面积极备战，一面严密监视大海人。大海人在吉野收到这些情报，决定举兵。672 年（弘文天皇元年）6 月，他离开吉野，来到美浓，以此为根据地动员东国的军队。当时，东国的国司、郡司纷纷加入大海人的队伍。大海人抢先占领了不破、铃鹿两关，切断近江朝廷与东国的联系。7 月，大海人皇子的数万大军进攻近江、大和，打败了近江朝廷的军队，大友皇子自缢而死。这次内战因发生在壬申年，故称"壬申之乱"。

大海人皇子之所以仅仅用一个月的时间打败近江朝廷，其主要原因是得到东国新兴封建官僚贵族国司、郡司的积极响应，而近江朝廷则相反，失去地方中小贵族的支持，朝廷四处派遣调兵的使者，但均没有成功。

壬申之乱是以大海人皇子和大友皇子之间皇位之争为契机而发生的，但实质是革新势力和守旧势力之间的一场决战。

673 年（天武天皇二年）2 月，大海人在飞鸟净御原宫即位。称天武天皇。他采取政治经济措施，继续推进了革新事业。

一、废除曾一度恢复了的部民制。675 年（天武天皇四年）下诏，废除 664 年天智天皇规定的氏上私有部民的制度，并取消了赐予皇族、贵族的山林原野。这是坚持革新事业的重大措施。

二、实行皇亲政治，增强天皇的权力。天武天皇在位 14 年间没有任命一个大臣，完全依靠皇族进行统治，严防守旧的大贵族钻进朝廷，篡夺政权。为了提高皇族的地位，684 年（天武天皇十三年），制定"八色之姓"，重新排列氏姓位次，对五世以内的皇族授姓"真人"，列在八姓之首。

681 年（天武天皇十年），着手修改《近江令》，编纂《飞鸟净御原令》。令分 22 卷，是否有律，尚难断定。《飞鸟净御原令》也全部失传。同年，天皇命川岛皇子、刑部亲王撰写国史，以提高皇威。

大海人在壬申之乱中打败守旧的近江朝廷，夺取政权，坚持革新的方向，确保了封建制的继续发展。

日本自大化革新以后建立的国家政权，是以天皇为中心的皇室贵族政权；而镰仓幕府开始的幕府政权是军事封建主的政权。尽管两者都属封建统治，但不仅性质上有区别，而且这两种不同性质的政权曾长期并存，与幕府政权存在的同时，天皇政权以院政的形式存在。这是由于日本历史发展过程中，武士的社会影响以及与皇室贵族之间的矛盾离合、势力消长所致。

源赖朝

21 世纪的日本，封建贵族内部斗争激烈。在中央政权中，分为皇室和外戚两大集团。由于他们都缺乏军事实力，就不得不拉拢地方武士；而这时的武士势力又以本州东部的源氏集团和以本州西部的平氏集团为最强。他们也都卷入了当时斗争的漩涡。在斗争中，天皇与外戚两败俱伤；中央政权落入平氏集团之手。平清盛的官邸设在京都的六波罗，故称他的政权为六波罗政权，这是从皇室贵族政治向武家政治过渡的政权。

平清盛掌握了中央政权，由于上层统治者的蜕化，引起下层武士的不满，这就给源氏集团提供了夺取政权的良机。在源、平两氏斗争中，源赖朝于 1180 年（治承四年）的椎模石桥山之战中失败，逃入镰仓。镰仓是物产丰富的鱼米之乡，地势险要的战略要地，也是源氏经营多年，与当地武士有密切联系的地区，因此，源赖朝以此作为据点，与平氏作斗争，并致力于建立起自己的政权。1180 年 10 月，源赖朝经富士川会战，打败平清盛大军，被尊为"镰仓殿"。平源相争又经 1184 年（寿永三年）摄津的一谷和 1185 年（文治元年）潢岐屋岛的会战，最后在长门的坛浦战争中全歼平氏军队，平氏政权覆灭。源赖朝在这些源平会战中，只是指派其弟源义经、源范赖出征，自己驻守镰仓，从事政权建设。1183 年（寿永二年）源赖朝向院政上奏，提出三条意见：（一）平氏强夺神社佛寺的田地应如数归还原来寺社；（二）院宫诸家领如被平家掳掠的也应归还本主；（三）对归降回来的平家武士谅解其罪，不可处斩。这个上奏得到上皇的支持，于同年 10 月 14 日颁布了《寿永宣旨》，承认源赖朝在东海、东山两道的统治范围，承认他的统治权，使源赖朝在关东确立的行政权合法化；在以后讨伐平氏过程中，向西发展，实现全国统治就有了可能。1192 年源赖朝任征夷大将军，标志着他所建立的地方政权成为对全国范围的统治。自此开始，镰仓幕府政权与天皇政权并存。一般称天皇政权为公家；幕府政权为武家。公武长期并存。

为什么会形成这样两种不同政权的长期并存呢？究其原因大致有三：第一，皇室在经济上、政治上都还有相当大的势力，经济上皇室领地长期保存，政治上皇族成员、中央贵族、佛教寺院结为一体，实力雄厚，而从中央到地方的一套行政机构仍在起作用。这就使得新兴的幕府不但不能取代皇室，而且表面上还得依靠皇室这个权威来扩张自己的势力。第二，幕府的势力内部矛盾也很多。它和皇室有矛盾的一面，也有相互利用的一面，这就形成在发展过程中幕府与皇室有时冲突，有时妥协的局面。1185 年（文治元年）11 月 28 日，源赖朝采纳大江广元的建议，即派北条时政去京都，向院厅要求设置守护、地头；第二天就得到院厅批准。此后，源赖朝又提出要朝廷驱逐反镰仓派的公卿贵族，用亲镰仓派者任朝廷的"议奏"，以图控制朝廷政务。这也得到院政同意，但在实施中并不顺利，如地头制就遭到贵族、寺社庄园领主的抵制。源赖朝迫于形势也妥协让步，同意对地头制加以限制，1186 年（文治二年）6 月，停止在权门势家庄园内设置地头；后又进一步退让，同年 11 月规定除现在叛谋者的庄园外，一律停止设置地头职。这个限制使源赖朝控制的地区缩小到仅以镰仓为中心的东部地区。第三，武士将领为防止部下谋叛，经常向部下灌输效忠皇室的观念，利用皇室的传统权威来控制部下。源赖朝曾在背后斥骂后白河法皇是"日本最大的大天狗"，但表面上却对皇室表示虔诚，要"简以忠贞奉公，继家业守朝家"，"天下落居之后，万事当仰君王裁定"。这样他就更不能推翻天皇，而只能借助天皇号令天下了。

由于上述原因，形成了公武两种政权的同时并存。尽管幕府实质上已是国家最高的权力机关，但在形式上天皇政府仍然存在，而且幕府的最高首领将军还得由天皇任命。幕府与天皇政权同时并存的局面几乎贯穿于幕府政治的始终，形成了日本所别具一格的独特政局。

1180—1185 年以源赖朝和平清盛为首的日本两大武士集团的争霸战争。结果源氏集团胜利并创立镰仓幕府武家政权。

1156 年（保元元年）因皇位继承问题，崇德上皇举兵反对后白河天皇，发生保元之乱。站在崇德上皇方面的有摄关家藤原赖长及地方有力武士源为义、平忠正等；支持后白河天皇的有关白藤原忠通及地方武士源义朝、平清盛等。战争结果，崇德上皇失败，其本人被流放，藤原赖长战死，源为义与平忠正被杀。源氏系清和天皇后裔，平氏系桓武天皇后裔，在地方上有很大势力。保元之乱，他们开始介入中央权力的斗争。1158 年（保元三年）后白河天皇退位，成立后白河院。掌握院政实权的藤原通宪（信西）压制二条天皇亲政，因而形成院政系和天皇系的矛盾与对立。另方面，后白河院对于保元之乱胜利的功臣平清盛和源义朝行赏不公，引起后者的强烈不满，成为反院政派的主要武士首领。同时受信西排挤的摄关家有力人物藤原信赖也与源义朝接近，并计划联手打倒信西。

1159 年（平治元年）12 月，平清盛率众参诣宗教圣地熊野三山，源义朝乘机发动政变，幽禁后白河天皇，信西被迫自杀，源义朝和藤原信赖夺取了统治权。但不久被归来的平清盛打败，信赖和义朝被杀，义朝 13 岁的儿子赖朝被流放伊豆。平治之乱源氏一族没落，平氏则扶摇直上。平清盛晋升参议正三位，开创武士列席公卿之高位的先河。不久（1167 年），又晋升为太政大臣，成为和摄关家一样的公卿贵族而参与朝政。1179 年（治承三年），平清盛发动宫廷政变，幽禁后白河天皇，解除关白藤原基房以下近 40 名公卿的官职，并以安德天皇外祖父的资格独揽朝廷大权。平氏一门独占朝廷要职，公卿 16 人，殿上人 30 余人，事实上确立了平氏独裁政权。

但是，由于平氏一族垄断了高官要职并实行独裁，从而引起了皇室和公卿贵族的强烈不满，甚至作为平氏政权基础的地方武士团也发生分裂，逐渐形成反平氏势力。1180 年（治承四年），后白河天皇的第 2 皇子以仁王下令旨，号召各地源氏起兵讨伐平氏。被流放在伊豆的源赖朝积极响应，源平之战由此爆发。

持续五年的源平战争，前后进行 5 次大战，双方相对地经历了由弱到强和由盛转衰的变化过程。

石桥山之战（1180 年）

源赖朝是平治之乱败死的源义朝的第 3 子，因得平清盛义母池禅尼之助幸免于死，在伊豆度过了 20 余年的流放生活。其间与该地豪族北条时政的女儿北条政子结婚，并与源氏家人东国武士保持联系，逐渐恢复势力。1180 年 4 月应以仁王令旨，在岳父北条时政帮助下，召集东国武士，决定起兵讨伐平氏。对于源赖朝的动向，平清盛早有警戒，并令相模地区的有力武士大庭景亲等作了会战的准备。源赖朝因兵力较少，暂时不想与平氏对阵，计划先夺取伊豆，然后与相模的大豪族三浦氏汇合，恢复祖辈以来的故地相模地区的经略，并以此为根据地进一步扩大势力。8 月 17 日，源赖朝乘伊豆守将山木兼隆祭祀三岛神社之机，夜袭山木的城馆，一举成功。但在往相模进军途中，为大庭景观等所率的平氏军队所阻，8 月 23 日，两军在石桥山展开会战。当时源赖朝只有以土肥富平、工藤茂光等为首的 300 骑左右。与此相反，平氏军队则几倍于源氏，并且伊东佑亲率 300 骑绕至源氏背后，与大庭景亲所部形成夹击之势。大庭景亲乘三浦氏军队尚未与源氏汇合之前，举全军之力向源氏发起进攻。由于众寡相差悬殊，源氏不敌，败走箱根山。据说源赖朝等在箱根山中潜藏时，大庭景亲的属下梶原景时虽然发现了源氏等人的隐所，但没有举报。源氏等人侥幸地逃过了平氏军队的搜捕。之后，源氏一行从真鹤岬乘船逃往安房。原来计划和源赖朝联合进攻相模的三浦义澄，途中听说源氏在石桥之战败北，便回师退归本城。但不久（26 日），富山重忠等率数千平氏军队突袭三浦衣笠城。经过激战，三浦氏败走，由海路逃往安房，并在海上与源赖朝等相遇。

在安房，源赖朝筹谋再起。他先后赴下总、上总、武藏等地，得到那里武士团的支持，兵力疾速增长，几乎接管了关东所有武士团。10 月 6 日，源赖朝入故地镰仓，以此为根据地重建源氏势力。

富士川之战（1180 年）

石桥山之战以后，平清盛为追讨源赖朝，召集东海、东山两道的武士团，以其嫡孙维盛为大将军，忠度、知度为副将军，作为追讨使。9月29日，追讨军自京都出发。源赖朝在镰仓得知平氏追讨军到达骏河的消息，决定率军迎击敌人。10月16日率20万大军自镰仓出发，18日通过足柄峠，在这里击败准备与平氏追讨军汇合的大庭景亲的军队，然后进入黄濑川。在这之前，甲斐国源氏听说赖朝起兵，亦开始采取讨伐平氏行动，武田信义、一条忠赖、安田义定等攻入信浓。源赖朝为扩大反平氏势力并掌握反平氏的主导权，派遣北条时政为使者联合武田信义等共同对敌，得到积极响应。10月14日，武田信义等击败骏河守将橘远茂及尾张的长田忠致等，在黄濑川与源赖朝会师，并决定10月24日向平氏军队发动进攻。

另方面，平氏追讨军则出师不利。首先，平氏的有力人物大庭景亲和橘远茂的军队早在途中就已败北，接着伊东佑亲又被源氏所俘。到10月20日，平氏军队减员已达2000余骑。与此相反，源赖朝不但连连得胜，并且和甲斐源氏联合起来，势力急剧增长。这种情势变化，对平氏军队产生了巨大影响，平氏士兵思想恐惧，惶惶不安。10月20日夜半，武田信义向平氏军队背后移动时，富士沼的水鸟受惊急飞，听到大群水鸟急飞声音的平氏军队，以为源氏大军来袭，顿时阵营大乱，仓皇退却，统帅平维盛也吓得一溜烟似的逃回京都。这样，著名的富士川会战，由于"水鸟惊平家军"，源赖朝不战而胜。但是，源赖朝为了巩固关东根据地，未敢对败走的平维盛进行穷追猛打。富士川之战胜利后，源赖朝把安田义定和武田仪义分别置于远江和骏河，作为守护，自己率军入关东征讨尚未归服的佐竹秀义。平定了佐竹氏以后，又把骏河和远江委托于甲斐源氏，以此换取他的支持，以便共同对付平氏。与此同时，原来寄身于奥州藤原秀衡的源赖朝的胞弟源义经也到达黄濑川，兄弟汇合，加强了力量。

一谷之战（1184年）

富士川之战，平氏败北，产生了严重后果，此后，全国各地反平氏势力蜂起。1180年11月，美浓国源氏、近江围源氏和摄津国源氏，纷纷起兵讨伐平氏。受其影响，京都附近近江国大贵族以山本义经和柏木义兼为中心也采取行动，公开树起反平氏旗帜，加入者还有园城寺和延历寺的僧众。他们切断琵琶湖的交通，夺取外地运往京都的物资，对京都构成严重威胁。尽管平氏以强大征讨军击破了他们，但是义经和义兼却东去投附了源赖朝，反而加强了对手的力量。另方面，当地反平氏势力复以延历寺僧众为中心，在平氏军队后方展开游击战争。与此同时，奈良的兴福寺也骚动起来，以致平氏不得不组织力量打击他们。然而，打击寺院僧侣却使平氏声望扫地，招来更大的怨恨。在全国反平氏浪潮的打击下，1181年2月，平清盛患病而死。这对平氏来说，无疑又是一个沉重的打击。平清盛死后，平氏由盛而衰。

当初，响应以仁王令旨，源义仲也于关东起兵，并于1183年5月在加贺国与越中国交界处的俱利伽罗以"火牛"计（在400—500头的牛角上绑上火炬，点燃后冲向敌军）大破平氏军队，进而迫使平氏放弃京都，败走西海。于是源义仲控制京都，成为与平清盛、源赖朝三分天下的有力武士。但是，源义仲的专横很快激起公卿和民众的反感。后白河天皇密与镰仓源、赖朝等谋，欲铲除源义仲。义仲从北陆道入京，他在关东扩展势力必与源赖朝发生冲突，威胁赖朝的权益。所以源赖朝受命后，即派源赖范、源义经率军向京都进击，1184年1月，于宇治川击败源义仲，进军京都。源义仲于近江粟津战死。由是源赖朝势力空前强大，无论在军事上，还是政治上，都占有压倒平氏的优势。

败走西海的平氏图谋再起，利用源赖朝和源义仲的冲突乘机起兵。1184年1月，在摄津国福原附近设立前进基地。该地为从北向西的广阔台地并与断崖相连，其东为生田丛林，其西为一谷，南为濑户内海。平氏军队约万人，生田丛林附近由大将军平知盛和副将军平重衡镇守，一谷附近以平忠度为大将军镇守，高岗宅地方面以平通盛为大将军，平教经为副将军守备鹎越要道。此外，从三木至三草山方面，有平资盛、平有盛、平师盛等兄弟防守。

源赖朝方面，源范赖和源义经在宇治川取胜后，由京都出发，迎战平氏军队。源军大约也有万人左右，范赖所率主力从西国街道向生田丛林方面挺进：义经所部则从丹波路向一谷背后迂回。1184年2月5日，源义经夜袭三草山，击破平资盛等军队，6日进军播磨国的三木。至此，义经分军为两部：义经自己率军通过鹎越山道向福原进发，安田义定和土肥实平率部分军队绕过明石从一谷西方进攻。6日夜，源义经所部到达一谷背后。翌日晨，著名的一谷会战开始。

7日晨，源军发起总攻。战斗首先从生田丛林方面打响。源军从腹背两方面猛烈攻击，但由于平氏营地设防坚固，难于攻略。于是，源义经率70骑精锐驰向绝壁附近的断崖，突袭一谷的敌军大本营。本来平氏阵地险要，未曾设想敌军可能来袭。因此，一旦遭袭，全军顿时大乱。混战到中午，平家军溃败，残部从海路逃散。此战，平氏受到非常打击，丧失了东上的力量，只控制濑户内海，以求自保。

屋岛之战（1185年2月）

一谷之战以后，源氏没有乘胜进攻平氏的根据地屋岛，原因是源氏的海军力量薄弱。为了进行海战准备，源赖朝费了半年多时间。与此同时，平氏也积极扩大兵力，并在屋岛之外的彦岛（长门国）设置海军基地，从而完全掌握了濑户内海的制海权。

8月7日，源赖朝命源范赖自镰仓赴京都，从朝廷取得追讨平氏的官符。9月1日，范赖率军自山阳道西下。但由于兵船不足以及粮道被平氏所断，迟迟没能到达目的地，直至翌年（1185年）1月，丰后国豪族臼杵惟隆和绪方惟荣等献兵船82艘，周防国宇佐那木远隆重献兵粮米，源军才得以于2月1日在丰后国登陆。源赖朝对于源范赖空费时间而未取得积极战果表示不满，于是起用一谷之战的名将源义经。2月16日，源军举行军事会议，军事长官梶原景时主张逆橹（即在船首和船尾两头安橹）作战，以便使船既能前进也能后退。源义经表示反对，认为战争不能首先考虑退却，这样会动摇军心，不能打胜仗，因而力主在船首安橹，只管前进。于是发生了有名的"逆橹之争"。由于两者意见对立，源义经只率5艘战船、约150骑，于摄津国部津扬帆出海，2月18日朝在阿波国胜浦滨（桂浦滨）登陆，并立刻向屋岛发起进攻。然而梶原景时所率主力行动缓慢，直至22日，屋岛之战接近尾声时才到达阵地。

源义经在胜浦滨登陆后，即令地方武士为向导，侦察敌情，并立即对屋岛进行突袭。19日突入屋岛平氏阵地，并放火焚烧敌军营地和建筑物，大火燎原。一直设想敌军只会从海上进攻的平氏军队，对从背后突如其来的攻击，惊慌失措，不知敌军多寡，纷纷舍弃陆上阵地逃往海上。不久，海上的平氏军队又遭到陆上源氏军队的矢击，损失惨重。平氏原计划在19日夜袭源氏军队，但因内部矛盾，夜袭计划未成。21日，平氏军队突然向志度湾方向进攻，目的是想攻击源军背后夺回屋岛。这时，本来兵力很少的源义经陷于腹背作战，情况严重。但由于源义经沉着应战，坚持进行反击，迫使敌将阿波左卫门尉教能投降。同时又有伊予国豪族河野四郎通信率兵船30艘参加源军方面作战，战局顿时为之一变，源义经不仅扭转了不利局面，并且再一次以少胜多，挫败了敌军夺回屋岛的计划。翌日（22日）梶原景时所率源军主力140艘舰队亦到达阵地，于是源军掌握了濑户内海大部分的制海权。平氏被迫放弃屋岛，败走长门国，船盘濑户内海西隅的坛浦，势力削弱，败亡已成定局。

坛浦之战（1185年3月）

以屋岛为据点计划夺回京都的平氏，继一谷之战之后，两度遭受源军奇袭，一败再败，最后退至长门国的坛浦，勉强控制濑户内海西隅的制海权。但是，源范赖率领的源氏军队早已自山阳道西下，一路经略，从者甚多，特别是在九州，尽收反平氏的地方武士，在平氏背后建立了有力根据地。另方面，源义经乘胜追击，进军周防，一路也得到不少地方武士的响应，势力剧增。迫于源氏军队的急剧追攻，以平宗盛和平知盛为首的平氏集团，决定举全力迎战源氏军队，以一决胜负。

1185年3月24日，平氏集结水军800余艘于下关海上，开始了决定源、平之命运的最后一次海战——坛浦海战。下关当联结周防滩和玄界滩的水路上，内海和外海的潮位相差悬殊，水流急险。胜败在很大程度上取决于对潮流的巧妙利用。平氏军队首先占据有利潮流方向，向源军猛烈进攻。源义经处于下流的不利地位，初战采取守势，但亦不能抵抗敌军利用潮流的猛烈冲击，被迫逐渐后退，陷于败北的危险困境。正在这时，源义经想出挽回劣势的奇策，即用弓矢射击敌军撑船的水手，此策果然成功，失掉撑船人的兵船顺流漂走，源军乘势开始反击。到了午后，潮流发生变化，由上午的东流转向西流。于是源平两军处境的优劣也随着发生逆转。源义经利用潮流将平氏军队逼入坛浦的隘路。同时陆上源军也向敌军发起矢战。平氏军队水陆两面遭受挟击，又失去了利用潮流的优势，败北已成定局。九州、四国的水军眼看平氏处境不利，纷纷倒向源氏。平氏一门面临灭顶之灾。安德天皇和平氏家族的经盛盛、资盛、有盛、行盛等人投海自杀，平家总帅宗被俘，平氏一门彻底败亡。

日本战国末期统一全国的著名武将丰臣秀吉死后，德川家康为夺取丰臣氏政权，于1600年在美浓国关原（今岐阜县不破郡）进行的一场战争，史称关原之战。结果，丰臣氏一派失败，权力转入德川氏手中。1603年，德川家康被任为征夷大将军，以江户（今东京）为中心，开创了德川（江户）幕府。此战在日本早期军事史上占有重要地位。

德川家康的崛起

丰臣秀吉晚年，为巩固统一政权，设立了以石田三成为首的五奉行和以德川家康为首的五大老，作为中央最高决策机关。1598 年 8 月 18 日，丰臣秀吉逝世，其子丰臣秀赖幼少继位，五奉行和五大老受命辅佐秀赖。但德川家康暗藏野心，伺机夺取丰臣氏权力。

德川家康系三河国冈崎城主松平广忠长子，幼名竹千代，初名元信、远康，后改家康。6 岁起，先后在尾张国织田信秀，骏河国今川义元处充当人质达 12 年，备尝辛酸。1560 年，今川义元在桶狭间之战中战死，家康恢复自由，回到家乡冈崎。1561 年与织田信长结盟，势力渐强，开始分割今川氏领地，拥有三河、远江等地。1566 年，改姓德川氏。后又陆续占领骏河、甲斐等地。1582 年，本能寺事变织田信长死后，德川家康联合信长之子信雄与秀吉对峙。后来信雄和秀吉妥协，家康与秀吉和解，并协助秀吉进行统一战争，屡建战功。1590 年灭北条氏，领有关东八州，同时移住江户，成为最有实力的大名。1595 年被任命为五大老首席，参与国家最高决策。德川家康早有夺取丰臣氏政权之心，他阳奉阴违，暗中制造诸侯之间的矛盾，拉拢加藤正清等人，挑动石田三成，形成以德川家康为首的武将派（东军）和以石田三成为首的文吏派（西军）的对立。

1598 年 8 月丰臣秀吉死后，德川家康夺权意图愈加明显，石田三成加强提防，两派矛盾激化。文吏派为抑制家康，与五大老之一的前田利家、毛利辉元等联合，1599 年，前田利家病死，政局为之一变。武将派在利家病死之夜立即向石田三成发动进攻。石田三成则与反德川氏的会津大名上杉景胜联合，景胜加强城郭防御，积极备战。德川家康以石田与景胜联合谋反为由，举兵讨伐，爆发关原之战。

战争简要经过

站在石田三成方面的有毛利辉元、宇喜多秀家、小早川秀秋、岛津义弘等国大名，总兵力约 8 万，是为西军，以毛利辉为总指挥。1600 年 7 月 19 日，西军攻进德川家康控制下的伏见城，首先打响反德川氏的战争。以德川家康为首的东军，主要有加藤正清、福岛正成、前田利长等大名，总兵力约 7 万，家康自任统帅，福岛正成为先锋，于 7 月 24 日由江户进军下野的小山。在小山得知西军攻占伏见城的德川家康，急归江户，并命先锋福岛正成进攻岐阜城，8 月 11 日克之。福岛正成原来和丰臣氏关系密切。他为了消除德川家康的不信任感，竭力表示积极和忠诚，主动请命担任讨伐军先锋，并首先夺取了丰臣氏的居城伏见城，因而得到了家康的信任和重用。9 月 1 日，德川家康率主力自江户出发，14 日到达赤坂（大垣）。石田三成决定迎击自东国西下的东军。9 月 15 日，两军于关原对阵。

9 月 15 日拂晓，西军首先到达关原，控制了北国街道。东军以挑配山为大本营，其他各部亦因地安营布阵。从布阵本身看，西军占据有利地位。它以主力正面迎击东军，同时把吉川广家、安国寺惠琼、毛利秀元等所部置于敌后，形成腹背夹攻之势。但是，西军将帅人心不一，一些人"身在曹营心在汉"。吉川广家秘密与德川家康议和；小早川秀秋与德川家康私通，一脚踏两只船；岛津义弘勉强参战。因此，德川家康对西军的内情了如指掌。就阵地来说，东军虽然处于西军的中间，表面上似乎处于不利地位，但由于西军存在上述问题，东军则可以借助小早川秀秋、吉川广家等人的内应施行"中间开花"战术，从腹部一举击溃敌军。

上午 8 时顷，两军进入战斗。由于日前阴雨，早晨浓雾弥漫，能见度很低。两军在浓雾中摸索混战，直至中午不分胜负。德川家康对于小早川秀秋迟迟不采取内应行动十分不满，于是命令部队向秀秋阵地进行攻击，秀秋见势不妙，立即倒戈，投入东军一方。战局由此为之一变。小早川秀秋本来是丰臣秀吉夫人高台院之兄木下家定的儿子，后为小早川养子。他对德川家康与石田三成之争持骑墙态度，伺机加入有利的一方。在他的影响下，胁坂、小川、赤座等军亦倒向德川家康。于是东军士气大振。另方面，在东军主力背后的毛利、安国寺、长束等西军，由于靠近东军阵地的吉川广家的阻挠，无法积极运动。因此，尽管石田三成等竭力奋战，亦无法挽救西军的劣势，败局已定。然而，原来战意不强的岛津义弘和丰久的部队却坚持战斗到底，他们勇敢地突破敌军，拔掉敌军阵地，与敌进行殊死战斗。担任后卫的丰久和数十名战士阵亡。但是，由于众寡相差悬殊，岛津义弘终于失败，仅率数十骑卫士退回九州。午后 2 时半顷，战斗终结，东军大胜，西军死亡四五千人。

西军失败后，石田三成只身逃亡伊吹山中，但不久被东军捕获。西军将领小西行长和安国寺惠琼也先后被捕。10 月 1 日，石田三成、小西行长、安国寺惠琼 3 人被处死刑，斩于京都六条河原。参加西军的宇喜多秀家被流放于八丈岛；毛利辉元被减封，领地只限周防、原门二国，上杉景胜地也被减封，并从会津移住翩米泽。丰臣氏幼主秀赖则被降为仅领有摄津、河内、和泉三国共 60 石领地的普通诸侯。与此相反，东军诸将领则加官晋爵。关原之战，奠定了德川氏的霸权基础。

朝鲜壬辰卫国战争

朝鲜壬辰卫国战争是 16 世纪末期，朝鲜在中国明朝军队支援下，先后战胜日本入侵的两次大规模的反侵略战争。这两次战争的胜利彻底粉碎了当时日本强占朝鲜，染指中国的狂妄企图，为维护亚洲的安全与稳定做出了重大贡献，也给中世纪朝鲜人民反侵略斗争史写下了不可磨灭的光辉篇章。

这两次战争经历了 1592—1598 年的 7 年时间，实际上是 1592 年爆发的和 1597 年再次爆发的两次大规模的侵略与反侵略的战争。1592 年、1597 年适值朝鲜李氏王朝宣祖 25 年、30 年；中国万历 20 年、25 年；日本文禄元年、庆长 2 年，这两年为夏历的壬辰年、丁酉年，因此朝鲜历史上通称这次保卫祖国免遭奴役的正义的反侵略战争为壬辰卫国战争、壬辰倭乱、壬辰丁酉倭乱；日本史称文禄·庆长之役，中国则称万历朝鲜之役。

这次战争的开端可以追溯到 15 世纪后半期开始的日本战国时代。在天皇对全国失控、大权旁落，各地封建领主、武士相互厮杀、兼并、混战长达 120 余年的极其混乱时期，随着西势东渐的潮流，欧洲商船队开始涌入日本西部，开辟了东西方贸易的通路。当时日本的商业资本日益增长，在日本西部逐渐兴起了商业城市。当时集大封建领主和大军阀头目于一身的丰臣秀吉（1536—1598年），在16世纪后半期，经过长期的混战，以雄厚的武力相继统辖了各藩的领地，征服了大大小小的领主，壮大了政治、经济和军事实力，在1590年统一了日本全国，结束了战国时代。从此以后从表面现象观察，在名义上日本天皇似乎恢复了全国最高统治者的地位，但是实际上强逼天皇授权担任关白要职、协助天皇总揽朝政、执掌全国军政大权的丰臣秀吉，才是全国最高的实际统治者。日本天皇只不过是他操纵任其摆布的一具傀儡而已。

以丰臣秀吉为首的反动扩张势力所以在16世纪末期发动这次侵略战争，既有其远因也有近因，既是统治阶级上层集团对外扩张的要求，也是丰臣秀吉对外扩张野心的祖露。据史料记载，在这次战争的若干年前，也就是说在丰臣秀吉尚未完成统一日本宏图大业的期间就曾经表明"侵朝伐明"的野心与计划，并已着手准备。例如1578年，当丰臣秀

表现日本军队侵略朝鲜的版画

吉还在作为织田信长部将时，就曾对织田明确地表示过，在大军平定日本本州西部地区以后，就要立即进军九州，进而"图朝鲜，窥视大明国"。再如丰臣秀吉在1585年9月3日亲自写给一柳末安的文件中，就有："日本国之事自不待言，尚欲号令唐国"。这样的有据可查的佐证，又如1586年3月16日，丰臣秀吉在大阪会见名字叫科艾里奥的外籍传教士等人的时候也曾开门见山地表示，"在平定了日本国内之后，他还要准备'专心征服朝鲜和中国'，现在正采伐木材以制造两千艘可渡海的舰船，还拜托传教士们代他斡旋，购入两艘欧洲战舰"。在发动这次侵略战争的前2年，即1590年11月1日，丰臣秀吉在京都接见了朝鲜使节，并要该使节转交致朝鲜国王李昖的一封信。在信中他用外交辞令表示了他统一日本以后野心极度膨胀的心术："予入大明之日，将士卒临军营，则弥可修邻盟也。予无愿也，只显佳名于三国（即日、朝、中）而已"。从这句话就可以明显地揭示出丰臣秀吉的真真假假的"伐交"、"伐谋"、"伐兵"兼而有之的谋略思想，"修邻盟"是假，侵略邻国是真。

作为大封建领主的丰臣秀吉由于其对外扩张野心，在统一日本的过程中，逐渐与商业资本的大商人勾结在一起。随着日本西部商业资本的成长，大商人为了发财致富极力要求对外开展贸易和征服。丰臣秀吉代表着商业资本的这种要求，在他们的支持下不仅统一了日本全国，而且还企图征服朝鲜、侵略明朝。根据这一趋势，以丰臣秀吉为代表的日本大封建领主集团梦想通过侵略战争来建立一个包括朝鲜、中国和日本的"三国为一"的封建大帝国，以便称霸亚洲大陆，奴役其他民族。

统一以后的日本国内阶级矛盾日益尖锐，空前激化，为了转移国内人民斗争的视线，丰臣秀吉集团就势必不惜发动对外侵略战争，以维护和巩固其国内的统治。

具体说来，主要是：

①面临农民强烈反对的丰臣秀吉，企图发动侵略战争转移农民的视线，从而摆脱日益激化的政治危机。

②他企图把封建领主和武士吸引到这次掠夺性的侵略战争中去，以消除他们的不满，从而巩固自己的政权。

③他企图通过侵朝战争不仅消除封建势力的不满，还在削弱反对势力从而巩固自己的专制。

④丰臣秀吉是一个权势欲、君主专制欲、名利欲兼而有之的人物，他受这种根深蒂固的欲望所驱使，难以自拔，指望能打赢这场侵略战争而"扬名后世"，让人们把他当作神灵加以祭礼、崇拜，广为宣扬。丰臣秀吉还有一个如意算盘，那就是企图用全力征服朝鲜以后，利用朝鲜的人力、武力充实自己的实力再进攻中国明朝，实现其扩张领土的狂妄野心。基于上述诸多原因，丰臣秀吉就毅然决定、不计后果地发动了这场日本头一次以灾难性惨败而告终的侵略战争。它既断送了丰臣秀吉的生命，又给他的声誉蒙上了一层污浊的阴影。

作战双方参战的将领很多，有的身先士卒英勇牺牲，有的指挥有术屡建奇功，因篇幅所限，不便一一详述。在此仅择出对战争胜负起主导作用的一二主将，略加评论，以供观察此次战争胜利之因，略悉战略战术优劣之果。

战争主谋丰臣秀吉

丰臣秀吉（1536—1598年）作为这次侵略战争的主谋，毫无疑义，是一个历史罪人；作为战争的战败者，他又是一个无能败将。因此，在日本军史和世界军史上也就必然写下了极不光彩的一页。

但作为一个历史人物，他又确是日本战国末期统一日本的一个著名军事家、政治家。既然他是这场战争的主谋，我们不能不给他一个比较公允的评论。

丰臣秀吉作为织田信长的部将在辅佐织田统一四面八方争霸日本的历次战争中审时度势，随机应变，文武兼施，精于谋略，善于用兵。在政治上和军事上显现了他卓越的独到创见、运筹魄力和雄才大略，最终完成了织田即将完成而又未能完成统一日本的大业。有的史书甚至称赞他具有"政治家式的大将风度"。

他在晚年集当时统治阶级反动势力和一切野心家向外扩张的欲望与他本人追求终身充当最高专制统治权威的奢望于一身，贸然发动了这次侵略战争，以灾难性的惨败而告终，铸下了一生中最大的历史错误。他曾为这次战争做了充分而周密的准备：

①在战略战术上，确定了"陆海并进"，"以强凌弱"，"速决速胜"的作战方针，力图以14万余人的大军，分3路在朝鲜南端釜山登陆，陆海并头长驱直入，一举取胜，在战争初期仅用两个月的短暂时间，相继攻占开城、京城（今汉城）、西京（今平壤）等城市，朝鲜大片领土陷落，就是上述战略战术和作战方针的显例。在这里还必须指出，丰臣秀吉是中国军事典籍《孙子兵法》的崇尚者，在这次战争中精心运用了《孙子兵法》"伐谋"、"伐交"、"伐兵"的谋略思想，利用《孙子兵法》用间

思想，巧用间谍窃取敌军情报，制定应敌策略，取得了相当的成果。有时还用《孙子兵法》的火攻战术对付朝军和明军。例如他通过长达四年之久的"停战和谈"用以"和"备"战"的策略，为第二次大规模侵朝战争做准备，这也说明丰臣秀吉对运用《孙子兵法》是多么娴熟。

丰臣秀吉绣像

②在日本本州肥前修筑名护屋城（今名古屋市），设立侵朝日军总指挥部，丰臣秀吉坐镇亲掌军事全部工作。

③把关白要职，交与他的养子秀次，以防不测。

④1591年9月24日下达了"征讨朝鲜令"。

⑤1592年1月，决定了侵朝日军的部署，任命宇喜多秀家为元帅，下辖8个军。任命小西行长率第1军，加藤清正率第2军，黑田长政率第3军，陆军15万余人，先后渡过对马海峡在朝鲜釜山登陆。同时任命九鬼嘉隆率3、4万人的水兵和700艘舰船配合陆军突袭。

⑥征募总兵力50余万人，决定调动30万人用于侵朝战争，20万人用于先遣部队，把德川家康、前田利家、上杉景胜、涌生氏乡、伊达正宗诸将所统率的10万人兵力屯于名护屋作为预备部队。另外还准备了千余艘舰船、数万匹战马和几十万石军粮储存于国内以备应急。

朝鲜爱国名将李舜臣

与丰臣秀吉相抗衡而又战胜他的是朝鲜民族英雄、爱国名将李舜臣（1545—1598年）。他的抗战胆略与视死如归的风范，堪称民族楷模。这位将军一生仕途坎坷，但他一心报国，受命危难，积极率军迎战，为国捐躯。他品德高尚，言行谨慎，文武兼备，百折不挠，受到古今军人的无限敬仰。

他一向认真学习和运用《孙子兵法》和《吴子兵法》、《司马法》的思想和战略战术。他在这次卫国战争中，以"避实击虚"、"以正合，以奇胜"的战略战术与敌作战，"避其锐气，击其惰归"，取得了接二连三的胜利。有时还用《孙子兵法》的用间谋略，揭穿并粉碎了敌人的阴谋诡计。这充分体现了他的魔高一尺，道高一丈的斗争艺术。现举一二例以资说明。

1592年4月，日本侵略军在釜山登陆以后，以强大的优势兵力，"水陆并进"，所向披靡，向北猛进。日本水军的任务是攻占庆尚、全罗、忠清诸道的沿海地区，确保海上通路，为陆军供应粮食和战略物资，以配合陆军火速侵占全朝鲜。

当时担任朝鲜全罗道水军节度使之职的恰是李舜臣。面临这种极为不利的形势，李舜臣急中生智，立即于5月4日率全罗左道和全罗右道水军85般战船离开港口基地，驶往海域，寻机打击敌军。5月7日，发现玉浦海面停泊着50余艘敌战船，大部敌军离船上陆进行抢劫并把抢劫之物往船上搬运。李舜臣便以"出其不意"、"攻其无备"的战术，亲率水军立即驶赴玉浦海面，猛攻敌军战船。敌军遭到意想不到的突袭，六神无主，不知所措，慌忙择路而逃。李舜臣率领同仇敌忾、奋勇杀敌的水军紧紧包围了正在逃窜的战船，猛烈轰击，经过短时间的激战，击沉敌船 26 艘，击伤击毙敌军不计其数。此战后，朝鲜水军继续进行海面搜索，是日下午又在永登浦前海击沉敌船 5 艘。紧接着，5 月 8 日又一次在赤珍浦海面击沉各类敌船 13 艘，朝军取得了开战以来的首次战果。

上述胜利，在很大程度上既鼓舞了朝鲜军民的斗志，又坚定了战胜日本侵略者的信心，同时也给敌酋丰臣秀吉的如意算盘一次沉重的打击："水陆并进"作战计划被打乱；水军与陆路的联系被切断；陆军的物资供应失去了保证。总之，这次胜利，在战略上所具有的重要意义就在于：朝鲜水军开始在海战上取得了主动权。此后多次海战的胜利都证实了这一点。

作为指挥这次海战并取得了胜利的李舜臣来说，他的军事思想、作战指挥、抗敌意志都有了充分的表现。这就是他面对强敌无所畏惧，面对岌岌可危的战局没有惊慌失措，他决不采取消极避战的态度，而是巧用在运动战中求生存、置之死地而后动的谋略，积极主动出击，从而沉重地打击了敌人，扭转了战势被动的不利局面。

1597 年 7 月，李舜臣又以"以少胜多，出奇制胜"的战略战术原则，重振朝鲜水军的雄威。当时的具体作战态势是：他在被罢官又复原职（三道水军节度使）后，仅有幸存的 12 艘战船和屈指可数的 120 多名官兵，而面对的则是拥有 600 余艘战船和数万之众的日军舰队。这个舰队在朝鲜海面横冲直撞，东弋西荡，来去自由，准备配合陆军再次推向朝鲜腹地，进而占领全朝鲜。面对这种敌众我寡、敌强我弱的危急关头，李舜臣随机应变，立即把节度使的大本营转移到全罗道的右水营。这一海域有狭长的鸣梁海峡和险要的珍岛碧波亭，地势极端险要，历来是海战的要地。李舜臣决定利用险要的地形全歼日军。9 月 16 日，日军出动 330 余艘战船和 2 万余水军，由东向西猛攻驻在鸣梁海峡的朝鲜水军。面对占绝对优势的敌军，李舜臣沉着指挥，拼死杀敌，勇往直前。经过浴血奋战，击沉日军指挥舰等 3 艘战船，击毙了日军指挥官马多时，使日军失去主将和指挥，一片混乱。日军无力抵挡，向后撤退，妄图逃出海峡。李舜臣指挥水军阻挡敌军舰船的退路，抓住有利战机，猛烈攻打，转瞬时间击沉 30 余艘战船，击毙 4000 余人水军，取得了著名的鸣梁大捷，又一次把丰臣秀吉的"水陆并进"的作战计划彻底粉碎了。从此以后，以李舜臣指挥的水军为主力的朝鲜水军，在中国明朝水军的大力支援下，完全掌握了海战场的主动权，同时也为这次卫国战争的胜利奠定了有力的基础。上述两个战例充分表现了这位伟大的爱国将领和朝鲜民族英雄李舜臣的杀敌决心和忠心报国的思想，也完全体现了他指挥作战的卓越谋略和超群的才干。

朝鲜壬辰卫国战争的过程可分为三个阶段：第一阶段从 1592 年 4 月日本侵略军在釜山登陆开始到 1593 年 6 月朝军把深入朝鲜内地之敌人击破并赶到朝鲜半岛南端狭小海域结束。结果，丰臣秀吉被迫提出"和谈"要求。第二阶段从 1593 年 6 月第二次晋州战役开始到 1597 年 1 月日本侵略军再次入侵之前结束。第三阶段从 1597 年 2 月日本侵略军再次入侵开始到 1598 年 11 月李舜臣将军指挥的朝鲜水军在中国明朝水军支援下，浴血奋战给企图从朝鲜败逃之敌以毁灭性的打击，最后在朝鲜南海露梁海面把入侵水军彻底消灭结束。

第一阶段（1592 年 4 月—1593 年 6 月）

1593 年 4 月 12 日，日本侵略军先遣部队，共出动 15 万多陆军、4 万水军、700 多艘战船，渡过对马海峡，大举入侵朝鲜，突然袭击釜山。敌酋小西行长率领的第 1 军首先在釜山登陆，紧接着另一敌酋加藤清正率领的后续部队继续登陆。庆尚道朝鲜水军未能阻止日军继续登陆；朝鲜地方军在东莱城拼命抵抗，也未能抵挡入侵之敌。日军登陆后，以优势兵力，采取"水路并进"的战术，分 3 路北进，第 1 军经釜山、密阳、大邱、尚州、闻庆、直抵忠州；第 2 军经彦阳、蔚山、永川，在忠州与第 1 军会师之后直逼丽州和京城（今汉城）；第 3 军经金海，越过秋风岭北上。入侵水军先后攻占庆尚、全罗、忠清诸道的沿岸地区，确保海上交通线，保证陆军的军粮和战略物资的供应，以紧密配合入侵陆军迅速占领全朝鲜。

在日军登陆之前，朝鲜李氏王朝朝廷接到日军入侵的急报，急派李镒、申砬等当代名将阻击北上日军。他们亲率朝军越过乌岭天险，4 月 27 日，在忠州挞川设下背水阵势抵抗日军。这是朝、日两军第一次交锋，但被日军战败。申砬被击毙的消息一传到京城（今汉城），倾城上下人心惶惶，混乱一片。朝廷宣祖（李昖）和大臣立即逃往开城、平壤方面，临海君和顺和君两个太子分别到咸镜道和江原道，一方面征兵抗日，一方面向明朝递送急报，请求援兵。因李氏王朝防备虚弱，无力抵抗，致使敌人仅用 20 天于 5 月 3 日就轻而易举地攻占了京城（今汉城）。接着日军分两路北上，窜入腹地，一路由小西行长率领日军经过开城，向平安道方向进攻，直逼平壤；另一路由加藤清正率领陆军向咸镜道方向进攻，直抵朝、中边境的会宁。这时朝廷宣祖（李昖）已逃往义州（今新义州）。

4 月 20 日，李舜臣率所属 95 艘战船，与全罗道水军共同出海与日本侵略军水师首次交战，给予入侵之敌当头一击，阻止了日军的海上行动，坚定了朝鲜军民抗敌的信心。

5 月 4 日，李舜臣率全罗左道和全罗右道水军共 85 艘舰船从全罗道丽水出海，向庆尚道方向驶去，与该道水师会合，寻机打击停泊在巨济岛玉浦港的日军水师的战船。

5 月 7 日，李舜臣根据确切情报，立即率水师舰船队到玉浦海面对停泊在这里的 50 余艘日军舰船进行了猛烈轰击。敌军遭到突然袭击，没有战斗准备，企图择路逃窜，但被朝鲜水军团团围剿，犹如瓮中之鳖，战也不行，逃也不成，只能"坐"以待毙了。经过数小时激战，日军 26 艘舰船被击沉，所余大部被击破，不少敌军官兵被击伤击毙，残余日军被打得狼狈不堪，急忙登上巨济岛落荒而逃，当天下午，朝鲜水军又在永登浦前海击沉了 5 艘敌军舰船，1 天两战都取得了胜利，一显朝鲜水军的军威。

5 月 8 日早晨，李舜臣巧抓战机，亲率朝鲜水军在赤珍浦海面一举击沉了大大小小 13 艘日军舰船。

几天来，双方连续交锋，朝军节节胜利。著名的玉浦海战共击毁击沉 44 艘日军舰船,沉重地打击了敌人,极大地鼓舞了朝鲜人民的战斗意志,坚定了他们战胜入侵之敌的信心,粉碎了敌酋丰臣秀吉的全盘侵略计划:"水陆并进"受挫;水陆失去联系;陆军的物资供应困难重重,日军被迫暂停进攻。这样,朝鲜水军的辉煌胜利就有力地扭转了被动局面,开始在海上取得了主动权。

5月29日,李舜臣将军根据27日获悉的十余艘敌人舰船驶往泗川、昆阳等地的情报,亲率包括铁甲龟船在内的23艘舰船,在全罗道水军的配合下开到了泗川、固城附近的露梁海面,对敌军阵地发起进攻,把敌军追击到泗川前海,在这里停泊着121艘敌人舰船。400余官兵见势不妙,却离船登山并在山上摆设半月形长蛇阵。敌军居高临下,准备利用有利阵势,寻机歼灭朝鲜水军。李舜臣发现这一不利形势,当机立断决定改变战术,诱敌下山出海,在海上歼灭敌军。当敌人舰船开到泗川浦口的时候,朝鲜水军的铁甲龟船,迅猛冲进敌人舰船编队,用各种火炮轰击。与此同时还炮击了山上之敌。朝鲜水军在这次泗川海战中,把121艘敌人舰船全部击沉并消灭了大部敌军。

6月初2,明朝廷"命辽东抚镇发精兵二支应援朝鲜,并发银二万解赴朝鲜犒军,赐国王大红绢丝二表里尉劳之"。

6月15日,明参将戴朝弁、先锋游击史儒率援朝先头部队渡过鸭绿江。

6月16日,明军进驻朝鲜义州(今新义州)。

6月21日,明副总兵祖承训,游击王守官率明军3000余人渡过鸭绿江抵朝鲜。

7月17日拂晓,明军对平壤发动进攻。当时日本侵略军并未守城,只是在城内设下伏兵。明军一举冲入城内,伏兵骤起反击,明将史儒、戴朝弁、干总张国忠、马世隆中弹身亡,副总兵祖承训率兵退出,1天之内退到大定江,然后退回国内。

祖承训对敌轻举妄动,大败而归,日本侵略军因此更加猖獗,朝鲜八道几乎全被敌军占领。究其失败原因有二:一是没有弄清敌军设伏情况而冒进,二是当时连续降雨不止,道路泥泞,不利行军,又因明军均为骑兵,很难发挥威力,加之,明军将领史儒等求功心切而妄动。

6月2日,朝鲜水军在泗川海战后,继续向东挺进。当天早晨李舜臣率领朝鲜水军即对唐浦敌军阵地发起了进攻。当时在唐浦港口停泊着大小21艘敌人舰船,朝鲜水军一到阵前,马上以龟船为先锋猛烈冲撞敌人指挥船,敌军措手不及,指挥船被冲撞破损,敌人船队顿时大乱,朝鲜水军趁机猛烈攻击,烧毁和击沉了全部敌人舰船。在这次海战中,丰臣秀吉的忠实信徒、入侵敌酋龟井兹矩被击中,一命呜呼。

6月4日,李舜臣将军所属水军与全罗道在水使李亿祺指挥前来增援的25艘舰船编队会师,朝鲜水军大大加强了实力,舰船多达50余艘,极大鼓舞了朝鲜军民的斗志。翌日早晨,李舜臣和李亿祺共同率领50余艘舰船编队,向停泊在唐项浦的满载掠夺物资的大小26艘敌人舰船发起进攻,以龟船为先锋,集中火力首先击沉敌军指挥船,其他敌船仓皇突围逃窜,朝鲜水军跟踪堵击。经过激战,除个别船只逃脱外,敌船全部被击沉。当日晚,逃窜到陆上的敌军,妄图偷乘仅存的一只敌船逃命,也被全部歼灭。朝鲜水军又一次获得了唐项浦海战的光辉胜利。李舜臣因卓越指挥,立下战功,荣升资宪大夫要职。

6月7日，朝鲜水军继续巡逻，搜索残敌，最后在永登浦前海，又击毁了从慄浦逃往釜山的7艘敌船，击伤了很多敌军官兵，直到全部肃清残敌之后，李舜臣便下令班师，胜利地结束了第2次出征。在这一连串的海战中共击毁击沉74艘敌军舰船，歼灭包括10多名敌酋在内的数千名官兵，缴获了大批军用物资，摧垮了敌水军的一支主力船队，粉碎了敌军侵犯全罗道的企图，打乱了敌军"水陆并进"的作战计划，进而使朝鲜水军既完全掌握了海战的主动权，又控制了朝鲜南海的制海权。6月末7月初，敌军又组织3支船队分3路对全罗道方面展开了进攻。

7月8日，朝鲜水军抓住了敌人的这一行动征候，立即组成联合船队在凌晨迅速赶到了梁港口，根据敌情和地势的情况，李舜臣马上周密地制订了诱敌到闲山岛前海予以全歼的作战计划。果然不出所料，敌军第1船队驶入闲山岛前海，被隐蔽在闲山岛北侧的朝鲜水军主力团团包围，经过1天激战，朝鲜水军击沉59艘敌人舰船并杀伤、溺死数千余名官兵。

7月10日，获悉安骨浦停有42艘敌军舰船的情报后，李舜臣便立即决定再次诱敌出海给予围歼，用小船轮番进攻的战术，集中火力痛歼敌军指挥船和增援水军，敌军离船登岸逃窜，朝鲜水军继续炮击，紧追不舍，终于把42艘敌军舰船全部击毁、击沉，又一次显示了朝鲜水军的威力。从此"闲山岛大捷"宣告胜利结束，在海战史上又写下了光辉的一页。

入侵朝鲜腹地的小西行长、加藤清正、黑田长政等敌酋统率的日本侵略军陆军主力，由于日本水军的连续受挫，难以补充军粮和其他战略物资，被迫暂停了进攻，放弃了夺取朝鲜海峡地区和黄海制海权的企图。

8月27日，英勇不屈的朝鲜义兵对日军群起展开坚决斗争。是日，赵宪率领700名义兵战士，与一支义兵灵圭部队一道预计攻打锦山，因官军不配合作战，义兵与数万日军英勇决战，打死打伤众多敌人，终因寡不敌众，700名义兵全部壮烈牺牲。

9月1日，李舜臣等朝鲜将领所率朝鲜水军再次乘胜出征，冲向停泊在釜山一带的599余艘敌船。经过1天的激战，朝鲜水军又烧毁100多艘敌船，击伤击毙数千余名敌军官兵，敌军极度惊慌失措，力避正面迎战，边战边退，逃到山上另建巢穴去了。

9月16日，义兵领袖郑文孚统率义兵对镜城发动进攻，全歼守敌，收复了镜城。

10月17日，明朝廷任命李如松为提督蓟辽保定山东等处防海御倭总兵官，准备大规模地援助朝鲜抗击日本侵略军。

10月21日，郑文孚所率义兵继攻占镜城之后，又一举歼灭驻明川的一部日军。10月31日，义兵全部歼灭了吉州以北的侵略军。12月10日，义兵在双浦痛击侵略者，围歼了驻守端川的日军。义兵在咸镜道与敌斗争的连续胜利，奠定了尔后收复该道的基础。

朝鲜各地先后掀起了具有广泛群众基础的义兵运动。很多僧侣在民族危机严重时刻，与广大爱国群众一样，也纷纷组织义兵，进行抗战斗争。妙香山普贤寺僧侣休静组织了 1500 名僧兵,以顺安法兴寺为根据地,开展游击斗争,取得累累成果。僧兵在收复平壤的战役中,给敌人以沉重打击。

从广大义兵在抗击日本侵略的过程来看,朝鲜义兵实际上已经形成保卫祖国的中坚力量。这支部队可以说是朝鲜政府陆军败退后,在敌后抗击日本侵略军的主力,是有力阻止日本侵略军灭亡朝鲜的重要力量。

12 月 16 日,李如松率明军 43000 人从辽阳出发直奔朝鲜。12 月 24 日,明军渡过鸭绿江,进驻朝鲜义州(今新义州)。12 月 28 日,明军离开义州。12 月 30 日进驻定州。1593 年 1 月 2 日,李如松率明军进驻安州(即顺安,次日进驻肃川)。

1 月 6 日,李如松率明军抵平壤城下组成包围圈并立即竖起一面白旗,上书:"朝鲜军民自投旗下者免死。"

1 月 7 日晨,李如松下令对平壤进行总攻击。朝、明联军从西、南、北三面对平壤城发起猛攻,破坏了敌军许多坚固的防御工事,并杀伤了众多敌军官兵。

1 月 8 日清晨,在李如松的命令下,用大炮轰开了城门。李如松遂整军入城,众军蜂拥而入,骑兵云集,四处砍杀,而日军却龟缩在土窟中。日军将领小西行长退缩练光亭土窟(平壤城东部,紧靠大同江)。李如松命令督运柴草,四面堆积,以备火攻。但这时七星门、普通门土窟的敌军死守不放,明军攻打死伤甚众,甚至连李如松的坐骑也中弹而死。明军将领请求暂时停止攻击,李如松也深感一时难拔敌窟,部队饥疲难熬,遂暂时退师回营。

明军停止进攻之后,李如松通过翻译通告小西行长:"以我兵力,足以一举歼灭,而不忍尽杀人命,姑为退舍,开你先路。"小西行长回答说:"俺等情愿退军,请无拦截后面"。李如松答应了他的要求,并在当天晚上,命令朝鲜将领李镒撤回中和(平壤南)一路所设伏兵。是日夜,小西行长率领残兵败将退出平壤全城,趁河西冰封渡过大同江,向朝鲜南部逃窜而去。明将李宁、查大受亲率精兵随敌追击,击毙敌军官兵 600 余人,生俘 3 人。朝鲜黄州判官郑晔截击小西行长之后,也击毙敌军官兵 90 余人。日本侵略军在撤退中,饥饿疲惫不堪,有的投藏老百姓茅舍,有的投宿寺庙内,也不断被群众和僧侣痛打砍杀,其惨状可想而知。朝鲜联军在当天晚上收复了平壤。

据《援朝抗日战争》统计,平壤之战战果如下:"平壤之战除焚溺者外,明军和朝鲜军共斩获一千六百四十七级,生擒五名,夺马二千九百八十五匹,救出朝鲜被掳男妇一千二百二十五名,收复了平壤城。明军阵亡七百九十六名,马骡死五百七十六匹。"平壤城的收复,对日本侵略军是一个沉重的打击,也挫败了日本侵略军扩大侵略的阴谋,铸成了入侵敌军彻底失败的起点。

平壤之战的胜利主要取决于以下 3 个因素:1. 集中了援朝的全部明军,以 4 万余兵力对 1.5 万余兵力,在兵力上占明显优势,并得到朝军的配合作战;2. 明军官兵援朝抗日,英勇杀敌,视死如归;3. 充分发挥了火攻战术的强大威力。

2 月 19 日,李如松率明军进驻开城,日本侵略军已将该城屠杀掠夺焚烧殆尽,丢下一座空城,急速南逃,明军继续向临津江进发。

2 月 24 日,李如松在开城商讨收复京城之策。

2月27日，李如松为了解前方日军动静和作战地理状况，亲率明军2000人渡过临津江向南进军，一直深入到距京城（今汉城）仅30里之遥的碧蹄馆，在这里突然遭到日军的激烈袭击。李如松亲自指挥所率明军列阵对敌，明军施放火箭，敌人很少退却，后知明军兵员不多，又集中兵力反攻，双方殊死搏斗，敌人径直冲向李如松，危险至极，因双方众寡悬殊，明军势不能支，遂挥兵撤退，李如松亲自殿后。明军撤退，日军尾随追至惠仁岭。此时，明军将领杨元率后续大军1000人赶到，日军被迫停止追击退回。当晚李如松退至坡州，后又退驻开城。

碧蹄之战的挫折，给明军特别是给总兵李如松一个影响深远的教训，使之明确地认识到决不能轻敌冒进，当时，日军驻守京城的总兵力4万余人，前锋约2万人，而且是日本侵略军的主力部队。敌我力量对比敌人处于优势。因此要收复京城，直至把日本侵略军赶出朝鲜，必须补充实力，加强朝明两军的协同作战。为此，朝明联军调整了新的战略部署，暂停战略进攻，而把大军留驻于开城一线，不再前进，利用这个时机整顿联军，等待援军。通过上述的确切部署，为新的战略举措提供了2个有利的条件：1. 可以阻止日本侵略军可能发动的进攻；2. 可以在新的援军到前线时发动攻势，以收复京城。

3月初，日军主帅丰臣秀吉得知侵朝日军受挫，粮饷不足，疾病流行，决定暂时撤军。明朝兵部尚书石星也认为明军长期异域他乡作战，官兵疲惫，也有意从朝鲜撤军。但是，朝鲜国王李昖一意想复国报仇，不断恳请明军与朝军联合作战进击日本侵略军。明军主将鉴于当时军事形势，按兵不动。

3月22日，李如松指派使臣沈惟敬前往京城（今汉城）会见日军将领探讨和谈问题。

4月9日，沈惟敬在龙山会见日酋商谈了和谈并议决了各项条件。

4月19日，侵占京城的日本侵略军撤出了该城，并带走了朝鲜两王子和被俘大臣。据传，3月下旬，京城（今汉城）内外日军总共有5.3万余人。

4月20日，李如松率明军进驻京城。

5月2日，根据丰臣秀吉确定的"和谈"条件，日本侵略军撤离京城的先头部队抵达釜山附近地区。从京城撤退下来的日军，玩弄两种手法，一方面在庆尚、全罗两道的沿海城市先后修筑了18处坚固的城堡，作顽抗的准备；一方面派出使节到朝、明方面进行"和谈"活动。从此开始了长达4年之久的又谈又打，谈谈停停，企图从谈判桌上取得在战争中难以取得实际利益的"和谈"时期。

第二阶段（1593年6月—1597年1月）

6月21日，日本侵略军在"和谈"的幌子下，大肆进攻晋州（庆尚南道）。当时朝鲜派出使臣曾多次请求分驻大丘（庆尚南道）、南原（全罗北道）和尚州（庆尚南道）等地，要明军给晋州军民以应急援救，明军以未得军令，均未行动。晋州全城被日军惨杀6万人。这时李如松本想进兵援救，但因日军很快退出晋州，遂按兵未动，致使朝军惨败。

6月28日，丰臣秀吉把"和谈"条件交给了明朝使臣并派出小西如安前往北京。

日方提出奴役朝鲜人民苛刻的无理要求作为"和谈"条件：

①在朝鲜八道中，允许日本占领南部四道。

②朝鲜、中国与日重开官、商贸易。

③朝鲜政府将王子、大臣各一或二人送到日本做人质。

④朝鲜国王应宣誓永不背叛日本。

⑤日本答应遣返被俘的朝鲜两王子。

明朝廷鉴于日本侵略军已撤到朝鲜南部并进入"和谈"阶段，似已无大的军事活动，遂下令明军撤回国内，只留一部暂驻朝鲜。

7月28日，李如松离开京城归国。朝鲜国王李昖曾在黄州送行。

8月8日，明军3万人离开京城。明朝廷决定2万人归国，1万人左右留朝与朝鲜军队一起镇守由朝、明联军控制的主要城市，由刘继统辖。

9月20日，朝鲜王朝任命李舜臣为三道水军节度使。在李舜臣水军节度使的统一指挥下，三道水军联合行动，密切配合，在很大程度上加强了水军的作战能力，李舜臣将军决定将朝鲜水军总部从全罗道丽水迁到庆尚道的闲山岛。与此同时对枪炮进行改良和批量生产，并对大批舰船进行了修复。此外，还抓紧时机培养了大批训练有素的军事指挥人员。由于李舜臣将军的努力，进一步加强了朝鲜水军的战斗力。8、9月间，丰臣秀吉也先后下令侵朝日军加强朝鲜沿海城市的守备，补充兵力并筹备所需的武器装备，以备再战。

在此情况下，明、日双方"和谈"使节来往穿梭，讨价还价，成败难定，各显其能。直到1596年9月，"和谈"依然处于僵持局面，没有取得多大进展。日方之所以同意"和谈"，主要是为了利用"和谈"的机会，积极进行再次发动战争的准备，拖是真，谈是假，以"伐交"代替"伐兵"。明朝统治集团对日本侵略军的"和谈"阴谋缺乏足够的认识，但早为朝、明人民所识破和揭穿。朝鲜爱国将军李舜臣就是一个公认的显例，他对敌人"誓海鱼龙动，盟山草木知"；对国对民"忧心辗转夜，残月照弓刀"，诗如其人，既充分表达了他彻底消灭敌人的决心和勇气，也充分表现了他忧国忧民的崇高的爱国主义精神；更充分体现了"三尺誓天，山河动色"，为国捐躯，名垂青史的一生。

日本侵略军鉴于第1次战争失败的教训，深刻地认识到：只要李舜臣担任朝鲜三道水军节度使，负责指挥朝鲜水军，他们虽然在"和谈"的幌子之下，做好了再一次发动战争的准备，但也无法实现他们的侵略目的。为此，他们采用反间计，于1597年1月，日酋小西行长派出间谍要时罗钻到朝鲜庆尚右兵使金应瑞处，捏造奇闻，散布流言蜚语，陷害李舜臣。朝鲜上下信以为真，全都中了敌人的奸计，朝鲜国王李昖轻信谗言谎语，下令逮捕李舜臣入狱。2月26日，李舜臣被押送到了京城（今汉城）。

日本侵略军的缓兵之计，蒙骗了朝鲜上下无能之辈以及明朝重用了"和谈"代表沈惟敬这一无赖，使其阴谋得逞，为日本对朝鲜的第二次大规模的侵略战争大开了方便之门。

第三阶段（1597 年 2 月—1598 年 11 月）

2 月 21 日，丰臣秀吉下达动员令，调集 14.1490 万人的陆军和数万水军、数百艘舰船再次入侵朝鲜。从动员出兵到准备就绪抵达朝鲜共用了 5 个多月的时间。6 月，日本侵略军大部队陆续抵达朝鲜。7 月中旬备战就绪，待命出击。明朝延获悉这一信息后，又动员了川、陕、浙、蓟、辽等地陆军及福建、吴淞水师等部队，再次出兵援朝。

7 月 7 日，日本侵略军开始进攻。日军与消灭朝鲜水军的先头部队，再一次派出奸细潜入朝鲜水军总部散布假情报，巧取朝鲜的信任，朝鲜水军中了敌人的诡计，仓促迎战，连续惨败。

7 月 15 日夜，日本侵略军以绝对优势兵力，水陆夹攻停泊在巨济岛西部漆川岛的朝鲜水军。朝鲜水军仓皇应敌，被包围三四重，不力抵抗，边战边退，舰船尽被烧毁，官兵几乎全部战死溺亡，接替李舜臣任三道水军节度使之职的元均也兵败身亡，闲山等要塞岛屿全被日军占领。日军因此取得了首次打败朝鲜水军的胜利。

日本侵略军强占闲山岛之后，控制了海上通道，遂即以水陆两路向全罗道进军。

8 月 1 日，1.4 万日本侵略军兵分 3 路向全罗道南原发起猛攻。恰巧这时，明朝援军的先头部队陆续进驻全罗、忠清两道。杨元率援军 3000 人驻全罗道南原。

8 月 3 日，元均指挥的朝鲜水军惨遭败北后，朝鲜王朝在朝野上下强烈要求恢复李舜臣将军原职的沉重舆论压力下，无奈重新任命李舜臣将军为三道水军节度使，使朝鲜军民抗击日军侵略的爱国热情与获取胜利的决心为之一振。

李舜臣复职后，立即收罗了残存的 12 艘舰船和 120 余名官兵并在此残破的基础上重新整顿了三道的水军，确定地势险要的利津港为三道水军的基地。

8 月 16 日夜，经过激战，日军攻占了南原南门，杨元负伤带 10 余人逃出西门，明军 2700 名官兵战死身亡，南原失守。

8 月 19 日，陈愚衷率明军退出全罗道的守城全州，向北撤退。南原失守，全州以北瓦解，明军退守京城。明副总兵解生、牛伯英、杨登山等率精兵 2000 人坚守忠清道稷山。日军占领南原、全州以后，又连续占领了海南、顺天、宝城等地，几乎占领了朝鲜的谷仓全罗道地区，以借为其侵略战争服务。

8 月 28 日，李舜臣将军指挥朝鲜水军一举击退了驶来偷袭的 8 艘敌人舰船之后，立即率舰船驶入珍岛东北地势险要的碧波亭水域，利用海潮时涨时落的特点，在鸣梁口东西通道口暗设铁索、木桩等物，以阻碍敌人舰船行动，给日本侵略军以沉重打击，这一巧妙安排是为著名鸣梁大捷所做的万无一失的准备。

9 月 7 日，日本侵略军右军先锋黑田长征率军猛攻稷山，左军进攻舒川，企图一举而占两城。解生等亲临阵前指挥精兵 2000 人奋力抗击，在游击摆寒亲率援军 2000 人密切协同，英勇杀敌，日军死伤不计其数，溃败而退。

明军在关键的一战取得了胜利，稷山战后日军开始南撤，明军南进。敌酋丰臣秀吉下令日军不再准备进攻京城，在占领全罗、忠清两道之后，立即撤到釜山、西生浦等地沿岸一带，企图持久盘踞，蚕食朝鲜，然后再犯明朝。

9月16日，停泊在兰浦的日本侵略军330艘舰船和2万余名水军乘潮涨潮落之机对驻在鸣梁海峡的朝鲜水军发起猛攻，面对敌众我寡，敌占绝对优势的情况下，李舜臣指挥沉着，避免与日军正面作战，而亲率一部水军部队舰船诱敌进入鸣梁口。日本侵略军眼见朝鲜水军只有少部舰船和李舜臣的指挥舰，便层层包围舰船，直扑李舜臣指挥舰，形势十分紧急危险。李舜臣将军一面喝令朝鲜水军誓死不惧，英勇杀敌，一面命令部下把不少渔船伪装成兵船，尾随水军舰船之后，以助军威。这样，朝鲜水军的指挥舰率先拼死冲向敌人舰船，其他水军也紧跟其后冲入敌阵。这时，大部敌舰船被朝军暗设的铁索、木桩阻拦，无路逃脱，俨然瓮中之鳖，经过一场恶战，朝鲜水军共击沉敌人舰船30余艘，毙伤敌官兵4000余人。这就是名震一时又永垂青史的鸣梁大捷。鸣梁大捷的辉煌战绩，既大大鼓舞了朝鲜军民的抗敌意志，又沉重地打击了日军水陆并进的侵略计划。

就在这时，明朝廷获悉日军第2次入侵朝鲜的信息后，便决定任命总督邢玠和提督麻贵为援军将领，统率4万大军再次援朝。明朝援军渡鸭绿江后，与朝鲜权栗都元帅所辖和指挥的朝鲜陆军会师，组建朝、明联军，协同作战，向南挺进。

稷山战役和鸣梁大捷以后，日本侵略军各部相继南撤，形成从蔚山到顺天的沿海要点的防御阵势。加藤清正驻守蔚山，小西行长驻守顺天，岛津义弘驻守泗川，各筑营垒，以图再犯。

12月20日，明军进驻庆州，以备专攻蔚山，蔚山依山傍水，东与岛山相连，水路通向大海，西与生浦、釜山等地相连，陆路也可经彦阳通釜山。此地水陆相通，对联系作战十分有利。驻守蔚山的日军总兵力约2万人左右。为取蔚山，联军详细地作了兵力部署和作战计划。

12月23日午夜，明军兵分3路从庆州直捣蔚山。黎明，左协李如松率先头部队与守敌相遇，交战后佯退，敌人乘机追击，明军大军参战，歼敌400余人（一说500余人）。交战时，适值敌将加藤清正在西生浦监督修筑土木工事，得知明军攻城，星夜返回蔚山，明军强攻蔚山未果而退。

12月24日，明军继续强攻蔚山，英勇冲杀，但仍未攻下此城。

12月25日，明军再次强攻蔚山，仍未见成功。

12月28日、29日，明军连续强攻，甚至准备火攻，两天进攻均无效。

12月30日，敌将加藤清正见几天来连续受到猛攻，蔚山全城已无粮无水，殆无生路，难以继续应战，遂派联络人员，给明军将领送信，乞求讲和，遭到回绝。

1598年2月7日，驻西生浦的水陆日军1.3万余人增援蔚山。

2月8日，明军再次进攻蔚山，死伤近500人，攻城未果退回。

2月9日，明军对蔚山发起总攻击。守城日军与多路援军，遥相互应，协同反击，明军攻城无效，决定撤军。日军见明军撤退，守军与援军一起追击，明军败退死伤3400人。倾注全力进攻蔚山的明军就这样败于旦夕。

2月10日，明军经略杨镐退至庆州，然后回到京城。明军对蔚山发起攻击前后10余天，始终未果，究其原因主要是作战指挥上的严重失误，主要表现在：1. 没有掌握敌情，没有攻击蔚山坚固石城的充分准备，势必屡攻屡败。2. 攻坚无效，没有采取"野战歼敌"的有效战法。3. 没有及时改变主攻方向，处理围城与打援的关系失当。4. 盲目撤军，组织杂乱无章致使遭受重大伤亡，前功尽弃。

蔚山战后，日本侵略军的战略总方针是：继续占据从蔚山到顺天的沿海地区，固守要塞，作长期准备，在朝鲜南方站稳脚跟，蚕食全朝鲜，最后进犯中国。明军的战略方针是：水陆并进，分路进攻三要塞——蔚山、粟林、泗川。

此时在京城的总督邢玠，鉴于蔚山失利，决定继续请求援兵，特别强调增调水军，对敌实行水陆夹攻，全歼盘踞朝鲜南部的日本侵略军。据查固守要塞的日军只留有 6.47 万人，一半以上的兵力已回国休整。邢玠遂在 2 月，任命副总兵督都金事陈璘为御倭总兵官。陈璘之广兵、刘继之川兵、邓子龙的浙兵相继调往朝鲜。同时把明朝援军分 3 路并进，陈璘率水军，在海上策应，水陆夹攻，全歼日军。

6 月 4 日，杨镐因蔚山失利被免职。

6 月 24 日，命万世德为经略取代杨镐。

7 月 15 日，陈璘率水军进驻古今岛，与李舜臣将军所辖水军会合，组成联合舰队，牢牢地掌握了朝鲜南海的控制权，切断了敌军的退路。朝鲜水军 7328 人，陈璘水军 1.94 万人。连同上述陆军兵力，朝鲜和明、朝联军的总兵力共 11.3 万人左右，与日军留驻兵力相比占有明显优势，很有再战必胜的把握。

8 月 18 日（明历 19 日），敌酋丰臣秀吉因日军侵朝一再失利，积郁而死于日本的伏见城（今京都市伏见区桃山町）。日本侵略军得知丰臣秀吉死亡的消息后，留在朝鲜的日军将领和所辖官兵均无心再战，加之日军已被明、朝联军重重包围。四面楚歌，军队涣散，形势对其十分不利。为此驻守顺天的敌酋小西行长又提出停战和谈的建议，遭明、朝联军的拒绝，无计可施，只有请求援军前来解围了。

9 月 20 日，刘继率明军攻顺天东南、三面临海、筑有坚固营垒的敌酋小西行长的主营曳桥。此时明、朝联合水军也已泊在曳桥临近海域，准备水陆强攻。但因日军以 1.3 万余人的兵力防守，小西行长坚守不出，明军陆上兵力几次强攻，均无奏效。翌月 2 日，刘继率陆军，陈璘率水军协同强攻曳桥，受到日军的顽强抵抗，水陆夹攻也无结果。

9 月 20 日，董一元率明军进攻晋州，日军不战而退，逃到昆阳、泗川。明军占领晋州，继续追击敌军。在 10 月 2 日，明、朝联军以多达 2.9 万余人的强大兵力对泗川的新寨发起了进攻，新寨三面临江，一面受冲，守敌十分惊慌。但正当联军以炮火轰开守敌城门，各路部队冲向城里的时候，明军游击彭信古营中火药着火，顿时，全军大乱，争先逃脱险境。敌军乘机追杀，明军惨败，死者多达七八千人。董一元退回晋州。

此次战役前后 14 天（9 月 20 日—10 月 3 日）。明、朝联军四路出击，水路夹攻，虽有小胜，稍有进展，但损失近万人之众，是一次失败的战役，也是明军将领战略指导上的严重失误。

时隔近月，到了 11 月，日本侵略军在朝、明联军和朝鲜各地义军的沉重打击下，已陷入内外交困的窘境。外遭联军的重重包围，内呈士气低落，军纪涣散，分崩离析之势，同时根据丰臣秀吉的遗命准备撤军，不拟再战，打追回国。因此出现了欲战有难，欲撤不能，坐以待毙的局面。

11 月 16 日，面临覆灭命运的敌酋小西行长派出满载枪剑、马匹等物的 7 艘船只驶向李舜臣的本营，乞求李舜臣接收此礼放其率日军回国。李舜臣对此愤慨万分，严词拒绝了敌人的物质诱惑。敌人的卑鄙行径更加激发了李舜臣率军全歼不共戴天之敌的满腔热情和战斗意志。在百般无奈的情况下，小西行长只好向驻守泗川的日军求援，以解其被围之困。

11 月 17 日，泗川守敌将领鸟津义弘率日军 500 余艘舰船和大批部队，从水路支援小西行长，妄图一举冲破朝、明水军的联合防线，打通回国之路。朝、明联合舰队，根据敌军这一动静，立即连夜驶进露梁海峡。李舜臣和陈璘亲率联合舰队扼守海口，切断了敌军的退路，严阵以待，迎接一场空前激烈的歼灭战的到来。11 月 19 日凌晨，隐蔽停泊于露梁海域的朝、明联合水军舰队，向敌军展开了猛烈进攻。李舜臣擂鼓督战首先冲向敌人舰船，被日军舰船包围。陈璘见状急忙冲入包围圈救援，形势十分危急。经过激战，陈璘突然鸣金收兵，舰船之上，一片寂静，日军疑有诡诈，不敢贸然进攻，稍稍后退。明船突然喷筒齐发，很多日军舰船被击中起火，被击毙和跳水溺死者不计其数。这时，李舜臣已冲出重围。年过 70 年明水军老将邓子龙勇往直前，亲率 200 名勇士追击日船，投掷火球，向敌舰船进攻。正在激战时，不料，邓子龙的舰船被烧起火，日军趁势围攻，李舜臣前往救援，邓子龙力战身亡，为朝鲜人民光荣献身。李舜臣与陈璘自始至终，密切协同作战，合力夹击日军，用虎蹲炮轰击敌船。此时，李舜臣胸部中弹，伤势很重，在危垂之际，嘱咐他的儿子李荟和侄李莞说："战方急，慎勿言我死"，说着说着便与世长辞。李莞遵照李舜臣的遗嘱，以李舜臣的名义，发布命令，继续督军作战，直到日本侵略军渐渐不支，溃败而终。

通过露梁海战，朝鲜、明朝联合舰队共击毁击沉敌军 200 余艘舰船，消灭敌军 2 万余名官兵、俘虏 180 人，溺死不计其数。

露梁海战，从战略上来说，它是海上伏、夹攻成功的一次战役；从明朝援军作战和朝鲜壬辰卫国战争来说，它是援朝战争和壬辰卫国战争的最后一次战役，也是获得巨大胜利的一次战役。

英国资产阶级革命

1649 年 1 月 30 日的伦敦，清冷而阴暗。天刚蒙蒙亮，人们便迎着凛冽的寒风三五成群地向白厅宴会堂外面的广场涌去，把一个偌大的广场，挤得水泄不通。下午一点半钟，面对广场的宴会堂中间那扇窗子打开了，全场顿时肃静下来。在众目睽睽下，一个全身黑色装扮，面色惨白的瘦长中年人被带上宴会堂外面的绞刑台上。原来，他就是新近被国会宣布为"暴君、叛徒、杀人犯和英国全体善良人民的共同敌人"的英国国王查理一世，他已用专制方法统治了英国二十四年。这一天是他当众被处决的日子。当执刑完毕后，群众振臂欢呼，互相拥抱，纷纷把帽子抛向天空以示庆贺。5 月，英国宣布成立共和国，在人民群众革命浪潮的推动下，英国封建专制制度被推翻了，君主制被取消了。英国资产阶级革命进入高潮。

大家知道，英国资产阶级革命开始于 1640 年，前后共经历近五十年，直到 1688 年才告结束。

革命前的英国是个农业国，人口只有四五百万，其中农民占五分之四以上。以国王为首的封建贵族和国教教会是英国最大的剥削者和反动势力。广大农民耕种的土地绝大部分属于他们，农民除向他们交纳大量封建地租外，还被一系列沉重的封建义务压得喘不过气来。无地的贫苦农民生活得更加悲惨。

蒸汽机车喷着烟雾，顺利地从隧道深处开出来的情景

15 世纪后半期，资本主义开始在欧洲发展起来。"为资本主义生产方式奠定基础的变革的序幕，是在 15 世纪最后三十多年和 16 世纪最初几十年演出的"。（马克思：《资本论》，《马克思恩格斯全集》第 23 卷，第 786 页）英国资本主义发展的特点是它首先深入农村。英国的毛纺织业特别发达，羊毛及毛织品畅销国外，从而使养羊事业成为有利可图的事。从 15、16 世纪以来，一部分地主贵族开始采用资本主义方式经营牧场。这部分贵族称为新贵族，以别于旧的封建贵族。他们一方面把自己分散的土地集中起来改为牧场；一方面大量圈占荒地、丛林、沼泽等公共土地，筑起篱笆，围以沟堑，饲养羊群。同时，他们还借助封建法庭势力，把农民从他们世代居住的土地上驱赶出去，把从农民手里掠夺来的土地改为牧场。被剥夺土地的农民无家可归，到处流浪，封建政权采用各种残酷刑罚，迫使他们遵守雇佣劳动制度所必需的纪律。这些措施

珍妮纺织机

为资本主义发展提供了大批廉价劳动力。这就是历史上所谓"圈地运动"。圈地是原始积累的一种典型方式。它实质上是使生产者和生产资料相脱离，把农民的土地转化为资本，把农民转化为资本家的雇佣奴隶。

从 16 世纪以来，英国资本主义工商业也有一定程度的发展，除广泛发展的毛纺织业已成为英国的民族工业外，采煤、冶铁以及锡、铜等冶炼方面也进入资本主义手工工场阶段，有的工场规模很大，拥有几千名工人。出现了诸如肥皂、火药、玻璃、造纸等新兴的工业部门。对外贸易和海外殖民的发展也很迅速。

封建王朝的专制统治引起了广大农民群众、资产阶级和新贵族的不满。农民们在忍无可忍的情况下，多次举行起义，他们的起义和斗争成为英国资产阶级革命的强大动力。封建政权不仅对农民实行残酷的统治，而且限制资本主义的发展。例如，国王为了保证封建国家的税收和兵源，禁止任意圈占土地，违者严惩。他还把肥皂、纸张、玻璃、毛织品等几百种商品划归为自己的专利，实行专卖。此外，国王还规

斯图亚特王朝复辟

定年收入在四十镑以上的土地所有者都要接受骑士称号，缴纳一定数目的骑士捐。国王的这些措施大大地损害了资产阶级和资产阶级化了的地主——新贵族的利益，他们结成同盟反对封建君主制。这是英国资产阶级革命一个很重要的特点。

英国封建王朝的反动专制统治到斯图亚特王朝时期达到顶点。

1603 年，英国都铎王朝女王伊丽莎白死后无嗣，由她的堂弟苏格兰国王詹姆士·斯图亚特继承王位，在英国称詹姆士一世（1603—1625 年），开始了斯图亚特王朝统治时期。詹姆士一世和他的儿子查理一世（1625—1649 年），高唱王权神授的反动理论，宣称他们的权利来自上帝，反对他们就是反对上帝，要受到严厉的惩治。他们无视议会的权力，巧立名目，任意摊派捐税。在宗教信仰方面，对于那些敢于批评英国国教、宣传清教的教徒们实行残酷的迫害。他们的反动统治，使英国经济陷于停滞，物价飞涨，广大人民群众挣扎在死

16 世纪末伦敦

亡线上。人民再也不能按照老样子继续生活下去了，纷纷起来进行斗争。资产阶级和新贵族也拒绝纳税。英国处于革命的前夜。1637 至 1639 年苏格兰的反英起义遂成为英国资产阶级革命的导火线。

1639 年，苏格兰人攻入英国北部。为了筹措军饷，1640 年 4 月查理一世被迫重新召开从 1629 年起就被他解散的议会。但这届议会只存在三个星期，又被查理一世解散。然而在国内人民革命形势高涨和苏格兰人一再发动进攻的情况下，查理一世不得不再度召开议会。这次议会存在的时间很长，从 1640 年 11 月直至 1653 年 4 月，在英国历史上被称为“长期议会”。长期议会的召开，结束了十一年来查理一世的独裁统治，标志着英国资产阶级革命的开端。从此，资产阶级和新贵族在人民群众推动下，以议会为阵地展开了对查理一世和他的党羽——王党分子的斗争。

议会成立之初，查理一世迫于国内革命形势，对资产阶级和新贵族作了一系列让步，如宣布处死他的宠臣，国王不经议会同意不能任意解散议会和征税等。1640 年底，议会又通过了《大谴责书》，列举查理一世及其政府最近十年来所有擅权渎职

的罪行，和长期议会召开以来的成绩，并提出保证工商业自由发展，限制主教权力，建立对议会负责的政府等一系列符合资产阶级、新贵族利益的要求。

1839 年汽锤的发明使重工业革命化

《大谴责书》是革命初期英国资产阶级的纲领性文件。查理一世拒绝接受，并于 1642 年初亲自带领四百名武装卫队冲入议会，企图逮捕正在开会的皮姆、汉普敦等五名反对派首领。查理扬言"要揪着那些反对派的耳朵，把他们拎出会场"，企图制造一起"血溅下院"的惨剧。然而皮姆等早已听到风声，在民兵保护下躲入资产阶级控制的伦敦城区。国王进入下院后，伦敦城内立即响起警报，民兵们集合起来，决心用武力保护议会。伦敦市民和附近的农民也都武装起来，严阵以待。国王亲自逮捕议员领袖的计划落空了。当国王走出会厅时，群众一起拥向国王，向他的轿车投掷革命传单，广大人民群众的行动粉碎了国王的阴谋，逮捕令被迫撤消。1 月 10 日，当皮姆等五人胜利回到议会时，查理一世垂头丧气，不声不响地离开了伦敦，出走到北部的约克城。他企图在落后的北部和中部地区的封建贵族中寻找支持，英国处于内战的前夜。

1642 年 8 月 22 日，查理一世在诺丁昂城升起了国王的军旗，正式向议会宣战。内战开始后，英国分裂为拥护议会和拥护国王的两大阵营。大致说来，工商业比较发达的东南部站在议会方面，而落后的西部和北部地区拥护国王。从阶级成分上看，城市资产阶级、新贵族、自耕农和租地农业家等支持议会，广大农民群众、手工业者、学徒工也都同情并大力支持议会。站在国王阵营一方的，主要是封建贵族、英国国教会，以及部分地区的落后农民。站在议会方面的资产阶级和新贵族都属清教徒，他们衣着朴素，头剪短发（当时只有贵族才有留长发的特权），因而被称为"圆颅党"。而拥护国王的人多数属于衣着华贵、腰挎长剑、长发披肩的贵族，因此获得了"骑士党"的诨名。

从实力上说，优势在议会方面。因为主要工商业城市都在他们的控制之下，有较强的经济实力，财源丰实，还拥有许多重要港口。舰队和大量受过训练的民兵。而查理一世的据点则是落后的西部和北部地区，财政上只能依靠贵族的临时捐助，由于战争开始时革命领导权掌握在大资产阶级和新贵族的保守派手中。即掌握在长老派手中，他们害怕革命深入发展会触犯到他们的利益，不愿同国王彻底决裂，只求国王能做些让步，达成一些妥协就满足了。因此，尽管议会阵营处于优势地位，但打起仗来却屡遭失败。议会军的失败，引起了广大人民群众的不满。

伊丽莎白一世

1645 年，军队的领导权转入代表中等资产阶级和中等新贵族利益的独立派手中。独立派同封建专制制度有较深刻的矛盾，他们不同意长老派的妥协让步政策，要求对国王进行较坚决的战争，"打垮了国王再进行谈判"是他们的信条。独立派的首领是奥列弗·克仑威尔（1599—1658年）。内战开始后，他对议会军腐败、缺乏战斗力的情况十分不满。他建立了一支勇敢善战、纪律严明的军队。克仑威尔依靠这支军队，先后取得了马斯吞荒原之役（1644年7月）和纳斯比大战（1645年6月）的决定性胜利，扭转了战局。查理一世见势不妙，化装成仆人，北上逃往苏格兰，企图在那里养精蓄锐，卷土重来，然而苏格兰人把他拘捕起来，以四十万英镑的高价卖给了议会。议会把他囚禁在荷恩比城堡中。第一次内战结束。1647年底，查理一世逃跑，到威特岛被郡长扣留。1648年2月起，王党又乘机在许多地方发动武装叛乱，挑起第二次内战。大敌当前，军从内部的独立派和平等派又联合起来，共同镇压王党叛乱。1648年8月，克仑威尔击溃了王党军队，9月，占领了苏格兰首都爱丁堡，第二次内战以议会阵营的胜利而结束。

内战结束后，长期议会的领导权转入独立派手中。他们在人民群众的压力下成立了一个高等法庭，对查理一世进行审判。法庭最后把查理一世判处死刑。处死查理一世，英国宣布为共和国，是英国资产阶级革命达到高潮的标志。

17世纪英国资产阶级革命是近代历史上划时代的革命运动。这次革命是发生在资本主义手工工场时期的革命运动，属于早期的资产阶级革命。在这次革命中资产阶级不是同人民群众结成联盟，而是同新贵族结成联盟共同领导革命，因而使革命具有保守性和不彻底性。它没有彻底消灭封建势力，农民对地主的封建依附关系依然存在，贵族在国家政权中仍占有重要职位。革命结束后，农民迫切要求获得土地的要求不仅没有得到解决，议会反而通过了一系列有关圈地的法令，变本加厉地剥夺农民的土地。到18世纪末，英国的自耕农已基本消失。尽管如此，英国资产阶级革命是历史上资本主义对封建制度的第一次重大胜利，它是人类从封建主义社会进入资本主义社会的里程碑，它为资本主义在英国发展扫清了道路。

英国资产阶级革命不但对本国，而且对所有欧洲国家反对封建制度的革命运动，都有着巨大的影响。马克思高度评价了这次革命，称它是"欧洲范围的革命"，它"宣告了欧洲新社会的政治制度"，这次革命意味着"资产阶级所有制对封建所有制的胜利"。（马克思：《资产阶级和反革命》（1848），《马克思恩格斯选集》第1卷，第321页）

英国第一次内战

1603年开始的斯图亚特王朝的反动统治，加剧了英国封建制度的危机，促进了革命的爆发。

国王詹姆斯一世崇拜16世纪以来在欧洲形成的专制主义理论，羡慕法国和西班牙的专制制度。他入主英国后，提倡"王权神授说"，宣扬国王是上帝派来统治人民的，国王的地位是神圣不可侵犯的，"国王是法律的创立者，而非法律创造国王"。他在登位后的第一届议会上宣称："议论上帝是渎神，议论君主是叛逆"。他表示不能忍受议会的权力，曾三次召开议会，又三次解散议会。他迫害清教徒，颁布命令禁止非国教的教派组织的存在及活动，为了维护宫廷的庞大开支，他千方百计地大肆搜刮，出售商业公司的专卖权，实行宫廷采买优先制，公开卖官鬻爵，规定男爵的价格为1千镑，子爵为1万镑，伯爵为2万镑。詹姆斯一世还对信奉天主教的西班牙采取联合政策。这些倒行逆施，既给广大劳动人民带来很大的灾难，也严重地损害资产阶级的利益，加深了资产阶级、新贵族和人民群众同以国王为首的封建势力的矛盾。

议会中的资产阶级和新贵族的代表逐渐形成对政府各项反动政策进行斗争的反对派。1628年，他们向国王提出《权利请愿书》，重申只有议会才有批准征税的权利，未经议会同意不得任意征税，对任何人没有法律的依据和法院的判决不得任意逮捕。查理一世为了得到议会的拨款，被迫接受了这份请愿书。但是国王在吨税和磅税问题上同议会发生了争议。查理一世提出终身征收这两种税收的要求，遭到议会的拒绝。国王就在1629年解散了议会，开始了长达十一年的无议会统治时期。

在这期间，查理一世及其宠臣斯特拉福伯爵和劳德大主教变本加厉地推行高压政策和搜刮政策。他们逮捕清教徒并对其严刑拷打，使之大批逃亡海外。同时恢复了诺曼时代所采用过的"船税"。还扩大了专卖权的范围，连纽扣、别针都被包罗进来，这就使没有专卖权的企业纷纷倒闭，工人失业，商品价格上涨，工商业受到严重的摧残。一

詹姆士二世逃往法国

部分中小资产阶级被迫携带资本移居国外。资产阶级、新贵族和封建专制王权的矛盾空前地尖锐化。

苏格兰起义是英国革命的导火线。詹姆斯一世继承英国王位后，苏格兰并未并入英国，仍保持着自己的独立的政治体系。苏格兰封建贵族的势力很大，而国王的力量薄弱，专制主义尚未形成。苏格兰经过宗教改革，长老会派教会占统治地位。长期以来，詹姆斯一世和查理一世就企图在苏格兰建立封建专制制度。1637年，劳德大主教命令苏格兰长老会派教会在举行宗教仪式时使用英国国教会祈祷书，引起了苏格兰人的起义。1639年，苏格兰起义军攻入英国境内。

查理一世为了筹集经费，不得不再次召开议会。这届议会于1640年11月3日召开，一直存在到1653年4月，史称"长期议会"。它成了资产阶级和新贵族对封建王权进行斗争的活动中心，以及革命的领导机关。长期议会的召开揭开了英国资产阶级革命的序幕。

长期议会开幕以后，反对派议员猛烈抨击国王的政策，提出了对国王宠臣斯特拉福伯爵的审判案。这是资产阶级、新贵族对国王的公开挑战。议会先后逮捕了斯特拉福和苏德大主教。反对派领袖约翰·皮姆代表下议院在上议院里控告斯特拉福

在战战斗中，克伦威尔领导着"断模范军"奋勇杀敌

时说："使斯特拉福逍遥法外，就意味着议会的解散"。

查理一世极力为斯特拉福辩护，并图谋用武力解散议会。消息传出后，伦敦数万名市民、帮工、学徒、小手工业者手持刀、剑、棍棒聚集到王宫前，要求马上处死这个"臭名昭彰的罪犯"。1641年5月10日，国王不得不签署了斯特拉福的死刑判决书。5月12日，斯特拉福被推上断头台。过了四年，劳德大主教也被处死。

长期议会通过了一些限制国王权力的法案。《三年法案》规定，每三年至少召开一会议会，国王未经议会同意不得解散议会。议会还撤销了最为人民痛恨的专制政体的重要机构"刑室法庭"和"高等宗教法庭"。同时，废除了专卖制度，禁止征收吨税、磅税、船税及其他苛捐杂税。

1641年11月22日，议会通过《大抗议书》，全文共204条，除对查理一世的暴政胪列详尽以暴诸于天下外，还要求国王保证工商业自由，"录用那些议会所能信任的枢密大臣"。这实际上是要建立责任内阁制，显然是君主立宪制的雏形。《大抗议书》提交议会讨论时，会场沸腾，群情激昂。议员们皆拔出佩刀，势将决裂。最后以159票对148票的微弱多数通过。这说明随着斗争的深入，议会里发生了剧烈的政治分化。《大抗议书》起了号召人民起来反对王权的积极作用。

查理一世拒绝批准《大抗议书》。1642年1月3日，国王签署诏令，宣布反对派领袖约翰·皮姆、约翰，汉普顿、阿瑟·海兹利洛、丹吉尔·霍里斯和威廉·斯特罗德为"叛逆"。第二天，查理一世亲自带领300名武装人员去下议院逮捕他们。这五名反对派领袖事先得知消息，避入伦敦市区。

1月5日，国王又到伦敦商业区去搜捕反对派领袖。这时，伦敦市民和附近各郡农民共计10万人，手持武器，涌上街头，赶赴反对派领袖隐匿的地方，声援议会，使国王未能得逞。皮姆等五名议员在群众的护送下回到了下议院，查理一世感到自己在伦敦的处境十分孤立，于1月10日离开首都，北上到约克城，在那里纠集保王势力，拼凑反革命武装。1642年8月22日，查理一世在诺丁汉升起子军旗，宣布"讨伐"议会，挑起了第一次内战。

内战开始后，英国分为两个敌对阵营。站在国王一边的，是封建贵族、国教会上层僧侣，还有一部分同国王有联系的大资产阶级和官僚。他们大多是国教教徒和天主教徒。拥护议会的，主要是资产阶级、新贵族、城市平民、手工业者和自耕农。

他们大多是清教徒。

从交战双方的力量对比看，优势在议会方面。议会所控制的东南部地区，经济发达、人口稠密，物产丰富，财源充足。全国的税收总额至少有 4/5 来自这里。议会据有许多重要港口、工商业大城市和船队，可以利用其海上的优势地位截断国王与外界的联系。议会军人数较多，并得到人民群众的支持。而国王盘踞的西部和北部地区，经济比较落后，财源很不可靠。在军队的数量上，王党军远不如议会军。它代表的是腐朽没落的封建势力，不得人心。当时，有个大臣警告查理一世说："陛下，在一个美丽的夜晚，赤手空拳就可以捉住您！"

内战开始的头两年，议会军一再失利，王党军几乎完全掌握了进攻的主动权。1642 年 10 月，王党军试图攻取伦敦。10 月 23 日，与议会军在沃里克郡的埃吉山发生第一次战斗。王党军投入 7000 多人的兵力，议会军参战人数有 7500 人，战斗异常激烈。10 月 29 日，王党军占领牛津。11 月 12 日，攻占距伦敦只有 7 英里的布伦特福，首都告急。在伦敦 4000 名民兵和附近的农民武装的英勇抗击下，才粉碎了国王攻取伦敦的计划。1643 年夏，王党军占领了约克郡的几个工业城市．南下进逼林肯郡。

在西部和西南部，议会军连吃败仗。7 月 26 日，王党军攻占英国第二大港口布里斯托尔。同年秋，王党军再次围攻伦敦。9 月 20 日，在纽伯里发生激战。这一次又是由于伦敦民兵的英勇出击，使首都转危为安。到 1643 年底，王党军控制了英格兰北部五个郡、西部各郡和威尔士，以及中部的牛津郡、柏克郡，几乎占领了 3/5 的国土。

内战初期，议会军之所以失利，主要是由于掌握议会领导权的长老会派的动摇妥协，不愿与国王彻底决裂。他们把战争只看作是迫使国王让步、谋求妥协的一种手段。议会军总司令埃塞克斯伯爵曾说，问题只在于国王承认"宪法"，而不是消灭君主制度。他们作战不坚决，加上议会军缺乏统一指挥，贻误战机，造成了军事不利局面。

在这关键时刻，议会军中涌现出了杰出的将领克伦威尔。他出身于亨丁顿郡的新贵族家族，1628 年进入议会，1641 年参与起草《大抗议书》。内战刚爆发，他组织了一支骑兵队，加入议会军，并参加了埃吉山战役。1642 年底，由于克伦威尔的努力，诺福克、萨福克、剑桥、埃塞克斯和赫里福德等东部五郡，组成"东部联盟"，共同对付王党军。之后，林肯郡和亨丁顿郡也加入了这个联盟。克伦威尔是东部联盟的组织者。他四处奔走，筹集军费，招募志愿兵。到 1643 年 6 月，东部联盟的军队已达 1.2 万人。在克伦威尔的提议下，由曼彻斯特担任总司令。这支军队成为议会军的主要支柱。克伦威尔的军队又是东部联盟军的骨干力量。它主要是由自耕农和手工业者组成。克伦威尔注意任用有军事才能的平民如锅炉工约翰·福克斯、马车夫托马斯，普莱德、皮鞋匠纽森，约翰等为中下级军官。这支军队纪律严明，英勇善战，深受群众的欢迎。当议会军在其他战场丢城失地时，克伦威尔所在的东部联盟军却始终保持完整。1643 年 5 至 10 月间，克伦威尔在林肯郡的格兰萨姆、盖恩斯巴勒和温斯比接连打了三次胜仗。1644 年 1 月，他被议会擢长为中将。

进入 1644 年，战争进程开始出现了对议会军有利的形势，议会军虽然在西部和中部作战还异常吃力，但在北部和东部各郡已占一定优势。这一年夏初，东部联盟军收复了林肯郡的大部分土地。在这之前，利文伯爵率领的苏格兰盟军已进入英格兰，解放了约克郡大部地区，并同斐迪南德、费尔法克斯的议会军会师。5 月，东部联盟军总司令曼彻斯特亦率军来会

中世纪基督教堂彩色玻璃窗上的宗教画

合。6 月，议会军开始围攻约克城。

这时，国王命令鲁珀特亲王率王党军从兰开夏火速北上，和在北部作战的纽卡什尔公爵的军队会合。议会军被迫停止围攻约克城的军事行动，向西撤退，在约克城西北约 10 公里的马斯顿草原与王党军相遇，发生了内战以来第一次大规模的战役。议会军投入兵力达 2.7 万人，其中有骑兵 7000 人，列阵在托克威思迤长的小丘上，居高临下，取攻势。王党军集结了 1.8 万人，其骑兵人数与议会军相等，布阵在草原以南。

1644 年 7 月 2 日凌晨，双方开始猛烈炮击。入夜，克伦威尔指挥的骑兵队首先发起进攻。未几，鲁珀特进行反击，两军肉搏。克伦威尔大破王党军右翼阵地。但议会军在进攻王党军左翼阵地中遇到顽强抵抗。托马斯，费尔法克斯的骑兵为戈林王党军所挫。克伦威尔托付戴维，莱斯利的苏格兰军追击鲁珀特残部，自己率军直扑戈林的后方，同托马斯·费尔法克斯会合，一举击溃戈林的骑兵。之后，克伦威尔掉过头来援助中路议会军，把王党军打得七零八落。鲁珀特败退约克城。

在马斯顿草原战役中，议会军毙敌 4000 人，俘敌 1500 人，缴获了大批武器。这个战役是议会军由失利走向胜利的转折点。7 月 16 日，议会军攻克约克城。接着又收复了王党军所控制的北部地区。克伦威尔在战斗中果敢大胆，善于运用机动灵活的战术，表现了卓越的军事才能。他的军队屡建战功，获得了"铁骑军"的称号。

战争的进程表明，议会必须迅速改变犹豫动摇的态度，采取坚决的措施，才能与王党军进行胜利的斗争。1644 年 12 月 9 日，克伦威尔在下院发表演说，提出了实行根本的军事改革，提高军队战斗力的主张。在以克伦威尔为首的独立派的坚持下，议会于 1645 年 2 月通过了《新模范军法案》。主要内容是：建立一支编制为 2.2 万人的军队，其中约 1/3 为骑兵，其余为步兵，确定从国家预算中拨发军费每月为 4 万千镑。还规定军队实行统一指挥，统一纪律条令，军服划一；实行强迫募兵原则，以保证军队的补充来源。《新模范军法案》的实行，是英国军事史上的一个重大变革。从此，英国建立起了一支以东部联盟军队为基础的、统一指挥的有纪律的正规军。它在加强议会军力量方面起了很大的作用。

1645 年 4 月初，议会通过《自抑法》，规定议会议员不得担任军队将领职务，担任军事职务的议员必须在 40 天内辞去军职。根据这个法案，解除了长老会派埃塞

克斯、曼彻斯特等人的军队职务。议会任命托马斯·费尔法克斯为新模范军总司令。只有克伦威尔例外，他身为议员，仍被任命为副总司令。经过改组，议会军的领导权完全掌握在独立派手里。从此，形成了长老会派控制议会，独立派掌握军队的局面。

6月14日晨，议会军和王党军在北安普敦郡内斯比附近相遇。议会军有1.4万人，其中骑兵5600人，而王党军只有7500人，其中骑兵4000人。鲁珀特亲王首先突入议会军艾尔顿部的防线。克伦威尔采取侧面攻击的战术，先击溃王党军左翼兰代尔和阿斯特利的部队，然后再打其中央。经过三个小时持续的战斗，王党军几乎全部被歼灭。这次战役，议会军摧毁了王党军的主力，为夺取内战的最后胜利打下了基础。

内斯比战役后，内战并没有马上停止。王党军在西部和西南部地区还有相当的力量。从1645年7月起，议会军继续追击王党军。9月14日，收复了布里斯托尔。到1646年上半年，敌人盘踞的50个要塞相继向议会军投降。1646年6月24日，议会军攻克王党军的大本营牛津。查理一世乔装成仆人逃到苏格兰，落入了议会军的同盟者苏格兰军队手中。1647年2月1日，苏格兰以索取40万镑的代价把国王交给英国议会。查理一世被囚禁在内斯比附近的赫姆比城堡中。3月16日，议会军攻占敌人在威尔士的最后一个要塞——哈莱克城堡。第一次内战以议会获胜而结束。

英国第二次内战和共和国的成立

第一次内战打败了王党之后，革命阵营内部各阶级、各政治集团之间的矛盾上升到主要地位。

长老会派是内战的既得利益者。在政治上，他们控制了实际上已成为国家最高权力机关的议会，并把它作为维护自己利益的工具。在经济上，他们在拍卖王党和教会的土地中捞到很大的好处，大批土地落入大资产阶级和上层新贵族之手。

但是，整个社会的经济和政治状况却没有得到多少改变。战争时期国库财政支出巨大，掌握议会实权的长老会派增加税收，摊派到广大群众和中小资产阶级的头上。这使得本来就处在粮食歉收和物价高涨夹击下的下层民众更难以生存，而中小资产者所缴付的税额也并不低于国王统治时期。在革命的中心问题土地问题上，捞到好处的仅是大资产阶级和新贵族上层。对于大多数新贵族来说，"骑士领有制"虽经法令废除，但他们并没有在革命中谋得地产的实际扩展。至于农民所担负的封建义务，则基本上没有受到触动。第一次内战后，长老会派议会把中小资产阶级和广大群众排斥在应有的政治权利之外，对思想言论严加控制，引起社会各阶级的普遍不满和抗议。独享革命果实的长老会派竭力终止革命，与国王握手言和。

内战刚刚结束，长老会派领袖沃里克·曼彻斯特和霍兰就同囚禁中的查理一世进行恢复王位的谈判，迫不及待地同国王达成妥协。他们准备同国王妥协的条件是：在20年内剥夺国王的军权。20年后，国王只有在议会的同意下才能支配军队；国王必须收回一切反对议会的声明；议会有权把开会地点迁到有利于自己的地方去，等等。他们只是企图剥夺和限制国王的军事大权和让国王承认议会的既得权利,对国王的行政大权根本没有触及。长老会派还感到军队的继续存在,将是实现其阴谋的严重阻碍。所以,他们在内战胜利后不是摒弃国王,而是排除战胜了国王的军队。由于当时长老会派控制着议会,独立派掌握着军队,两派之间的政治斗争就表现为议会与军队的冲突。

1647年2月19日,议会通过了长老会派提出的解散军队的议案。它规定除保留一支6000人的军队外,其余的骑兵和步兵全部解散,被解散的士兵只可以参加远征爱尔兰的军队。消息传到军队后,遭到士兵和一部分下级军官的强烈反对。政府拒绝补发所欠薪饷更激起士兵的严重不满。克伦威尔在描述当时士兵的情绪时写道:"人们从来没有像现在这样的激愤"。

领导士兵同议会进行斗争的是反映小资产阶级利益的激进派别——平等派。平等派领袖约翰·李尔本出身于小贵族家庭,是一个小资产阶级民主主义者。平等派思想在第一次内战期间已开始流传。它从人民主权学说出发,认为政权就其产生和本质而言是来源于人民的,政府的主要任务是保障人民的利益。它要求取消一切封建特权,实行信仰自由和商业自由,取消王权和上议院,实行普选制,建立资产阶级民主共和国。这些主张不同程度地反映了城乡小资产阶级和下层人民的利益。

在平等派思想的影响下,军队中的士兵为保卫自身的利益而自动组织起来。1647年4月,各团选出了"士兵鼓动员",组成"士兵鼓动员委员会"。它成为团结和领导士兵的核心。平等派领袖塞克斯比为鼓动员拟定了工作细则,规定了鼓动员的宗旨,就是要同所有"士兵和王国各郡怀有善意的人们"保持联系,按为人民谋福利的方针办事,对那些"隐蔽的、公开的以及进行暗害活动的敌人"保持警惕,监视国王及保王党人的阴谋活动,并为政治改革而奋斗,以达到"确立公民自由"的目的。士兵鼓动员委员会的建立,表明军队中以平等派士兵为核心的政治力量开始形成。

克伦威尔对士兵的革命行动虽然忧心忡忡,但由于他对长老会派独揽行政大权不满,深恐长老会派与王党勾结威胁到独立派的利益,所以,他不愿意失去自身力量的支柱——军队,便改变了原来与长老会派分享政权的妥协态度,转而依靠士兵,企图利用军队的力量去同长老会派进行斗争。

1647年5月底,克伦威尔表示愿与大多数高级军官站到士兵方面来,并答应士兵的要求,拒绝执行议会遣散军队的命令,与长老会派决裂。军队为防止长老会派与国王勾结,于6月2日派骑兵到赫姆比城堡,将查理一世押到军队的大本营纽马克特,把国王控制在自己手里,以割断长老会派同国王的联系。与此同时,克伦威尔为控制军队中平等派士兵,保持独立派对军队的领导权,成立了以高级军官为主体的全军会议,吸收士兵鼓动员参加,作为代表全军讨论重大问题的机构。

6月5日,在肯特福德—希思召开的全军会议上,通过了《庄严协约》和《军队声明》,以全军名义拒绝执行议会解散军队的命令,提出补发军队欠饷、实行政治改革等要求。这是独立派和平等派结成暂时同盟的标志。在平等派的推动下和伦敦人民的广泛支持下,1647年8月6日,军队开进伦敦,许多长老会派议员仓皇逃走。议会的实权暂时落到独立派手里。

议会控制权易手之后，军队内部早已存在的独立派高级军官和平等派士兵之间的矛盾表面化了。两派各自按照本阶级的利益提出了政治主张，斗争集中在未来国家制度和选举权问题上。

1647年8月1日，独立派发表了《军队建议纲目》，要求解散现存议会，重新进行选举。提出新议会应两年召集一次，各郡议员名额的分配应依其对王国纳税额的多寡而定。实行以财产为基础的比例代表制，既可以为独立派夺取议会的多数铺平道路，又可以把劳动群众排除在议会之外。这个纲目还提出保留上议院和君主制，在国王及两院之外设立国务会议，在得到议会同意下，它有宣战和外交权力。这样，王权受到了限制，部分行政权力转归对议会负责的国务会议。独立派的政治纲领就是要求建立君主立宪制度。从8月底开始，克伦威尔以《军队建议纲目》为基础与国王谈判。查理一世对其中限制王权的规定很不满意，因而拒绝接受。

《军队建议纲目》对人民利益的忽视引起了群众的不满。克伦威尔和国王的妥协活动也遭到平等派的猛烈抨击。在平等派的影响下，鼓动员着手拟定自己的政治纲领——《人民公约》，提出未来的议会"应根据人口数量按比例地分配名额"，由人民选出的代表所组成的下议院是国家的最高权力机关，它享有立法权、决定战争和媾和权，以及制定对外政策和任免官吏的权力。《人民公约》贯穿着主权在民的思想，实质是要建立一个没有国王、没有上议院的资产阶级民主共和国。这是对独立派的政治主张的直接回击。

客观现实使克伦威尔意识到平等派已成为军队中一个不容忽视的政治力量。他决定把两派的文件提交全军会议讨论。在1647年10月28日召开的帕特尼会议上，双方针锋相对，争论非常激烈。平等派公开反对王权统治，要求取消君主制。雷恩斯博罗就直截了当地说："我反对国王，也反对任何危害人民的政权"。独立派则主张继续保存受议会制约的王权。克伦威尔、艾尔顿认为君主制在英国是不可动摇的，取消君主制将是政治体制改革中"过大的飞跃"，其后果是"混乱"和"杂乱无章"，给国家将带来"一片无尽的废墟"。

在平等派的影响下，伦敦街头和士兵中间出现了传单，要求撤掉团队中的独立派军官。11月，9个团队的士兵举行武装示威，帽子上贴着《人民公约》和"给人民自由，给士兵权利"的标语，克伦威尔眼看无法平服士兵们的革命情绪，便断然采取行动。11月11日，克伦威尔驱逐了与会的士兵鼓动员，强令解散全军会议，它的职能由军官所组成的军事委员会代替。

革命阵营内部的分裂，给国王以可乘之机。1647年11月11日夜晚，查理一世从纽马克特逃出，到了南方的怀特岛。他一面同长老会派谈判；一面又秘密地同苏格兰代表劳德戴尔勾结，缔结了密约。条约规定，国王批准圣约，三年之内在英国成立长老派教会，镇压异教徒独立派；苏格兰封建集团则答应提供武装力量，打击议会军，帮助国王复辟。查理一世加紧煽动各地王党叛乱，准备新的战争。

1648年2月，保王党人在西南部发动叛乱，挑起了第二次内战。大敌当前，独立派谋求与平等派合作。4月29日，在温泽召开的军官会议上，克伦威尔答应战胜王党后实行《人民公约》，将查理一世交付法庭审判。独立派和平等派重新联合，保证了第二次内战的胜利。

内战在西部、东南部和北部三个地区展开。1648年5月3日，克伦威尔率领一支近7千人的精锐部队，从伦敦向南威尔士进发。5月24日，在彭布鲁克同王党军发生激战。双方僵持了一个多月。7月9日，议会军用重炮强攻，迫使保王派司令波耶尔投降。与此同时，议会军向肯特郡进军，6月2日，占领梅德斯顿城。接着又攻陷罗彻斯特、多佛尔等城市，拔除了王党军在东南部的最后据点。

威胁主要来自北部的苏格兰人。慑于英国革命对苏格兰的影响，苏格兰长老会派右翼支持英国反革命势力。1648年3月2日，爱丁堡设立了"危险委员会"，拟定军事行动计划，并建立一支9万人的军队，策划武装干涉。4月26日，苏格兰议会向英国议会发出带有最后通牒性质的咨文，要求取缔独立派和其他民主教派；所有英国人必须接受长老会派圣约；允许国王返回伦敦，与议会进行谈判；一切被驱逐出议会的议员应返回下院；除保留为保障国家所必需的警备队外，军队必须解散。7月8日，苏格兰军队侵入英国，穿过兰开夏向南推进。北部处在紧急状态中。

议会军在击溃西部和东南部王党军之后，马上挥师北进，迎击苏格兰军。8月初，克伦威尔占领诺丁汉，攻下唐卡斯特，随后回师向西，突然出现在苏格兰军的侧翼。8月16日，克伦威尔和王党军、苏格兰军在普雷斯顿相遇。在这个战役中，议会军歼灭了苏格兰军主力，俘敌1万人，并活捉了敌将兰代尔和汉密尔顿。9月21日，克伦威尔向爱丁堡挺进。苏格兰新政府官员出城迎接，并设宴为克伦威尔洗尘。苏格兰政府宣布废除旧政府与查理一世签订的一切条约，解散苏格兰军队。10月7日，克伦威尔离开爱丁堡返回英国。

当议会军离开伦敦去进攻王党军的时候，长老会派又在议会里占了优势。在内战过程中，长老会派与国王进行恢复王位的谈判。1648年11月，议会通过决议，规定除在某些城市保留一部分军队作为警卫部队外，其余军队一律遣散，长老会派的倒行逆施引起了军队和人民群众的愤慨。议会军在消灭了王党叛乱返回伦敦途中，11月30日发表宣言，宣布下议院大多数议员是叛徒，为了人民的利益，必须把他们清洗掉，

12月2日，军队开进伦敦。12月6日晨，艾尔顿命令普莱德上校率领军队包围了威斯特敏斯特宫。普莱德把住议会大门，手持下议院议员名单，逐个驱逐长老会派议员。结果，有47名议员被捕，96名议员被开除，有的议员自动退出了议会。这就是英国历史上有名的"普莱德清洗"。从此，议会由长老会派转移到独立派手中。

1648年12月23日，议会宣布查理一世为反对议会、发动内战的罪魁，是爱尔兰人和苏格兰人对付英格兰的同盟者，应交付法庭审判。在人民群众和士兵的推动下，独立派宣布下议院为国家最高权力机关，由议会和军队共同组成特别高等法庭审判国王。在审判过程中，每天都有大批群众聚集在法庭附近，高呼"审判"和"处死"等口号，1649年1月27日，法庭宣判查理一世为"暴君、叛徒、杀人犯和我国善良人民的敌人"，处以死刑，1月30日，查理一世被押上断头台。2月，下议

院通过决议，宣布解散上议院，规定一院制议会为国家最高立法机关，把行政权交给以克伦威尔为首的军队所控制的国务会议。1649年5月19日，英国正式宣布废除君主制，成立共和国。

英国内战是英国资产阶级革命过程中，资产阶级、新贵族和封建专制王权之间为争夺政权而进行的一场阶级大搏斗。通过两次内战，资产阶级、新贵族打败了王党军，建立了共和国，从而为英国资产阶级革命的胜利发展铺平了道路。

"光荣革命"与君主立宪

1688年10月，荷兰全国各大城市、各主要地区，所有的港口、码头、主要街道以及通衢小巷，只要是引人注目的地方，都贴满了揭露英国国王詹姆士二世的反动统治，以及奥兰治亲王的宣言等花花绿绿的宣传品；世界上第一次大规模的宣传攻势，正在这里全面展开。这究竟是怎么一回事呢？

1660年，斯图亚特王朝开始在英国复辟，查理二世回到英国以后，反攻倒算，倒行逆施，就连死去的克伦威尔都不能放过，同样重新施加绞刑；好端端的一个英国，霎时间变得乌云翻滚，白色恐怖笼罩大地。查理二世复辟二十多年，弄得英国简直面目全非。

1685年，查理二世病死，王位由他的弟弟詹姆士二世继承。他前后在位三年，不仅没有废除原来的反动措施，反而变本加厉地推行查理二世的内外政策，兄弟相比，可谓后来者居上，有过之而无不及。詹姆士二世是个"君权至上"论者，虔诚的天主教徒，狂热的亲法派，完全继承了查理二世的反动衣钵。他即位以后，依然从法国王室秘密领取津贴；降低法国商品的关税率，听命于路易十四，按照法国的意旨办事。1687年，他发布"信教自由宣言"，废除反天主教的法律，企图在英国恢复天主教的统治；在宫廷里公开举行天主教的礼拜仪式，成批释放被囚禁的天主教徒，公开委派天主教徒充任军官、大学校长，把他们送上统治阶级的宝座；在牛津成立出版社，大量印发天主教的宣传品，制造反动舆论。

詹姆士二世的反动统治，严重地损害和侵犯了大资产阶级和新贵族的利益，同时也遭到广大人民群众的反对。这是为什么呢？因为在英国新贵族中，有很多人曾经廉价购买过大批寺院土地，如果天主教一旦恢复，他们手中的土地，就将有重新被夺回和重新丧失的危险。就是在国教内部，像上层主教和教士这些人，也是忧心忡忡，惟恐天主教重新恢复，如果恢复天主教，他们的领地、什一税和世袭福利将全部丧失。詹姆士二世的反动统治，对广大人民来说，更是一种灾难和罪恶，所以，人民群众的反对情绪，正在与日俱增。

1688年，一个反抗詹姆士二世反动

英国议会大厦

统治的运动正在兴起，一场革命风暴逐渐酝酿成熟。这年 4 月，詹姆士二世下令，在所有教堂中宣读"信教自由宣言"，但是，人们已经不那么顺从了。譬如，广大群众拒绝参加天主教仪式的礼拜；在威斯敏斯特修道院做礼拜时，人们只要一听到美化和吹捧国王的宣传，就纷纷退场离去。弄得教士们十分尴尬。詹姆士二世面对这种日益高涨的反抗情绪，图穷匕首见，开始动用暴力了。他首先逮捕一批不服从命令的主教，交付法庭审判，但陪审员完全违背国王意志，宣告他们无罪。情况表明，詹姆士二世不仅已经众叛亲离，就连他的国家机器也都运转失灵了。

当英国王权遭到严重挑战的时候，资产阶级和新贵族，日益感到复辟的斯图亚特王朝，已经不能维护自己的阶级利益，决定结束詹姆士二世的统治，准备再次"换马"了。那么，人选呢？最后被他们选中的是荷兰执政奥兰治亲王；他们认为这是自己最理想的代表。

奥兰治亲王威廉本来是英国王室的姻亲，他的夫人玛丽，是詹姆士二世的长女。威廉所以被英国资产阶级选中，有两方面原因：一是詹姆士二世无子，长女玛丽是王位的当然继承人；就习惯和法理来说，威廉入主英国，仿佛是无可非议的，不应该引起任何争议和冲突。二是威廉的政治态度完全适应资产阶级的需要。他不仅是新教国家首领，同天主教势不两立，而且他一直把法国视若仇敌。如果他能登上英国王位，资产阶级的两块心病，马上就可根除；既可以使英国摆脱法国势力的影响，又可以保证英国不再成为天主教国家。说来也巧，1688 年 6 月，詹姆士二世喜得王子，从而使玛丽的王位继承权发生了新的变化。于是，围绕王位继承问题，统治阶级上层的矛盾日趋激化。1688 年夏，英国资产阶级、新贵族派出代表，同威廉举行谈判，要求他对英国实行武装干涉；一场宫廷政变在秘密策划中。6 月 30 日，在谈判双方已经私下拍板成交、达成协议的情况下，为了给威廉来到英国披上合法外衣，英国议会两党领袖和一位主教，向威廉发出公开邀请，敦促他立即来英国，以保护人们的自由。威廉接到邀请以后，当即表示同意；并于 10 月 10 日发表宣言，对英国人民的苦难，假惺惺地深表"同情"；并且声称，他去英国的目的，主要是为了保护"新教、自由、财产及自由的议会"；一邀一就，一唱一和，一出滑稽的双簧，表演得惟妙惟肖，配合得十分默契。

为了保证出师有名，马到成功，威廉在出发之前，作了一系列准备工作。在舆论方面，他不顾任何情谊，向他的岳父发起了一个历史空前的宣传攻势，他把自己的"宣言"和揭露詹姆士二世罪行的宣传品，到处张贴，据考证，这种宣传攻势，在历史上还是第一次。

当一切准备全部就绪之后，1688 年 10 月 19 日，威廉率领军舰 600 艘，士兵1.5 万人，开始向英国进发了。11 月 5 日，在英国西南部的托尔基海港登陆。8 月，到达埃克西特城；随后开始向伦敦挺进。面对威廉的武装进攻，在英国统治阶级上层，有两种根本不同的反映。詹姆士二世听说威廉大兵压境，十分惊慌，他立即要求法国出兵干涉。当时，法国正忙于争夺欧洲大陆霸权，根本无暇西顾，也抽不出一兵一卒，只好眼睁睁地看着领有自己津贴的英国代理人走向绝望、陷于灭亡。而英国西南、中部和北部各城乡的资产阶级、新贵族，却多半都投到了威廉方面。伦敦的资产阶级更迫切地期待着威廉的到来；他们千里迢迢来到威廉军队的驻地，表示自己的热忱，倾诉自己的一片衷心。至于那些王族、大臣，甚至还有王军总司令部的成员，以及詹姆士二世的次女和女婿，也都一起背叛国王，投向威廉方面。詹姆士二世完全被遗弃了。所以，前线没有发生什么战斗，威廉就顺利地取得了胜利。

当詹姆士二世眼看大势已去，再也无法招架的时候，决定逃往法国，以便在那里得到庇护。他首先打发王后和他那刚满半岁的王子离开英国，随后他也在12月10日夜间，仓皇化装出逃，但被士兵中途截回伦敦。士兵们的这种认真态度，看来并不符合威廉的意图。因为詹姆士二世的出逃，恰好使英国国王虚位以待，给威廉提供了上台的大好时机。1688年12月28日，威廉下令放走詹姆士二世，使他第二次流亡法国。同一天，威廉进驻白厅，一场由资产阶级策划的宫廷政变，最后宣告完成。这场政变，我们叫它"1688年政变"。这次政变是一次没有经过流血、没有人民群众参加、而更替政权的历史事变，所以资产阶级史学家称它为"光荣革命"；其实，它并没有什么光荣，不过是女婿使用政变手段，取代了岳父的政权罢了！

1689年1月，英国国会宣布詹姆士二世"自行退位"；把政权交给威廉和他的妻子玛丽。2月13日，威廉被宣布为英王，玛丽为英国女王、国后，实行双王统治；行政大权由威廉掌握，称威廉三世。

随着资产阶级"换马"任务的完成，英国的政治形式也出现了某些波动。中世纪以来的世袭君主制，议员世袭的贵族院等等，虽然被完整地保留下来，但是，资产阶级为了使这种政治形式更能保障自己的利益，适合自己的需要，而把无限的君主权力，限制在有限的宪法范围之内。为此，1689年，英国国会颁布《权利法案》。法案限制了王权，保障了资产阶级和新贵族的权力；它规定没有经过议会同意，国王不得废止法律，不得征税，不得在平时招募和维持常备军；它也规定臣民有权向国王请愿；议员在议会中的言论，在会外不受任何机关的弹劾和质问；国王必须经常召开议会会议等等。1701年，国会进一步通过《王位继承法》，规定国王个人无权决定王位继承问题，对王位继承作出了一系列限制。它规定威廉死后如果无嗣，王位应由忠于新教的、詹姆士二世的幼女安娜继承；如果将来安娜也是无嗣的话，那么，王位将属于汉诺威选侯。《权利法案》和《王位继承法》，确立了英国君主立宪制的基本原则，排除了天主教徒继承英国王位的可能性，它规定了国会的权利和国王的权限，保留了国王的形式，用立法手段限制了国王的权力，这种政治形式，历史上叫做"君主立宪"制。君主立宪制的统治，使大资产阶级和新贵族，牢固地控制了政权，巩固了资产阶级革命的成果。

但滑稽的是，君主立宪制的故乡，虽然是在英国，它理应是世界上最早产生宪法的国家，然而，时至今日，英国还是把一堆习惯法、判例和法令，杂烩一起，权且充当宪法，它根本没有一部成文的东西。

法国启蒙运动与资产阶级革命

"18世纪在世界历史上是一个不寻常的世纪，是启蒙的世纪、理性的世纪，是一个离它的前一个世纪——17世纪——古典主义世纪相隔甚远的世纪，而与15、16世纪——文艺复兴的世纪靠得更近的世纪。"启蒙运动高举的理性大旗在18世纪是时代的旗帜。资产阶级反对封建主义的王权、神权和特权的思想斗争经历了很长的时期。文艺复兴是近代西方第一次思想大解放运动，启蒙运动则是第二次，而且是在更高的理性学说基础上进行的。如果说文艺复兴是将人性从神权、禁欲里解放出来的话，启蒙运动乃是将人类从宗教教条、盲目信仰中解放出来，充分发挥人类的聪明才智，用理性之光照亮未来的自由王国。在文艺复兴的旗帜上写着的是人文主义，在启蒙运动的旗帜上写着的是人道主义。显而易见，作为一场深刻的思想运动，启蒙运动既是对文艺复兴的继承和延续，更是它的深入和发展。康德在描述启蒙所面临的历史现实时指出："到处是不要思想的呼叫。军官说，'不要思想，执行吧！'征税者说，'不要思想，付钱吧！'教士说，'不要思想，信仰吧！'"18世纪最后一位启蒙哲学家孔多塞在谈及启蒙思想家的神圣使命时呼吁："一刻也不停地宣称：理性的独立、著述的自由，是人的权利，是人的解放"，他号召他们"发出战斗的吼声：理性、宽容、人道"。

启蒙运动的代表人物有伏尔泰、孟德斯鸠、卢梭、狄德罗、霍尔巴赫、爱尔维修和平民思想家梅利叶、摩莱里及马布处等人。他们犹如灿烂的群星，照耀在法国天空上，给法国人民带来了光明和希望。

伏尔泰（1694—1778年）是18世纪上半叶法国资产阶级启蒙运动的领袖和导师。他出生在巴黎一个富裕的资产阶级家庭。青年时期因讽刺摄政王奥尔良公爵被逐出巴黎；1717年又因写诗讽刺宫廷贵族而被捕，关押于巴士底狱。在狱中他创作了第一部悲剧《欧第伯》，剧中抨击宗教、批判朝政。1725年，又因和小贵族德·洛昂发生冲突而被捕入狱，释放后被逐出法国，流亡英国。他在英国住了三年，考察了英国的政治制度、社会风俗，研究了牛顿、洛克等人的哲学、科学思想，写出了他的第一部哲学和政治专著《哲学通信》（又名《英国通信》）。此书于1743年出版后，因宣传唯物主义反对封建专制主义而被判决焚毁。伏尔泰本人也被通缉，被迫逃亡到偏僻的小城西雷，在夏德莱侯爵夫

伏尔泰雕像

人的城堡中住了15年。在此期间他写了哲学专著《形而上学论》、《牛顿哲学原理》以及大量戏剧、诗歌、小说。1750年，他接受了普鲁士国王的邀请前往德国，在那里住了五年，著有历史著作《路易十四朝记事》。当伏尔泰发觉腓特烈二世只是利用他的声誉来粉饰普鲁士的专制统治时，毅然逃离柏林，在法国和瑞士的边境凡尔那购买了费因城堡，度过了生命中最后的20几年。这一时期他著有《哲学辞典》、历史著作《彼得大帝统治下的俄罗斯》、《议会史》、哲理诗《里斯本的灾难》、哲理小说《老实人》、《天真汉》、《耶诺与高兰》、《白与黑》等著作。1778年，伏尔泰重返

巴黎，受到人民的热烈欢迎。这时达到他一生事业和荣誉的顶点，最终确立了他在18世纪法国启蒙运动中的崇高地位。如同维克多·雨果所说的："伏尔泰的名字所代表的不是一个人，而是整整一个时代。"同年5月13日，84岁高龄的伏尔泰与世长辞。

伏尔泰是启蒙文学的主将，享有"哲学家国王"的美誉。他的全集包括哲学著作、历史著作、史诗、抒情诗、讽刺诗、哲理诗、哲理小说、50多部悲剧和喜剧以及1万余封信札，是一位留下了丰富文化遗产的伟大作家。他第一个将莎士比亚戏剧介绍到法国，又成功地将元曲《赵氏孤儿》改编为《中国孤儿》，为世界各民族文化交流事业做出了卓越贡献。

孟德斯鸠塑像

伏尔泰的哲学观点基本上是唯物主义的。在《哲学通信》中，他把洛克的唯物主义经验论介绍到法国，并批判了各种唯心主义观点。这本著作成为当时资产阶级反对封建专制的强大思想武器。

伏尔泰承认外在世界的客观性。认为物体的本质在于广袤和不可入性；即使一个人又聋又瞎，只要他有触觉，就不会怀疑那些使他感到坚硬的东西的存在。

伏尔泰的唯物主义观点是以自然神论的形式表现的，恩格斯指出："公开的唯物主义或自然神论，成为法国一切有教养的青年的信务。"伏尔泰认为："运动并不是凭自身而存在的；因此必须求助于一个最初的推动者。……整个自然界，从最遥远的星辰直到一根草芒，都应当服从一个最初的推动者。"他承认在客观世界之外有一个上帝，因为"万物都是宇宙中的艺术，而艺术证明创造主的存在。"但是，伏尔泰承认的上帝与教会宣传的赏善罚恶的人格神并不一样。他认为上帝通过一次创造活动创造了现实世界之后，就不再干预人间的事物了。宇宙是一架巨大的机器，上帝只是使"世界机器"运动而又不干涉它的活动的"伟大数学家"。至于教会宣传的上帝的属性和本质，伏尔泰宣称："我是生成不能理解它们的。""有一个神这一命题并不能给我们一个关于神是什么的观念。"由此可见，伏尔泰的"上帝"并不是天主教所崇拜的偶像，而是其机械唯物主义的逻辑所导致的必然结果，他以自然神的形式肯定了自然界及其规律的客观性，这在当时是摆脱宗教束缚的一种简便易行的方法。

在认识论方面，伏尔泰推崇洛克的《人类理智论》，他自述："我跑了许多很不幸的弯路，疲惫困顿，……我又回到洛克这里来了，就像一个浪子回到他父亲那里一样。"他赞同洛克的经验论原则："一切观念都通过感官而来。"他批判了笛卡儿的天赋观念论，认为"人心里根本没有天赋观念"。他反对不可知论，对理性怀有信心。他说，"我们不应当因为人类不能认识一切，就阻止人类去寻求于自己有用的东西。""你的眼睛虽然比不上林赛的尖锐，但切不可因此不擦掉你的眼屎。"

作为一个资产阶级启蒙思想家，伏尔泰对封建制度的精神支柱——天主教教会作了淋漓尽致的批判，这是他一生中的最光辉业绩。他首先批驳了主张人们生来就有神的观念的说法，指出小孩并没有神的观念，非洲一些民族也没有神的观念，基督教是建立在"最下流的无赖编造出来的最卑鄙的谎话"的基础之上的。一切社会罪恶都来源于教会所散布的蒙昧主义，基督教的历史是一部残酷的血腥史。据他统计，人类因基督教而损失了 1700 万生灵，他痛斥教皇、主教是"两足禽兽"、"文明的恶棍"；僧侣们是寄生虫，是"社会败类"；特别是宗教裁判所更犯下了令人发指的罪行，比栏路抢劫的强盗还可恶。伏尔泰在许多书信中总是写上一句"消灭败类"，以表示消灭宗教的决心，他宣扬理性、科学、信仰自由和宗教宽容思想。在长诗《亨利亚特》中歌颂了主张信教自由，结束了长期宗教战争的法国国王；在《奥尔良的处女》中赞扬了被宗教裁判所判处火刑的法国民族女英雄贞德。他积极参与现实斗争，动员社会力量为遭受天主教迫害致死的新教徒卡拉等人平反昭雪。

辉煌的凡尔赛

伏尔泰社会政治思想的出发点是"自然法权论"。他认为"法律是自然的女儿"，"每一个精神健全的人心里都有自然法的概念"，它的基本原则是："这种法律既不在于使别人痛苦，也不在于以别人的痛苦使自己快乐。"这里，虽然宣扬了所谓永恒不变的人性，但是，实际上是以追求资产阶级的自由、平等，宣传君主立宪为基本内容的。他赞成开明君主制度，把依靠君主实行自上而下的改革，作为达到消灭封建等级制度，实行自由、平等的理性王国的手段。在他心目中，经过资产阶级革命后所建立的英国政治制度就是他所向往的理想。他说："英国是世界上抵抗君主达到节制君主权力的唯一国家，他们由于不断的努力，终于建立了这样开明的政府：在这个政府里，君主有无限的权力去做好事，倘若想做坏事，那就双手被缚了；在这个政府里，老爷们高贵而不骄横，且无家臣；在这个政府里，人民心安理得地参与国事。"可是，他向封建君主兜售的"自上而下"实行改革的主张在事实面前屡次遭到破产。70 年代以后，由于法国封建专制国家和"第三等级"的矛盾日益尖锐，他逐渐倾向于共和制度，表现出对革命的期望。他说"我所看到的一切，都在传播着革命的种子。""时机一到，革命立刻就要爆发的。"

孟德斯鸠（1689—1755 年），出身于法国吉伦特省特尔多市附近的柏烈德庄园的一个贵族世家。在 10 岁时入奥拉托里的教会学校，在那里学习 5 年。1706 年，他回到波尔多学习法律，从此到 1714 年专门研究法律，准备继承本族世袭的波尔多议长的职位。1716 年，他的伯父——孟德斯鸠男爵去世。按照伯父的遗嘱，他承袭了"孟德斯鸠男爵"的封号继任波尔多议长，长达 10 年。在这期间，他深刻地了解到法国社会的腐败和封建社会的流弊，同时也阅读了大量书籍，研究过解剖学、植物学和物理学，写过《论海水的涨潮与落潮》、《论物体的透明性》、《论相对运动》等论文；也研究过法律、历史、文学、哲学等人文科学。1726 年孟德斯鸠以高价卖掉世袭的议长职位和男爵封号，迁居巴黎，全力从事研究和著述。1728 年被推选为法国科学院院士，开始长途旅行，曾到过奥地利、匈牙利、意大利、法国、瑞士、荷兰等国进行学术考察。1729 年开始他在英国住了两年，研究英国的哲学和政治，被选为英国皇家学会会员和柏林皇家科学院院士。1731 年，他回到波尔多老家的庄园，专心写作。1755 年，66 岁高龄的孟德斯鸠再次出游，不幸在旅途中患病，于 2 月份在巴黎逝世。

孟德斯鸠的第一部重要著作是《波斯人信札》，1721 年以化名"彼尔·马多"发表于荷兰的阿姆斯特丹。《波斯人信札》是他用书信体撰写的一部作品，开创了哲理小说的先河。《信札》由 160 封信组成。作者通过两位旅居巴黎的波斯青年向本国亲友描绘自己所见所闻的形式，对当时法国的政治、时事、法律、宗教等问题进行评述，攻击路易十四是位暴君，揭露教皇是"精神魔术师"。作品还批判了上流社会的腐朽生活，嘲笑资产阶级艳羡贵族的门阀封号。此外，作者还臆造出"穴居人"的故事，将其美化为一个宗法社会，赞颂那里以人的自然品质所维系的社会生活，藉以表达个人的社会理想。作为一部讽刺作品，《波斯人信札》并无完整系统的情节，也鲜见具体的人物性格的描写，但它明确无误地阐发了作者的启蒙思想和见解，这种写作手法为后来的哲理小说风格奠定了基础。

1734 年，他发表的《罗马盛衰原因论》是一部严肃的历史著作，书中谴责了专制统治，颂扬了罗马的共和制度。1748 年出版的《论法的精神》是孟德斯鸠最重要的著作，他自述："我毕生精力，耗尽在《论法的精神》一书。"在当时，这是一部进步的社会政治理论著作，受到广泛欢迎，两年内连续印行 22 版，并很快译成多种文字出版。中国有严复的译本——《法意》，对当时的资产阶级民主革命有一定的影响。这部著作受到了欧洲反动势力的诽谤，为了进行反击，孟德斯鸠在 1750 年曾匿名发表了《为〈论法的精神〉辩护和解释》一文。

《论法的精神》是孟德斯鸠众多著作中最著名的一部

孟德斯鸠在《论法的精神》的第一页指出："法，就最广的意义来说，就是由万物的本性派生出来的必然关系：在这个意义之下，一切实体都有它们的法；神有神的法，物质世界有物质世界的法，在人之上的天使有天使的法，禽兽有禽兽的法，人有人的法。""他所说的法，重点在于物质世界的规律、法则。他说："既然我们看到，这个由物质的运动造成的、并无理智的世界是永远存在的，那么它的运动就一定有一些不变的法则。""这些法则是一种确定不移的关系。"孟德斯鸠认为在一切法之先的是自然法，自然法"是唯一从我们的存在结构派生出来的。"它是人处于建立社会之前的状态中所接受的法。孟德斯鸠反对霍布斯的"人与人之间像狼一样"的信条，主张第一条自然法就是和平。第二条自然法是由于感到匮乏而促使他设法养活自己的法则。第三条自然法是由于互相接近、互相依恋而彼此之间永远在进行的自然祈求。最后一条自然法就是过社会生活的展望'。但是，在人们进入社会之后就丧失了软弱的感觉；国与国之间、个人与个人之间为了争夺利益就出现了战争状态，这就是促使人们立法的原因。孟德斯鸠认为法的基础是理性。"一般的法，就其统治地上一切民族而言，就是人类理性；每一个国家的政治法和公民法，应当只是应用这种人类理性的特例。"孟德斯鸠把法放在主宰一切的、高于神之上的地位，把上帝和人世严格分开，努力从人类社会本身来解释历史。他把从人的本性派生出来的自然法说成是人类社会固有的发展规律，把理性看成是政府所制定的法的基础，这就破除了封建制度下"君权神授"的神话，对于批判封建专制制度、建立资产阶级国家起了推动作用。

孟德斯鸠认为历史上存在过三种政体：共和政体、君主政体和专制政体。"共和政体是全体人民或仅仅一部分人民握有最高权力的政体；君主政体是由单独一人执政，不过遵照固定的和确立了的法律；专制政体是既无法律又无规章，由单独一个人按照一己的意志和反复无常的性情领导一切。"他反对专制政体，认为在这种政体下："一切事情都可以骤然地导致革命，革命是不能预见的。"他主张像英国那样的君主立宪制。他认为共和政体的原则是品德，君主政体的原则是荣誉，专制政体的原则是恐怖。马克思曾批评过这种唯心主义的观点，指出："君主政体的原则总的说来就是轻视人，蔑视人，使人不成其为人；而孟德斯鸠认为君主政体的原则是荣誉，他完全错了。"

孟德斯鸠主张政治自由，认为"一个公民的政治自由乃是一种精神上的安宁，这种安宁来自人人都感到安全。"但是，他又指出，"政治自由并不在于想做什么就做什么。""自由就是做一切法律许可的事的权利。"他认为"民主制和贵族制从本性上说并不是自由的国家。政治自由只能存在于适中的政府中。"他所谓的适中的政府就是指君主立宪制。不过，在适中的国家中也并非永远有政治自由，他认为"有一条颠扑不破的经验：凡是有权力的人，总要滥用权力。""为了使人们不致滥用权力，必须作出妥善安排，以权力牵制权力。"孟德斯鸠发展了洛克的三权分立说，提出："任何国家都有三种权力：立法权，执行有关国际法事务之权，执行有关公民法事务之权。"后二者也就是国家行政权和司法权。他认为这三种权力机构应彼此分立而又互相钳制，绝不能集中于同一机构或同一人。"立法权和行政权为同一个人或同一个官厅并揽时，就没有自由可言。""如果不把司法权与立法权和行政权分开，也没有自由可言。""如果由同一个人或同一个要人团体、贵族团体或人民团体来行使这三种权力，即制订法律的权力，执行公共决议的权力，和审理罪行或个人争端的权力，那就一切都完了。"孟德斯鸠的三权分立说在当时具有反封建的意义，代表了法国资产阶级向封建统治者"分权"的要求；它的基本原则在不同程度上为后来的许多资产阶级国家所采用。

孟德斯鸠是资产阶级地理学派的创始人，在《论法的精神》中，他用五章的篇

中世纪的法国人

幅论述政治、法律与地理环境的关系。他主张地理条件规定着民性和制度；气候、土壤和地域影响着民族的性格、感情、道德、宗教、风俗和法律，甚至决定国家的政体。他说："酷暑令人形神皆惫，失去勇气"，"寒冷的地方有一种身体和精神上的力量使人能够作种种耐久、辛劳、巨大、勇毅的活动。""土地硗薄能使人勤勉持重，坚忍耐劳，勇敢善战；……土地膏腴则因安乐而使人怠惰，而且贪生畏死。""因此热带民族的怠惰几乎总是使他们成为奴隶，寒带民族的勇敢则使他们保持自由。""海岛民族比大陆民族更重视自由。""艰苦的山区享有的自由，胜于得天独厚的地区。""单独一人的统治最常见于土地肥沃的国度，而若干人的统治则见于不肥沃的国度。"他以普鲁泰克的话为例证："山区的人竭力要求人民的统治；平原的人要求豪门的统治；近海的人则拥护两者混合的统治。"

孟德斯鸠这种片面地夸大地理环境对社会发展的作用的观点是错误的。地理环境固然是人类社会生存和发展的必要条件，但它只是一种外部因素，它有可能加速或延缓社会的发展，但社会制度的变革及其性质毕竟是由物质资料的生产方式所决定的。就孟德斯鸠批判了君权神授说的唯神史观来说是应该肯定的；但他无视社会物质经济生活对政治制度的决定作用，仍然陷入唯心主义的历史观。

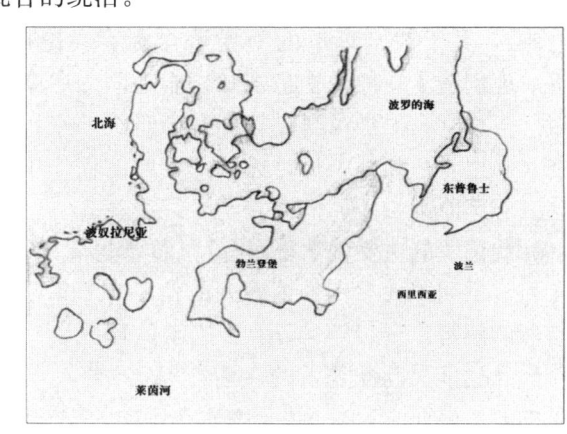

普鲁士的发展

狄德罗（1713—1784 年）出生于朗格尔市一个富裕的手艺世家，父亲是刀具匠。少年时他曾在天主教会的学校中学过神学。1732 年，狄德罗获得巴黎大学文科硕士学位后，对神学感到厌恶，父亲又把他送到律师事务所里学了两年法律，但他却爱好文学和数学，不愿从事诉讼事务，于是离开了事务所，和家庭断绝了经济联系，开始了十年的流浪生活，靠翻译、代写布道文、当家庭教师等维持生活。在此期间，他结识了卢梭等启蒙思想家，阅读了许多自由思想家的著作，专心研究了自然科学、语言和哲学等学科，终于成为一位著名的启蒙思想家，并成为启蒙运动的领袖人物之一。

1746 年，狄德罗发表了第一部哲学著作《哲学思想录》。当时他是一个自然神论者，在书中批判了天启、奇迹等宗教神学，此书立即被巴黎议会下令焚毁。但是，这只是更激发了他向封建势力斗争的勇气。1749 年，他发表的《供明眼人参考的谈盲人的信》中否定上帝的存在，转变到无神论的立场。由此，他又遭到封建统治者的迫害，以传播危险思想的罪名被关进文森监狱的城堡主塔。出狱后，他积极投入《百科全书》（即《科学、艺术和工艺详解辞典》）的编纂工作并任主编，通过编辑工作团结了一大批号称"百科全书派"的进步知识分子。由于他不屈不挠、坚持不懈的努力，经过 20 多年的奋斗，终于完成了这部卷帙浩繁的巨著。恩格斯曾经赞扬道："如果说，有谁为了'对真理和正义的热诚'（就这句话的正面的意思说）而献出了整个生命，那么，例如狄德罗就是这样的人。"

狄德罗感情丰富、思想敏捷、才华横溢。他不仅是一个哲学家，自己也创作过小说和剧本；对于小说、戏剧、绘画等理论也有精湛的专门研究，是一个有影响的美学家。狄德罗的美学观点同样以启蒙思想为基础。他反对古典主义的原则，主张艺术要模仿自然，提出"美"即是"描绘和事物本身的吻合"。在造型艺术理论方面，他的主要作品是《沙龙》和《论绘画》，关于戏剧理论的重要著作则有《论戏剧诗》等。他创造了一种介乎悲剧和喜剧之间的启蒙戏剧体裁——正剧，主张戏剧要表现资产阶级的平民，并且在《私生子》和《家长》这两部正剧的创作中实践了这一思想原则。

卢梭的雕像

狄德罗的主要哲学著作有：《哲学思想录》（1746年）、《供明眼人参考的谈盲人的信》（1749年）、《对自然的解释》（1754年）、《拉摩的侄儿》（1762年）、《达朗贝与狄德罗的谈话》（1769年）、《达朗贝的梦》（1769年）、《关于物质和运动的哲学原理》（1770年）等。

狄德罗关于物质和运动的学说包含着丰富的唯物主义的辩证法思想。

在实体观方面，他继承了斯宾诺莎关于宇宙间只有一个实体的思想，不同意笛卡尔主张有两个实体的二元论；但是他也克服了斯宾诺莎认为物质只

狄德罗一生最大的贡献是编纂了《百科全书》

是实体的一种属性的观点，明确断言这一个实体就是物质本身。他认为要假定任何一个处在物质宇宙之外的实体，都是不可能的。他驳斥了宗教唯心主义宣传的上帝是最高实体的观念，他说："我承认，我们很难接受一个实体，它存在于某个地方，而又不与空间上的任何一点相合；我们很难接受一个实体，它是没有体积的，又占有体积，而且在这个体积的每一个部分里都是完整的；在本质上与物质不同，而又与物质联合为一体；跟在物质后面推动物质，而自身又不动；影响物质，而又受物质的一切变迁的影响：这样一个我对它几乎毫无观念的实体，一个具有这样矛盾的性质的实体，是很难接受的。"

狄德罗把许多性质不同的物质微粒称为"元素"，认为自然就是元素的组合。他强调元素是异质的，各元素有本质上的区别，否则就不能解释物质世界各种现象的多样性。他说："在我看来，说自然界的一切东西都由一种完全同质的物质产生出来，这就和用同一颜色来表现一切东西一样不可能。"元素的数量是无限的，元素可

最后分割为分子，而"分子是以一种绝对的不可分割性而不可分割的。"狄德罗关于"异质元素"的思想表明，他试图用辩证的观点说明世界的统一性和多样性的关系，用质的区别而不是用量的不同解释自然界的多样性。

狄德罗认为物质和运动不可分割，运动的原因在于事物的内部，是物体的固有属性。物质是永恒存在的，而运动则是它本性固有的。运动是和形状、广袤、不可入性一样是物质的基本属性，无论物体或组成物体的分子都处在运动之中。"物体就其本身说来，就其固有性质的本身说来，不管就它的一些分子看，还是就它的全体看，都是充满着活动和力的。"这样，他就描绘出一幅世界处于永不停息的运动变化之中的景象："一切都在变，一切都在过渡，只有全体是不变的。世界生灭不已，每一刹那它都在生都在灭，从来没有过例外，也永远不会有例外。"物质的异质性正是从运动的多样性中所得出的结论。他说："我看见一切物体都在作用与反作用中，都在一种形式下破坏；都在另一种形式之下重新组合；我看见各种各样的升华、分解、化合，各种与物质的同质性不相容的现象；我由此得出结论：认为物质是异质的；认为自然中有无数不同的元素存在。"物质的运动有其自身的规律，并非由于上帝的安排。他说："混沌是不可能的；因为由于物质的原始性质，本质上就存在着一种秩序的。"

狄德罗关于物质和运动的观点具有丰富的辩证法思想，他强调事物之间的普遍联系。他说："如果现象不是彼此联系着，那就根本不能有哲学。"他从物质运动的普遍性和形式多样性出发，主张自然界有一个发展过程，生物界是进化的。动物界和植物界一样，一个个体可以说有开始、成长、延续、衰颓和消逝。物种也是如此。他认为在"先有蛋还是先有鸡"的问题上，不能从已经形成的动物作为出发点，而应上溯到动物的最初根苗，回到它还是一个柔软的、纤维状的、无定形的、蛆虫似的、不大像一个动物而颇像一颗植物的根块状的物质时才行。他反对主张物种不变的"预成论"，他认为动物将来的样子和过去的样子并不雷同于现在的样子。"在污泥中活动的小到看不出的蛆虫，也许在走向大动物的状态；大得使我们吃惊的巨大动物，也许在走向蛆虫的状态。"不过，狄德罗的生物进化思想过分强调了发展的连续性、渐进性，忽视了其中质的变化。他认为生物的一个"界"以不可感觉的程度接近另一个"界""链条中不可能有一个空当。"这仍然表现出机械的、形而上学思想方法的色彩。

狄德罗继承了洛克的唯物主义经验论，但克服了他把内省作为经验的一个来源的缺陷；他坚持了唯物主义的反映论，批判了贝克莱的主观唯心主义。他强调尊重事实，认识自然。他说："事实，不管是什么性质的事实，总是哲学家的真正财富。""我要写的是自然。我将让这些思想就照着对象在我的思考中呈现的次序，在我笔下相继出现。"相反，"那些在自然中没有任何基础的概念"正如没有根的树木，一阵风就可以把它推倒。他肯定物质世界是不依赖我们的意识而存在的，是认识的唯一对象。他形象地把人比作钢琴，是一具"赋有感受性和记忆的乐器"，"我们的感官就是键盘，我们周围的自然弹它，它自己也常常弹自己。"这样就产生了感觉，感觉是外部世界刺激人的感官所引起的结果。"感觉是我们一切知识的来源。"他批判贝克莱用主观的感觉去代替客观实在和主张"存在就是被感知"的观点，他说这犹如一架"发疯的钢琴"，以为自己是世界上唯一的钢琴一样。

对于检验认识的标准，他主张"真理就是我们的判断与对象一致"，并特别强调观察和实验的作用，认为实验是检验认识的唯一标准。除了实验以外，没有别的办法可以识别错误。值得一提的是：狄德罗提出了知识的效用问题。他说："要使哲学在俗人眼中成为真正可尊重的，只有一个唯一的办法：这就是为他指出哲学伴随着效用。""效用为一切划定了界限。"这种观点可以说比实验的观点更接受科学的实践观。当然总的说来狄德罗的效用，仍然是狭隘的实用，在某种意义上说是对知识发展起消极的阻碍作用。

狄德罗尊崇理性。他所述的理性不仅是与感性相对的一个认识阶段，而且有与宗教信仰相对立的含义，即"人类认识真理的自然能力"；"人的精神不靠信仰的光亮的帮助而能够自然达到的一系列真理"。他鼓吹"真正的哲学家"应当"敢于推倒宗教设置的神圣界限，打碎信仰所加于理性的羁绊。"他认为理性是唯一的导引者，而神学家却叫人在夜间迷失于森林时吹灭烛火以便更好地寻路。在他看来，愚昧无知是宗教产生的根源。实际上，神学家们"用一个奇迹来证明福音，就是用一个违反自然的东西来证明一个荒谬的东西。""人们用来支持宗教的那些事情是古老而且奇异的，这就是说，是最可疑不过的事情，用来证明最不可信的东西。"

狄德罗的认识论不仅比17世纪和同时代的唯物主义认识论前进了一步，而且一定程度接近辩证唯物主义。

狄德罗对天主教的圣经和教义作了深刻而机智的批判，指出其中的自相矛盾和荒谬。他说："'三位一体'中的三位，或者是三种偶然属性，或者是三种本体。中间的是绝没有的。如果这是三种偶然属性，我们就是无神论者或自然神论者。如果这是三种本体，我们就是异端。"针对亚当吃了苹果而受到惩罚的说法，他讽刺道："基督徒的上帝是一个很看重他的苹果而很不看重他的孩子们的父亲。""没有一个好父亲愿意像我们这个天上的父的。"对于圣餐仪式，他叫人民睁开眼睛看一看："这身体发霉了，这血液变酸了。这上帝就在他的祭坛上被蠹虫吞吃掉了。"

在现实生活中，宗教所起的作用是危害社会的。他指出："上帝！上帝！这可怕的名字"使人们"彼此询问、争论、怒恼、痛斥、仇恨互相扼杀"，在不同教派中掀起大规模的宗教战争。厚颜无耻的神学家们在人们探索自然的途径上设置重重精神障碍。"没有一种邪恶的学说是耶稣会士们没有宣扬过的。""他们公开侮辱最神圣的原则，力图消灭自然法，摧毁人的信心，践踏法律以破坏市民社会，压抑人道的感情。"他们不断地进行诽谤、陷害、咒骂、斲伤民族的最后一点元气，像讨厌的蚊子、苍蝇一样，将时间都花在叮人、咬人、打扰人工作和休息上。

狄德罗对宗教神学的批判是坚决而彻底的。他在临终时，神甫前来提醒他，如果不"小小否认一下"以前的信仰，就会像伏尔泰一样得不到墓地。狄德罗明确地回答说："我懂您的话，神甫！您不愿让伏尔泰安葬，是因为他不相信圣子的神性。好吧，我死后，随便人们把我葬在哪里都行，但是我要宣布我既不相信圣父，也不相信圣灵，也不相信圣族的其他任何人！"

在社会政治思想方面，狄德罗从"自然权利"和"社会契约论"出发，认为"自由是天赐的东西，每一个同类的个体，只要享有理性，就有享受自由的权利。"现实社会中的权威"或者是出于垄断权威的人的实力和暴力"或者是人们之间订立的契约。"凭借暴力取得的权力只不过是一种篡夺"，它是不合法的。根据自然法和国家法君主只有凭着臣民的选择和同意，才有支配他们的权柄和权威。但是当时法国国王路易十四却宣称"朕即国家"。狄德罗在《百科全书》的许多条目中批判了这种独裁制度。他说："在专制独裁的国家中，国家元首就是一切，而国家则算不了什么；一个独夫的意旨就是法律，而社会却没有自己的代表。""在所有使人类遭受折磨的可怕的人中没有比暴君更残酷的了。"狄德罗认为权威是与法相联系的，君主也应该服从法。没有法就没有权威，任何法都不给人以无限制的权威。政权"本质上只属于人民，仅仅为人民所固有。——并不是国家属于君主，而是君主属于国家。"但是，狄德罗是一个资产阶级思想家，他把资产阶级的"市民社会"称为"地上的神"，他心目中认为能参政的人民主要指资

卢梭的《社会契约论》发出了人类解放的第一个呼声

产阶级。狄德罗的社会政治思想虽然对于批判封建专制制度是起过巨大的革命作用的，但是他的通过教育和立法、通过发扬理性就可以改变社会制度的主张是不可能实现的；他认为政权产生于暴力或契约也是一种唯心主义的主张。

让·雅克·卢梭（1712—1778 年），出生在日内瓦一个钟表匠的家庭。他的祖先是法国血统，信奉加尔文教，为逃避宗教迫害移居日内瓦。他出世后就丧母，由父亲抚养，10 岁时父亲被迫出走，他被送到雕刻匠的铺子中当学徒。16 岁时，他离开日内瓦，在法国、意大利等地度过了 13 年流浪生活，做过学徒、仆役、家庭秘书、流浪卖艺的音乐家以至乐谱抄写员等。他曾被送入意大利都灵的宗教收容所，在诱迫下改信天主教，但后来又改信加尔文教。卢梭没有受过正规学校教育，他全凭自学掌握了丰富的知识，甚至在重病时也不间断。他说："死亡的逼近不但没有削弱我研究学问的兴趣，反而似乎更使我兴致勃勃地研究起学问来。"他对数学、天文、历史、地理、哲学、文学、音乐、生物等学科都有研究。1741 年，卢梭来到巴黎，结识了不少法国启蒙运动的杰出代表；1743—1744 年他出任法国驻意大利使馆秘书，返回巴黎后，积极为《百科全书》撰写政治，音乐等条目。1750 年，他写出第一篇重要著作《论科学与艺术》获得第戎科学院征文奖。1753 年，他撰写了《论人类不平等的起源和基础》，这标志着他思想已进入成熟期，1755 年在荷兰出版后震动了欧洲。1761—1762 年，他连续发表三部重要著作：《社会契约论》（又译《民约论》），这是卢梭影响最大的政治著作；《新爱洛绮丝》是一本包含着卢梭各方面思想的反封建的书信体小说；《爱弥儿》是一部教育学名著，也是政治和哲学著作，《新爱洛绮丝》揭露了封建等级制度对人的情感的压抑和摧残，表达了作者要求在各个方面获得自由和解放的强烈愿望。小说中对于个人感情的描写与对大自然的描写紧密结合在一起，为法国文学带来了新的因素。其中《萨伏依副主教的表白》集中

表现了卢梭的哲学思想和宗教观点。此书在荷兰出版后，受到封建统治阶层的忌恨，巴黎学院下令当众焚毁，并扬言要烧死作者。从此，卢梭被迫逃往国外，又陷入凄惨的流亡生活；一度应休谟邀请在英国避难，后又化名秘密回国，在外省辗转流徙。这一时期，他用自传体写出文学名著《忏悔录》。1770 年，他被法国当局赦免，才定居巴黎；晚年生活悲凉，靠誊抄乐谱为生。他逝世 11 年后，法国爆发了大革命，卢梭获得了巨大的哀荣，他的遗体移葬巴黎名人公墓，并在法国国民议会大厅里为他建立丰身像，供人瞻仰。

卢梭思想体系的主要内容是社会政治学说，这也是他对后世影响最大的部分。

卢梭学说的出发点是抽象人性论。他接受了 17 世纪以来流行的"自然状态"说，虚构了一个没有任何社会联系的、处于"自然状态"之中的人类发展的最初阶段。那时，人们漂泊在森林之中，"每个人都生而自由、平等。"他说："我看到他在橡树下饱食，在原始的小河里饮水，并以供给其食物的那一棵树的树脚作为自己的床；他的需要的满足就是如此。"卢梭认为，这种自然状态是关心自我保存然而并不损害他人保存的状态，人与人之间的关系没有奴役和统治，是天赋的自由平等状态，它是和平的，最适宜于人类的状态。由此，我们看到卢梭关于"自然状态"的看法，既不同霍布斯"人对人像狼一样"的"一切人对一切人的战争"状态，也不同于洛克所说的"那时就各自占有私有财产"的状态，而是把原始社会美化为"自由、平等、幸福"的黄金时代，实际上是把资产阶级心目中的理想社会推到古代去的一种虚构。

卢梭认为，私有制的产生是人类不平等的根源。人与人之间的统治和奴役的不平等关系只是在人类的"社会状态"亦即文明社会中才出现。人类从自然状态向社会状态转变是人类自身发展的必然过程。由于人具有自我完善化的能力，有凭借智慧和技巧征服自然的能力，在与自然界作斗争中增长了才智、建立了家庭，逐步掌握了冶金技术和农业技术，这就逐渐增多了生活资料，从而产生了利用富裕的生活资料使别人服从自己的可能。他认为，使人文明起来而又使人类没落下去的东西，"在诗人看来是金和银，而在哲学家看来是铁和谷物。"这时，"谁第一个把一块土地圈起来并想到说：这是我的而且找到一些头脑十分简单的人居然相信了他的话，谁就是文明社会的真正奠基者。"

卢梭描绘了社会不平等的发展过程，探讨不平等的原因和重新建立平等的途径。在他看来，原始社会因为没有私有财产，本是人人平等的。私有制出现，原始平等就被破坏而产生了不平等。为了保护私有财产和个人自由，就要订立社会契约建立国家机构，并拥立国君作为自己的统治者。后来国君必然成为人民的压迫者，君主用暴力压迫人民，人民用暴力推翻他。这样不平等又重新转变为平等。但不是原始人所拥有的旧的自发的平等，而是转变为更高级的社会契约的平等。

卢梭关于人类不平等的学说，包含着历史辩证法的思想萌芽，在某种程度上猜测到社会存在决定社会意识、经济因素决定政治因素的思想。恩格斯指出："我们在卢梭那里不仅已经可以看到那种和马克思《资本论》中所遵循的完全相同的思想进程，而且还在他的详细叙述中可以看到马克思所使用的整整一系列辩证的说法、按本性说是对抗的、包含着矛盾的过程、每个极端向它的反面的转化，最后，作为整个过程的核心的否定的否定。"

卢梭的《社会契约论》提出了他改造社会的政治理想。他是在批判格劳修斯和霍布斯等人的"社会契约论"的基础上提出自己的主张的。他强调"人作为整体来说是主权者。"他指责格劳修斯等人提出的自由和主权的转让论，认为这种说法是"不遗余

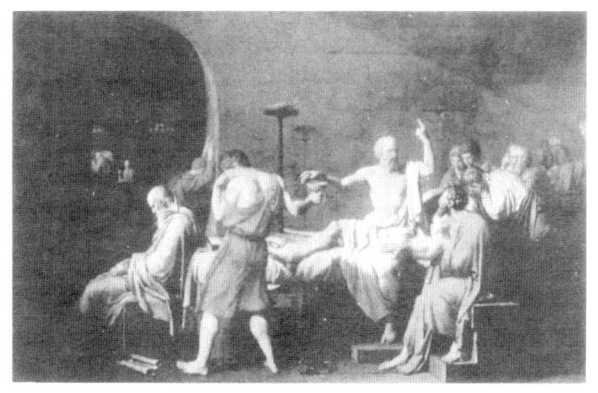

卢梭的作品中时时刻刻都表达出强烈的反封建、反宗教思想

力地剥夺人民的一切权利，并且想尽种种办法把它们奉献给国王。"在卢梭看来，要人民放弃自己的自由，就是放弃做人的资格。他努力"寻求一种结合的形式，使它能够以全部共同的力量来防御和保护每个结合者的人身和财富；而同时又使每一个与全体相联合的人只不过是在服从自己本人，并且仍然像以往一样地自由。"卢梭克服了早先资产阶级政治思想家的妥协性，摒弃对君主政体及其改良措施的幻想，主张把封建君主的国家政权改造成为民主国家，为包括整个第三等级在内的人民争取政治主权，这一主张在政治上高于当时其他资产阶级启蒙思想家。

卢梭认为人民的主权是不可分割的，不同意洛克、孟德斯鸠所主张的所主权分为立法、司法、行政三种权力，由人民和君主、贵族集团分享。他坚持人民应拥有直接的立法权。他说："立法权是属于人民的，而且只能是属于人民的。""立法权是国家的心脏。"他认为，只有全体人民参加立法，才能保持自由。因为这样制定的法律在他看来才是人民的"公共意志"的表现，也体现了"个人意志"。"公共意志"是卢梭提出的一个重要观点，它是抵消了各个人冲突后全体公民的意志的共同部分。"公共意志"所作的决定永远是好的。它既不损害公共利益，也不损害个人利益。卢梭主张民主共和制，反对徒具虚名的资产阶级代议制，批判了被伏尔泰、孟德斯鸠奉为楷模的英国君主立宪议会制，认为英国人民一旦选出议员以后，"他们就是奴隶，他们就等于零了。"在各种权利中，他强调财产权，认为是所有权中最神圣的，甚至比自由还重要。

卢梭的哲学思想集中反映在他的《爱弥儿》第四卷"一个萨瓦省的牧师自述"中。他借萨瓦副主教之口，阐述了他自己的主张，他受了洛克和孔狄亚克的影响，以唯物主义的经验论作为他的哲学基础。他肯定了物质世界的客观存在，指出："宇宙的存在与我的存在同样确实。"并提出了一个概括性的物质定义："我把我感觉到在我以外的，作用于我的感官的一切称为物质。"他还论证了物质的运动问题，承认宇宙是运动变化的，把运动分为两类，一类是"传来的运动"即受他物的影响而发生的运动；一类是"自发的或随意的运动"，即动因在运动的物体之内的运动。但是，他深受机械唯物主义的影响，认为物质的自然状态是静止的。那么，它怎样运

动起来呢？他回答说："如果地球在转动，我就认为感到有一只手在使它转动。""运动的第一个原因并不在物质之内。""我认为是一个意志推动着宇宙，鼓动着自然。这就是我的第一号教条或第一号信条。"正是这"一个意志"安排万物的系统，使它们按一定法则而运动。这个最高的意志就是卢梭心目中的"上帝"。不过，这个"上帝"并不是人格化的神灵，它虽然给万物以最初的推动，但并不能随心所欲地干预一切，不能创造或消灭物质。卢梭既批判封建统治的精神支柱天主教，也反对百科全书派的无神论者。他主张宗教宽容，企图创立一种建筑在良心的基础上的"好宗教"，认为天赋的良心是"神圣的本能，不朽的天堂呼声，……是善与恶的万无一失的评判者，使人与神相似。"这就使他在伦理观上也陷入唯心主义。

卢梭在教育、道德、文艺、美学等方面也有独到的见解，对后世有相当的影响。他在《爱弥儿》中论述了儿童教育问题。他倡导"自然教育"，重视自然赋予儿童的善良禀赋，强调农业和手工业是社会的基础，主张在劳动实践中自由地发展儿童个性，排除一切传统的封建宗教观念的影响，指责经院式教学中"那些华而不实的种种学科在这个不幸的孩子周围造成了许多的陷阱"。在文艺和美学方面他推崇"自然"、贬低"人为"，主张"回到自然去！"认为艺术和科学都无阻于道德风尚的提高，有否定艺术的倾向；由于他重视情感、良心、自由意志的作用，曾被后人视为浪漫主义思潮的始祖。

卢梭思想的影响是深远而复杂的。从政治上说，他在推动资产阶级革命、反对封建专制制度方面有不可磨灭的积极作用；从哲学上说，他对德国古典哲学也有重要的影响；黑格尔认为休谟和卢梭是法国哲学的两个出发点。康德则把卢梭和牛顿相提并论，认为牛顿揭示了外在世界的秩序与规律，而卢梭则发现了人的内在本性。但是卢梭实质上是一个小资产阶级思想家。他心目中的理想国家只是像古希腊的小国寡民式的城邦国家，他企求把欧洲拉回到由许多宗法式小共和国组成的集合体是违反历史发展趋势的，因此他的思想在许多方面又表现出消极性和保守性。

霍尔巴赫，原名保尔·亨利希·迪特里希（1723—1789 年），生于德国巴伐利亚帕拉蒂内特的埃德森姆村的一位信奉天主教的家庭，幼年丧母。12 岁时应伯父邀请随父移居巴黎求学，1744 年就读于荷兰莱顿大学学习自然科学，毕业后回巴黎，一度在索尔朋神学院教书，1749 年取得法国国籍。1753 年，无嗣的伯父病故，他继承了伯父的大量财产和男爵爵号，称为保尔·昂利·霍尔巴赫男爵。从 1749 年起，霍尔巴赫就结识了狄德罗等进步思想家，他家的沙龙成为他们聚会的中心，他也常凭借他的合法地位掩护他们反对封建专制、反对教会的活动。他从物质上，精神上全力支持《百科全书》的出版，并在物理、化学、矿物学、地质学、冶金学等领域撰写了约四百个条目。他关心外国的先进科学技术和先进思想，并作过介绍，曾当选为柏林科学院，巴黎科学院和俄国科学院的院士。他的主要著作有：《揭穿了的基督教》（1761）、《袖珍神学》（1767）、《神圣的瘟疫》（1768）、《自然的体系》（1770）、《健全的思想》（1772）、《社会体系》（1773）、《普遍道德》（1776）等。他的哲学著作大多在荷兰匿名发表。《自然的体系》是他的最主要的著作，很大程度上概括了 18 世纪法国唯物主义者的世界观，以密拉波之名在外国出版后，被誉为 18

世纪"唯物主义的圣经",被译成好几种文字多次再版;同时该书也遭到僧侣和反动派的攻击,被巴黎法院判处公开销毁,并被罗马教皇列入《禁书目录》。

霍尔巴赫在《自然的体系》中概括了前人的成就,充分掌握了当时自然科学的成果,第一次系统地总结了法国唯物主义哲学,形成了一个较为完整的机械唯物主义哲学体系。

他强调研究自然的重要性,主张"人应该在自然本身以及自然的力量之内去寻找他所需要的东西。"他认为:"从最广的意义来说的自然,就是由各种不同的物质、由这些物质的各种不同的组合、由我们在宇宙间看到的各种不同的运动集合而成的大全体。"他强调物质运动形式的多样性,"一些变化万殊,具有无限多组合方式的物质,不断地接受和传达着各式各样的运动。这些物质的各种不同的特性,各种不同的组合,以及它们必然产生的那些变化多端的活动方式,对于我们来说,就构成了万物的本质;就是由这些多样化的本质中,产生出这些事物所拥有的种种门类、等级和体系,其总和就构成了我们所谓的自然。"他认为自然界的运动是绝对的,运动的源泉在自然自身。他说:"自然界的一切都处在一种不断的运动之中;它的各部分没有一个是真正静止的,总之自然界是一个活动的全体,……自然的观念必然包含着运动的观念。"至于这个自然是从哪里获得它的运动的呢?我们将回答说:是从它自身获得的,因为自然就是大全,在它之外是什么也不能存在的。我们要说,运动乃是一种必然从物质的本质中产生出来的存在方式;物质是凭它自己固有的能力而活动的;它的各种运动是由于它内部蕴涵的那些力造成的;它的各种运动及其所造成的各种现象之所以千变万化,乃是由于那些原来存在于种种原始物质中的特性、性质、组合的多种多样,而自然就是它们的总汇。"

霍尔巴赫对物质的定义作出了超于前人的贡献。他不赞成把物质看成一种单一的,粗糙的、被动的、不能自己组合、不能由自身产生出任何事物的东西。认为人们对于物质还没有作出一个令人满意的定义。他自己给物质下了新的定义:"物质一般地说就是一切以任何一种方式刺激我们感官的东西;我们归之于不同的物质的那些特性,是以不同的物质在我们身上造成的不同的印象或变化为基础的。"这一定义从物质与精神的关系着手,坚持了物质第一性意识第二性的唯物主义反映论路线,高出于 17 世纪的唯物主义者的观点。

霍尔巴赫写了大量的著作揭露教会的恶行并对基督教教义进行分析和批判。除了《自然的体系》、《袖珍神学》、《神圣的瘟疫》等代表作以外,还著有《健全的思想》、《揭穿了的基督教》、《神职者的阴谋》、《摧毁了的地狱》、《批判的耶稣基督教义》、《被揭露的教士》、《对基督教辩护士的批判的考察》、《圣徒陈列室》、《雪了恨的以色列》和《神迹考》等著作。他旗帜鲜明地,公开地批判天主教神学,痛斥教会僧侣,在无神论史上留下了光辉业绩。

霍尔巴哈首先指出了宗教的作用和实际目的。他说:"自古以来宗教的唯一作用就在于:它束缚了人的理性,使它无法认识人的一切正确的社会关系、真正的义务和实在的利益。只有驱散宗教的烟雾和怪影,我们才会发现真理、理性和道德的泉源和应当促使我们为善的实际动机。""我们对各种宗教教条和宗教原则研究得越多,我们就越相信它们的唯一目的就在于保卫暴君和僧侣的利益，而损害社会的利益。"他在著作中以形象的语言揭露了宗教的危害。他指出：神学不断地反对国家的幸福，人心的进步，有益的研究，思想的自由；它强使人们保持愚昧无知；它指点人们走的每一步路，都无非是错误。在社会生活中，神权实际上高于政权。"在每一个国家里都树立了两种不同的权力；以神本身为依据的宗教权力，几乎永远凌驾于君主的权力之上；……自从世界成了基督教的天下以来，君主就只不过是教士的第一号奴隶，只不过是执行教士命令、为教士复仇的刽子手罢了。"同时，天主教和教会又反过来成为封建专制君主统治人民的工具。那些地上的立法者被认为是"神的代言人和使者，他的利益永远就是神的利益。"专制君主"把自己与神明等同起来，行使着无上的绝对权力；……神被用来为暴政的放肆和罪行作辩解；人们把一些暴君说成这些神本身；人们以神的名义去作出罪行和伤天害理的行为，从天上来的恫吓变成了支持那些向凡夫俗子发号施令的人纵欲的工具。"霍尔巴赫控诉他们"以神的名义去残害、虐待、毁灭。于是人血流遍一切祭坛，各种最野蛮、最残暴、最痛苦的献祭被看成最合乎吃人肉的神的心意。"他还指出，宗教败坏人的道德，基督教根本没有资格自夸给道德和政治带来好处，"我们在世界上所有的宗教中都看到一种凄惨悲愁的色彩占据着统治地位。事实上，我们不管在哪里都看到宗教致使世人忧郁，使他们一本正经，使他们逃避喜悦和欢乐，而且常常使他们采取那种最无趣味，最违反人性的生活方式。"宗教也妨碍了自然科学的发展，"神学，这种超自然的学说，是阻挡自然科学进步的一重无法克服的障碍，……除了通过迷信的病眼以外，它不允许物理学、博物学、解剖学去看任何事物。"他最后得出结论："神学及其种种概念远非有益于人类，乃是种种令人世悲愁的灾难，使世人盲目的谬误，致人心于麻木的偏见，陷众生于轻信的无知，折磨群众的罪行、压迫人民的政府的真正来源。……这些不详的观念损害了道德，败坏了政治，推迟了科学的进步，在人心深处毁灭了幸福与和平。"所以，宗教是"神圣的瘟疫。"

霍尔巴赫还分析了迷信的起源。他认为"上帝的存在是一切宗教的基础。"但是这一点正是"一切宗教中最不足的东西。"因为凡是存在东西，它的属性必然是我们的感官能够感知的，但是谁能直接感知到上帝呢？如果说上帝是无形体的那也没有解决任何问题。因为无形体的概念不过是"一种不反映任何实在物的概念。"他说："老实说，崇拜上帝，无异崇拜人的想创造的虚构物，或者简直就是崇拜乌有的东西。"在他看来，人之所以迷信，只是由于恐惧；人之所以恐惧，只是由于无知。无知和恐惧是人类各种迷误的两个滔滔不绝的来源。他认为是人创造了神而不是神创造了人。"人缺乏对于自然力量的认识，于是设想自然受一些看不见的势力支配，……他的想象力永远只能在这些神灵身上向他指出一些夸大了的人，因此他所设想的这些看不见的东西与他自己之间的各种关系永远是人的关系。""因此他的崇拜，亦即他对待一个神的行为体系，是必然符合于他为神制造出来的那些概念的，正如这个神本身是按照他自己的感觉方式塑造出来的一样。"他指出：神这个实体总是被说成人的模样，不过这个人是一个特权的人，像苏丹一样地专横。此外，由于人们所感受的各种不同的感情或心境的影响，所以"没有一个神不是自相矛盾的。"神的形象由于骗子手的欺骗而变得更严峻可怕。针对基督教赞颂的上帝，霍尔巴赫指出："这个神是一个独夫，一个民贼，一个什么都能干得出的暴君。"基督教"所依据的是欺骗，无知和轻信，它在任何时候都只是对一些存心欺骗人类的人有利；它从不间断地为各个民族造成最大的灾难，它根本不能给他们带来它答应给它们的幸福，而只足以使人耽于狂暴，使人流血，使人陷于疯狂和罪行，使人不认识自己真正的利益和最神圣的义务。"

霍尔巴赫是一个坚定的无神论者，在这方面超出了他的同辈。他看透了"神学和宗教在任何时候都是一堆燃料，潜伏在人们的想象中，总归要以引起一场大火灾告结束的。"他敢于"追要到底，把神本身传到理性的法庭上。"他不赞成自然神论，认为"它的根据是一个幻想，我们可以看到它迟早必定堕落成为一种荒唐而且危险的迷信。"总的说来，霍尔巴赫在宣传唯物论和无神论、批判宗教神学和教会反动势力方面表现出彻底的革命精神，是18世纪战斗唯物主义的杰出代表。

在18世纪的法国，新兴的资产阶级发动了一场波澜壮阔的反封建反神学的思想文化运动。以伏尔泰、卢梭为代表的启蒙思想家，吹起了资产阶级反封建的思想斗争的号角，以狄德罗为代表的百科全书派的唯物主义是当时法国哲学的最高成就，成为马克思主义以前机械唯物主义的最完善的形式。法国唯物主义是在批判经院哲学和旧形而上学的斗争中发展起来的。它克服了17世纪唯物主义在物质与意识、物质与运动等问题上的不彻底性。它明确主张，只有物质实体，思维不过是物质的属性，在解决思维与存在统一性的问题上比过去大大前进了一步。它坚持唯物主义的反映论，力图克服唯理论和经验论的片面性，为全面研究认识过程的发展作了可贵的探索。法国唯物主义者是彻底的战斗无神论者，把唯物主义和无神论结合了起来。他们在感觉主义的基础上提出了一整套社会政治理论。在伦理学说方面，把资产阶级功利主义变成了哲学体系。他们建立新体系，鼓吹新思想、新观念，提出新方法、不仅富有积极的理论内容，而且表露出明显的实践价值。唯物主义的思想光辉，照亮了法国资产阶级大革命的道路。正如恩格斯所说："尽管十八世纪法国人在陆上和海上的一切战争中都被德国人和英国人所战胜，法国唯物主义者还是使十八世纪成为主要是法国人的世纪。"但是，由于阶级的和时代的局限，18世纪法国唯物主义自然属于形而上学唯物主义的范畴，他们持机械观点，认为"人也不过是一架机器"，他们受形而上学思维方式的束缚，一旦论及社会、伦理、政治、法律和历史的领域，就滑入唯心主义。18世纪法国哲学，既在当时发挥了巨大的革命作用，又给后来的哲学发展以巨大影响。德国古典哲学，从法国哲学中吸取了思想营养，开辟了哲学发展的新纪元。

在启蒙运动中，还出现了一批反映下层人民群众革命要求的思想家，最具有代表性的是梅里叶（1664—1729年）、玛布里（1700—1785年）和摩莱里（生卒年不详）等人。这批思想家的思想中都带有明显的机械唯物主义和空想共产主义色彩。

梅叶里在其代表作《遗书》中，痛斥了私有制，指出私有制和社会上的不平等现象是万恶之源，并将教士、投机商人、官吏统统称为"富足的懒虫"，称封建地主是"魔鬼"。他主张每个人在社会中都应做有益社会的事，社会财富应由大众共同享受。号召人民起来革命，推翻封建专制制度。摩莱里在其著作《自然法典》中，提出应该消灭私有制，建立一个人人平等的共产主义社会。但是他并不主张通过革命来达到这一目的，而是认为只要消灭社会上的偏见和谬误，就可以实现他的主张。玛布里的观点与梅里叶的观点大致相同。他认为只有消除社会不平等才能消除暴政和罪恶。在其著作《论法制或法的原则》和《论公民的权力和义务》中，玛布里描绘了他的理想共和国的图景：在这个共和国里"人人平等，人人自由，一切人皆为兄弟，禁止占有财产是这个共和国的第一法律"。但是，他又不切实际地提出，这一理想的国家，不能建立在当时的社会条件下，只能建立在荒无人烟的海岛上。这种空想共产主义思想，正是当时社会上广大劳动人民群众对现实绝望心情的一个侧面反映。

三色旗与《人权宣言》

1789 年 7 月 9 日，法国第三等级的代表，在广大群众的支持下，在部分教士和贵族的参加下，决意把"国民会议"改名为"制宪议会"，企图通过制定宪法，来限制王权；用和平斗争的方式，来实现自己的要求。

当"制宪议会"着手起草宪法的时候，他们仿照美国《独立宣言》的故事，也事先拟定了一个纲领，作为制定宪法的基础原则；而这，就是我们所熟知的法国《人权宣言》。

《人权宣言》，全称叫《人权与公民权宣言》。它的起草人是拉法耶特。

拉法耶特是法国的政治活动家，在法国资产阶级革命中曾经起到过重要作用。他出生在奥弗涅省的一个古老而富有的名门望族。他的青年时代，正是处在法国革命的前夜，所以，深受启蒙思想的哺育；美国独立的最强音，打动了他的心灵，使他更加向往自由主义。1777 年，他不顾各方亲属的阻拦和反对，竟然自己出钱购买船只，并进行装备，而后率领一些志愿人员，从波尔多出发，抵达北美，直接参加了美国的独立战争。7 月，大陆会议授予他少将军衔，任命他为大陆军司令乔治·华盛顿的副官。独立战争重复每段末尾的歌词："公民们！拿起武器"，检察官竟像小孩子一样放声大哭起来。一位大学生挥动手中的帽子，高呼："法兰西万岁！""还有阿尔萨斯！"另一个大学生急忙补充说："它们是一个整体！"李尔顿时被这一场面惊呆了，他万万没有想到，他的歌竟会获得如此巨大的成功。他也以同样激动的心情，同向他表示祝贺的人一一握手道谢。

李尔应邀到誓师大会唱这支战歌，战歌博得全场热烈的掌声。义勇军战士们听了非常激动，有的人咬牙切齿，紧握双拳；有的人流出了两行热泪，他们个个决心与侵略军战斗到底。

"这首战歌好不好？"市长问。

"好极了！"义勇军战士们异口同声地称赞。

"那就给它取个名吧!"

战士们立刻掀起议论的高潮,最后一致认为,义勇军作战是为了反抗侵略者,进军莱茵河,就把这支歌取名《莱茵军战歌》。《战歌》不胫而走,传到法国各地。马赛义勇军首先接受了这首歌曲。

正在这时,巴黎的革命又发展到一个新的阶段。8月9日凌晨,巴黎的革命群众和各地来的义勇军团结在一起,冲进王宫,逮捕了路易十六和王后。尔后,又镇压了一批反革命分子,巩固了后方。义勇军士气大振,并奉命出击。

话分两头。这年6月,巴巴鲁正好在巴黎,他写信给马赛市市长木拉叶,建议他派一支"由500人组成的敢死队"到巴黎来加强巴黎的防卫力量。巴巴鲁请在蒙彼利埃的两位爱国者把信带到马赛。他们于6月19日抵达马赛。市长木拉叶当即在巴诺大街的一家俱乐部里,向经常在那里聚会的爱国者宣读了这封信。这两位信使中有一个名叫米勒尔的大学生,此人口才极好,能言善辩。他在那天晚上向马赛俱乐部成员激昂慷慨地发表了演说,使在座的人惊叹不已。

俱乐部附近有一家饭馆。6月22日,米勒尔和他的朋友应邀参加饭馆里举行的宴会。宴会快结束时,米勒尔为了答谢主人的盛情款待,用洪亮的声音唱了《莱茵军战歌》。所有在座的俱乐部成员都拍手叫好,赞不绝口。米勒尔从提箱中拿出一叠歌片,分给大家。其中有一个人,在兴奋之余,想立即把它交给里戈尔和米库兰主编的《南方省报》发表。翌日,该报便以《献给我们的边防战士》为标题,刊登了这首歌的6段歌词。

就在《南方省报》刊登歌词的当天,马赛市政厅根据巴巴鲁的请求,开始征召义勇军。4天后的晚上,500名义勇军集合在市政厅前,整装待发。他们编成8个连队,尽情地喝完酒后,拉着两尊火炮,在军鼓声中,不断高唱这首威武雄壮,激动人心的《莱茵军战歌》,雄赳赳,气昂昂地向被围的巴黎挺进。巴黎人就是从这些马赛人那里第一次听到这首歌的。其他地方来的义勇战士听了大为感动,也纷纷学唱这支战歌。从此,人们就把《莱茵军战歌》叫做《马赛曲》。

除了李尔写的6段歌词外,后来又增添了第7段:"我们将挑起重任,继承父辈未竟的事业……"。它究竟出自谁的手笔?长期以来一直是个谜,众说纷纭。今天,谜底终于被揭开了:第7段的作者是伊泽尔省维恩市的一位爱国神甫佩索耐尔写的。

9月20日,法国义勇军与普军在瓦尔密决战,法军大获全胜。两天后,国民公会宣布法兰西共和国成立。1795年,为了纪念义勇军在保卫祖国中所作的杰出贡献,国民公会通过决议,把《马赛曲》定为法兰西共和国的国歌。

吉伦特派执掌政权

各地义勇军汇集到巴黎后,立刻同巴黎人民一起掀起了一个新的民主共和运动的高潮。群众要求废除国王、惩办拉斐德、取消"积极公民"和"消极公民"的划分、实行普选制度、建立共和国。

在这个运动中,山岳派发挥了很大作用。7月17日它在立法议会上宣读了一份由罗伯斯庇尔起草的请愿书，上面有 590 多名义勇军签名。请愿书要求废除王权，审讯拉斐德，撤换并惩办忠于宫廷和忠于拉斐德的各郡政府。巴黎各区的群众也在积极活动。法兰西剧院区在山岳派活动家丹东、肖美特等人领导下，宣布废除"积极公民"和"消极公民"的区别。别的许多区也效法这样做了。圣安东郊区的肯兹一文教区出版了《七月十四日人和圣安东人报》，提出："我们需要一个至今还未有过的政府，……在这个政府里，一切都是由人民自己来做或是为了人民而做的。"

就在这时，奥地利、普鲁士联军统帅不伦瑞克发表了一个宣言，用威吓的口气说什么对侵犯国王的人要进行"永世难忘"的惩罚，要"彻底毁灭"巴黎。这激起了人民更大的愤怒。人民准备公开起义。格拉维利尔区向立法议会发出警告："立法者们，我们本来把拯救祖国的荣誉给了你们；如果你们拒绝这样做，那么，为了祖国的安全，我们就要自己动手了。"肯兹一文教区于 8 月 4 日宣布：到 9 日晚 11 点，如果立法议会还不肯废除国王，就要"吹起集合号，立即起义。"但是到期议会没有任何反应，肯兹一文教区就正式发出起义的号召。半夜 12 点钟，法兰西剧院区首先敲起了警钟，武装起义开始了。

8 月 10 日早晨六点多钟，巴黎 28 个区的代表在起义的枪声中来到了市政厅，宣布旧市政府被推翻了，正式成立了巴黎公社，马上投入了指挥起义的斗争。任命山岳派的桑戴尔为新的国民自卫军司令，他立即率领自卫军加入起义队伍，很快攻下了王宫。

这时，路易十六已跑到立法议会去请求保护。他说："我一向认为，在国民的代表中间，我和我的家属是安全的。"当时担任议会主席的吉伦特派分子微尼奥竟然表示：议会将保卫"既定的政权"。就在这时，巴黎公社的代表也来到立法议会，要求立即废除国王，解散议会，召开普选产生的新议会。在武装群众的压力下，立法议会只好宣布国王暂时停职，召开普选产生的国民公会。8 月 10 日起义胜利了！

这次起义的胜利，是法国革命进程中的一个重大转折点。它推翻了几百年来的封建君主制和三年来的立宪君主制；斐扬派的统治连同它的那部 1791 年宪法，随着王政的倒台也就变成了一束废纸。革命进入了一个新的阶段，吉伦特派得到了政权。

在国王停职后，立法议会选举了一个由 6 人组成的行政委员会作为临时政府。委员会中有 5 人属吉伦特派。吉伦特派认为王政已推翻，政权已到手，应该停止革命，巩固自己的独占统治了。布里索发表文章说："为了拯救法国，三次革命是必要的：第一次，推翻了专制制度；第二次，废除了国王权力；第三次，应该是消灭无政府状态。"吉伦特派作为工商业资产阶级的代表，他们害怕革命再向前推进，会"消灭私有财产"。他们企图在"消灭无政府状态"的借口下，极力压制山岳派和革命群众。而山岳派领导的巴黎公社，在广大群众的支持下，担起了继续推进革命的重任。

8 月 10 日起义胜利后，公社总委员会由 89 人扩大到 280 人。罗伯斯庇尔、肖美特、帕什等山岳派活动家都参加了。公社逮捕了 8 月 10 日前当政的斐扬派部长，封闭了王党的报纸，征用了教堂的铁栅栏、大钟和其他铜器，熔铸大炮等武器，用来打击敌人。8 月 17 日，公社迫使立法议会成立特别法庭，审判反革命分子。公社还下令，拆除一切带有国王象征的建筑物和纪念碑等等。

巴黎公社在同外来敌人的斗争中，起了重大的作用。奥普联军统帅不伦瑞克发表宣言后，就开始向法国大举进犯，通往巴黎的军事要塞凡尔登于9月2日失陷了。当时欧洲各国反动派兴高采烈，预言10天之后就要攻陷巴黎。巴黎公社在这紧急关头发出了战斗号召："公民们，武装起来！敌人已经到了我们的门口。马上在各自的旗帜下前进，到马斯校场集合。我们要立即组织起6万大军！"丹东在立法议会上发表了重要演说，他说：一切人"都在愤怒地要去厮杀"。"要征服敌人，我们必须勇敢、勇敢、再勇敢，法国才能得救。"巴黎人民立即热烈响应公社的号召，义勇军整装待发，准备开赴前线。巴黎的普瓦松尼区向其他47个区发出呼吁："立即裁决在押的为非作歹和阴谋叛乱的人"。于是，义勇军在出发前，首先惩办了那些在押犯人。9月2日到5日，群众自动起来，处死了大批反革命。

一面义勇军开赴前线，一面全国各地按普选方式进行了国民公会代表的选举。王党和斐扬派分子都没有当选。吉伦特派得到了很多选票，布里索、微尼奥、孔多塞等都当选了。他们在各地进行宣传，自称是"爱国者"，极力诬蔑山岳派是"疯狂的匪帮"。但是各大城市的人民也有很多拥护山岳派的，他们选举了罗伯斯庇尔、马拉、丹东、圣茹斯特、古东、勒巴等人。

选举刚完毕，前线就传来了好消息。9月20日，革命军队在瓦尔密（凡尔登西南部）击溃了进犯的普鲁士军队。这是反对外国武装干涉取得的第一次大胜利，极大地鼓舞了人民的勇气和信心。

在9月20日击溃普军的捷报声中，新选出的国民公会于21日在巴黎开幕了。吉伦特派占160个席位，组成右派势力；山岳派占80个席位，是左派力量。其余中间派占500个席位左右。中间派被称为平原派或沼泽派，代表中等资产阶级的利益。由于平原派起初支持吉伦特派，所以吉伦特派的佩迪昂当选为会议主席，把持了国民公会的领导权。

国民公会一开幕，吉伦特派却把建立共和国这样的大事撇在一边。他们首先提出来的问题是针对山岳派的。其一是所谓追究9月2日到5日"屠杀"事件的责任问题。他们诬蔑巴黎人民处死在押反革命分子是残酷的"大屠杀"，硬说这是山岳派煽动的，要追究责任。其二是提出要建立"郡卫军"，说国民公会代表当选的郡里，应该给自己选出的代表派卫兵以保障其安全。其用意是拼凑一支武装力量，用来对付山岳派影响下的巴黎人民和国民自卫军。其三是提出要调查巴黎人心的动向，这是在寻找口实，反对山岳派领导的巴黎公社。如此等等。山岳派在人民群众的支持下，坚持斗争，使吉伦特派这些企图没有得逞。

9月21日，当国民公会开幕时，一队马赛义勇军从会场经过，听到里面有人讲到"共和国"的声音，就误以为宣布共和了。这个消息一传开，当天晚上巴黎人民就张灯结彩，举行集会，"共和国万岁！"的呼声响彻上空。吉伦特派在群众的压力下，不敢再回避这个首要问题，只好开始讨论。9月25日，国民公会正式宣布：法国是统一的不可分割的共和国。这就是法国历史上的法兰西第一共和国。

国民公会虽然一致通过了建立共和国的决议，但是要什么样的共和国，吉伦特派和山岳派的斗争还是很激烈的。10月间，布里索和罗伯斯庇尔都发表了文章，他们的主张是完全对立的。

布里索的《告全体法国共和党人》一文中，指名攻击罗伯斯庇尔、马拉等山岳派活动家是"破坏者"，他认为社会的物质财富和精神财富只能由吉伦特派及其所代表的富有阶级独占，不能讲平等。吉伦特派是主张建立一个富有者独占统治的共和国。

罗伯斯庇尔发表的《致选举人信》一文，针锋相对地指出吉伦特派是"伪爱国者"，他们建立共和国，"只是为了富人的和官僚们的利益而统治"。真正的爱国者要求"在平等和大众利益的原则上建立共和国"。山岳派反对吉伦特派的独占统治，主张扩大共和国的基础，把革命推向前进。

这样，吉伦特派同山岳派进行了长时间的斗争。吉伦特派企图把公社控制在自己手中，无中生有地硬说巴黎公社成员盗窃公款，提出要改选公社总委员会。但是改选的结果，山岳派活动家仍然当选为公社的领导，肖美特和埃贝尔担任了正副检察长，挫败了吉伦特派的阴谋。

吉伦特派为反对巴黎公社，还极力贬低巴黎作为革命中心的地位。吉伦特派的拉索斯在9月25日国民公会会议上叫嚷，反对"这个受阴谋家指挥的巴黎"，"巴黎的权力必须和其他各郡一样，缩小到八十三分之一。"他们甚至不惜分裂国家，鼓动各郡脱离巴黎，建立个别的小邦，再自愿组成联邦国家。所以吉伦特派也被称为联邦主义者。山岳派坚决批驳了这种反动的主张。丹东严厉地指出："据说有人主张把国家割裂。我们必须用死刑对付这种人，……法兰西必须是一个不可分割的整体。"

雅各宾俱乐部就在这种激烈的斗争中，发生了第二次分裂。10月10日，布里索被开除出俱乐部，其他吉伦特派分子也纷纷退出。从此，雅各宾派就成了以罗伯斯庇尔为主要领袖的真正的资产阶级革命民主派。

罗伯斯庇尔

这时，雅各宾派同吉伦特派又在怎样处置前国王路易十六的问题上展开了斗争。为了打倒这个封建反动势力的总代表，反革命罪魁，10月1日，巴黎公社就派代表团到国民公会，提出大量证据，证明路易十六同逃亡国外的反革命贵族相勾结，同时还揭发了他的一系列反革命罪行，要求审判路易十六。吉伦特派却出来保护，他们一再拖延时间，不肯审判路易十六，甚至搬出已被废除了的1791年宪法，说是宪法规定国王有不可侵犯的权利。这就极大地激怒了雅各宾派和人民群众。

12月2日，巴黎公社代表团来到国民公会，向代表们大声疾呼："企图消灭自由和平等的恶魔现在被锁住了。人民把惩罚的宝剑交给了国民公会。请想一想我们浸满血泊的大地吧，看一看躺倒在大地上的那些面容苦楚的冻僵了的尸体吧，他们就像在谴责你们的迟缓；他们要求处死那个戴王冠的人。"第二天，罗伯斯庇尔在国民公会也发表重要演说，痛斥吉伦特派的保王谬论。他说："从前路易是国王，而现在成立了共和国。……胜利了的人民认定，叛徒就是路易本人。因此，路易不能不受审判，因为他已被定罪了。不然共和国就没有存在的理由。"最后他以断然的口气提出："路易应该死，因为祖国需要生！"12 月 28 日，罗伯斯庇尔再次就处死路易十六的问题发表了演说。在人民群众和雅各宾派的坚持斗争下，国民公会只得决定审判路易十六。

在审判过程中，路易十六十分顽固，极不老实。对他的质问，他总是用这样一些话回答："那是通过宪法以前的事"，"我有这种权力"，"这涉及到大臣们，与我无关"，"关于这一点我不了解"，等等来搪塞，尽管有大量的证据表明他是一个十恶不赦的反革命分子，但他根本不肯认罪。后来，根据马拉的提议，对怎样处置路易十六的问题，国民公会的代表采取单独表态的办法。进行表决时，巴黎群众挤满了国民公会大厅。在众目睽睽之下，许多吉伦特派分子也不得不表示赞成处死路易十六。1793 年 1 月 21 日这一天，路易十六终于被送上断头台。

路易十六的处死进一步坚定了人们的革命决心。就像雅各宾派的重要成员勒巴所说："我们后退的路已经破坏，……我们只有前进；尤其在目前，只能说，或者生而自由，或者死！"

当国民公会辩论如何处置路易十六的时候，法国正发生一场粮食不足的危机。由于战争，大批壮劳力上前线，军费开支浩大，资本家利用国家的困难，大肆投机倒把，富农囤积粮食，这就造成市场上粮食奇缺，物价飞涨。工人每天劳动所得，只够买两磅多面包，根本无法养家餬口。群众愤怒地把投机商和富农称为"饥饿的罪魁"，要求物价回复到 1790 年时的水平。

在要求降低物价的运动中，涌现出一批平民的革命家，这就是忿激派。他们主张限定生活必需品的价格，严厉制裁投机商，用革命的手段打击反革命分子。忿激派的主要领导人有雅克·卢、勒克雷尔克、瓦尔勒等。雅克·卢出身于低级军官家庭，当过教员和乡村牧师。他于 1791 年来到巴黎，住在工人聚居的格拉维利尔区。他代表人民的利益，深受群众的拥戴。

吉伦特派拒绝忿激派的限价要求，极力强调"贸易自由"。这实际上包庇了投机商，助长了投机活动，引起了群众的更大不满。1793 年 2 月 12 日，巴黎四十八个区的代表团到国民公会宣读了由雅克·卢起草的请愿书。请愿书说："光宣布法兰西为共和国是不够的，还必须给人民幸福，必须让人民有面包吃。……你们宣布无限制的贸易自由，等于对穷人抬高面包价格，等于让贪婪的投机商发财致富。你们当中有人说，颁布一项完美无缺的粮食法令，是根本不可能的。这就使人不能不怀疑，你们是否有能力管理一个已经推翻了君主制的国家"。这些话表明巴黎人民已经对吉伦特派的掌权失去了信心，开始考虑它是不是应该继续存在下去。

就在同一天，巴黎的洗衣女工们在塞纳河上截留了一条运输肥皂的商船，并强迫货主按她们规定的价格出卖肥皂。她们还到国民公会去请愿，严厉地指出：如果今后还想从群众中征募军队，那就要满足人民的要求。国民公会推脱说，两天之后再研究这个问题。妇女们立刻争辩说："当孩子向我们要奶吃时，我们可不能说让他们等几天。"

随着斗争的深入，有些人开始意识到，吉伦特派的统治实际上是危害革命有利王党的。1793 年 3 月 4 日雅各宾俱乐部里宣读了一封署名"共和国保卫者协会"的来信，信中写道："对于叛徒代表，不仅必须撤职，而且要在法律宝剑的打击下，使他们人头落地。……财富贵族——大商人和大金融家，一般都是在贵族的废墟上生长和聚集起来的吸血鬼。任何一个戴王冠强盗，如果他们没有把握得到国民公会里某一整个党派的支持，就不敢侵犯我们。"这里说的"叛徒代表"和"某一整个党派"，就是指的吉伦特派。还在 1792 年 9 月，巴黎流传的一份宣传品上就把吉伦特派形容为代表"财富贵族"的"投机商和包买商的党"。吉伦特派已丧尽民心，群众把它看成是包庇王党的革命障碍物。

就在国家经济困难而吉伦特派又倒行逆施的情况下，1793 年 3 月在西部的万第郡，发生了反革命武装叛乱。这次叛乱是王党分子、反动僧侣煽动起来的。据调查叛乱的费里奥说："那些神甫们，尤其是那些主教们，都在用各种狂热信仰的手段煽动城乡人民。"叛乱者攻城夺地，杀害了大批革命者。

外国干涉者乘机卷土重来。英国纠合了普鲁士、奥地利、荷兰、西班牙、意大利半岛上的那不勒斯和撒丁王国等国家，组成反法联盟，侵入了法国领土。在这严重的时刻，吉伦特派所信赖的将领杜木里埃竟然公开叛变，投到奥地利人方面去了。

总之，到 1793 年春天，法国内忧外患十分严重。吉伦特派上台时，形势本来很好，建立了共和国，打败了外国干涉军，群众革命热情很高。可是只有几个月的时间，情况就迅速地恶化起来。就像国民公会派往外地去的一名特派员在报告中说的："公共事业已处在灭亡的边缘。只有最迅速、最坚决的措施才能拯救它。到处都可以看出，革命疲惫了。富人们仇视它，而贫民缺乏面包。他们都认定我们是有罪的。"这一切，都是吉伦特派统治所造成的恶果。

在这危急关头，只有依靠群众才能挽救革命。大敌当前，迫使雅各宾派同忿激派结成了暂时的联盟。5 月 4 日，经罗伯斯庇尔提议，国民公会通过了"粮食最高限价法案"，实现了忿激派的一个重要的要求，加强了雅各宾派同人民的联系，从而奠定了推翻吉伦特派的社会基础。

还在 5 月 1 日，圣安东郊区的工人举行示威时，就发出了要举行武装起义的呼声。他们在递交国民公会的请愿书中说："请问，你们做了些什么呢？你们答应得很多，做得很少。……这就使人们再也不能信任你们了。"请愿书提出必须强迫"富人和利己主义者"出力为共和国服务，"这就是我们拯救共同事业的办法，……如果你们不接受，……我们就准备起义"。

吉伦特派不考虑群众的要求，不顾国家的安危，仍然一意孤行。他们在国民公会里组织了一个 12 人委员会，专门迫害革命民主派，分裂革命力量。从 5 月 24 日起，他们相继逮捕了雅各宾派的左翼代表，巴黎公社副检察长埃贝尔，公社的工作人员马里诺，忿激派领袖瓦尔勒等一批革命者。这就激起了雅各宾派、巴黎公社和人民群众的极大愤怒。25 日，公社代表前去抗议，坚决要求释放被捕者。当时任国民公会主席的是吉伦特派分子伊斯纳尔，他竟蛮横地威胁说，如果巴黎人民暴动，就要受到镇压，巴黎就要被毁灭。巴黎人民已经忍无可忍，他们清楚地看到只有推翻吉伦特派的统治，才能拯救革命，拯救共和国。

雅各宾专政的产生

　　雅各宾专政是雅各宾派在内忧外患的危急形势下同吉伦特派进行斗争，并同广大人民群众结成暂时联盟的产物。

　　1792年8月10日革命后执掌政权的吉伦特派，代表工商业资产阶级的利益，在政治上主张联邦共和制，在经济上坚持自由主义，在外交上企图通过战争为法国资产阶级扩大市场。这种政策既招致英国和欧洲大陆上封建君主国以及法国王党分子的敌视，又引起国内下层群众的不满，更不适应当时特定形势的需要，这就决定了它必然要遭到失败。

雅各宾派领袖
罗伯斯庇尔

　　1793年春天，法国所面临的形势是严酷的。首先是军事危机。在2月1日法英宣战以后，逐渐形成了以英国为中心，包括荷兰、俄国、撒丁、西班牙、那不勒斯、普鲁士、奥地利、葡萄牙等在内的第一次反法同盟。新生的法兰西共和国四境都随着敌国的武装进攻。3月10日，旺代叛乱全面爆发，如同一把匕首插在共和国的背上。4月5日，在比利时指挥作战的杜木里埃将军越境投敌，使前线处境更加恶化。这对于以军事胜利为支柱的吉伦特派是一个重大打击。

　　其次是经济危机。货币贬值，物价上涨和粮食匮乏，严重威胁着人民的生活。1799年开始发行、并被赋予纸币职能的指券，1793年1月初还值票面额的60—65％，到2月只值50％，而且一直在下跌。地主和农民不愿意以粮食交换贬值的纸币，使得市场上粮食供应紧张，粮价上涨。对外战争又影响了国外粮食的进口。大城市的工资劳动者生活特别困难，他们的日平均工资收入为20—40苏，而面包价格有时高达每磅8苏。吉伦特派无视有关群众生存的紧迫问题，拒绝限制物价和征购粮食，因而同人民群众发生了尖锐矛盾。

　　第三是政治危机。起初曾控制着立法议会和国民公会的吉伦特派，在同雅各宾派和巴黎公社的斗争中日渐失去政治上的优势地位。他们企图停止革命，打击雅各宾派的主要堡垒巴黎公社，把首都巴黎的地位降低到同全国83个省一样，结果遭到失败。特别是在处置国王的问题上，挽救国王生命的阴谋被雅各宾派粉碎，吉伦特派的威信受到严重损害。由于下层群众的压力和雅各宾派的督促，国民公会被迫采取了一些非常措施：1793年1月11日，将1792年10月17日成立的治安委员会改组，雅各宾派占了优势；2月24日决定征兵30万；3月10日成立革命法庭；3月21日下令全国各公社建立监视委员会（或称革命委员会），负责监视嫌疑分子；3月28日制定关于处决亡命者的法令；4月6日，将1月1日成立的总防御委员会改组为以丹东为首的救国委员会；4月30日正式确定议会特派员行使中央权力的职权；5月4日颁布谷物最高限价法令；5月20日规定对富人摊派10亿利弗尔公债。这些措施多数是违背吉伦特派意愿的，而它们执行之不得力又引起下层群众的强烈不满。

要不要实行激烈的救国措施，成了双方斗争的焦点。

在斗争的决定性阶段，雅各宾派领导人罗伯斯庇尔首先发难。1793 年 4 月 3 日，他就杜木里埃叛变事件发言时说："我以为要采取的第一条救国措施，就是决定审讯所有被指控为杜木里埃的同谋犯，特别是布里索。" 4 月 5 日，马拉主持的雅各宾俱乐部要求惩治"申诉派"，即在审判国王时企图以诉诸全民表决的办法挽救国王生命的吉伦特派分子。不久，巴黎公社也对吉伦特派提出同样的指控。吉伦特派采取反击措施：4 月 13 日对马拉提出起诉（24 日被革命法庭宣布无罪释放）；5 月 18 日提议解散巴黎公社，并成立"十二人委员会"对其活动进行调查；5 月 24 日下令逮捕公社领导人埃贝尔等（27 日获释）；5 月 25 日吉伦特派领导人伊斯纳尔在国民公会发言恫吓说，万一公社举行暴动，巴黎就可能被毁灭。这是向雅各宾派发出决战的信号，被称为"新不伦瑞克宣言"。

面对吉伦特派的挑战，雅各宾派和巴黎公社最后决定诉诸武力。5 月 26 日，罗伯斯庇尔在雅各宾俱乐部号召人民举行起义，说："当人民遭受压迫时，当人民除了自己一无所有时，谁不号召他们起来，谁就是胆小鬼。" 5 月 29 日，巴黎 33 个区的代表在主教宫成立秘密的起义委员会。5 月 31 日，起义群众按照 1792 年 8 月 10 日的方式包围了国民公会，迫使它解散了"十二人委员会"。6 月 2 日再次起义，又迫使国民公会通过软禁 29 名吉伦特派议员的决议。两次起义的结果是吉伦特派统治的垮台和雅各宾派执政的开始。

雅各宾派与吉伦特派不同，为了应付内忧外患的危急形势，他们"不惜任何代价来实现和维护第三等级的革命团结，甚至不惜为此作出让步和妥协"。罗伯斯庇尔明确意识到这一点。他在当时的私人笔记中记下警句："人民应该与国民公会团结一致；国民公会应该利用人民。"雅各宾派执政初期颁布 1793 年宪法和三个土地法令，就是他们实行同平民群众结盟的两项民主措施。

5 月 30 成立了附属于救国委员会的塞舍尔第五人小组，负责起草新宪法。6 月 9 日提出草案，10 日经救国委员会批准，11 日向国民公会提出，24 日被通过，1793 年宪法又称作"共和元年宪法"或"雅各宾宪法"，它包括新的《人权宣言》35 条，宪法本文 124 条。它规定，社会的目的是公共福利，政府是为保障人们享受其自然和不可剥夺的权利而设立的；公民享有劳动权、社会救济权和受教育权；主权属于人民，人民拥有反抗政府压迫的权利；成年男子享有普选权；最高立法权属于由直接选举产生的立法议会，最高行政权属于从各省候选人中选出的、24 人组成的行政委员会，它对立法议会负责。1793 年宪法通常被认为是最民主的资产阶级宪法，是最终建立民主共和国的蓝图。雅客宾派之所以急于制定和通过这部宪法，有其策略意义。塞舍尔在 6 月 10 日宣读宪法草案时指出，它是"我们对所有诬蔑我们只想搞无政府主义的诽谤者、阴谋家的回答。"的确，这部宪法仍然保障财产的充分所有权，仍然保障各省地方权力和各种民主自由，是为了避免关于"巴黎无套裤汉专政"的指责，为了使信奉联邦主义的农村不再议论 5 月 31 日和 6 月 2 日事件之"非法"。除却特权阶级以外，法国社会的各个阶级阶层都能从中读到令人快慰的条文。7、8 月间举行全民投票，结果以绝对多数获得批准。

雅各宾派还希望使广大农民群众立即看到 5 月 31 日和 6 月 2 日起义的实际成果，把他们团结在自己的周围。国民公会接连颁布了三个土地法令。6 月 3 日法令规定把亡命者的土地分成小块出售，并允许贫农在 10 年内分期偿付地价。6 月 10 日法令规定，按人口平均分配农村公社的公有土地。7 月 17 日法令宣布，无偿废除一切封建权利和义务，销毁一切封建契约。这些法令是雅各宾派为了同农民群众结成联盟而付的代价。列宁高度评价这些法令的深远意义，指出："用真正革命的手段摧毁过时的封建制度，使全国过渡到更高的生产方式，过渡到自由的农民土地占有制"，是造成 1793 年英勇爱国精神和军事奇迹的"物质经济条件"。

　　这样，执政的雅各宾派通过这些民主措施，同广大城乡平民群众结成联盟，扩大了政权的社会基础，为走向专政准备了条件。

雅各宾专政的瓦解

　　雅各宾专政取得了巨大的胜利，但在它内部包含着必不可免的瓦解因素。雅各宾派在国民公会中只占少数，它的力量在于同下层群众结成联盟，但这种联盟只是暂时的、有限度的，不可能长期维系在一起。革命政府和恐怖政策一度行之有效，但它仅出于形势所迫，只是权宜措施，绝非长治久安之计。在内忧外患的形势下，由各个社会阶层代表组成的革命领导集团内部可以保持一定程度的团结，忍辱负重，一致对外。一旦危象解除，内部分歧顿现激化，从相互倾轧变成生死搏斗，终于导致专政的瓦解。

　　雅各宾派区别于君主立宪派和吉伦特派的主要之点，在于它颁布较激进的土地法令和实施严厉的限价政策，以牺牲资产阶级的某些利益为代价，一定程度上满足了城乡劳动群众的当前愿望。但这种政策是有限度的。在公布 1793 年 6—7 月三个土地法令的同时，3 月 18 日关于凡宣传"土地法"（无偿平分土地）者均处以死刑的法令却没有被废除。罗伯斯庇尔认为"土地法""只是骗子们为了恐吓糊涂虫们所捏造出来的幻想"，"财产的平等只是一种空想"。在 1793 年 9 月 29 日全面限价令中，同时规定了工资的最高限额。1791 年 6 月 14 日剥夺工人集会结社权利的勒·夏珀利埃法也依然生效。直到热月 5 日（1794 年 7 月 23 日），即热月政变前四天，罗伯斯庇尔派的公社还公布了巴黎工资的最高限额。雅各宾派领袖们终究是经济自由主义的信徒，他们厌恶"统制经济"，认为它只是战时被迫采取的权宜措施，不允许它超出革命防御所必需的范围。他们的出发点是与下层城乡劳动群众不同的，因此两者之间就不可能有真正稳固的联盟。1793 年 9 月逮捕"忿激派"领袖扎克·卢和瓦尔勒等，就是此一联盟发生裂痕的标志。

　　雅各宾派内部的斗争导致联盟的破裂和罗伯斯庇尔派的孤立。雅各宾派内部分为左、右、中三派，即埃贝尔派、丹东派和罗伯斯庇尔派。斗争的中心问题是要不要严厉实行限价政策和恐怖措施。各派都想执掌政权，操纵两委员会。埃贝尔派是继"忿激派"之后城市下层群众激进运动的代表者，他们控制着巴黎公社。埃贝尔认为，一切罪恶都是囤积居奇者造成的，唯一的补救办法是断头机。他在《杜歇老

參报》上写道："正如不能宽恕较大的商人一样，也不能宽恕卖胡萝卜的商人"，"小商店也和大商店一样坏"。他们指责丹东派是"催眠派"，指责罗伯斯庇尔派是"新催眠派"。丹东派较多地承继了吉伦特派经济自由主义主张，并要求"爱惜人类的鲜血"，实行"宽容"政策。丹东支持德穆兰创办《老哥德利埃报》，猛烈抨击恐怖政策，矛头不仅指向埃贝尔派，而且指向罗伯斯庇尔派。

马拉之死

处于中间地位，受到两面攻击的罗伯斯庇尔派则是主流派，他们掌握着救国委员会的实权。这场斗争从1793年9月以后日渐加剧。罗伯斯庇尔派起初是摇摆不定的。1793年11月狂热的反基督教运动造成严重混乱，罗伯斯庇尔联合丹东使国民公会于1793年12月6日通过了信仰自由令，从而给埃贝尔派以初步打击。丹东派于12月发动猛烈进攻，企图改组救国委员会，又使罗伯斯庇尔对他们失去信任。12月25日，他对左右两派都作了谴责。

丹东

从1794年初起，罗伯斯庇尔派迫于形势而继续向左转。2月26日和3月3日（风月8日和13日），圣茹斯特提出的风月法令规定：凡经审查被确认为"革命敌人"者应拘禁到和平实现时为止，其财产应被没收，无偿分配给"赤贫的爱国者"。此法令是极难实行的，事实上也始终未曾兑现，但它表明了罗伯斯庇尔派继续推行恐怖政策的决心。然而，埃贝尔派却想乘机举行暴动以夺取政权。

于是，救国委员会决定分别镇压左右两派。3月13日—14日夜间，逮捕了埃贝尔派主要代表人物埃贝尔、隆森、樊尚、摩莫罗、克洛斯等，于24日送上断头台。3月30日夜间，逮捕了丹东派主要代表人物丹东、德穆兰、德拉克鲁瓦、菲利波等，于4月5日送上断头台。在打击两派的同时进一步加强了集权。3月27日解散了由埃贝尔派掌握的革命军；4月1日取消了临时执行会议；4月13日处决肖梅特，5月10日逮捕帕什，进而彻底改组巴黎公社，代之以由政府任命的官员。反对派被镇压了，政府的权力更集中了，但专政的群众基础也被瓦解了，掌权的罗伯斯庇尔派陷于孤立。圣茹斯特清楚地感觉到这一点，写道：要使恐怖政策不成为两面锋刃的武器是极困难的，革命已经冰冷了。

罗伯斯庇尔派曾指望再度鼓起群众的热情，以求革命的团结。然而，强大的新反对派暗流已在形成。这次新斗争的场所不在政府之外，而在国民公会和两委员会内部。它的意义客观上超出了派别倾轧和争权斗争的范围，超出了斗争参与者的主观想象。

救国委员会内部本来就存在着分歧。极左派俾约—瓦伦和科洛—德布瓦，对罗伯斯庇尔等处决埃贝尔派、一度保护丹东派深感不满。温和派卡尔诺、兰代和科多尔省的普里厄，对罗伯斯庇尔等"左倾"的社会经济政策及恐怖措施极为反感。他们都反对罗伯斯庇尔、圣茹斯特和库东的"三头政治"。治安委员会同救国委员会之间有着权力之争，经常发生磨擦。瓦迪埃、阿马尔、服兰等人对罗伯斯庇尔的权势感到不安。在国民公会中，塔利安、弗雷隆、布尔东、勒让德尔等一批人则对罗伯斯庇尔恐怖政策的下一打击步骤深怀恐惧。反对派的矛头集中指向罗伯斯庇尔。关于他"独裁"、"专制"的指责已经时有所闻，刺杀他的事件也屡次发生。

遭到孤立的罗伯斯庇尔派决心继续实行恐怖，清除所有反对派。1794年6月10日（牧月22日），库东向国民公会提出由他和罗伯斯庇尔共同起草的"牧月法令"，虽遭强烈反对，仍获通过。该法令以含混的定义扩大了"敌人"的范围，宣布：凡是与人民为敌的都是罪犯，所有企图使用暴力或使用阴谋来破坏自由的人都是人民的敌人。法令取消了辩护人制度，规定：被诬告的爱国者可由爱国的陪审官作辩护，法律决不准许阴谋分子有辩护人。预审制度也被取消，审判程序大为简化。连国民公会议员也只要有救国委员会等的命令就可直接送交法庭审讯，而毋须通过议会决定。从此开始了所谓"大恐怖"阶段。罗伯斯庇尔派的主观意图是严厉打击革命的敌人，但客观效果却并非如此。此一阶段恐怖的特点是，死刑判决数量激增，普通民众在死刑犯中所占比例明显上升。据统计，从1794年3月到6月10日的3个多月中，巴黎共处决1251人；从6月11日到7月26日的45天中，则处决1376人。7月间被处死刑者中，贵族和僧侣仅占5%，中下阶层约占74.5%，其余为军政官吏。

从1793年底起，特别是1794年6月弗勒鲁斯战役给反法联军以决定性的打击以后，人们对革命的胜利确信无疑了，因而对"贵族阴谋"的恐惧、报复的欲望、激进的狂热都开始减退了。恐怖的象征物——断头台遭到巴黎人民的冷遇甚至厌恶，不得不迁移到更僻远的地方。诚如恩格斯所指出的，在反丹东派和埃贝尔派的斗争中罗伯斯庇尔派获得了胜利，"但从那时起，对他来说，恐怖成了保护自己的一种手段，从而变成了一种荒谬的东西"。恐怖已经失去了立足之地。由此，以罗伯斯庇尔派为核心的雅各宾专政，作为行使恐怖的机器，其垮台也就成为必然的了。

1794年7月27日的热月政变，把罗伯斯庇尔等人也送上断头台，以此作为雅各宾专政悲剧式的幕终。

反罗伯斯庇尔的阴谋

在雅各宾专政期间，城乡广大劳苦群众仍然十分贫困，濒临破产边缘。农民对征粮制、农产品固定价格政策怨恨不已。城市工人对政府规定的工资最高限额及保留制宪议会制定的勒·夏珀利埃法深为不满。1794年春，政府给工商业者发放补助金，恢复奢侈品生产，减轻对投机行为的惩罚，更激起人民群众的愤怒，甚至引起各行业工人罢工。广大劳动群众对雅各宾政府的经济措施大失所望，对政府逐渐疏远，甚至抱有敌意。

新兴的大资产阶级，形形色色的投机家，对雅各宾政府向富人征收特别税、实行最高限价法和极端恐怖政策痛恨万分。1794年夏季，企望能够自由积累资金、肆无忌惮地掠夺财富的大资产阶级认定共和国已经巩固，封建王朝无从复辟，不愿再忍受雅各宾政策的束缚，准备打倒雅各宾派取而代之。

当大资产阶级和城乡劳动群众都对罗伯斯庇尔为首的雅各宾政权的政策日益不满时，在国民公会、救国委员会和治安委员会中，反对派的力量正在逐渐加强。

从原则上说来，救国委员会和治安委员会具有同等权力，重大事件应由两委员会的联席会议决定。但后来救国委员会的权力逐渐增大，经常撇开治安委员会，独自草拟重要报告，处理各项重大事务，甚至连治安委员会职权范围之内的事务，救国委员会亦不和它商量，独断独行。革命法庭是由治安委员会直接领导和管理的机构。1794年6月10日，罗伯斯庇尔和库东事先未和治安委员会商讨，便起草并使国民公会通过了有关革命法庭的法令。罗伯斯庇尔等人的这种做法侵犯了治安委员会的权力，后者十分不满，所以当国民公会讨论这个法令草案时，治安委员会的成员始终默不作声，以缄默来对抗。救国委员会内一部分人对罗伯斯庇尔及其拥护者的威信与日俱增，深感不安。卡诺曾说："倘使某一个人的功绩，甚或他的德性当作不可少之物时，就是共和国之不幸。"俾约—瓦伦说："爱护自由之民族，应当留意那些居高位者所具之德性"。到1794年夏天，在救国委员会和治安委员会中，反罗伯斯庇尔及其忠实拥护者的委员逐渐形成了多数。

国民公会中的弗雷隆、巴拉斯、塔利安、富歇等也互相逐渐靠拢，形成了一股反罗伯斯庇尔派的力量。巴拉斯是一个狡诈的政客、投机家。弗雷隆与丹东派主要人物德穆兰同学，并为其妹密友。热月政变之后，他采取种种残暴手段迫害罗伯斯庇尔的支持者们，公开声称要为丹东和德穆兰兄妹复仇。巴拉斯、弗雷隆二人都在外省当过特派员。塔利安是在丹东帮助下被选进国民公会的。他在波尔多任特派员时，贪赃受贿、庇护投机商，并且肆意扩大杀戮范围，把数千人送上断头台。富歇是里昂的特派员，他在那里也制造极端恐怖。各地的爱国者控告国民公会的特派员在外地贪赃枉法，滥施恐怖，巴拉斯、弗雷隆、塔利安、富歇等人被召回巴黎。罗伯斯庇尔说："无论在什么地方，都不能再容许任何党派或罪恶的痕迹。几个罪大恶极的人玷污了国民公会的名誉，国民公会当然是不会受他们压制的。"巴拉斯、弗雷隆、塔利安等人深知，如果罗伯斯庇尔获胜，他们只有死路一条。

弗雷隆、塔利安等人利用一切时机，拉拢国民公会中的沼泽派。沼泽派非常畏惧罗伯斯庇尔派的势力。丹东派曾两度恳求他们合作反对罗伯斯庇尔派，他们一直举棋不定。后来丹东派伪造一份罗伯斯庇尔拟定的即将送上断头台的国民公会成员的名单，上列沼泽派所有领袖的名字，才促使沼泽派下决心加入反罗伯斯庇尔的行列。国民公会中反罗伯斯庇尔派的联盟是一种暂时的结合，法国著名历史学家阿·索布尔曾说过："这个权宜之计的联盟只因为恐惧而得以结成"。

7月初，罗伯斯庇尔的情绪一度颇为低沉，自7月3日起不再出席救国委员会的会议。而罗伯斯庇尔的敌人则加紧活动，他们投寄匿名信，三番五次地企图暗杀罗伯斯庇尔。治安委员会对街头要求逮捕罗伯斯庇尔的叫嚷不加制止。罗伯斯庇尔意识到，决战临近了。

热月政变的经过

1794 年 7 月中旬，圣茹斯特正在北路军中视察。罗伯斯庇尔看到形势急迫，遂将他调回巴黎。圣茹斯特返回后，主张立即行动，他说："敢干，就是革命的全部秘密"，应该猛打，快打。罗伯斯庇尔期望争取国民公会中的动摇分子，以打击最主要的敌人，所以决定首先在国民公会中发动进攻。

7 月 26 日，即热月 8 日，罗伯斯庇尔在国民公会发表了一篇精心准备的演说。这篇演说的主要内容有两点：第一是回击政敌的责难，为自己辩护。罗伯斯庇尔说："埃贝尔和丹东的同党害怕我们的原则，责备我们不公平和暴虐……可是祖国却责备我们过于宽大。"难道说是我们把爱国人士投入牢狱，是我们到处造成恐怖？这是那些控诉我们的恶徒们干的勾当。"罗伯斯庇尔斥责那些诬蔑他为暴君的人说："你们这些诽谤真理威力的人们，你们自己就是最可鄙视的暴君。"第二点是谴责政敌在从事阴谋活动。罗伯斯庇尔声色俱厉地说道："我声明，我现在仍然相信有阴谋存在。"他认为从前大声疾呼反对埃贝尔的人们，现在却维护埃贝尔的同谋者，自称是丹东敌人的人又在步丹东的后尘，从前公开指责过国民公会某些议员的人，现在又和这些议员结成联盟来反对爱国人士。罗伯斯庇尔在演说中，把反对他个人和反对国民公会联系起来，等同起来。"他们为什么要迫害我呢？如果这种迫害不是他们反对国民公会的阴谋的一部分的话。"罗伯斯庇尔接着指出，阴谋分子的目的是要制造混乱，以陷害爱国人士和恢复暴政，因此，"革命政府拯救了祖国，现在需要排除一切暗礁来拯救它自己"。罗伯斯庇尔这一席话旨在动员国民公会揭露阴谋分子，击败他们。

但是罗伯斯庇尔的演说不够策略，未能收到预期效果。他没有把犯错误和具有不正当行为的人同进行阴谋活动的人区别开来，他未具体点明阴谋分子的姓名。国民公会中犯有错误或有不正当行为者，以及同这些人有瓜葛、牵连者甚众，因而与会者个个觉得自己是被谴责的对象，人人自危，其结果是促使中间派倒向反罗伯斯庇尔派一边。

罗伯斯庇尔演说完毕后，会场上一片寂静，好久没有丝毫反应。是赞成，还是反对，人们似乎一时难以决定。凡尔赛的代表勒库安特尔建议印发这篇讲词，库东提议把它印发全国，代表们接受了这些提议。然而，那些自觉受到责难和威胁的人很快清醒过来，倾向埃贝派的瓦埃首先向罗伯斯庇尔本人和演讲词提出责难。随后，先是丹东派为埃贝尔派的俾约—瓦伦严厉抨击罗伯斯庇尔，说："不管是谁脸上的假面具，都应该扯下来；我宁愿听任一个野心家踏着我的尸体走上宝座，也不能因为我不发言而助长野心家的严重罪行。"原丹东派的康邦指责罗伯斯庇尔使国民公会的意志瘫痪。俾约—瓦伦和科洛—德布瓦要求在把罗伯斯庇尔的演讲词分发到各地之前，先经救国委员会和治安委员会审查。紧接着，丹东派的帕尼斯、倾向埃贝尔派的阿马尔等先后发言，攻击罗伯斯庇尔，反对把演讲词印发各地。于是，国民公会立即撤消了原决定，同意把演讲词交给两委员会审查。罗伯斯庇尔激烈反对，他说："怎么？我有勇气在大会上揭发我认为有关祖国存亡的事实，现在反而把这篇讲词转给我所控告的那些人去审查。"说罢，他愤然退出会场。形势的发展显然对罗伯斯庇尔十分不利。他在国民公会中也失去了多数人的支持。

当晚，罗伯斯庇尔来到雅各宾俱乐部。在这里，他拥有广泛坚定的支持者，受到热烈欢迎。他把白天在国民公会所作的演讲重复一遍，与会群众为之喝彩。他的敌手俾约—瓦伦和科洛—德布瓦想要发言，却遭到群众喝阻。罗伯斯庇尔过于乐观地看待他在俱乐部的胜利，以为自己仍然能争取大多数人的支持，决心第二天再回国民公会与反对派较量。

救国委员会和治安委员会当晚通宵达旦开会，力图协调各派意见，以求一致反对罗伯斯庇尔派。在国民公会中丹东派争得右派和沼泽派同意，共同对付罗伯斯庇尔。至此，各个反对派决定一致行动。

翌日（热月9日），国民公会会议完全被反罗伯斯庇尔分子所操纵。先是塔利安粗暴的阻挠圣茹斯特发言。拉着，俾约—瓦伦起来指控罗伯斯庇尔曾经保护贵族、骗子和其他反对革命的人，迫害革命者，实行独裁暴政、称他为"暴君"。塔利安大声叫喊，要求把黑幕彻底揭开。罗伯斯庇尔多次想上台申辩，都遭到阻拦。会场上响起一片片"打倒暴君！"的喊声。塔利安高兴地说：黑幕完全揭开了，阴谋家的假面具被戳穿了。他提议逮捕罗伯斯庇尔的拥护者国民自卫军司令昂里奥，大会采纳了这个建议。随后，大会又通过逮捕罗伯斯庇尔、库东、圣茹斯特的决定。与会各派一致鼓掌赞同。奥古斯丁·罗伯斯庇尔要求分担其兄的命运，自愿受捕。罗伯斯庇尔兄弟的忠实朋友勒巴也一起自动受捕。下午5时半，在与会者的欢呼声中，被捕者们被带出会场。罗伯斯庇尔愤怒地高喊："共和国完了，强盗们胜利了！"此后，罗伯斯庇尔被送往卢森堡鉴狱，其弟被送到圣拉扎尔监狱，库东被押往布尔勃监狱，勒巴被关押在巴黎裁判所附属监狱。

消息很快传遍巴黎。拥护罗伯斯庇尔的巴黎公社立即召开紧急会议，敲响警钟，自行在各区分部发动起义，企图用武力解散国民公会。

起义者从狱中营救出罗伯斯庇尔等被捕者。但是罗伯斯庇尔等对领导起义犹豫不决，行动迟缓。昂里奥不敢组织力量袭击国民公会。总之这次起义缺乏准备，力量分散，配合不当。由于埃贝尔派的被镇压以及部分工人区对罗伯斯庇尔的政策怨恨甚深，在事变的紧要关头，他们也转向国民公会，削弱了巴黎公社的力量。

国民公会方面毫不迟疑地发起反攻。巴累使国民公会通过了一个法令，宣布罗伯斯庇尔等被营救出的人以及巴黎公社、雅各宾俱乐部和革命法庭的许多领导人不受法律保护，对他们可不经审判，立即处决。国民公会又委派巴拉斯去召集武装力量，另派6名议员辅佐他去发动各资产阶级区，向市政厅进发。这时，支持公社的军队和群众因无人领导，已经渐渐散去。巴拉斯所率军队从叛徒口中得到昂里奥发布的口令，于半夜时分出其不意攻入市政厅内。罗伯斯庇尔见反抗已毫无用处，自杀未遂，身受重伤；小罗伯斯庇尔跳窗折断一腿；勒巴自杀身亡；圣茹斯特虽镇静自若，但并未采取什么有效措施，只是束手待擒。次日（热月10日）下午6时左右，以罗伯斯庇尔为首的 22 名被捕者，不经审判，在游街示众之后被押往刑场，送上断头台。7 月 29 日，即热月 11 日，巴黎公社的 72 名成员也遭到同样的命运。

热月 9 日政变结束了雅各宾派专政。代表中小资产阶级的革命民主派失败了，新兴大资产阶级夺取了政权，开始了热月党人的统治。

彼得一世改革

17 世纪的俄国是一个封建农奴制的国家。1649 年，沙皇阿列克塞·米哈伊洛维奇颁布的《法典》规定，农奴不论逃亡多久，一旦被捕获后，连人带家眷以及财产一并归还原主。这就从法律上确立了农奴制度。当时，俄国的土地属皇室、贵族、教会和国家所有。农奴按其依附对象分成三类：依附于皇室土地上的称宫廷农奴；依附于贵族地主、教会土地上的称私有农奴；依附于国家土地上的称国家农奴。17 世纪中叶，农奴占全俄人口的 90％以上。农奴没有人身自由。地主对农奴可以随便审讯、打骂、交换和买卖。在农奴制的残酷剥削和压迫下，农民的反抗斗争连绵不断。其中规模最大的是 1667 年斯杰潘·拉辛领导的农民起义，它席卷了顿河和伏尔加河的广大地区，起义队伍扩大到 5000 人，到 1671 年才被镇压下去。

在农奴制的统治下，俄国的社会经济发展水平远远落后于西欧各国。农村盛行三圃制，生产工具主要是木犁、木耙。工业经济以家庭手工业为主。农村中出现了许多木工、锻工、织工、皮革工和制呢工。在城乡小商品生产发展的基础上，出现了新建的农奴制手工工场。1632 年经沙皇特许在土拉建立的一座炼铁场，是俄国最早的手工工场。后来铸钢、造纸、制革、玻璃、碳酸钾等工场也陆续兴建，主要靠农奴手工劳动，雇工很少。随着工商业的发展，以莫斯科为中心的全俄市场逐渐形成。17 世纪后半期，莫斯科已成为全俄最大的商业中心，市内人口约有 20 万，与各地集市有着密切的贸易联系。但俄国工业的发展非常缓慢，直至 17 世纪末，全国总共只有 21 家手工工场，国内需要的工业品、日用品和军需品几乎都靠进口。工业落后致使军事力量也十分薄弱，这对加强农奴制专制统治和进行对外扩张是不利的。地主阶级和新兴商人要求迅速改革俄国的落后状况。

为了适应这种要求，彼得一世执掌政权后，决心效法西方，实行改革。1697 年，彼得一世派使团去西欧各国考察。他自己也化名彼得·米哈伊尔，以水手身份随使团秘密同行，亲自了解西方资产阶级的政治、文化和科学技术。彼得一世回国后，实行了一系列改革。

彼得大帝在俄国的都圣彼得堡的新宫殿

在政治体制方面，彼得一世废除贵族杜马，建立参政院，负责拟定法令，管理中央和地方行政，建制陆海军和征收赋税；设立监察署，负责监督法令的执行；把全国划分为 8 个省，省下设 50 个州，省长由中央任命；颁布职官等级表，将文武官员分为 14 等，根据才能选拔官吏和晋升等级；罢黜反对改革的大教长，废除主教制，设立宗教事务管理局，把教会直接置于国家控制之下。

在军事方面，彼得一世实行征兵制，建立新的正规军和近卫军。到彼得末年，已建立了一支由步、骑、炮、工四个兵种组成的 20 万人的陆军，以及拥有军舰 48 艘、大小战船 800 只、乘员 28000 人的海军。此外，还兴建军需工场，创办炮兵学校、海军学院，派遣贵族子弟出国留学，培养军事人才。

绘有彼得一世的勋章

在经济方面，彼得一世大力发展工商业，兴建国家工场，奖励私人办企业，允许外国人在俄国投资设厂，招聘外国技术人员。在他统治期间，俄国先后兴建各种手工工场 240 多家。他还实行重商主义政策，增加出口，减少进口，提高关税率。

在文化教育方面，彼得一世创办俄国科学院，建立俄国第一座博物馆，创办俄国第一份报纸《新闻报》，开办各类学校，简化俄文字母，采用欧洲新历，翻译出版西欧著作，提倡西欧的服饰礼仪和生活方式。

彼得一世的改革在一定程度上改变了俄国的落后状况，为俄国资本主义的发展创造了条件。但它是建立在封建农奴制基础上的，是靠残酷地剥削农奴来进行的。

彼得大帝

彼得一世（1672—1725 年）是俄国历史上非常有名的沙皇。他在国内进行一系列的改革，促进了经济发展。他不断向外侵略扩张，占领了波罗的海沿岸地区，打开了"朝向欧洲的窗户"。他是俄罗斯帝国的第一个皇帝。

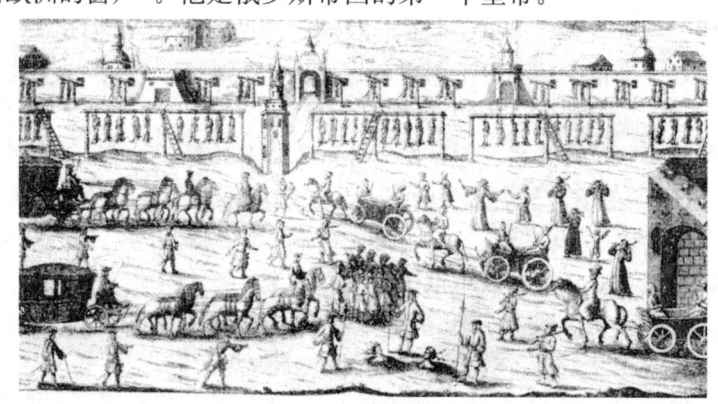

彼得严惩射击军

彼得生于 1672 年，十岁时当了沙皇。可是，没过几个月，他的同父异母姐姐索菲来借助射击军兵变，上台执了政。彼得被迫住到莫斯科郊外。在那里，他整天同小伙伴玩军事游戏，把他们组织成为两个"游戏"兵团。其中不少人成为彼得的亲密助手。有一个叫做"阿列克萨什卡"的游戏兵，后来成为一人之下、万人之上的公爵缅希科夫。随着时光的流逝，彼得长大了，游戏兵团成为训练有素的武装力量。索菲亚意识到，彼得是个危险的对手。1689 年 8 月，她准备废掉彼得，但是阴谋失败，索菲亚被关进修道院。

彼得上台时，俄国国内统一市场已初步形成，对各种商品的需求日益增长，而原有的小手工业生产远远不能满足这种需求，很多商品要从国外进口。彼得竭力想改变这种依赖西欧的状况，他采取各种措施，促进工商业和农业的发展，同时还兴建了很多官办的手工工厂。彼得时期，呢绒、麻布、皮革和生铁的产量增加了好几倍，还出现了造船、炼钢、丝织等新的工业部门。

经济的发展大大加强了贵族地主和新兴商人的地位。他们已经不满足过去的那种扩张办法，认为仅仅蚕食邻国的陆地是不够的，需要打通出海口，争夺海外市场。当时俄国除了北部濒临经常封冻的北冰洋外，其他几面都被包围在陆地之中：南方的克里木汗国和土耳其占据了黑海北岸；西方的瑞典截断了通向波罗的海的道路；东南方向的里海海岸线，大部分在别国手里。俄国的地主和商人要求根本改变这种情况。

彼得一世理解了这一要求。他宣称："水域——这就是俄国所需要的"。他几乎一生都过着戎马生涯，不惜用尽国家的财富资源来打通各个出海口。

彼得大帝身着荷兰船工的装束

1695 年春天，俄国三万大军进攻顿河河口的亚速。由于没有军舰，彼得不能从海上包围这个城堡，而土耳其舰队却可以经常提供援助。到 9 月底，彼得不得不解除对亚速的包围。亚速远征失败后，彼得从全国各地调集工匠建造军舰。本人也亲自参加了这项工作。一个小舰队很快就建立起来了。1696 年春天，三十艘俄国战船突然出现在亚速附近，土耳其舰队不战而退。被包围的亚速被迫于 7 月 19 日投降。

占领亚速后，俄国并没有打通南方的出海口。因为土耳其不仅占领着亚速海的门户——刻赤，而且它拥有一支强大的海军，统治着黑海。彼得决心要彻底打败土耳其，他派遣了一个大使团到西欧去商讨建立反土耳其同盟的问题。彼得本人以下士的身份加入了使团，化名为彼得·米海依洛夫。1697 年，彼得同使团一起出发。8 月，他离开使团，带着自己的随从到了荷兰和英国。彼得非常重视学习西方，他自称"是一个寻师问道的学生"。他身强力壮，体躯高大，大约有两米高，亲自在造船厂里做工当木匠，学习造船的技术；此外还参观手工工厂和博物馆，观摩英国的国会会议，研究它的国家制度。1698 年夏天，国内射击军发动兵变，要求立索菲亚为沙皇。彼得闻讯后，立即赶回国内。他残酷地镇压了叛乱，处死了一千多人。他强迫索菲亚当了修女，并把 195 名叛乱者的尸体吊在她的窗前。

彼得出国访问的目的是要结成一个反土耳其同盟。但是，西欧各国已把注意力转到西班牙王位继承问题上去了。彼得看到结盟无望，只好同土耳其签订停战协定，暂时放弃争夺黑海的战争。

彼得极力为俄国寻取出海口，南方不行，就把眼光投向北方。他同丹麦、波兰结成同盟共同反对瑞典。当时的瑞典是欧洲有名的强国，它拥有一支强大的军队。彼得要同瑞典争夺波罗的海是一个非常大胆的决定，是对俄国的一次严重考验。

1700 年秋，彼得率三万五千大军包围了瑞典城堡纳尔瓦，开始了北方战争（1700—1721 年）。瑞典国王查理十二世先发兵打败丹麦，接着带领一万多精兵和俄国发动总进攻。俄军全线崩溃，国家几乎濒临毁灭的边缘。但是，查理认为没有必要继续进攻俄国，而是挥师向南，攻打波兰去了。

惨重的失败并没有使彼得气馁。他利用查理的疏忽，以最大的努力重建军队。恩格斯对彼得的做法作了这样的评价："纳尔瓦会战是一个正在举起的民族所遭到的第一次严重的失败……它甚至在失败中学习如何取得胜利"。（恩格斯：《克里木战局》，《马克思恩格斯全集》第 10 卷，第 601 页）

彼得从全国各地征集新兵，加紧训练。为了弥补大炮的损失，他命令每三个教堂交出一个铜钟来铸炮。一年以后，俄国铸出了三百多门新炮，比在纳尔瓦损失的多一倍。随着军力的恢复，俄军又开始新的进攻。1703 年，俄军占领涅瓦河北岸的瑞典城堡尼恩尚茨。5 月 16 日，在离它不远的兔子岛上，俄国开始修建彼得保罗堡。在这座城堡的保护下，彼得调集大批农民在涅瓦河两岸沼泽地带建起了一座新的城市——圣彼得堡。1712 年，彼得把首都从莫斯科迁到圣彼得堡。这个大胆决定反映了彼得要打通出海口的决心和远见。

瑞典打败波兰后，于 1708 年再次攻入俄国。1709 年 6 月 27 日，两军在乌克兰的波尔塔瓦展开了生死搏斗。彼得亲临第一线指挥，他的帽子和马鞍都中了枪弹。最后，瑞典军溃败，查理逃到土耳其。不久，俄国又同土耳其重新开战。在普鲁特河畔，俄军陷于重围，被迫讲和，并把亚速退还给土耳其。俄国虽败于土耳其，但波尔塔瓦的胜利成果却保留下来厂。1714—1720 年间，俄国舰队在波罗的海几次打败瑞典海军。1721 年两国签订尼什塔德和约，俄国得到芬兰湾和里加湾的沿岸土地，从而解决了北方出海口的问题。

俄瑞战争结束后的第二年，彼得又发动了对伊朗的战争。1723 年两国签订和约，俄国占领了巴库以及里海的西岸和南岸。彼得对土耳其、瑞典和伊朗的战争虽然没能全都获得胜利，没有完全解决出海口的问题，但他给他的继承人指明了扩张的目标和方针。马克思说，彼得是"现代俄罗斯政策的创立者"。（马克思：《十八世纪外交史内幕》，人民出版社 1979 年版，第 77 页）

彼得一世在进行对外侵略战争的同时，实行了一系列改革。纳尔瓦战役失败后，彼得决定进行军事改革。他采取募兵制，规定每二十五户出一名终生服役的步兵，从而建立起一支二十万人的陆军。彼得非常重视海军。在彼得以前，俄国没有一艘战船。彼得首先建立了亚速海舰队，但是普鲁特河畔战役失败后，被迫取消了这支舰队。北方战争开始后，正式建立起全国第一支舰队——波罗的海舰队，有四十多艘大帆船和二百多艘小型划船。通过改革，俄国的陆、海军成为当时欧洲最强的军队之一。

彼得对国家行政机构进行了全面改革。在 17 世纪时，领主杜马（议会）起很大作用，沙皇颁布诏书时，一开头总是写着："沙皇诏谕，经领主认可"。彼得不能容忍别人分权，他直接用个人名义发布诏书。领主杜马被无声无息地取消了。1711年，彼得下令成立新的最高权力机关——参政院。1722 年，又设总监察官，负责监督政府各机关的工作。另外，还成立了十二个院，分工管理某一部门的事务，如外交院、陆军院、海军院、司法院等。在地方上，彼得把全国分为八个州，后来下面又分为五十个省，设专门官吏管理军事、税收等项事务。1722 年，发布"官秩表"，把全国文武官员分为十四个等级。贵族子弟必须从低级官吏作起，然后才能获得高级官衔。非贵族出身的人，如果有特殊才能和贡献也可以作高官，当他们升到八等以上，就被列为贵族。

彼得的改革使俄国成为一个君主专制制度的国家。当时通行的《军人手册》中说："俄罗斯的统治者是独裁君主，他的行为不对世上的任何人负责"。对于代表上帝的教会，彼得也把它置于皇帝的权力之下。他废除了大主教，另设新的国家机构——神教院来管理教会事务。彼得的改革使俄国皇帝有至高无上的权力，他依靠庞大的官僚行政机构和强大的正规军，统治全国和进行对外扩张。

彼得还采取一系列措施促进俄国文化发展。彼得以前，俄国采用旧的历法，每年从 9 月 1 日开始。彼得决定从 1700 年起使用 1 月 1 日开始新年的儒略历。彼得还决定废弃教会斯拉夫体文字，采用简单易读的普通字体。这种字体一直到今天还在使用。采用新字体后，出版了很多通俗书籍，发行了第一份俄文报纸《新闻报》。1724 年彼得签署了在俄国设立科学院的命令。

彼得非常崇拜西方文化，他甚至不惜采取野蛮手段强迫贵族接受西方习俗。彼得在 1698 年从国外回来接见贵族时，当场剪掉他们的长胡子，禁止他们下跪，后来又下令禁止穿俄罗斯长袍。彼得鼓励贵族学习西欧嗜好，要他们在头上戴着撒了粉的假发，脚上穿喇叭口的长统靴，带着妻室儿女参加各种晚会，进行社交来往等等。

彼得的改革引起大封建主和高级僧侣的不满。彼得的儿子阿列克塞也反对这些变革，他参加了反彼得的阴谋集团，后来逃亡奥地利。彼得表现了很大勇气，把自己的儿子引渡回来，并把他当作叛徒交付法庭，判处死刑。

彼得的一生活动巩固了贵族国家，扩大了产国领土。但是，这些成果都是在加强对广大人民压榨和牺牲别国领土主权的基础上获得的。为了满足战争的需求，彼得在几年内，把赋税增加了 4 倍。人民不堪忍受这种压迫，不断举行起义：1705 年阿斯特拉罕爆发起义；1707—1708 的布拉文在顿河流域起事；1705—1711 年巴什基尔等少数民族起义。彼得极其残酷地镇压了这些起义。斯大林在评价彼得一世时指出："彼得大帝为了提高地主阶级和发展新兴商人阶级是做了很多事情的。彼得为了建立并巩固地主和商人的民族国家是做了很多事情的。同时也应该说，提高地主阶级、帮助新兴商人阶级和巩固这两个阶级的民族国家都是靠残酷地剥削农奴来进行的"。（斯大林：《和德国作家艾米尔·路德维希的谈话》，《斯大林全集》第 13 卷，第 93—94 页）

西欧之行

1696 年，俄军占领亚速，但没有夺得黑海出海口。彼得派了一个高级使团去西欧。其任务有二：巩固和扩大反土耳其同盟；派"志愿兵"（留学生）去西欧学习，同时招聘外国专家、学者和技术人员到俄国传授知识和技术，雇佣军官、水兵、炮手，购买各种武器以及航海器材，等等。

1697 年 3 月 2 日，弗兰茨·列福尔特、费·阿·戈洛文和普·波·沃兹尼岑率领的 250 人组成的高级使团从莫斯科出发。其中有 35 名贵族志愿兵，专门去学习航海、造船和外语。志愿兵共编为三个小队。彼得隐瞒身份、更改姓名，以下士彼得，米哈依洛夫的名义编入小队。他既是使团去西欧学习的普通成员，又是使团的实际领导人。他说自己"是个小学生"，到西欧"是去向老师学习"。

4 月初，彼得随同使团到达当时属于瑞典的里加。彼得对瑞典的军事设施发生浓厚的兴趣。他不仅参观里加要塞，用望远镜观察军事工事，记录停泊在码头上的船只，统计卫戍部队数字，观看武器装备，而且还测量里加城堡的围墙和画下工事图形。这些行动引起里加城防司令达利贝尔格的怀疑。瑞典当局要求彼得一行立即离开里加。

彼得和使团从里加乘船前往普鲁士的柯尼斯堡。他同勃兰登堡选帝侯弗里德里希三世进行了秘密会谈，并系统地学习造炮技术。普鲁士城防总工程师向他颁发了合格证书，上面写着："彼得·米哈依洛夫知识丰富，成绩优异，是个出色的炮手。"

8 月 8 日，彼得到达荷兰造船业中心萨尔丹。他参观造船厂，买了一套木工用的工具，亲手进行操作。16 日，他到阿姆斯特丹，同 10 名贵族留学生一起在东印度公司造船厂学习造船。11 月中旬，他同留学生一起建造的彼得·保罗号三桅巡洋舰下水。教彼得造船的老师保罗发给他一张毕业证书，上面写着："彼得·米哈依洛夫是一个勤奋、聪明、手艺精细的木工，学会了造船和绘图设计。"

1698 年 1 月，彼得一行从荷兰前往英国。11 日，来到伦敦。在这里，彼得集中精力学习航海知识和造船技术。他还在捷普特费尔德城的一个造船厂钻研造船理论，绘制英国舰船图样。同时，彼得参观了军需库、高等院校、格林威治天文台、造币厂、天主教堂以及伦敦监狱。他还访问了英国皇家学会，拜访了牛顿和其他专家学者。

6 月 16 日，彼得和使团到达奥地利首都维也纳。19 日，彼得同奥皇列奥波利德会晤，双方就结成反土耳其同盟进行了会谈。在会谈中，彼得要求把当时属土耳其的刻赤海峡划归俄国，以控制黑海出海口。奥皇坚决反对，谈判没有取得结果。

7 月 15 日，正当彼得和俄国使团准备启程去威尼斯，突然接到莫斯科罗莫丹诺夫斯基公爵关于射击军叛乱的奏文。彼得决定立即回国。23 日，彼得一行到达波兰小城拉瓦鲁斯卡（今属乌克兰利沃夫省），得到叛乱已被平定的消息，便停留下来，同萨克森选帝侯兼波兰国王奥古斯特二世会晤。彼得发现波兰、丹麦等国同瑞典为争夺波罗的海沿岸发生争端，便决定抓住这一有利时机，从中渔利。为此，俄波双方进行了秘密会谈，在口头上达成了共同反对瑞典的协议。从此，彼得开始改变战略方面，从原来进攻土耳其，争夺黑海出海口，改为先进攻瑞典，争夺波罗的海出海口。

8 月 19 日，彼得和使团到达俄国边境，结束了为期一年半的对西欧的访问。

欧化改革

彼得随使团出国访问，受到西欧很大影响。他一心想使俄国全面欧化，完成他对内、对外的"宏伟业绩"。

改革首先从一般风俗习惯开始。1698 年 8 月 25 日，彼得回到莫斯科。第二天，他亲自用剪刀把来向他祝贺的贵族的大胡子剪掉，不准人们留胡须。1699 年 2 月，在一次宴会上，他把贵族们的长袍剪短，不准人们穿俄罗斯旧式长袍，只准穿西装。同年 12 月，他实行历法改革，下令改变"创世日"即 9 月 1 日过年的俄国传统习惯，用公历即 1 月 1 日为一年的开始。

彼得改革的内容很多，其中具有重大意义的改革有下述几项：

军事改革是彼得一世改革的重点内容。他几乎用去毕生的精力建立俄国的正规陆军和创建海军。改革前，他曾做了两件事，为建立正规陆军奠定了基础：其一是，1691 年彼得组建了普列奥布拉任斯基和谢苗诺夫斯基两个"少年游戏兵团"。后来在军事改革中，这两个兵团成了他的正规陆军的核心。其二是，1698 年，他解散射击军，把原有 2 万人的射击军和 9 万人的新制团队改编成正规军。为了扩大兵源，他取消雇佣制和贵族军队，从 1699 年开始实行征兵制。征兵对象主要是农民，贵族和僧侣免服兵役。根据规定，每 25 户征召士兵 1 人，每次征召 3—4 万人。彼得在位期间，共征兵 53 次，应征入伍人数达 284，187 人。到 1709 年，军队改编工作基本完成。

彼得所建立的正规陆军由步、骑、炮、工四个兵种组成，以步兵为主。四个兵种从编制到武器，从大炮口径到军服式样都作了统一规定。步兵继续使用滑膛火枪，新增加了三刃刺刀和榴弹。骑兵除冷兵器外，配备了短火枪、手枪和大军刀。每个骑兵团配备 2 门榴弹炮和 4 门臼炮。炮兵配备了重型大炮和 4 门轻臼炮。彼得政府下令在国家中部地区建立造炮场，在图拉和谢斯特罗列茨克建立两个大型兵工厂；每三个教堂取下一口铜钟，铸造大炮。通过这些措施，俄国军队使用了本国制造的武器。在 1700—1725 年期间，彼得政府建立的兵工厂共制造 25 万多支火枪，5 万支手枪，3，500 多门大炮。1706—1708 年间，每年生产 3—4 万普特的火药。

彼得多方采取措施培养俄国贵族军官，逐步代替外国军官。1701—1719 年，彼得政府先后开办了炮兵学校、军事工程学校、军医学校。1718 年，彼得政府设立陆军院，加强中央政府对军队的统一指挥。为了让军官真正具有指挥作战的能力，彼得规定，贵族青年到军队服役必须首先从当士兵开始，然后逐级升为军官，从而打破了贵族一入伍就当军官的旧制度。彼得政府设立了军衔制度，军官分成 14 级，根据军功作用军官。

为使军队逐步俄罗斯化，1711 年彼得政府规定，外国人在俄国军队中任职不得超过俄国军官的 1/3。1720 年，陆军院发布命令，禁止外国人再到俄国军队中任职。1721 年。俄国政府规定，炮兵军官必须从俄国军人中挑选。

1716 年，彼得制定《陆军条例》，规定了军队组成、军官义务、军规军纪和军事刑法等。条例要求全体官兵大胆勇敢，意志坚强，能经受得住战争的严峻考验，懂军事艺术，既能进攻，也能防御，能熟练地使用武器等等。彼得十分重视激发士兵的斗志。在 1709 年波尔塔瓦大战前夕，彼得鼓动士兵说："你们不是为彼得而战，而是为俄罗斯祖国而战"。这样，到彼得执政末年的 1725 年，一共组建了 130 个团的俄国正规陆军，人数达 20 万人。

彼得认为，"仅仅拥有陆军的君主是只有一只手的人，既有陆军又有海军才能成为双手俱全的人"。他从 1695 年第一次亚速战争失败以后，就着手建立亚速舰队，自己参加造船。他下令，教会领地上每 8 千农户集资建一艘军舰，世俗贵族领地上每 1 万农户集资建一艘军舰。到 1696 年春，俄国建成了各装有 36 门大炮的"圣徒彼得"号和"圣徒巴维尔"号舰船、4 艘放火船、23 艘帆桨大船、30 只小船、1,300 只平底木船。到 1698 年，俄国建造了 52 艘军舰。

北方战争（1700—1721 年）爆发后，彼得创建波罗的海舰队。1701 年，他命令在瓦尔霍夫河和卢卡河建造 600 只平底小船；1702 年，在霞西河造了 6 艘三桅巡洋舰。在 1702—1715 年期间，俄国共建造 25 艘战列舰，19 艘三桅巡洋舰和 298 艘其他船只。1711 年，枢密院会议通过决议，计划建造装载 60 门或 50 门大炮的舰船各 10 艘，装载 26 门大炮的三桅巡洋舰 6 艘，载有 12 或 14 门大炮的双桅侦察舰 6 艘。到 1724 年，波罗的海舰队实际拥有装载 50—96 门大炮的战列舰 32 艘、双桅侦察舰 8 艘、三桅巡洋舰 16 艘、帆桨大船 85 艘、小船 300 多只。彼得政府为培养俄国海军方面的专门人才，于 1701 年在莫斯科设立第一所航海学校。1715 年，这所航海学校迁移到彼得堡，改为彼得堡海军学院。1718 年，彼得政府设立海军院。

对外战争要求彼得进行军事改革，同时也要求发展生产、繁荣经济。彼得实行重商主义政策，鼓励发展工商业。1701 年俄军在纳尔瓦战役失败后，彼得立即在乌拉尔开办了 11 个炼铁场和炼铜场。他先后开办了呢绒、丝织、制毛、制帆、皮革、造纸以及缆绳和玻璃等手工工场。到 1725 年，彼得政府所建造的各种类型的手工工场大约有 240 家。

为给手工工场提供劳动力，1703 年，彼得下令把国有农奴编入手工工场。1721 年 1 月 18 日决定，允许工场场主在不单独转卖的条件下，购买整村农奴。他贷给工场主数以万计的卢布，以解决资金问题。在彼得的扶植下，俄国工业品、军需品以及日用品的生产取得一些进展。俄国一向极度缺乏生铁，1700 年全国总共只生产了 15 万普特，到 1725 年生铁总产量增加到 81 万 5 千普特。1726 年出口生铁 5 万 5 千普特以上。

彼得为筹集军费和资金，进行了财政改革。从 17 世纪末到 1718 年，彼得靠增加间接税和直接税来扩大军费和资金来源。他巧立名目，强行征收养蜂税、烟囱税、磨刀磨斧税、蓄须税以及灰眼珠和黑眼珠税。但是，这些税收仍不能满足彼得政府的需要。所以，1718 年 11 月 26 日，彼得政府开始进行人口调查，改征人头税，代替过去按户纳税的办法。据 1723 年调查结果，全国共有 1,400 万人口，其中有 540 万纳税男性居民。根据规定，贵族、僧侣不纳税，地主农民每年每人交纳人头税 74 戈比，国家农奴交 1 卢布 14 戈比，郊区居民每人交 1 卢布 20 戈比。征收人头税后，国家预算中直接税总额占总收入的 55.5%，从 1680 年的 493900 卢布增加到 1724 年的 4731100 卢布。1724 年，俄国全部税收总数为 850 万卢布，其中人头税就占 460 万卢布。人头税使国家税收几乎增加了 3 倍。

彼得政府实行保护关税政策，1724 年，颁布了关税法，目的是奖励输出，限制输入，限制西欧工商业同俄国竞争。关税法规定，如果国内某种商品的生产超过了该种商品的输入额，则对这种输入品按其输入价格的75％课税；如果国内某种商品的生产达到了输入额的25％，则以过种商品按25％课进口税。在输出方面，奖励输出制成品，限制输出原材料。以山羊皮为例，输出没有经过加工的山羊皮，征收75％的税；如果输出经过加工的成品，只征收6％的税。通过保护关税政策，保障了俄国工业的顺利发展，限制了西欧工业品与本国产品的竞争。

在文化教育方面，彼得政府开办了矿业学校、算术学校和外语学校。1702年底至1703年初，彼得政府创办了俄国的第一份报纸《新闻报》。1710年，简化了俄文字母，采用活字印刷术。1714—1719年，建立俄国第一座博物馆。1724年，枢密院决定筹建科学院。

彼得很重视对政权机构的改革。原国家最高政权机构贵族杜马对彼得实行改革政策非常不满。彼得对贵族杜马也极不信任。他在处理国内外重大问题时，经常不通过杜马，而由他一人决定。由于彼得对杜马采取这种态度，杜马成员人数逐渐减少。1699—1701年期间，贵族杜马成员从112人减少到86人，实际参加会议的人数只有30—40人。到1708年，只剩下8人。贵族杜马名存实亡。

1699年，彼得指定8个亲信组成办公厅，代行贵族杜马职务。1711年3月2日，彼得下令建立枢密院，代替贵族杜马。他亲自任命9个枢密官，全面管理国家经济、军事、行政、司法等各项事务。3月5日，彼得命令枢密院设立督察官，秘密监督各部门的工作。为了提高国家机构的办事效率，1718—1720年决定枢密院设立12个院，代替过去职能混乱的80多个衙门，其中以陆军、海军、外交三个院为主。1722年，彼得又设置被称之为"帝王的眼睛"的总督察长的职务，监督、检查枢密院的工作。

彼得还进行了两次地方行政机构的改革，以巩固地方政权。1708年，他把全国划分为8个省，每省设总督1人。总督不仅拥有行政上的权力，而且拥有军权。总督由沙皇任命，直接听命于中央。各省成立了贵族参议会，监督各省总督。1719年进行的第二次地方行政改革，把全国划分为面积大致相等的50个州，每州又划分成较小的区。各州直属枢密院，州长直接同枢密院联系。俄国第一次建立了比较统一的地方行政机构系统，加强了中央集权。

彼得在进行中央和地方行政机构改革过程中，还进行了市政、贵族土地继承权和用人方面三项较为重要的改革。

1699年，彼得决定在莫斯科建立商人自治机构市镇局。这个机构协助彼得政府征收税款，同时保证商人在经营中不亏本、不滞销。后来在地方行政改革中，市镇局征收税款的职能由省地方机构所代替。1720年，彼得政府在彼得堡成立市议会，在市议会上讨论市政问题，选举市长。这个机构代表大商人、大企业主的利益，规定商人有自定捐税、建立同业公会等一系列特权。

1714年3月23日，彼得政府颁布"一子继承法"，规定贵族只能把土地和其他不动产传给一个儿子，防止土地分散，进一步巩固了大地主、大贵族的土地所有制。同时，俄国形成了一批没有土地的贵族，他们或到国家机关中去任职，或到军队里服役。这项措施既保护了贵族的经济利益，又保证了贵族的政治地位。

1722 年彼得政府颁布的《官职等级表》把文武官职分成 14 级。在选拔各级官吏时，打破贵族世袭制度，不凭出身门第，而是量才使用，论功取士。当非贵族出身的人升到 8 级时，就可以获得贵族称号。这项措施有利于提高彼得政府机构的办事效率，加强军队的战斗力。

彼得为了加强自己的专制统治，还进行了宗教改革，限制教会占有土地和农奴的数目，第一次使教会服从世俗政权。1701 年，他恢复了教会衙门，由世俗官吏、前阿斯特拉罕总督伊·阿·穆欣—普希金任教会衙门的主管。同年，他把教会大部分收入收归国库。1721 年，他宣布取消大教长职务，成立东正教事务总管理局，规定教会为国家机构的一部分，东正教事务总管理局局长在世俗官吏中任命。从此，在俄国结束了教会与世俗政权分庭抗礼的局面，巩固了沙皇专制统治。

关于彼得一世改革，斯大林曾经指出，彼得大帝接触了西方较发达的国家以后，就狂热地建立工厂来供应军队和加强国防，这也就是想跳出落后圈子的一种独特尝试。彼得一世进行这种"独特尝试"的目的是要改变俄国极端落后的状况，以保证对外战争的胜利，确立君主专制的中央集权统治。

同反改革派的斗争

彼得一世改革触犯了世袭贵族和教会的切身利益，引起了旧贵族和反动僧侣的不满。改革自始至终是在同反改革派的激烈斗争中进行的。处理皇太子阿列克塞案件使这场斗争在到高潮。

阿列克塞生于 1690 年，是彼得一世和他的第一个妻子叶夫多基亚·洛普辛娜的儿子。他从小不和彼得生活在一起，彼得不喜欢他的生母，父子之间一直很不融洽。反对改革的旧贵族和神甫们紧紧聚集在阿列克塞周围，形成一个"太子帮"，经常向皇太子灌输仇视改革的情绪。他们企图利用阿列克塞反对彼得改革。

阿列克塞充当了反改革派的总代表，表示一旦他当了沙皇，就解散军队、毁掉海军，恢复祖先施行的旧秩序。彼得一世多次争取皇太子支持改革事业。他置若罔闻，不听劝阻。彼得向阿列克塞严厉指出，如果不愿继承自己的改革事业，就要他出家，去当牧师。阿列克塞在密友基金的策划下，行韬晦之计，表示不继承皇位，愿当牧师。

1716 年，阿列克塞逃到维也纳，请求奥皇查理六世援助，夺取帝位。查理六世把他窝藏在那不勒斯高山上的圣·哀里莫城堡里。1717 年，彼得派心腹、富有经验的外交家鲁勉采夫和彼得·托尔斯泰到奥国交涉，要求奥皇交出阿列克塞。9 月，他们见到了皇太子，面交了彼得命令他回国的

彼得一世

亲笔信。彼得在信中说："如果不回国，就以叛徒论处"。1718 年 1 月，阿列克塞回到莫斯科。

在莫斯科期间，彼得亲自审问了阿列克塞。3 月，阿列克塞和他的同谋者被押

关到彼得堡，继续受审。6 月 24 日，彼得政府组成 127 人的最高法庭，宣判皇太子犯了借助外国军队，企图阴谋暴动，颠覆国家政权，篡夺皇位罪，处以死刑。6 月 26 日，阿列克塞死于彼得·保罗要塞狱中。其他同谋者，有的被判处死刑，有的被流放和监禁，反改革的太子帮遭到了失败，彼得政权得到巩固，改革得以继续进行。

1722 年 2 月，彼得为避免阿列克塞事件重演，宣布"取消长子继承权"，规定今后由沙皇自己选选满意的继承人。

对彼得一世学习西方，实行改革，从来就有两种截然不同的评价。维护专制政体的俄国贵族历史学家尼·米·卡拉姆辛说："彼得一世实行欧化政策，进行改革，是"丢掉了民族精神"。斯拉夫派代表伊·基列耶夫斯基谴责彼得走西方的路"是错误的和危险的"。西方主义者

彼得一世进军维堡

代表波·卡达耶夫同斯拉夫派的观点完全相反，认为彼得学习西方、实行改革是完全必要的。他说："在彼得以前，俄国是野蛮的、愚昧的，或者说，纯粹是一张白纸，只有彼得才在这张白纸上画上了图画"。革命民主主义者别林斯基、赫尔岑、杜勃罗留勃夫、车尔尼雪夫斯基等把彼得改革看成是革命，认为彼得是最伟大的爱国主义者。

彼得改革是在极端落后的农奴制条件下进行的。他开办手工工场使用的劳力、资金，建设军队征召的士兵、使用的军费，以及开凿运河和兴建彼得堡等，都是农奴承担的。所以，他不会也不能废除农奴制度。1721 年，他发布命令说，对农奴可以"一家一户为单位来出卖"。在彼得改革后，俄国既没有建立起资本主义的大工业，也没有建立起像西欧那样的资本主义国家。俄国仍然是一个落后于西欧的封建农奴制国家。

但是，彼得一世改革对俄国的发展具有进步作用，它在一定程度上改变了俄国的落后面貌。马克思曾指出：彼得大帝用野蛮制服了俄国的野蛮。彼得所实行的重商主义政策，保护了俄国民族工商业的发展，促进了俄国资产阶级的诞生和成长。彼得改革是俄国的代化的开端。他在各方面取得的成就，在他的先辈米哈依洛维奇时期，在费多尔和索菲亚时期，都是不曾有过的。列宁曾明确指出："判断历史的功绩，不是根据历史活动家没有提供现代所要求的东西，而是根据他们比他们的前辈提供了新的东西"。正是从这个意义上，彼得一世改革具有进步性。

割胡剪袖

从波兰返回俄国的路上，彼得的脑子里反复琢磨着两件大事：一是如何彻底解决"祸乱"朝政，在他执政的道路上不断设置障碍的射击军；二是怎样缩短俄国同

欧洲强国之间的差距。前一件事好办，后一件事最难。

回想在欧洲各国的所见所闻，彼得明白了一个深刻的道理：国家的兴盛，既要靠强大的军队，更要靠聪明智慧、具有新思想的臣民。欧洲一些国家之所以先进，主要原因是人民具有新思想、新观念，敢于冲破旧框框的束缚，连穿着打扮、仪表举止也比俄罗斯人文明。当他一踏上俄国土地，这一感受就越发强烈。沿途庄稼荒芜，房舍低矮破旧，街道肮脏零乱，农夫们面黄肌瘦，衣不遮体。俄罗斯人正处于浑浑噩噩的状态中。必须改变这种状态。

1698 年 8 月 25 日晚，彼得悄然回到莫斯科。他一反常规，既不让宫廷举行盛会欢迎，也不去见妻子叶芙朵基雅·洛普欣娜，而是绕过克里姆林宫，去看望老朋友戈登，又到情妇安娜·蒙斯那里呆了一会儿，而后下榻普列奥布拉任斯基村宅邸。

第二天清晨，文武大臣、领主、贵族纷纷前来普列奥布拉任斯基村觐见皇上。彼得对他们表示异乎寻常的热情。大臣们要向他行跪拜礼，他连连摆手，笑着说，从今日起，凡见朕者，一律免行旧式朝见的跪拜仪式。"为答谢诸位先生和将军们祝贺朕出访归来。我要送给你们一件特殊的礼物。"说着，他走近统帅军队平息了射击军叛乱的谢英面前，捋起他的大胡子，抄起剪刀，"咔嚓"几下，就把他的胡子剪掉了。在场的人还没回过味来，他又转到"公爵皇帝"罗莫丹诺夫斯基跟前，揪起他的胡子就是几剪刀。这一出乎意料的举动，吓得在场的人目瞪口呆。有人本能地捂住下巴，有人不由自主地向后移动。彼得一见，把剪刀扔在地下，吼叫道，"请你们自己动手吧！一个也别想溜掉！"领主和贵族只好乖乖地拾起剪刀，剪掉了自己的胡子。

5 天以后，沙皇又对另一些官员的胡子动了一次"手术"。这是在谢英大元帅家举行的宴会上。这一次不是他亲自动手，而是由侍从、小丑代劳。为庆贺割胡的成功，彼得还下令鸣礼炮 25 响。

割胡子，本来是一件微不足道的事情，但在当时的俄国，却是破天荒的大胆举动，是彼得决心在俄国破除陈规陋习，转变人们观念的开端。在他看来，胡须是宗教、迷信、偏见和旧势力的象征。他要带领俄国臣民朝着欧洲的文明方向迈进，就必须先拿胡须开刀。

俄罗斯人历来把胡子看作是上帝赐给男人"最珍贵的装饰品"，是他们区别于外国人的一种"特殊标志"。谁胡子长，谁的品德就高尚；谁的胡须最密，谁就最威严。有些人还把胡子当作升官发财的资本。莫斯科大主教阿德里安甚至把没留胡须的人比作"公猫、公狗或猴子"。俄罗斯人一进入成年就开始蓄胡须，直至"带着胡子去见上帝"。现在，突然间要割掉胡子，岂不是要他们的命。

割胡子之风乍起，教会旋即宣布："割胡须的做法是一种亵渎神灵的罪孽，迟早要受到上苍的报应。"上流社会的贵妇们也因被剪了胡子的丈夫而

彼得大帝剪须运动中的一个场面

跪在圣像前，祈求上帝保佑全家平安。平民百姓在万般无奈、必须割掉胡子的情况下，"也要把割下的大把胡须小心保存起来，以便在他们死后让人放在棺材里，作为去出席最后审判时的证据"。

推行像"割胡"这类微小的革新，竟然遇到了如此大的阻力，足见俄罗斯人陋习之深，思想之守旧。彼得越想越恼火。必须采取强硬措施，否则，此后的一切革新，都将无法实行。于是，他把罗莫丹诺夫斯基、谢英、戈洛文、戈洛夫金、戈里津、戈登、缅什科夫、列福尔特等众亲信召集在一起，严肃地对他们说，如果你们不想俄国落后，就必须遵照我的命令行事。"这是政府的一项新政策，懂吗？"你们知道外国人是怎样看待俄罗斯的？人家早已把俄国说成是"毫无生气的老人国"，随后，他颁布了一项法令，宣布："割胡子是全国臣民对国家应尽的义务。"

但是，仍有许多人进行顽强抵制。特别是偏远地区的农民，他们宁愿用布把下巴围起来，也不愿剪去比性命还宝贵的胡须。为此，彼得命人起草了一份诏书，其中规定：凡不服从沙皇旨意而想留胡子者，将视其社会地位缴纳一定税金。富商每年交蓄胡税 100 卢布；领主、贵族和高级官吏每年交 60 卢布；听差和车夫 30 卢布，农民进城时每次交半个卢布。沙皇当局还特制了一块小铜牌，挂在留胡子人的脖子上，作为已缴纳此税的凭证。如果有人付不起税款，则送去服劳役，以其劳动所得予以补交。许多人因为怕花钱，每到一个地方还要接受严格的检查，实在麻烦。所以，除了神职人员以外，留胡子的人就越来越少了。

割了胡须，俄罗斯人显得精神多了。但是，他们身着古代拜占庭式的长袍，外面罩着一件带长袖的坎肩，与没有胡子的面容相衬，既不美观也不协调。而且，走起路来呼呼作响，干起活来拖拖拉拉，实在碍手碍脚。彼得对此深恶痛绝，早就想动手了，只是没有找到合适的机会。

一天，彼得出席列福尔特举行的家宴。正在客人们举杯畅饮的兴头上，他悄悄离座，趁客人不备，撩起他们的袖子就剪了起来，一边剪，嘴里还一边嘟囔着："长袖子太碍事，到处惹祸，不是碰碎玻璃杯，就是蹭人一身汤。剪下来这一段，拿回家做一双长筒袜吧！"在场的人被弄得莫名其妙，半天也不明白皇上为什么要剪他们的袖子？这一次彼得倒是没有发火。他耐心地说，在国外访问时，俄国使团的装束到处引起了"看热闹人的冷嘲热讽"。"如果我们要大踏步地前进"，就"应该穿上不妨碍身体活动的服装。"

1700 年 1 月 4 日，彼得为此发布了一道敕令："特权贵族、朝廷命官、莫斯科及其他城市的官吏必须身着匈牙利服装，外面袍子的长度要到腿上的松紧袜带，里面的衬衣也要保持同样的长度，只略短一些即可。"同年 4 月 20 日的一道敕令又进一步规定："为了国家以及军事机关的荣誉，凡男子，除神职人员、马车夫和种地的农民外，一律要穿匈牙利和德国式服装。"1701 年的敕令又对过去的规定作了补充："男子要穿短上衣、长腿裤、长靴、皮鞋和戴法国式礼帽，穿法国式或萨克森式上衣。女人要穿裙子、欧式皮鞋、戴高装帽。"为使这些规定得以执行，政府有关部门还在全国一些城镇举办了新式服装和鞋帽展示。同时，制订了相应的处罚条例。沙皇本人也亲自动手，把过长的衣袖剪短，并亲手制作一双皮靴。

没过多久，所有的特权贵族和朝廷命官，在正式场合都遵照沙皇敕令，穿上新式服装。尽管有些上了年纪的达官贵人常常诉苦说，穿这种新式服装"不适合俄国寒冷的气候"，但他们也不过是在背地里发发牢骚而已，谁也不敢当面提出异议。

绞杀叛军

"割胡剪袖"不过是彼得出访归来后首先着手做的一桩"小事"。他做的第二件事不仅意义重大，而且事隔很久，只要提起它还令人毛骨悚然，这就是绞杀曾多次"危害"他的射击军。

照彼得的说法，射击军不仅是因为缺乏训练，没有战斗力，在整体素质上表现出野蛮和落后，而且因为他们"不是军人，是一群盗贼、流氓、无赖和祸根"。早在他登基的那天起，射击军就不断制造事端：是他们支持索菲娅在克里姆林宫门前残杀了纳雷什金家族 40 多人，并将他降为第二沙皇，以至赶到普列奥布拉任斯基村"过体面的悠闲生活"；当他亲政时，是射击军支持索菲娅发动宫廷政变，企图加害于他；又是射击军在他出访前夕预谋刺杀他，试图阻止俄国人向国外学习富国强兵经验；还是他们在他出访期间，在首都及外地发动军事叛乱，迫使他提前结束在国外的访问，匆匆赶回国内。彼得一想起这些，就对射击军恨得咬牙切齿。至于射击军为何总要与他作对，彼得根本不愿意去想。他认为，作为军队，服从命令，听从调遣，效忠皇上，是天经地义的。

然而"冰冻三尺，非一日之寒"。最初，射击军为了便于从事工商业，只担负守卫京城的任务，不必上前线打仗，也不用远离妻儿去镇守边疆。这是历代沙皇所赐予他们的特权。但是彼得执政以后，为实现其宏图大业，取消了射击军的这些特权，要求他们离开莫斯科，和作战部队一样完成军事任务。1695 年初，彼得下令从莫斯科抽调一部分射击军，参加远征亚速的战斗。1696 年秋，俄军攻占亚速后，彼得的嫡系部队返回了原驻地，却将 4 个射击军团队留下保卫亚速要塞，不让他们返回莫斯科。不久，又将他们调往俄国西部边境的大卢卡地区戍边。此后，其余留守莫斯科的射击军也被调到了亚速和俄国西南地区，镇守边疆。这样一来，射击军士兵不仅本人长期过着艰苦的兵营生活，承担着繁重的军务，而且留在莫斯科的妻儿老小，因为失去了经济来源，也"过着饥寒交迫的日子"。他们无时不在向往着索菲娅时代所享有的特权，急切盼望着回莫斯科重操旧业，以供养处于贫困交加中的妻儿。但是，所有这一切都落空了，由此引起了他们对彼得政府的怨恨。

1698 年 3 月，从亚速开赴立陶宛边界的 4 个射击军团队的 175 名官兵，擅自离队，上莫斯科请愿示威，向政府诉说他们勤务太重，又领不到军饷。政府为平息射击军的怒气，答应补发薪饷，并勒令他们立即返回边防驻地。此事表面上业已结束。4 月 8 日，掌管朝政的罗莫丹诺夫斯基将射击军闹事的情况禀告正在维也纳的彼得。彼得获悉后，当即回信罗莫丹诺夫斯基："不要胆怯得像个娘儿们……不必对射击军讲究慈悲！对于这场大火（指射击军——引者）除了扑灭，别无他途"。他表示，将立即结束在国外的学习和外交事务，迅速赶回国内，"采取您所想象不到的措施，来惩罚射击军！"

在罗莫丹诺夫斯基给彼得写信的同一时刻，赴京请愿的头目图·普罗斯库里科夫等人并没有随多数射击军立即返回防地，而是留在莫斯科，暗地里通过彼得的另一个同父异母姐姐玛尔法·阿列克谢耶芙娜上书索菲娅，陈述射击军的痛苦遭遇，希望得到索菲娅的同情和支持。索菲娅也想依靠射击军，结束在诺沃杰奇修道院的幽禁，东山再起，重掌朝政。她回信射击军代表，要他们返回莫斯科，乘彼得在国外之际，夺取政权。在索菲娅的鼓动下，射击军代表一回到大卢卡，就开始了军事叛乱的准备。士兵们撤掉了那些意志不坚定的军官，推举一些可靠的人担任指挥官。6月6日，2000余名驻俄国西部边境的射击军，全副武装向莫斯科进发，企图恢复旧秩序，维持他们原有的特权，"请索菲娅公主重新执政"，并计划在彼得回国的路上，将他干掉。射击军的行动得到了一部分旧贵族和教会僧侣的支持。当他们到达新耶路撒冷（距莫斯科约50俄里的伊斯特拉城）时，被谢英和戈登率领的普列奥布拉任斯基军团和谢苗诺夫斯基军团击败。参与叛乱的136名主犯被判处绞刑，140名骨干分子被施以鞭型，2000名胁从者被放逐到全国各城市。这次审讯是在彼得未归国前，由谢英主持的。

彼得回国后，深入地调查了射击军的叛乱情况，仔细研究了有关镇压和审讯射击军犯人的材料。他了解的材料愈多，其不满情绪就愈强，对射击军的仇恨也就愈深。他认为，对"这帮恶棍们"的惩办过于仁慈，而且审讯人员在没有查清闹事者的真实目的，以及与本案有密切关系的"幕后势力"，即"米洛斯拉夫斯基播下的种子"以后，就仓促处决了首要分子。"这些人死了，就把朕最关心的秘密带走了。"彼得决定重审此案。他对戈登说，"我来审问他们，要比你们严厉得多。"

彼得首先成立了一个由特权贵族组成的审讯委员会，接着下令，将参与叛乱的1741名射击军官兵全部押解到莫斯科，分别关进莫斯科各监狱，而后，在普列奥布拉任斯基村准备了14间刑室，再分批将犯人押来进行"最严厉的审讯"。

对犯人的量刑，在审讯前就定下了："他们犯上作乱，不听调度，仅此一条罪行就足以处他们死刑。"沙皇之所以重新对他们审讯，除了要查清所谓幕后的皇室成员、部分旧贵族和宗教界僧侣以外，还有一个重要原因，那就是，"铲除一切阻碍他前进的黑暗势力"，并以此向世人表明，他的权威和意志是绝对不可侵犯的。

审讯从1698年9月17日开始，除礼拜天和节日以外，无一天停顿。刑室里放着一盆炭火，只要犯人不肯回答问题，或者在事实面前拒不认罪，便将他们的手腕吊起来，用九尾鞭抽打，直至皮开肉绽。受刑者昏厥过去，医生设法使他们苏醒。如果他们仍不开口，即施以吊刑，用火红的木炭插进裂开的肌肉，或用烧红的钳子折断肋骨。犯人身上流出的脓血和烧焦的烂肉散发出的怪味，以及犯人发出的嚎叫和呻吟声，搅和一起，弥漫着刑室，"以至溢于牢墙之外，甚至连刽子手也感到厌倦和憋得喘不过气来"。惟有彼得毫不厌倦。他时常坐镇审讯现场，亲自提审，有时从刽子手中夺过皮鞭，使劲抽打已奄奄一息的受刑者。阿德里安大主教手捧圣母像，乞求皇上对迷途的射击军发出怜悯之心，而彼得却冲着他大声吼叫道：

"滚！把圣像放回原处。告诉你，我和你一样崇敬上帝和圣母。但是，你要明白，我的责任是保护人民，惩罚那些阴谋毁坏我的国家的罪犯！"

在严刑逼供之下，绝大多数犯人供出了索菲娅和玛尔法两位公主参与了射击军的叛乱活动。彼得命人押着叛乱者头目马斯洛夫和伊格纳杰夫，带上他们的口供记录，来到囚禁索菲娅的修道院，亲自主持对两位公主的审讯，只是没有对她俩用刑。索菲娅在修道院已幽禁9年，但是当局对她的监管并不严。她仍然有机会与外界来往，可以使唤女仆，接受亲友们的馈赠，彼得对此不闻不问。

彼得和索菲娅都是性格倔强、意志坚定的人。在审讯过程中，俩人唇枪舌剑，相互指责。彼得问："难道侦察机关发现你让修道院女乞丐转给射击军的信有假吗？现有两个证人在场，还想抵赖？"索菲娅毫不退让地说："不！你所说的证人马斯洛夫和伊格纳杰夫，我从不认识，也不知道什么女乞丐！至于说射击军让我回莫斯科主持政府，那是因为他们记得我从1682年起曾当过摄政。"彼得命人把玛尔法·阿列克谢耶芙娜公主带上来对质。她被指控与索菲娅过从甚密，是其姐姐和射击军之间的"牵线人"，索菲娅的信就是由她转交射击军的。玛尔法也毫不示弱，只承认曾将射击军在莫斯科等地闹事的消息透露给了姐姐，却矢口否认转信的指挥。彼得对两位公主的审讯一无所获，便把满腔的仇恨发泄到射击军身上。

是年9月30日开始处决犯人。第一批300名罪犯分别被绑在百十辆马车上，他们每人被强迫手举一根点燃的蜡烛，站在囚车上缓缓向刑场驶去。彼得和政府要员，还有被特邀来观看行刑的外国使节，早已等候在刑场。囚车行至彼得面前停下。彼得命令书记员宣读由他签发的判决书："这些强盗、匪徒、侮辱十字架的叛逆者，皆处到死刑。"之后，201名罪犯被当场吊死；余下的年龄在15至20岁的100名犯人，面颊上被打上烙印，发配到西伯利亚服苦役。10月11日，第二批700多名射击军士兵被绑赴刑场，有的被绞死，有的被施以五马分尸。当一些观看行刑的人低头不忍目睹此惨状时，彼得很不满意，指责这些人是"怯懦者"。根据他的命令，被处死者要暴尸5个月才可埋葬，从1688年9月至1689年2月，整个莫斯科笼罩在一片阴森森的大屠杀气氛中。据有关资料统计，这次有799名射击军被处决。

处决结束后，16个团的射击军被解散。其人员被遣送到远离莫斯科的地方，永远不能在军中服役，不经地方当局批准，不得自由迁移。被处死者的遗属也被赶出了京城。从绞杀射击军所使用的手段看，彼得是个极端残忍、野蛮的君主。但是，从为维护封建皇权，推动俄罗斯的文明进步着眼，彼得采取的措施，又具有历史进步意义。况且，纵观世界各国历朝历代的封建君主，在对付其政敌时，又何尝不是如此呢？

为惩罚索菲娅参与射击军叛乱的罪行，彼得命人将3个射击军的尸体，吊在紧靠着索菲娅窗前的树上，遇有大风，"三具尸体节奏均匀地荡漾着"；"每具尸体的手中被塞上一张纸条，暗示女修士：这就是她写给射击军的信"。而后，彼得又强迫过菲娅改名为苏珊娜嬷嬷，送往新圣母修道院"严加看管"。受牵连的玛尔法·阿列克谢耶芙娜公主，也被迫改名为马格丽特嬷嬷，被送进圣母升天修道院当修女。

差不多在同一时刻，还有一位显赫的女人，乘两辆普通马车，无人护送，从克里姆林宫门内驶往苏兹达尔修道院。她将在那里换上修女法衣，改名叶莲娜嬷嬷，终身修道。她，就是彼得的结发妻子，当朝皇太子阿列克塞的母后——叶芙朵基雅

·列普欣娜。此事传出，满朝上下，议论纷纷：皇后一向循规蹈矩，谨遵妇道，全心爱着沙皇，抚育太子；自射击军案发后，也丝毫未涉及她的名字。今日，她遭受如此悲惨命运，究竟身犯何罪？

废立皇后

其实，彼得对叶芙朵基雅·洛普欣娜一直没有感情。当初，他之所以同意这门亲事，一是出于对母后纳塔利娅的孝敬；二是为了同索菲娅争夺皇位。虽然他与皇后已生活了近10年，且生下了太子，但也是同床异梦，并没有因此增加他对皇后的情感，相反，却对她愈来愈厌恶。

人们还记得，沙皇和皇后在"蜜月"之后不过两个月，就带着小伙伴们逃到佩列雅斯拉夫沃湖驾船航海去了。1689年4月20日，他在那里给母后写了一封满怀深情的信，可是却只字不提独守空房的妻子。受到冷落的叶芙朵基雅曾写了几封温情脉脉的信，"我的心上人啊，愿你长寿。恳求你，皇上，驾临我这里，切勿迟延……你的愚妻叩首"。但是，这位年轻的丈夫没有给她只言片语的回音。同年六七月，他曾回到皇后身边，但时间很短。他当时考虑更多的是政治，是怎样对付索菲娅。翌年2月，皇太子降生，彼得把太子视为天赐的恩典。高兴之余，他跑进后宫，拼命抓住年轻产妇的手腕，大口大口地喝起伏特加酒，并传旨鸣放礼炮，以表达对皇后的感激之情。可是不过几天，他就不顾母后和皇后的一再挽留，跑到日耳曼村去了。

在日耳曼村，有来自德国、苏格兰、荷兰和意大利等国的众多贵妇。她们眉清目秀、体态丰满、举止大方，比起俄罗斯女性真有天渊之别。在这里，彼得看中了一个最具诱惑力的摩登女郎，名叫安娜·蒙斯。她是从德国威斯特伐利亚移居俄国的侨民之女，其父约翰·蒙斯在日耳曼村开设一家小旅店。她和妹妹在店里接待地往客人，时间一久，便和常来此处作乐的列福尔特混熟了。后来，经列福尔特穿针引线，又攀上了沙皇。安娜·蒙斯没有受过任何教育，庸俗风骚、禀性自私，但是她性格开朗、情感奔放、不拘礼节、楚楚动人，善于揣摩彼得的心思，和叶芙朵基雅似乎是两个不同时代的人。叶芙朵基雅虽然出身贵族，容貌出众，性格温顺，但是"智力平平"。她笃信宗教，极端迷信，既不懂也不理解作为一个胸怀大志而又放荡不羁的年轻沙皇的最高追求和最终目标是什么。每当彼得远离京都，外出巡视，举行"军事演习"，或驾船航海时，她总要派侍者送去"情意绵绵的信函"，恳求皇上"回到她的身边"。信中尽是"我的幸福"、"我的心肝"、"我的明灯"等一套俗语，惟独不写"祝陛下事业成功"之类使皇上欣慰的话。1692年，彼得去阿尔汉格尔斯克忙于"心爱的航海事业"，她竟附和母后以年仅3岁的儿子阿列克塞的名义，"催促皇上速速回京"。这怎能不使彼得感到失望？

彼得也曾规劝过叶芙朵基雅，"你应当去看看历史书，学学荷兰文和德文"，试图使她变成一位理想的皇后，但是她没有这个雅兴，也不想在此方面费心劳神。她固守的是祖宗传下来的为妇之道；信仰的是东正教的正统教义；渴求的是和皇上厮守终身，安享荣华；她的神圣职责是生儿育女，为罗曼诺夫王朝传宗接代。她自信这一切没有错，皇上没有理由抛弃她。然而事与愿违，她不仅没有赢得皇上的心，反而使皇上对她越来越疏远。她在 1694 年写给彼得的几封信里，再也掩饰不住对皇上的抱怨和指责，尽情抒发"一个不幸女人"遭遗弃后心中的无限悲伤和孤独。殊不知，作为一位至尊无上的沙皇，像叶芙朵基雅这样目光短浅、境界狭隘的女人，彼得随处可得；而作为一个"合格"的皇后，一个思想开化、支持其宏图伟业的得力助手和知心伴侣，彼得又无时不在寻觅。

1694 年，母后纳塔利娅不幸撒手归天。如果说在此以前，彼得为了不伤母后的心，还不想提出"废黜皇后"的话，那么，在此之后他就毫无顾忌了。自从认识了安娜·蒙斯，彼得感到叶芙朵基雅不过是插在瓶子里一朵蔫了的花，摆在那里实在令人生厌。因此，他再也不回到她的身边。他把安娜·蒙斯当作消愁解闷的心上人。起初，他"送给她一些不值钱的小玩艺儿"，接着，"逐渐增加了馈赠礼品的数量和价值"；后来，他又送给了她一座有 295 户的农庄。他已无需隐瞒和安娜的私情，也不因为她出身卑微而自感脸上无光，更不在乎教会和朝廷大员的议论。他甚至在公开场合把她介绍给外国使节，并私下表示"要娶安娜为妻"，至于那个叶芙朵基雅，"将给她找一个合适的地方"。

1697 年，彼得在出访欧洲之前，已打定主意与皇后断绝关系。他把此事交给老臣季杭·尼基塔·斯特列什涅夫去办，要他说服叶芙朵基雅削发出家。出国以后，彼得又写了几封信催问此事办得如何。季杭回信，建议沙皇亲自处理这件事。1688 年 8 月 28 日，彼得出访归来，回到莫斯科后的第三天，他就亲自找叶芙朵基雅谈话，其内容已无史料记载，但是根据其结果判断，叶芙朵基雅没有答应彼得的要求。因为事后她哭哭啼啼去找过阿得里安大主教，请他出面调解。"彼得大怒，撵走了大主教。" 3 个星期后，彼得下令，免去皇后的一切头衔和特权，强行把她推进一辆简朴的马车里，送往苏兹达尔修道院。

废黜了皇后，彼得可以堂而皇之地和安娜·蒙斯结合在一起了。他每年发给这位宠姬 700 卢布的生活费，又在日耳曼村为她兴建了一所豪华住宅。然而没想到，这位安娜是个不甘寂寞的女人。当彼得率领俄军在前线与瑞典交战时，她却和萨克森驻俄使节科尼赛克偷情，被人发现报告了彼得。彼得大怒："要爱沙皇，就应该在脑子里有个沙皇！"于是立即下令将她逮捕，没收了赠予她的全部财产。尽管彼得在婚姻问题上相当开明，但是他毕竟感到自己的皇威受到了冒犯。

1702 年 7 月，俄军在鲍·彼·舍列麦捷夫元帅的指挥下，击败了瑞典军队一部，攻占了马连堡（位于波罗的海东岸地区），俘虏一位年方 17 的女仆，名叫玛尔塔。她原是立陶宛农奴萨蒙伊尔的女儿，后来被送到格柳克牧师家当洗衣妇。俄瑞交战被俘后，她成了一个军士的情妇。接着被舍列麦捷夫霸占，继而又被沙皇的宠臣缅什科夫看中。一天傍晚，彼得来缅什科夫营地巡视，发现了这位女仆。他对缅什科夫说："我把她带走，你另找一个吧！"从此，命运之神便改变了玛尔塔的一生，玛尔塔也终于征服了彼得的心。

玛尔塔不识字，但天生机灵、美丽、妩媚而又温柔。她与叶芙内基雅和安娜·蒙斯的最大不同是：有勇士般健康的体魄，忠诚于彼得的事业，只要彼得一声召唤，她就能克服数百俄里泥泞道路的艰难跋涉，应召前往陪驾。她时时关心着彼得的命运和安全，衷心期望俄罗斯的强大和美好未来。她时常策马驰骋，挥戈上阵，在彼得最危难之际，助其一臂之力。她善于和官兵们打成一片，关心他们的生活，惦记他们的家庭。她胸怀坦荡，不计恩怨，每当新贵旧臣遇到沙皇的猜忌、指责和谩骂时，她皆能挺身而出，为其说情，帮其解围。她摸透了彼得狂暴易怒的脾性，当彼得狂怒时，谁也不敢近前，而她却无所畏惧地站出来，对视彼得"冒火的眼睛"，直到他恢复常态。因此，她既深得彼得的信赖和钟情，又赢得了彼得亲信们的拥护和爱戴。玛尔塔渐渐成了彼得身边不可缺少的重要人物。

玛尔塔来到彼得身边不久，皈依东正教（原信仰路德教），改名叶卡捷琳娜·阿列克谢耶芙娜（1685—1727 年）。彼得给叶卡捷琳娜的书信保存下来的有 170 余封，从这些书信中足见彼得对她的眷爱和敬佩。1707 年 1 月，他在若尔克瓦写给叶卡捷琳娜的信中充分表达了这种情感："快来基辅，万勿迟延！"当月，他又从圣彼得堡写信急切地说："为了上帝，快些来吧，有事不能马上动身，望即来信，因为听不见您的声音，看不见您的身影，我不能不感到悲哀。"彼得因担心自己在遇有不测时，叶卡捷琳娜与其非婚生女儿安娜生活无着，便在 1708 年初动身去前线时，特地留下一道手谕："如果我因为上帝的安排而遭到不幸，请将存在缅什科夫公爵先生府上的 3000 卢布转交给叶卡捷琳娜和小女儿。"

叶卡捷琳娜对彼得也体贴入微，从不仗着彼得权势招摇过市，欺世盗名。她经常陪彼得外出，但在军事检阅、舰只下水、庆祝典礼或欢庆节日、接见外国使节时从不露面。每当听说彼得在外另有新欢时，叶卡捷琳娜总是宽容大度或莞尔一笑，有时仅以玩笑的口吻提醒他而已。在同瑞典进行决定性的波尔塔瓦会战（1709 年）时，叶卡捷琳娜不顾彼得的劝阻，坚持上前线，在彼得身边过起军旅生活。她除了悉心照料皇上的衣食起居之外，还骑马去前沿，利用战斗间隙和士兵们聊天，斟满酒杯让他们喝，以解除士兵们的疲劳，给伤员们换洗被单、包扎伤口。她助人为乐，勇敢大方，笑容可掬，做事处落。对此，彼得被感动得仰天大笑，"尽管她出身卑贱，但她是为我而生在这个世界上的"。

彼得真心地爱着叶卡捷琳娜，他已经感到，"没有她在身边，一切都是空的"，"一切都索然无味"。他曾多次考虑要不要娶她为妻，"在全世界面前宣布她为皇后，甚至上百次地这样宣布，也不为过。"但是，他还想再等等，以防她变为第二个安娜·蒙斯。然而事实证明，他的等待是多余的。1711 年 7 月，俄军在普鲁特河会战中，被土耳其大军合围，陷于弹尽粮绝的境地。全军上下一片恐惧，连彼得也打算携叶卡捷琳娜乔装穿过敌人封锁线逃跑。惟有叶卡捷琳娜等人"镇定自若，劝说沙皇同土耳其讲和"，并当场献出了自己珠宝匣里的全部首饰和金器。沙皇采纳了她的建议，指派沙菲罗夫和舍列麦捷夫等人带着这些贵重礼品，贿赂贪财的土军总司令。结果，和谈成功，俄国人以最小的代价换取了土耳其人最大的让步，使两万多人的俄军免遭灭顶之灾。

通过这件事，彼得坚信，叶卡捷琳娜不仅具备了一个女人"应具备的所有美备"，而且有胆有识，是自己不可多得的助手和知心朋友。他不再犹豫了。从普鲁特河一回到莫斯科（1712年初），彼得就在克里姆林宫与叶卡捷琳娜举行婚礼，他正式宣布：叶卡捷琳娜是她的"合法妻子"，接着又晋升她为皇后。1724年5月7日，彼得在克里姆林宫圣母升天大教堂为叶卡捷琳娜皇后举行隆重的加冕典礼，"他把王冠戴在皇后的头上，但是把杖仗留在自己手里"。1725年1月28日彼得逝世，叶卡捷琳娜在普列奥布拉任斯基和谢苗诺夫斯基两个近卫军团的拥戴下，于同年1月28日登基为女沙皇，史称叶卡捷琳娜一世。

彼得娶农奴之女为皇后，是对陈规陋习的破除，也是对千百年沿袭下来的旧传统的挑战。

整治教会

1698年10月31日，即彼得在把皇后叶芙朵基雅送进修道院和处决了最后一批射击军之后，便匆匆赶往沃罗涅什造船厂视察，直到圣诞节前夕才返回莫斯科。

一回到莫斯科，他就组织了一场"醉僧会堂"游戏，其规模、人数和花样，是往年从没有过的。什么酒鬼、馋鬼、小丑、傻瓜都允许参加。他把参加游戏的人，按教阶制（教会等级）分成大主教、主教、神甫、普通教士等小团体，然后举行饮酒比赛，获胜者即被尊为"公爵教皇"。彼得的老师尼基塔·佐托夫因酒量大而赢得了这一头衔。酒宴结束后，彼得又硬逼着一帮烂醉如泥的酒鬼从宴会厅爬出来，坐上用猪、狗、羊、熊拉的雪橇，沿莫斯科大街乱转。他站在佐托夫乘坐的雪橇后边，招摇过市，跑遍了整个莫斯科。这种游戏以后还举办过几次。

彼得组织"醉僧会堂"游戏，目的是什么？一些研究者认为，一是为了嘲讽教会，二是为了戏弄酗酒者，三是为了窥探臣民们对他"割胡剪袖"，处决射击军和废黜皇后的反应。另一些研究者认为，其目的主要是嘲讽教会。因为从接下来发生的事件中，可以得到验证。

1699年1月14日，彼得为了同瑞典争夺波罗的海出海口，迫不及待地派沃兹尼岑前往土耳其谈判缔结俄土两国和约的问题，但是土方只答应同俄国缔结两年的停战协定。

3月2日，彼得的挚友、年仅43岁的列福尔特病逝。彼得赶到他的家里，打开棺梓，亲吻死者的脸颊，失声痛哭道："我的朋友不在人世了，现在我能指靠谁呢？"接着，他下令为列福尔特举行隆重葬礼。彼得身穿孝服，率领特权贵族、朝廷大员、各国驻俄使节，以及3个团的官兵，跟在由多名上校抬着的灵枢后面，缓缓向新教教堂（死者信仰基督教中的一派——新教）行进。军乐队奏着低沉的哀乐，40门大炮鸣放礼炮为送葬队伍开道，沿途还有成群的女人为死者哭丧。莫斯科东正教神甫和看热闹的市民，怎么也不明白，沙皇的母后去世时，也没有为其举行如此隆重的葬礼，为何要厚葬一个外国人、一个异教徒？难道当今沙皇不是俄国沙皇，不是东正教信徒？回想起沙皇去年做的几件事，心中不免疑窦丛生。几个月后，另一个外国人，帕特里克·戈登将军去世，彼得又为其举行了同样规模的葬礼。这就使人们更加疑惑不解了。

5月，沃兹尼岑从土耳其京城君士坦丁堡写信向彼得献计：再派一个高级使团前往土耳其；使团不要走传统的旱路，而应走水路，以迫使土耳其屈服。彼得欣然采纳，立即派杜马书记官叶美良·乌克拉英采夫出使君士坦丁堡。8 月 5 日，彼得亲率一支由 10 艘大型战舰组成的舰队，以护送使团为名，从亚速起锚，穿过刻赤海峡，强行开进黑海，向土耳其京城驶去。在俄国舰队的威胁下，土耳其人只好答应就缔结俄土和约问题举行谈判。

11 月，萨克森（德意志帝国的一个邦国）与俄国代表在普列奥布拉任斯基村正式签订了反对瑞典的条约。而在此之前，萨克森和丹麦已签订了把瑞条约。这样，俄国、萨克森、丹麦三国的反瑞"北方同盟"就形成了。现在，只等从土耳其传来好消息。在同一时刻，彼得还为激励俄国贵族阶级和俄军官兵士气，特地设计了一枚骑士勋章，即圣安德烈勋章。获此殊荣者，胸前即可佩带上淡蓝色的宽幅丝带，以此作为加官晋爵的资本。

在即将爆发的俄瑞战争之际，1699 年 12 月 20 日，彼得又发表了一项敕令，对俄国的历法进行改革。敕令规定，今后不再用"创世日"纪年，而改用儒略·凯撒所创立了"儒略历"，即以基督诞生日为一年之始。俄国人历来遵循的是拜占庭的传统纪年法，它以每年 9 月 1 日为一年的开端。据说，这是上帝在耶稣诞生前 5508 年创造世界的日子。用儒略历纪年，到 1700 年 1 月 1 日这一天，按旧历计算，正好满 7208 年零 4 个月；按新历计算则是 1700 年元旦。

为庆祝实行新历法后的第一个元旦，彼得下令，调集驻莫斯科郊外的各步兵团到红场，架起 200 多门大炮鸣礼炮 6 天，同时又诏令莫斯科领主、豪绅巨贾，"凡有小炮者，应在其庭院中施放小炮，有火枪或其他小型枪支者，应鸣枪 3 响；有爆竹者，有多少放多少。"元旦前两天，彼得就兴致勃勃地向宫廷侍从用松树、枞树和桧树枝，把克里姆林宫大门装饰一新。元旦这天，他和侍从及皇室成员彻夜不眠，燃放烟火。

彼得将俄国人沿用多年的历法改为欧洲多数国家通行的纪年法，不仅使用方便，且容易记忆。但这却是对东正教和俄国旧风俗的一次大的冲击。按教会一些人的说示，这是"对上帝的亵渎"，是"对我主的不敬"，是对俄国百姓感情的伤害，由此引起了教会和俄国人民的不满和忌恨。据莫斯科侦察机关呈递沙皇的报告说，新年过后，在莫斯科不少街巷里，秘密集会、诅咒皇上的人日益增多。特别是教会的神甫所发表的言论最具煽动性。一个神甫激昂地说："沙皇割掉别人的胡子，和德国人勾勾搭搭，他所信仰的是德国人的宗教。"另一个神甫接着说："沙皇过着外国人的生活方式；他星期三和星期五照常吃肉（东正教规定这两天忌食肉类——引者注），也不遵守圣菲力浦的封斋期。他下令所有的人穿德国服装。……他在 1700 年 1 月 1 日下令庆祝新年，从而违背了神圣的先祖们立下的誓言。上帝的年历被毁坏了，现在遵循的是魔鬼的年历。"彼得看了这份报告，默然置之。他现在无心听这些"老朽们在那儿胡言乱语"，因为他有特别重要的事情要办。

1700 年元旦过后，彼得一边焦急地等待着乌克拉英采夫从君士坦丁堡发来消息，一边加紧调兵遣将。只要来自君士坦丁堡的消息一到，他就立即向瑞典宣战。然而，他等到的却是从坦波夫地区送来的密报。1700 年初夏，一些不满沙皇改革的宗教界僧侣，聚集到坦波夫主教区伊格拉吉依的所在地。他们摇唇鼓舌，历数彼得执政以来的"种种罪行"。伊格拉吉依"深有同感"。于是勾结当地有名的大贵族霍凡斯基公爵，秘密策划，准备在彼得率军同瑞典开战之前，将他刺死。彼得得此密报，下令普拉奥布拉任斯基政厅（专门审讯国家重大政治案件的机构）负责查办。结果，伊格拉吉依等几十名宗教僧侣被流放到遥远的西伯利亚；霍凡斯基公爵等人被关进监狱。

　　彼得虽然对教会一向没有什么好感，但对它还是比较宽容的，没有采取过激行动。他认为，在俄国这样一个人口众多、笃信上帝，而又愚昧落后的国家，是不能没有宗教信仰的。宗教是慰藉人们心灵、安定社会的"良药"，因此，只要教会忠于皇权，不干涉世俗事务，就应该尊重它的地位。彼得相信上帝的存在，也常去教堂和修道院祷告。但是谈不上他究竟信仰哪种宗教。俄国居民中绝大多数信仰东正教，少部分人信仰伊斯兰、犹太教和新教。除了东正教被尊为国教以外，其他宗教也允许存在。日耳曼村就是一个来自欧洲各国、信仰不同宗教的外国侨民杂居地。彼得在青少年时代常去那里，结识了许多外国朋友。列福尔特、戈登、廷麦尔曼、勃兰特等人都是新教教徒，但是，彼得并没有因信仰不同而排斥他们，相反，却予以充分尊重和信任。事实证明，这些人帮助彼得战胜索菲娅，推进俄国现代化的过程中，效尽了犬马之劳。还有，沙菲罗夫是犹太教信徒的儿子，彼得照样予以提拔、重用。至于对异教国家的政治制度、科技文化、风俗习惯，乃至服饰、饮食，彼得认为，只要有利于俄罗斯的文明进步，都应该学习、吸纳。

　　但是彼得又认为，"教会的使命仅限于在精神领域开展活动，绝不容许它干预政治"。"俄国的主人只有一个，即沙皇，而教会也必须听命于他"。坦波夫主教伊格拉吉依一案被揭露后，彼得决心乘此机会，对宗教"动一次大手术"，使它不再犯上作乱。

　　在彼得执政以前，俄国的君权与教权之争已十分激烈，最典型的事例发生在彼得的父亲、沙皇米哈伊尔·阿列克谢统治时期。米哈伊尔为了加强中央集权制，保证教会为专制君权服务，任命大主教尼康（1605—1685 年）主持宗教改革。尼康出身于世袭大地主，曾任诺夫哥罗德教区主教，1652 年，莫斯科大主教约瑟夫去世后，他继任其职位。尼康贪财、残酷、好耍弄权术。在骗取了沙皇的信任，主持宗教改革时，他不仅丝毫不触动教会的权力，相反，却极力主张教权高于君权。他甚至把大主教的权力比作太阳，把沙皇的权力比作月亮，并且背着沙皇擅自处理内政、军务。这同沙皇改革宗教的初衷背道而驰。1666 年，沙皇召开了全俄宗教会议，严厉谴责了尼康的倒行逆施，撤掉了他的大主教职务，将其流放到北方的一座修道院，当普通修道士。

　　这次皇权与教权之争，虽然皇权战胜了教权，但是并不意味着双方的斗争就此了结。实际上教会的势力仍然很大，它欲凌驾于君权之上、干预世俗事务的企图也未改变。17 世纪末 18 世纪初，教会和修道院占有大片地产，拥有全国农业人口达 1/5。它们逃避国家税收，制定自己的法律，买卖农奴，在修道院修筑防御工事，可谓国中之国。在彼得登基和挫败索菲娅政变时，虽然若尔辛大主教起了至关重要的作用，但是也反映了教会权力炙手可热。1690年，若尔辛大主教去世，由喀山教区主教阿德里安接任。为显示教权高于皇权，他又重弹尼康的老调：“沙皇的权力仅限于地上的人间……宗教界的权力则触及人世又及天庭”。他甚至在任职仪式上要求沙皇给他骑的驴牵缰绳。彼得感到这是对他的莫大侮辱，是教会企图控制沙皇的阴谋，因而，当阿德里安身披华丽祭司长袍、趾高气扬骑在驴背上，等着彼得去为他牵缰绳时，彼得愤然退出了教堂。

以后，彼得出访欧洲，平息射击军叛乱、割胡剪袖、废黜皇后、改革历法等，阿得里安大主教总要站出来指手画脚，品头论足，进行干预。由此可见，1700年初夏发生的伊格拉吉依主教试图谋杀沙皇案，绝非偶然，实质上是教权至尊，还是皇权至上长期斗争的必然结果。彼得决心彻底改革宗教，也绝非出于他个人的意志和好恶，而是加强沙皇专制制度，促进俄国社会文明进步的客观需要。

彼得吸取了老沙皇过夜改革的经验教训，在整治教会的过程中采取了“标本兼治”的措施：一是限制教会的财产；二是在体制上把教会完全置于国家的管辖之下；三是用法律手段规范教士的职责和行为；四是建立一套较完善的督察体系。

1700年12月，反对革新的大主教阿德里安去世。从此，彼得开始有计划、有步骤地对教会实行改革。阿德里安死后，他有意不指定大主教的继任人，而是任命梁赞教区的主教斯特凡·雅沃尔斯基为“圣座御前守护者”。这一职务仅限于负责处理日常宗教琐事，全俄修道院的重大事务均由修道院政厅负责人、特权贵族莫西纳—普希金决定。1701年，彼得发布一道敕令，指出，修道士是“吞食别人劳动成果”的蛀虫。敕令要求，政府部门立即对教会财产进行清理，所清理出来的大部分财产须上交国库；编制修道院人员的定额，裁减富余人员；禁止修道院人员自由流动；修道院必须安置伤残的士兵、年老病弱者和贫困者。凡企图分裂教会者将予以严厉制裁；除了向他们征收双倍的人头税，不许他们担任社会公职外，还要让他们穿上特制的僧服，以示区别。

由于当时俄瑞正处于交战状态，彼得的教会改革暂告一段落。在打败了瑞典后，即1721年，彼得对教会便进行了一次全面的改革。他首先设立了一个宗教事务管理局，任命思想开明，主张改革的普斯科夫教区主教费奥凡·普罗科维奇（1681—1736）为该局副局长，局长仍由老态老钟的代理大主教斯特凡担任（一年后去世）；同时，设立了一个由沙皇任命的、几名主教组成的“神圣教务委员会”，取代莫斯科大主教职位。费奥凡上任后，起草了一份内容详尽的《宗教事务管理条例》，经沙皇御批，尔后以敕令形式颁布。

《宗教事务管理条例》规定，沙皇是东正教的“最高牧首”。宗教事务管理局的成员与世俗官员平等，也应向皇上宣誓：

“永远听命于我的天然和真正的国君，以及他根据不容置疑的权力而选定的崇高接班人，永远做他们的忠实仆从，并服从他们的意志。我承认国君是我们这个神圣组织的最高裁判官。”《条例》还规定，教士的职责仅限于精神领域，“不得借口插手中央和地方的世俗事务和仪式”。

1722年，彼得又发出一道敕令，其中规定：如遇有信徒忏悔的内容涉及反对皇上的阴谋，"教会便丧失为忏悔者严守机密的权利"；如获悉教徒中有"谋反罪的念头"，必须向地方当局报告；教士不得著书立说，不许抄书，"因为编写荒诞无用的书籍是最扰乱人们心灵安宁的"；那些"无所事事的修道院应该立即关闭"；禁止修道院购买和交换土地，修道院无权支配领地的收入，每个神职人员不论职位高低，一律只能"吃一份简单的口粮"。

1724 年 1 月 31 日，彼得又下了一道补充敕令：教士和修女要抚养孤儿，看护伤员和病号，"每个僧尼要学会一门手艺"，"用自己的双手挣饭吃"。其中还特别规定，不学无术、愚昧无知的人不得做神职工作；"神甫和祭司的子弟，必须上希腊的拉丁文学校学习"，否则，不能接替父辈的职位。

彼得在整治教会过程中，虽然遭到了许多教士的顽强抵制，但是均被他一一制伏。通过接二连三对教会的整治、改革，基本上结束了俄国几个世纪以来教权与皇权之间的争斗，从思想和精神领域保证了彼得对外战争和其他各项改革事业的顺利进行。

沙俄的早期扩张

觊觎波罗的海

波罗的海位于欧洲北部，素以"北欧的地中海"著称，它的东端有芬兰湾和里加湾。波罗的海东岸矿产丰富，盛产粮食和木材。这里世世代代居住着芬兰人、爱沙人和利沃人。古罗斯国在其西部边界地区兴建了诺夫哥罗得、普斯科夫、波罗茨克等一批商业城市。它们距波罗的海较近，但并不相连。马克思指出："波罗的海海岸没有哪一部分实际归属过俄罗斯"。

1240 年，罗斯舰队在亚历山大·涅夫斯基率领下，在涅瓦河沿岸打败瑞典军队，1242 年又在楚德湖冰上打败日耳曼骑士，这才开始插足于波罗的海。1492 年，伊凡三世在纳洛夫河岸建立伊凡哥罗得城，在芬兰湾沿岸地区进一步加强自己的势力。16 世纪初，伊凡四世时期，俄国占领了白海沿岸地区。由于白海出海口不能全年通航，于是伊凡四世在 1558 年发动争夺波罗的海出海口的利沃尼亚战争，结果被瑞典、波兰和丹麦等国打败。根据 1583 年普柳萨停战协定，芬兰湾沿岸包括纳尔瓦、伊凡哥罗得等重要城市都划归瑞典。

从 16 世纪中期起，俄国为争夺波罗的海出海口，多次与瑞典兵戎相见。根据 1617 年斯托尔波沃和约，瑞典占领了芬兰湾沿岸的全部土地。1618—1648 年丹麦、瑞典、法国、西班牙等国进行的"30 年战争"结束后，瑞典根据威斯特伐利亚和约，占领了波罗的海东岸的全部土地和大部分南岸地区，成了波罗的海沿岸居于统治地位的大国。1656 年 5 月，俄国利用波、瑞交战之机，向芬兰湾沿岸地区发起进攻。6 月，占领诺特堡、捷尔普特、吉纳堡和科坎加乌兹。8 月，向里加逼近。这时，波兰突然调转枪口，准备收复乌克兰。俄国为避免两线作战，不得不于 1661 年同瑞典签订卡尔迪斯条约，把战争初期占领的芬兰湾沿岸的全部土地归还瑞典。直到 17 世纪末，波罗的海东岸一直由瑞典控制。

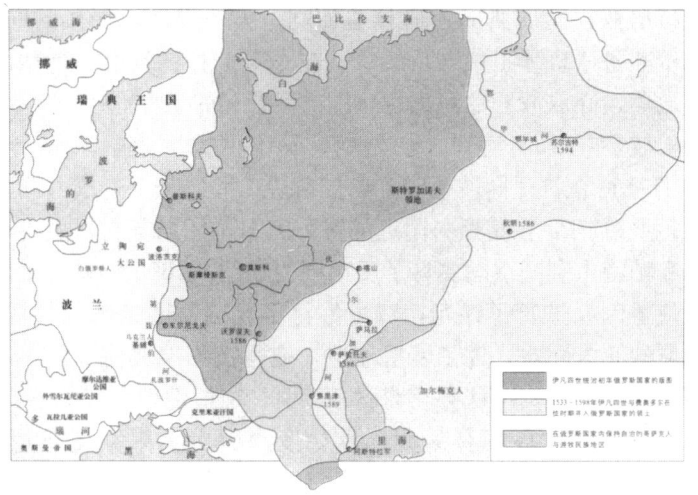

16 世纪沙皇俄国的扩张

17 世纪末叶，农奴制在西欧一些国家走向崩溃，但在俄国却仍处于发展阶段。沙皇政府为巩固和扩大封建统治，迫切要求掠夺新的领土和劳动力。当时，西欧国家资本主义发展需要从国外大批进口粮食，俄国作为农产品主要出口国，与西欧国家的贸易关系日益密切。当时的俄国仍是一个内陆国家，在南方，土耳其占据着黑海北岸及克里木半岛，封锁了俄国到黑海的出路；在西北方，瑞典控制着波罗的海沿岸的土地，堵住了俄国通向波罗的海的道路。随着新兴商人势力的增长，为加速发展对外贸易，俄国亟欲夺取西欧的出海口，彼得一世上台后声言，"水域——这就是俄国所需要的"。这一时期俄国政府奉行的对外政策完全是从俄国地主农奴主阶级和新兴商人势力的利益出发的。

彼得一世开始是沿着费多尔和索菲亚执政时的南下路线，企图夺取黑海出海口。1695—1696 年，彼得亲自率军，两次进攻由土耳其属国克里木汗国控制的亚速。1696 年，俄军虽一度占领亚速，并没有真正解决黑海出海口的问题。

为了占领刻赤海峡，夺取黑海出涨口，1697 年 1 月，俄国政府同波兰、奥地利和威尼斯建立了反土耳其同盟。同年 3 月 9 日，俄国政府派"大使团"去西欧考察，彼得一世化名随同出访，企图巩固和扩大反土耳其同盟。这时，西欧各国正忙于以争夺西班牙殖民地为目的的西班牙王位继承战争，对俄国纠集的

俄国击败瑞典

反土同盟不感兴趣；各国对俄国也怀有戒心，担心俄国一旦取代土耳其将会对西欧造成更大的威胁。因此，俄国大使团同荷兰谈判时，荷兰政府拒绝支持俄国进行反土耳其战争。1698 年 5 月，奥地利和威尼斯又决定同土耳其媾和。反土耳其同盟名存实亡。这就为俄国争夺黑海出海口造成了困难。

与此同时，西欧出现了新的形势：一方面，波兰—萨克森企图夺回利夫兰，丹麦企图夺回斯科尼亚，同瑞典的矛盾日益加剧。另一方面，瑞典的同盟国法、英、荼兰等国因忙于准备西班牙王位继承战争，在军事上和物资上不能帮助瑞典。这为彼得一世进攻瑞典，夺取波罗的海出海口提供了有利的条件。

彼得为夺取波罗的海出海口，从外交、军事两方面进行准备。在外交方面，1698 年 8 月 3 日彼得在拉瓦同波兰国王奥古斯特二世口头上达成共同反对瑞典的协议。1699 年 11 月 11 日，在莫斯科附近的普列奥布拉任斯基村，奥古斯特二世的代表卡尔洛维奇和帕特古利同俄国签订了反瑞同盟条约。1699 年秋，俄国政府还在莫斯科同丹麦大使盖因斯进行了谈判，双方签订了反瑞同盟条约。这样，建立了俄、波、丹反对瑞典的北方同盟。为了麻痹瑞典，彼得接见瑞典使节，再次表示，俄国将遵守俄瑞卡尔迪斯条约，承认芬兰湾属于瑞典，维护俄瑞友好关系。

在军事方面，俄国实行了募兵制，建立俄国历史上第一支正规的陆、海军。1700 年，俄国野战军有 4 万人，丹麦有 2 万人，波兰有 2 万 5 千人。瑞典有 14 万陆军和一支强大的海军，在军事上占绝对优势。俄国为了集中兵力对付瑞典，避免两线作战，1700 年 7 月 14 日同土耳其签订了为期 30 年的君士坦丁堡和约。同年 8 月 9 日，俄土停战。彼得立即把军队调往波罗的海沿岸。8 月 30 日，俄国正式向瑞典宣战。

俄国争夺出海口的早期海战

17 世纪以前俄国实质上是一个内陆国家。它的北部领土虽面临海洋，但因这些海域每年有半年或更长的冰封期，当时还没有条件与温水海洋常年通航。伊凡四世时代（1533—1547 年莫斯科公国大公，1547—1584 年俄国沙皇）曾发动立沃尼亚战争试图打开波罗的海的出海口，但没有达到目的。到 17 世纪，俄国要想打开出海口，就难免与西面的瑞典、南面的奥斯曼土耳其发生战争。

俄国把争夺出海口付诸行动开始于彼得一世（俄国人又称之为"彼得大帝"，1682—1725 年）时期。当时俄国农奴制兴盛，社会制度落后。彼得以一名青年担任沙皇，颇具奋发图强的精神。他厉行改革，兴办工厂，发展教育，加强外交，建立海军，为俄国社会的前进作出了重大的贡献。他为学习造船和航海技术，曾出国访问荷兰等国，还曾亲自化妆充当领航员，把外国船只领进俄国港口。

彼得最初于 1695、1696 年两次进攻黑海沿岸的亚速夫要塞，但新建的俄国海军为土耳其海军战败。1700 年，俄国与丹麦、波兰结为北方同盟，于同年 8 月向瑞典宣战，史称北方战争。战争初期，北方同盟军一再受挫，16 岁的瑞典国王在纳尔瓦大败俄军，俄守军几乎全军覆没。1702 年，彼得亲自统率军队进攻芬兰湾沿岸，在芬兰湾东端建立了圣彼得堡，1704 年攻下纳尔瓦。1714 年 7 月，瑞典瓦特朗格上将率舰队在汉科半岛一带截击俄国舰队，彼得指挥舰队越海进攻斯德哥尔摩的计划受阻。随后，彼得定计佯攻汉科半岛，摆出将战舰拖过半岛最窄处的架势。瓦特朗格中计，以一支舰队封锁汉科半岛最窄处的沿岸。实际上，彼得却以一支舰队绕远海西进，以吸引瑞典海军追击，另以一支舰队贴近汉科半岛浅水礁石地带前进，避开了瑞典舰队的阻击达到了西进的目的。彼得利用这次打到瑞典军队后路造成的优势，以进攻的接舷战大败瑞典海军，瑞典的一个分舰队投降。这是俄国海军史上的第一次大胜仗。汉科战役胜利后，彼得在感慨中留下了一段名言："任何君主，如果只有陆军，他就只有一只手。加上海军，他才有双臂齐全。"在战争过程中，彼得动用692万卢布，建造了一支包括141艘战列舰在内的舰队，同时建筑起彼得堡海军基地。1720年，俄军又在格良汉姆岛战败瑞典海军。到此，瑞典战败，俄国得到了通过芬兰湾出波罗的海再通向大西洋的通道。此外，彼得还为在太平洋方面找到出海口作了努力。1725年1月，彼得任命维图斯·白令为负责人，令其率舰船勘探弄清俄国东端海域和美洲的关系。白令（1681—1741）原是丹麦人，1703年应聘到俄国，先后被授予少尉、大尉、上校等军衔。白令为俄国的海洋探察事业做出一系列贡献。1732年白令率领8个分队977人出发。此后，白令亲率77人到俄国东端担负最艰巨的任务。最后弄清了俄国东端与阿拉斯加之间海峡的概貌，后来以他的名字将这个海峡命名为白令海峡。白令的探航为俄国弄清从鄂霍次克海到太平洋的出海口打下了基础。

在彼得之后，沙皇叶卡捷琳娜二世（1762—1796年）时期实现了新的海上扩张。1768年，俄发动对土耳其的战争，1774年土战败订立《凯纳吉条约》，俄占领布格河与第聂斯特河之间的土地和刻赤要塞，土同意将博斯普鲁斯海峡和达达尼尔海峡向俄国商船开放。1783年，俄占领克里木。同年，俄建立黑海舰队，并在塞瓦斯托波尔建立黑海舰队的基地。1787年，俄发动第二次对土战争。在这次战争中，俄国出现了一名卓越的海军将领乌沙科夫上将。在1787—1791年的战争中，乌沙科夫数次指挥作战，取得了多次重大胜利。1791年7月31日是穆斯林的节日，以"海上雷神"著称的土海军司令阿里巴沙在作好安排后给海军官兵放了假。当天风向是从陆上吹向大海，阿里巴沙命78艘战舰在黑海南部卡利阿克腊海角（位于今保加利亚巴尔奇克城郊）抛锚休息，岸上炮台面对大海，以保护舰队。如有舰船来攻必是逆风劣势。但乌沙科夫却在弄清敌情、深思熟虑后，认为这是一个发动攻击的特殊良机。当天下午，他亲率16艘战列舰及23艘其他舰船来此作突然袭击。俄军利用土军度假疏于戒备的状况，一开始就抢风而上，岸上虽能发炮但动作缓慢，炮火零乱。这样，乌沙科夫赢得了抢居上风位置的时间。跟着，乌沙科夫放弃一般横列侧舷发炮的战法，果断地将舰队分成三个纵列插入土军舰队，土军官兵为俄军的行动感到震惊和手足无措。俄舰两舷的炮火沉重地打击着敌舰，土舰的炮火却急切难以调整到对准俄舰。一些土舰断锚逃跑，更增加了混乱。最后土烟大败，阿里巴沙身负重伤，随船逃到伊斯坦布尔，用担架抬着前往宫廷请罪。此战后俄土签订《雅西条约》，克里木正式并入俄国，俄占领了黑海北岸的大片土地。1798年，沙皇保罗一世（1766—1801年）派乌沙科夫率领舰队帮助土耳其与法国作战。乌沙科夫率领舰队突进到爱奥尼亚海，进而占领了科孚岛。1799年，俄土签订《俄土同盟条约》，其中秘密条款规定俄海军舰船可自由往返于黑海与地中海之间，同时禁止外国军舰进入黑海。这样，俄国和土耳其就共同占有了对黑海的霸权，俄国因此也取得了通过博斯普鲁斯海峡和达达尼尔海峡进入地中海的权利。

乌克兰哥萨克起义

俄国利用乌克兰哥萨克起义对波兰发动的兼并乌克兰的战争。

13 世纪中叶，基辅罗斯被蒙古人建立的金帐汗国灭亡。东北罗斯，即后来的俄罗斯或大俄罗斯受其统治。西南罗斯，即后来的白俄罗斯和乌克兰（又称小俄罗斯）的王公投靠立陶宛大公国，寻求庇荫。1385 年，立陶宛大公国和波兰王国，为了抵御日耳曼条顿骑士团的侵略，在克列沃签订条约，实行王朝联合，立陶宛大公雅盖洛成为波兰国王，乌克兰转归波兰。1569 年，波兰王国和立陶宛大公国在卢布林议定，两国实行合并，建立统一的波兰共和国，以对付日益强大的俄罗斯国家。

从 15 世纪末起，在第聂伯下游草原，开始形成以捕鱼、狩猎、畜牧和农业为生的自由流民，号称哥萨克。他们是乌克兰、白俄罗斯和波兰的逃亡农民和城市贫民。16 世纪末，他们在著名的险滩扎波罗热的托马科夫卡岛上安营扎寨，建立了哥萨克中心营地——谢契。为了防御土耳其和克里木鞑靼人的侵犯，他们建立了军事政治组织——团队，民主选举统领、管带和其他军事首领。由于他们骁勇善战，波兰国王斯蒂芬·巴托雷（1576—1586 年）把他们登记入册，委以戍边的任务，发给固定的薪饷。波兰议会给上层哥萨克授予贵族称号。随着逃亡农奴人数的增加，哥萨克队伍激增。哥萨克不断要求增加在册人员的数目（16 世纪末为 500 人，17 世纪初扩大到 1000 人，1626 年增加到 6000 人），波兰政府由于财政匮乏，无法满足要求，而且经常发不出在册哥萨克的薪饷。1591 年，爆发了第 1 次哥萨克起义。此后，在 1594 年、1630 年和 1637 年，又相继爆发了哥萨克起义。

1648 年 5 月，爆发了波兰历史上规模最大的哥萨克起义。领导起义的是哥萨克文书鲍格丹·赫麦尔尼茨基（1595—1657 年）。他和波兰大贵族亚历山大·科涅茨波尔斯基的役吏达尼尔·恰普林斯基有个人恩怨。他在家乡契季林的庄园被霸占，年轻的妻子被抢走，幼儿被打死。在他向政府和国王申诉无效后聚众起义。他被扎波罗热哥萨克选为统领。哥萨克起义很快演变为有农民、市民和贵族参加的乌克兰民族大起义。

波兰政府派统帅米·波托茨基率骑兵前往扎波罗热镇压起义。赫麦尔尼茨基得到克里木汗 5000 骑兵的支援。1648 年 4 月 29 日，战斗在黄水附近打响。哥萨克军占有有利地形，以逸待劳，取得全胜。5 月 16 日，战斗结束。波军先头部队指挥斯·波托茨基（米·波托茨基之子）被俘。赫麦尔尼茨基乘胜追击，5 月 26 日，在科尔松再败波军。米·波托茨基被俘。哥萨克军缴获了大批枪支、大炮和弹药。胜利的消息鼓舞了乌克兰农民。起义的浪潮席卷了乌克兰全境，起义的农民中涌现出一批坚定的领导者（如伊凡·鲍贡）。

1648 年 5 月 20 日，波兰国王瓦迪斯瓦夫四世病故。国内在乌克兰问题上出现了主战派和主和派的斗争。以亚历山大·科涅茨波尔斯基为代表的东部大贵族主张采取坚决镇压的措施。以宰相耶日·奥索林斯基为代表的贵族，鉴于国内农民起义和财政匮乏，主张用妥协让步的方法解决乌克兰问题。主战派获胜。波兰议会决定再派军队镇压起义。9 月初，4 万波兰骑兵由大贵族亚·科涅茨波尔斯基、多·扎斯瓦夫斯基和米·奥斯特罗罗格率领进入沃伦。9月21—23日，波军和哥萨克军在庞拉夫策发生激战。波军又败。10月，赫麦尔尼茨基乘胜包围利沃夫；11月，进抵扎莫什奇。起义扩大到白俄罗斯。这时候，波兰议会选举已故国王的弟弟杨·卡什米日为新王（1648—1668年）。国王决定对哥萨克让步，派勃拉兹拉夫省督军阿·基什尔（东正教徒）同赫麦尔尼茨基谈判。双方于1649年8月8日在兹博罗夫签订了条约。波兰方面允许在基辅省、勃拉兹拉夫省和契尔尼哥夫省建立自治的统领国，波兰军队不得进入境内；在册哥萨克的数目由6000增至4万；恢复乌克兰的东正教会；被赶走的波兰地主可以回到自己的家园。兹博罗无条约满足了哥萨克上层的要求，使广大农民继续受农奴制的压迫。

波兰把兹博罗夫条约当作重整旗鼓的休战协定。赫麦尔尼茨基却发表文告，要乌克兰人民遵守条约。对于赫麦尔尼茨基的这种行径，乌克兰人民极为愤慨，纷纷要找他算账。扎波罗热哥萨克甚至选举胡多列伊为新的统领。赫麦尔尼茨基对反抗他的哥萨克和农民进行了残酷的镇压，逮捕和处死了胡多列伊。

1651年春，波兰军队进入波多利亚，战争重新爆发。6月28日—30日，波兰国王杨·卡齐米日亲自指挥5.7万波军同10万哥萨克—鞑靼联军在沃伦的别列斯塔奇科举行会战。波军采取迂回前进、集中兵力、各个击破的战术，先打败鞑靼军队，迫使其撤离战场，然后集中力量打击哥萨克军，结果以少胜多，赢得会战的胜利。9月28日，双方在白教堂签订新的条约。乌克兰统领国缩小到基辅一个省，在册哥萨克减少到2万名。

赫麦尔尼茨基不甘失败，决定同波兰进行第3次战争。1652年6月2日，赫麦尔尼茨基的儿子齐莫什·赫麦尔尼茨基率哥萨克军在南布格河畔的巴托格击败波军，割下许多波兰战俘的头颅，以发泄对白教堂条约的不满。1653年10月，赫麦尔尼茨基又率哥萨克鞑靼联军，袭击离卡缅涅茨—波多尔斯基不远的热瓦涅茨波军营地。由于杨·卡齐米日以重金收买了鞑靼人，使他们撤离乌克兰，哥萨克军遭惨败。12月15日，双方在兹博罗夫条约的基础上达成妥协。

佩列雅斯拉夫协定

经过六年的波兰—乌克兰战争，赫麦尔尼茨基已疲惫不堪，乃决定投靠俄国。早在1648年6月，他就致函沙皇阿列克塞·米哈依洛维奇（1645—1676年），请求保护。此后又一再呼吁沙皇给予保护。但是当时沙皇没有公开干预乌克兰问题并为此发动对波兰的战争。兼并乌克兰和白俄罗斯是伊凡三世（1462—1505年）提出"祖传遗产"论以来，历代俄国君主对外政策的重要目标，那么当乌克兰哥萨克起义爆发以后，俄国为什么按兵不动呢？这里有几个原因：首先，克里木汗国同乌克兰哥萨克结成同盟，不只威胁波兰，而且也威胁俄国；第二，在1648—1650年间，俄国阶级斗争十分尖锐，城市和农村起义此伏彼起，其中最大的是1648年6月的莫斯科起义和1650年2月的普斯科夫起义。沙皇政府害怕乌克兰哥萨克起义同俄国南部库尔斯克、沃罗涅什起义汇合，威胁自己的统治；第三，希望在无嗣的波兰国王瓦迪斯瓦夫四世死后，使罗曼诺夫家族登上波兰王位；第四，对能否战胜波兰尚无把握，需要有一段观望和准备时期。

随着国内起义的平定和杨·卡齐米日当选波兰国王，俄国决定着手兼并乌克兰。1651年3月召开的缙绅会议，通过了合并乌克兰的决定。但是，乌克兰在1651年的战败延缓了俄国的兼并行动。直到1653年，波兰和乌克兰已经两败俱伤，俄国才采取行动。1653年7月，俄国政府通知赫麦尔尼茨基，沙皇已同意接受乌克兰加入俄国。同年10月11日，缙绅会议批准了政府关于接受乌克兰加入俄国的决定。

1654年1月8日，赫麦尔尼茨基在佩列雅斯拉夫召开哥萨克代表大会。由大贵族弗·布土尔林率领的俄国使团参加了大会。会前，俄乌双方签订了乌克兰加入俄国的协定。大会通过了乌克兰和俄国合并的决定，举行了向沙皇效忠的宣誓仪式。宣誓后，布土尔林代表沙皇向赫麦尔尼茨基赠送旗帜和权杖。3月，赫麦尔尼茨基派出使团赴莫斯科同沙皇政府就有关乌克兰内部体制及其与俄国关系问题达成了协议，订立了《三月条例》。《条例》规定，乌克兰对沙皇称臣，但仍享有自行选举统领、进行自治之权；统领除与莫斯科的对手——波兰和土耳其断绝来往之外，仍然保留与外国交往权。

俄波战争

俄国为了实现佩列雅斯拉夫大会的决定和兼并乌克兰，同波兰进行了十三年（1654—1667年）战争。战争分两阶段：1654—1656年为第一阶段，1658—1667为第二阶段。

第一阶段

1654年初，俄国动员了10万军队进攻波兰，当时俄国的总兵力约15万，而波兰只能动员6万军队来抵抗俄军的入侵。土耳其和克里木汗国害怕俄国吞并乌克兰，转而支持波兰，不断派出轻骑兵配合波军作战。

同年5月，俄军在北线分北中南3路向白俄罗斯和斯摩棱斯克地区的波军发动进攻。北路俄军从大卢基出发，连克涅维尔（6月1日）、波洛次克（7月17日）、维帖布斯克（9月17日）。中路俄军是主力，共有兵力4万，赫麦尔尼茨基还把伊凡·佐洛塔连科的2万哥萨克军编入俄军作战。俄军从维雅兹马出发，首先攻克多罗戈布日，继而包围了17世纪初被波军占领的斯摩棱斯克。经2个月的包围，俄军于9月23日攻克这个重要的战略城市。南路俄军从布良斯克出发沿罗斯拉夫里—姆斯季斯拉夫里—奥尔沙—鲍里索夫一线向明斯克推进。8月，在舍佩列维齐附近重创由统帅雅努什·拉吉维尔指挥的波兰—立陶宛军队。这年秋，俄军占领了莫吉廖夫、戈麦利等城市，进抵别列齐纳河。在1654年的战争中，俄军不只收复了俄罗斯西部的失地，而且占领了第聂伯河和西德维纳河之间的白俄罗斯地区和一部分立陶宛地区。

1654年底和1655年初，波兰—鞑靼联军在南线，即乌克兰发动反攻。在乌克兰，俄军只有2万人，先后由安·布土尔林和弗·舍列麦捷夫指挥。由统帅斯·波托茨基和斯·兰茨科龙茨基指挥的波军在波多利亚同伊凡·鲍贡指挥的哥萨克军发生激战。波军在莫吉廖夫（德涅斯特河）获胜后，进抵布沙，直逼勃拉兹拉夫和乌曼。1月10日，波兰—鞑靼联军包围了乌曼。守卫乌曼的是伊凡·鲍贡。乌曼城有很高的围墙，墙外有深沟。鲍贡命令用水浇围墙，把它变成光滑的冰山，使波军无法攻城。1月22日，波军在奥赫马托夫战役中获胜。勃拉兹拉夫省受到严重破坏。俄罗斯—哥萨克联军朝白教堂方向败退。但是，波军的胜利未能使整个战局转败为胜。

在白俄罗斯—立陶宛战场，俄军在1655年夏进展顺利，连克明斯克（7月3日）和维尔诺（7月31日）以及考那斯和格罗德诺等重要城市。俄军占领维尔诺后，大肆屠杀洗劫，纵火烧城，烈火持续了2个星期。繁荣的立陶宛首都沦为废墟。白俄罗斯和立陶宛大部分土地被俄军占领。

在乌克兰战场，赫麦尔尼茨基积极准备反攻。他力图使克里木鞑靼人脱离同波兰的联盟，为此派使者同克里木汗谈判。谈判没有取得成功，因为克里木汗要求赫麦尔尼茨基中断同俄国的关系。1655年夏，俄罗斯—哥萨克联军在赫麦尔尼茨基指挥下开始反攻，向西乌克兰推进。9月，联军包围利沃夫，北路俄军占领卢布林，直抵维斯瓦河畔的下卡齐米日和普瓦维。波兰首都华沙受到威胁。

战争进程表明，俄波两国力量已经发生根本变化。波兰已经丧失了16世纪和17世纪初占有的优势，而俄国则由劣势转为优势，咄咄逼人地向着兼并乌克兰和白俄罗斯的既定目标前进。

正当俄罗斯—可萨克联军伸入波兰本土作战的时候，4万瑞典军队从波莫瑞和立沃尼亚两个方向发动了对波兰—立陶宛的进攻。瑞典国王查理·古斯塔夫为了夺取波罗的海地区的霸权，使波罗的海成为瑞典的内湖，企图以迅雷不及掩耳的速度灭亡波兰共和国。1655年9月8日和10月19日，瑞军相继攻克华沙和克拉科夫。波兰国王杨·卡齐米日逃往西里西亚。

俄国政府鉴于波兰已经削弱，不再是危险的敌人，而且兼并乌克兰和白俄罗斯的任务已经基本实现，所以决定联合波兰，对付更加凶恶的敌人——瑞典。1656年11月3日，俄波两国代表在维尔诺附近的涅米扎签订了停战协定，共同投入对瑞典的战争。俄波战争第1阶段结束。

第二阶段

1657年8月6日，鲍·赫麦尔尼茨基病故。贵族出身的伊凡·维霍夫斯基当选为乌克兰哥萨克统领（1657—1659年）。他奉行亲波兰政策，废弃了佩列雅斯拉夫协定，以图脱离俄国。他的主张引起了哥萨克上层的分裂。站在维霍夫斯基一边的有总法官鲍格丹诺维奇—扎鲁德尼、佩列雅斯拉夫团团长巴维尔·捷捷里亚等。反对维霍夫斯基的有波尔塔瓦团团长马尔丁·普什卡里和扎波罗热哥萨克统领雅科夫·巴拉巴什。1657年底，他们在扎波罗热和左岸乌克兰南部发动反维霍夫斯基的起义，乌克兰陷入了内战。1658年夏，起义被镇压。普什卡里在战斗中阵亡。巴拉巴什被俘后被处死。1658年6月，维霍夫斯基派捷捷里亚赴华沙同波兰政府谈判。

9月16日，波乌双方代表在加佳奇签订了条约，乌克兰以自治的"罗斯公国"名义加入波兰—立陶宛国家。

加佳奇条约又引起一部分亲俄哥萨克上层和农民群众的反对。在乌克兰再一次爆发了反对维霍夫斯基的起义。起义由农民领袖伊凡·鲍贡和扎波罗热哥萨克统领伊凡·西尔科领导。这时候，土耳其及其藩属克里木汗国虎视眈眈地准备入侵乌克兰。俄国政府眼看到嘴的肥肉有被波兰或土耳其、克里木汗国重新夺走的可能，于是派督军格里戈里·罗莫达诺夫斯基率军入侵乌克兰。俄军及其支持下的哥萨克军向波军和维霍夫斯基的哥萨克军发动了进攻，俄波战争重新爆发。11月，俄国同瑞典在纳尔瓦附近的瓦利耶萨里，签订了停战协定。随后俄军在白俄罗斯和立陶宛向波兰—立陶宛军队，发起了进攻。

1858年底，由古谢夫斯基指挥的波兰—立陶宛军队战败，向涅曼河撤退。在乌克兰，俄军在1659年4月包围了波兰军队一部，但在6月间又被维霍夫斯基的哥萨克军和鞑靼军队打败。维霍夫斯基乘机收复第聂伯左岸乌克兰。8月，俄军主力从基辅出发，大败维霍夫斯基军队。维霍夫斯基逃往波兰。鲍·赫麦尔尼茨基的儿子尤里·赫麦尔尼茨基在佩列雅斯拉夫当选为乌克兰哥萨克统领（1659—1663年）。他恢复了佩列雅斯拉夫协定。但是俄国政府修改了《三月条例》，取消了乌克兰的自治地位。

波兰人民经过5年的浴血抗战，在斯蒂凡·查尔涅茨基统帅的领导下，运用游击战和消耗战的战略战术，终于把瑞典侵略者赶出国土。1660年5月3日，波瑞两国代表在格但斯克附近的奥利瓦签订了和约，恢复了两国原先的边界。奥利瓦和约使波兰得以全力以赴地反击俄军的进攻。

1660年6月25日，波军在统帅斯蒂凡·查尔涅茨基指挥下，在白俄罗斯的波隆卡打败俄军；10月8日，在恰乌瑟再败俄军。俄军被迫退到波洛次克和莫吉廖夫。1661年，波兰国王杨·卡齐米日亲临前线督战。同年12月，波兰—立陶宛军队相继收复维尔诺和格罗德诺。

在乌克兰战场，波兰—鞑靼联军在斯·波托茨基和耶·卢博米尔斯基的指挥下于1660年9月在楚德诺夫包围了由舍列麦捷夫指挥的俄军。11月3日，俄军由于弹尽粮绝被迫投降。波军还迫使尤·赫麦尔尼茨基宣布脱离俄国，效忠波兰国王杨·卡齐米日。这样，波军控制了右岸乌克兰。波军企图夺取由俄军坚守的基辅，但始终未能成功。第聂伯河左岸的哥萨克不承认尤·赫麦尔尼茨基为统领，选举伊凡·勃柳霍维茨基为新的哥萨克统领。尤·赫麦尔尼茨基反复无常，时而亲俄，时而亲波，不久丧失了波兰的信任。1663年初，第聂伯河右岸乌克兰的哥萨克选举巴维尔·捷捷里亚为新的统领。乌克兰由此分为两个部分。

1663年底和1664年初，波兰军队和捷捷里亚统率的哥萨克军在鞑靼军队的支援下，向左岸乌克兰进军。波兰国王杨·卡齐米日亲临乌克兰前线。俄波战争第2阶段进入最激烈的状态。1663年11月，波军绕过俄军坚守的基辅、佩列雅斯拉夫和涅任等城市向东推进。次年1月和2月，波兰—哥萨克联军同罗莫达诺夫斯基和勃柳霍维茨基指挥的俄罗斯—哥萨克联军先后在格卢霍夫和北诺矢哥罗德展开激战。

波军战败，退回右岸。伊凡·鲍贡在战斗中阵亡。

1664—1665 年，在右岸乌克兰爆发了一部分哥萨克和农民反对波兰和捷捷里亚的起义。捷捷里亚逃往波兰。彼得·多罗申科当选为右岸乌克兰的统领（1665—1676）。他继续效忠波兰国王并寻求土耳其和克里木汗国的保护。

安德鲁索沃停战协定

长期的战争耗尽了波兰的国库。波兰已无力恢复对全部乌克兰的统治。土耳其苏丹利用波俄两败俱伤的机会，准备从南部入侵，妄图鲸吞乌克兰。在这种形势下，俄波两国从 1664 年起开始停战谈判。俄方代表是大贵族阿塔纳西·奥丁·纳什绍金，波方代表是克日斯托夫·帕茨。1667 年 1 月 30 日，俄波双方代表在斯摩棱斯克附近的安德鲁索沃村签订了停战协定。有效期 13.5 年，以便为签订"永久和约"作准备。停战协定规定：第聂伯河西岸乌克兰和包括波洛次克、维帖布斯克、德文斯克在内的白俄罗斯仍然归属波兰；第聂伯河东岸乌克兰和白俄罗斯的一部分以及斯摩棱斯克省、契尔尼哥夫—谢维尔斯克省归属俄国；基辅由俄国占领 2 年，实际上为永远占有。双方还确定，扎波罗热谢契由两国共管，但实际上也为俄国永远占有。两国还就共同对付土耳其和克里木汗国的侵略达成了专门协定。1686 年，俄波两国在安德鲁索沃停战协定的基础上签订了"永久和约"。

俄波战争第二阶段和整个俄波战争至 1667 年结束。

北方战争

北方战争是俄国为争夺波罗的海出海口同瑞典进行的战争。这场战争从 1700 年开始，到 1721 年以俄国取胜结束。

北方战争的三个主要阶段：

从 1700 年 2 月到 11 月，是北方战争的初期阶段，俄军在这一阶段惨遭失败。

北方同盟的俄、波、丹三国仅仅是互相利用，各有自己的打算。因此，在战略部署上，兵力分散，不能采取一致行动。1700 年 2 月，奥古斯特二世首先率领萨克森军队偷袭里加，没有成功。同年 3 月，丹麦出兵进攻霍尔施坦，占领了一些要塞。随即，瑞典舰队炮轰丹麦首都哥本哈根。8 月，瑞典国王查理十二世率军 1.5 万余名在丹麦的西兰岛登陆，包围哥本哈根。丹麦军队被迫投降，同瑞典签订了特拉文达利斯克和约，废除俄丹同盟，退出战争。

1700 年 9 月 16 日至 11 月 9 日，3.4 万名俄军包围了瑞典要塞纳尔瓦。瑞典驻军只有 8000 人。俄军数量虽多，但缺乏训练，武器质量低劣，辎重行进缓慢，弹药粮食供应不足，军官指挥不力。纳尔瓦迟迟不能攻克。

11 月 30 日，查理十二率 2.3 万名援军抵达纳尔瓦地区。瑞军在炮兵攻击的配合下，突破俄军防线。俄国贵族骑兵望风而逃，士兵溃不成军。彼得一世聘用的奥地利军官柯洛阿向瑞军投降。纳尔瓦一战，俄军损失 7000 多人和 145 门大炮。瑞军损失约 3000 人。

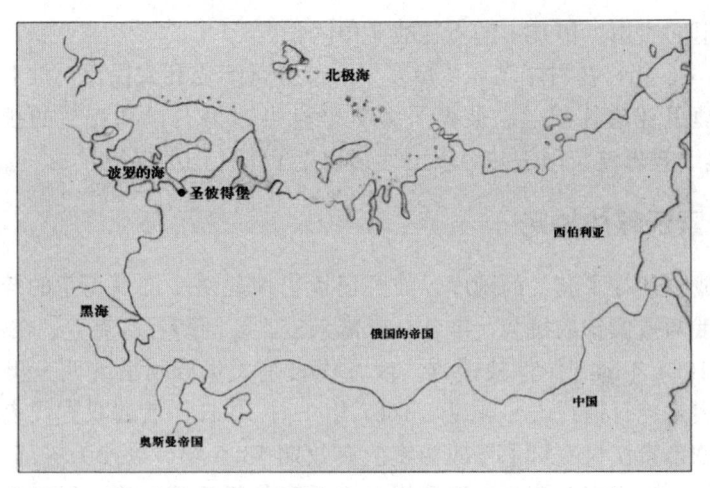

俄帝国的领土

在胜利面前，查理十二错误地估计了形势。他认为，俄军已被彻底打败，于是，便调兵南下，进军波兰。然而，彼得一世认为，战争并没有结束，仅仅是开始。

彼得一世为了夺取战争的胜利，进行了军事、工业等各方面的改革。他为了铸造武器，发展军火工业，大力开发乌拉尔矿区，发展冶金工业，改变了生铁需从国外进口的局面。同时，还在莫斯科和其他地区开办各种类型的手工工场，生产军需品。1702年，彼得一世开始建立造船厂，筹建波罗的海舰队。经过一年准备，俄军补充了300多门大炮，10个龙骑兵团。在外交上，彼得一世千方百计地拉拢波兰奥古斯特二世，巩固俄、波同盟，避免孤军作战。1701年2月，双方在库尔兰比尔伊镇会晤。彼得一世答应奥古斯特二世派1.5万—2万名俄军到波兰境内作战；在三年内，每年给波兰10万卢布的贷款。双方划分了势力范围，商定战争胜利后，波兰占领利夫兰和爱斯特兰，俄国占领因格里亚和卡累利阿。

1701—1703年，俄军向波罗的海东岸大举进攻，先后侵入利夫兰，攻占诺特堡、尼恩尚茨堡、亚马、科波利亚和马连堡。1703年5月10日，彼得一世下令在涅瓦河口建立彼得——保罗要塞，奠定了彼得堡的基础，1704年，俄军占领了纳尔瓦、伊凡哥罗得和捷尔普特。

1705年，瑞军占领华沙和克拉科夫。在查理十二的压力下，波兰国会废黜亲俄的奥古斯特二世；另方亲瑞典的斯坦尼斯拉夫·列申斯基为波兰国王。但是，仍有一派贵族支持奥古斯特二世。俄国为了支持奥古斯特二世，决定派俄军进入波兰。同年6月，彼得一世率俄军占领波兰的波罗茨克和库尔兰。不久，俄将缅什科夫公爵等又率俄军进攻格罗的诺。1705年底至1706年初，查理十二率瑞军包围了俄军。这时，已被废黜但仍有一定势力的奥古斯特二世同瑞典进行秘密谈判，决定放弃王位，退出反瑞同盟。至此，北方同盟正式瓦解。彼得得知这一消息后，立即命令俄军从波兰撤回。

1707年夏，查理十二率重兵远征俄国。1708年春，瑞典主力部队进入当时波兰所属白俄罗斯境内，占领明斯克和莫吉廖夫。瑞军准备在这里同从里加出发的列文豪普特辎重部队会合，进军斯摩棱斯克和莫斯科。8月5日，查理十二不等列文豪普特部队到来，便离开莫吉廖夫，渡过第聂伯河，直逼莫斯科西南重镇斯摩棱斯克。彼得一世根据谢列麦捷元帅的建议，采取了诱敌深入的策略，命令俄军向斯摩棱斯克方向撤退。当瑞军开到俄国边境线上的斯塔利什村时，查理十二才发现，眼前是一片焦土。村庄全被烧光了。瑞军濒临弹尽粮绝的境地，在这咱形势下，查理十二被迫放弃进攻斯摩棱斯克和莫斯科的计划，率领军队返回乌克兰。

彼得一世决定截击列文豪普特辎重部队，1708 年 9 月 28 日，俄军在白俄罗斯列斯纳亚村与列文豪普特辎重部队相遇。经过激战，俄军伤亡 4000 余人。瑞军伤亡 8000 余人，火炮和 8000 余车辎重全部被俄军缴获。列斯纳亚村战役为俄军夺取波尔塔瓦战役的胜利扫清了道路。

1709 年 4 月 25 日，瑞典军队开始包围波尔塔瓦。战前，双方对这次战役都做了详尽的部署。彼得一世为置查理十二于孤立无援的境地，不惜重金收买波兰亲俄派阿达姆·谢尼西夫斯基支持俄国，又派戈利茨率领俄国围剿在波兰的克拉萨乌率领的瑞典军队，使查理十二得不到波王列申斯基的援助。与此同时，彼得还派出亚速海舰队，用武力威胁土耳其保持中立，防止土耳其出兵帮助瑞典。这次战役，俄国投入正规军 4.2 万人和 72 门大炮。彼得一世还在山峦起伏、森林茂密的地区构筑了 6 个多面堡。瑞军投入正规军 3 万人和 4 门大炮。

1709 年 6 月 27 日凌晨 2 时，瑞军开始向俄军阵地发起进攻。波尔塔瓦战役正式开始。

瑞典步兵分四路纵队，随后是六路骑兵，向俄军阵地猛扑过来。在缅什科夫率领的俄国骑兵攻击下，瑞典骑兵节节败退，步兵陷入了俄国多面堡的交叉火力之中。当天上午 10 点，双方进行了一场激烈的白刃战。瑞军企图正面突破，把俄军的左右两翼切断。彼得一世率领诺夫哥罗得军团猛烈还击。瑞军溃不成军。一颗炮弹打在受伤国王查理十二的担架上，国王从担架上掉下来，昏了过去。上午 11 点战斗结束，俄军获得全胜。俄军伤亡 4600 人，而瑞军有 9234 名官兵被打死，2874 人被俘。俄军占领了查理十二的指挥部，缴获了 200 万萨克森金币。

6 月 29 日，撤离波尔塔瓦的瑞军开往第聂伯河彼列沃洛奇纳城。6 月 30 日，缅什科夫率领 9000 人追赶逃跑的瑞军。瑞军疲惫不堪，陷入绝境。列文豪普特和克列伊茨特将军率 1.5 万余人向俄军投降。查理十二和马泽普带领少数随从渡河逃往土耳其。波尔塔瓦战役是北方战争的转折点，它结束了瑞军的优势。

波尔塔瓦战役胜利后，丹麦向瑞典宣战，奥古斯特二世在俄国的支持下，又被拥为波兰国王，重新恢复了俄、波、丹同盟。不久，普鲁士也加入了这一同盟。

1710 年，俄军先后占领里加、彼尔诺夫、埃兹耶利岛、列维里（塔林）、维堡和凯克斯果尔姆，进一步巩固和扩大了在波罗的海沿岸所占领的地区。这引起了英、法、荷等国的不安。查理十二也不甘心自己的失败，竭力鼓动土耳其反对俄国。1710 年 11 月，土耳其在查理十二的怂恿和英、法的支持下，向俄国宣战。彼得一世不顾长期战争的消耗，开辟第二战场。1711 年春，俄军开始进行普鲁特远征。双方在摩尔多瓦首府雅西附近的普鲁特河畔相遇。7 月 9 日，土耳其军队向俄军阵地发起猛烈进攻。俄军几乎全军覆没。彼得一世为巩固已占领的波罗的海沿岸地区，迅速派副外交大臣沙菲洛夫去土耳其谈判求和。7 月 12 日，双方签订普鲁特和约，规定俄国把亚速及其附近地区归还土耳其，拆除塔干洛格和第聂伯河上的要塞，让查理十二安全通过俄国回国。

俄土普鲁特和约签订后，俄军把主攻文向集中到了芬兰，企图逐步把战场推进到瑞典本土上去。在 1712—1714 年期间，俄军先后占领赫尔辛福斯（今赫尔辛基）、亚波、瓦扎和涅伊什洛特城堡，还占领了芬兰南部和波的尼亚湾的重要据点，夺得进攻瑞典的重要基地。瑞典军队被迫撤出芬兰。

1714 年夏，俄国舰队由彼得堡驰向亚波，增援在芬兰湾沿岸的俄国地面部队。行至芬兰汉果乌得半岛东海岸，与瓦特兰格率领的瑞典舰队遭遇，开始了汉果乌得战役。在这次战役中，彼得一世利用瓦特兰格兵力分散的错误，充分发挥俄国帆桨快艇的优势，依靠划桨迅速接近瑞典舰队。瑞典大型舰队因无风而丧失了机动能力，遭到惨败。俄军在汉果乌得战役的胜利为其占领芬兰创造了有利条件。

汉果乌得战役后，彼得一世极力破坏法瑞同盟，以进一步置瑞典于困境。1717 年 8 月，俄、法、普三国签订阿斯特丹条约，规定法国不再向瑞典提供军事和其他物资援助。这项条约使瑞典失去了同盟国法国。军事上的失利和外交上的孤立使瑞典被迫同意与俄国谈判。1718 年 5 月，俄、瑞双方在阿兰群岛开始和谈，拟定了和约草案。同年年底，查理十二在挪威的腓特烈汉姆包围战中被人杀死，由他的妹妹耳里卡·埃累沃诺腊继承王位。新女王在英国的支持下拒绝和谈，俄瑞谈判中断。

俄国在波罗的海不断扩张势力，引起英国极大的不安。它希望波罗的海沿岸各国保持势力均衡，维护自己在波罗的海沿岸各国最高仲裁者的地位。1719 年 8 月和 1720 年 2 月，英国和瑞典签订条约，规定英国对瑞典进行经济和军事援助，帮助瑞典夺回被俄国占领的领土。1719—1721 年，英国分舰队由海军上将诺利斯率领，每年都到波罗的海向俄国施加压力。但由于商业上的利益，英国并没有采取坚决果断的措施，阻止俄国在波罗的海的扩张，也没有采取任何实际有效的军事行动帮助瑞典。俄国看出英国只是虚张声势，便得寸进尺，步步紧逼。1720 年 7 月，5000 名俄军在驻有英国分舰队的格林汗登陆，摧毁了瑞典沿岸设施。7 月 27 日，俄国舰队在克琅加姆岛又取得了一次重大胜利。缴获瑞军 4 艘三桅巡洋舰、104 门大炮，俘虏 407 名官兵。与此同时，俄国展开外交攻势，公开邀请瑞典王位最强有力的竞争者霍尔施坦公爵到彼得堡访问，答应把彼得一世的妹妹嫁给他，以此影响瑞典的对俄政策。瑞典政府深感继续同英国"合作"，只能是拖延战争和丧失领土。而俄国的两个盟国——丹麦和波兰已先后同瑞典签订了和约，退出战争。这种国际形势，加上连年战争使俄瑞两国都筋疲力尽，于是两国重新恢复了几度中断的谈判。

尼斯塔德和约

1721 年 4 月至 8 月，俄瑞双方在芬兰尼斯塔德城举行和谈。和谈一开始，俄国就向瑞典施加军事压力，以迫使瑞典屈服，满足自己的领土要求。这年夏天，5000 名俄军在瑞典沿海登陆，摧毁工厂 13 座，缴获小船 40 只和大量军用物资，造成直逼斯德哥尔摩的态势。8 月 30 日，俄瑞两国签订尼斯塔德和约，宣告持续 21 年之久的北方战争结束。和约满足了俄国的领土要求：利夫兰、爱斯特兰、因格里亚、部分卡累利阿连同维堡区都划归俄国。和约规定，俄国在条约换文4周之内尽量提前从芬兰撤军，将芬兰归还给瑞典；"沙皇陛下及其后嗣对于所归还的芬兰大公国领土永远不再有任何权利，也不得以任何名义或借口提出任何要求"。俄国把芬兰归还瑞典的这项规定完全是一纸空文。1809年9月，涉皇政府撕毁条约，占领了芬兰的全部领土。

和约规定，保障利夫兰、爱斯特兰和厄塞尔岛上全体居民在瑞典统治时享有的各种特权、习俗和权利。在划归俄国土地内，对宗教信仰不作任何强制……但今后信仰东正教有同样的自由，不受任何干涉。事实上，沙皇政府为了对兼并的新地区加强统治，强制人们信奉东正教。此外，在和约中还规定，双方互换战俘，两国商人自由贸易等等。

尼斯塔德和约使俄国得以确保自由出入波罗的海，由一个内陆国家扩张成为一个濒临海洋的欧洲强国。巩固了俄国在波罗的海沿岸所占领的阵地。1721年10月22日，参政院为表彰彼得在对外扩张中的所谓"赫赫战功"，尊奉彼得一世为皇帝，授予他"全俄罗斯大帝"和"祖国之父"的称号。从此，沙皇俄国正式改称为俄罗斯帝国。

北方战争的胜利是彼得一世对内剥削人民，对外武装侵略得来的。彼得一世曾说，"金钱是战争的动脉"。北方战争的全部重担都落在人民的肩上，在战争期间，各种苛捐杂税和人头税增加将近4倍。数以万计的青年农奴被征入伍，死于战场。战争期间，人民起义此伏彼起。仅在1705—1708年的3年间，就连续爆发了阿斯特拉罕、布拉文和巴什基尔人（巴什基里亚人）起义。

马克思在评价彼得一世发动北方战争时深刻指出："持续21年之久的对瑞典战争，几乎占据了彼得大帝的全部军事生涯。无论是从这次战争的目的、结局，还是从它的持续时间来考虑，我们都可以公正地把它称为'彼得大帝的战争'。他的全部事业都以征服波罗的海沿岸为转移"。彼得在北方战争中的胜利，使俄国跨进欧洲大国的行列。从此以后，沙皇俄国凭借其大国地位，不断地干预欧洲事务，进一步向外扩张。

法兰西第一帝国建立

概况

1769年，地中海上的第四大岛——科西嘉岛最终划入了法国版图。就在这一年，一个将在法国和欧洲政治舞台上叱咤风云的重要人物诞生于该岛。他就是大名鼎鼎的拿破仑·波拿巴。

1796年8月15日，拿破仑·波拿巴生于科西嘉岛阿雅克修城的一个贵族家庭。他的父亲是一位律师，曾热衷于政治，并参加过法国的政党。

拿破仑首先是作为一个军人走上历史舞台的。在15岁时，为了让他长大以后适应法国各种环境，多了解法国的历史发展、文化背景和现实社会，父母将拿破仑送入了巴黎陆军学校学习数学、军事和历史。或许对法语的特别陌生，或者兴趣全无，拿破仑的法语学得非常糟糕。以至于后来当了法兰西第一共和国的皇帝时，他的法语竟然说得很不流利！

此后，拿破仑进入炮兵军队服役，此时他一面研究作战方法，一面攻读卢梭、伏尔泰等启蒙思想家的作品，尤其是卢梭的作品，对他影响更大。应该说，就在此时，拿破仑接受了反对王权，建立资产阶级政权的民主思想。因此，拿破仑认为，要彻底打败、清除封建统治，建立一个自由、平等、和谐、幸福的人类新社会。这种叛逆思想，成了拿破仑奋斗、追求的指导原则，也成了他为之不懈努力的远大理想。

从巴黎陆军学校毕业后，拿破仑当上了一名少尉军官。1789年法国大革命发生以后，拿破仑坚定地站在革命营垒之中，对革命予以最大限度的支持。尤其是在革命遭受挫折时，不少贵族出身的军官纷纷叛离革命，逃到国外去过安逸自在的生活。在这时候，拿破仑却仍然留在革命营垒中毫不动摇，他对叛变革命的贵族军官们非常气愤。很快，拿破仑在粉碎保王党叛乱、击溃国际反法联盟的战斗中表现出色，从少尉直接提升为准将。

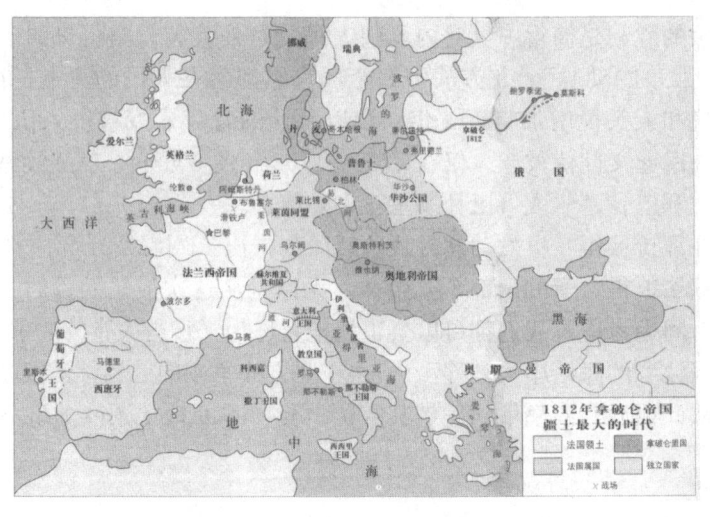

拿破仑的帝国疆界（1812年）

1795年，国民议会受到保王党人的包围。拿破仑被重用，任命为法国"内防军"司令。这年10月，拿破仑指挥6000名士兵，去对付将近3万人的保王党部队。这种情况对于年轻气盛的拿破仑来说，一点也不感到害怕，他反而认为，这是施展自己的抱负、表现自己才能的好机会。他认为，如果自己是3万兵力，而敌人只有6000人，那么，打胜了也不光荣。拿破仑率军英勇出击，在不到一天的时间内，就成功地镇压了全部敌人。拿破仑以少胜多，又取得了一个重大胜利。

1797年，拿破仑被任命为法国"意大利方面军"总司令，远征意大利以扩大革命成果，打击封建势力。1798年，拿破仑率军前往埃及。但是在英国的支持下，受到入侵的埃及、叙利亚对法国军队给予了有力打击，最终导致拿破仑进退两难，难以立即做出决断。正当拿破仑陷入困境时，俄国军队在沙皇本人的带领下，组织欧洲其他反法各国，结成第二次反法同盟，向法国发起进攻，试图把法国革命彻底消灭。另外，法国国内保王党人此时也蠢蠢欲动，企图从内部推翻资产阶级统治。

但是此时法国热月党人建立的督政府已经无力应付内外局面。于是，1799年10月，拿破仑抛下法国远征军，只率领少数随行人员，偷偷地离开埃及，急匆匆星夜赶回巴黎。资产阶级如获"救星"，倍加欢迎。此后，拿破仑在大资产阶级的支持下，策划亲自执掌法国军政大权。

11月9日，拿破仑开始行动。他的心腹西哀士布置在元老院的同谋者借口"共和国在危机中"，让元老院通过法令任命拿破仑为巴黎卫戍司令，接着，拿破仑被召到元老院宣誓效忠宪法。然后，拿破仑派军队控制了督政府，并接管了革命政府的一切事务。这一天是法国共和历的雾月十八日，所以历史上称拿破仑在这天发动的政变为"雾月十八日政变"。

第二天，拿破仑突然带兵出现在元老们正在开会的圣克鲁离宫阿波罗厅。他大声责问元老们："我为你们缔造了一个光辉灿烂的法国，而你们把法国搞成什么样子？我为你们创立了和平局面，而我回来看到的是战争。我从意大利运来了百万黄金，而我回来看到的却是贫困。我为你们取得了胜利，但我回来看到的却是失败！"

此后，拿破仑把法国议会（元老院和500人院）全部解散，夺取了议会大权，并宣布成立执政府，自己出任临时三执政人之一。不久，拿破仑就被推选为第一执政。雾月政变后，法国开始了拿破仑的个人军事独裁统治。

1804年12月2日，拿破仑在巴黎圣母院大教堂加冕称拿破仑一世，建立了拿破仑帝国，这就是法兰西第一帝国。

拿破仑称帝之后，采取各种措施强化了中央集权统治，建立起了具有高度行政效能的国家机器。他把法国划分为88个省，省长由他直接任命，取消了大革命以来实行的地方自治；改组法院，取消陪审制度；建立了一支效忠于自己的近卫军和庞大的警察部队；实施严格的书刊检查制度，

拿破仑被新政府关押

剥夺人民言论、集会和出版自由；在经济方面，拿破仑大力发展并保护工商业，取消强制公债，设立中央财政机构、创办"法兰西银行"，成立"民族工业奖励委员会"以领导和监督工商业的发展。

此外，拿破仑先后于1804年—1810年颁布了《法国民法典》、《民事诉讼法典》、《商业法典》、《刑事诉讼法典》、《刑法典》等五部法典，期望用法律的形式肯定法国大革命的成果，维护资产阶级社会经济秩序。

在这5部法典中，拿破仑最引以为豪的是《法国民法典》，他这样评价这部自己亲自主持编制的法典："我一生的真正光荣不在于打了40个胜仗，而是那不能被遗忘的、将万古长存的我的民法。"《法国民法典》后来改名为《拿破仑法典》，但在拿破仑下台后又恢复原名。

《法国民法典》是一部典型的资产阶级法典，它包括 35 章，总计 2281 条，其核心思想是资本主义私有财产不可侵犯。《法典》首先确定了资产阶级所有权的原则，进一步固定了小农土地所有制，保障它不受封建复辟势力的侵犯；其次，《法典》确认了资本主义契约自由的原则，维护并保证资产阶级的自由买卖、等价交换和雇佣关系；第三，《法典》确认了资产阶级自由、平等的原则。

应该说，《拿破仑法典》是资产阶级国家最早的一部民法典，因此理所当然成为近代西方各国资产阶级法典的范本。正因为如此，在拿破仑帝国毁灭之后，该《法典》并没有被取消，其影响力也丝毫没有消除，而后经过一些修改，在法国长期施行直到现在。

法国的导火杆

对外战争是拿破仑政治生涯中的重要组成部分，法兰西第一帝国的历史始终和对外战争联系在一起。作为军人，拿破仑一直主张对外扩张，并与英国、俄国争霸。从 1799 年到 1815 年，拿破仑帝国经历了 5 次和反法同盟的战争。期间，拿破仑经历了无数次各种规模的战争。最终，拿破仑帝国达到了鼎盛时期，但是战争又最终导致了拿破仑帝国的灭亡。在拿破仑征战的过程中，最为关键的战争是奥斯特里茨之战。

拿破仑登位后，积极加强登陆英国本土的战备活动。惊慌失措的英国联络奥地利、俄国组成了第三次反法同盟。奥俄在东线向法国发起强大的攻势。面对这一形势，拿破仑放弃了登陆英国本土的计划，立即挥师东进，在乌尔姆要塞围歼了奥军主力。

1805 年 12 月，著名的"三皇大会战"拉开了帷幕，这就是著名的奥斯特里茨大战。在这场大会战中，拿破仑充分显示了自己杰出的军事才能。面对比自己强大的联军，他采取了以静制动、后发制人的战略。

拿破仑的雄姿

战斗一开始，联军由于在数量上占优势，作战取得一定进展，法军右翼阵地相继被俄军攻取。拿破仑立即把右翼预备队调了上来，向俄军左翼进行反冲击。经过一番激战，俄军伤亡惨重，并被迫向戈尔德巴赫河方向退守。2 日上午，掩盖着谷地的浓雾刚刚散去，一轮红日喷薄而出，拿破仑从指挥所里看到俄军犯了放弃中央高地的严重错误。他命令自己的两个师前去占领高地，这两个师不费吹灰之力便完成了任务，从而将敌人切成两段。俄国皇帝、总司令库图佐夫以及司令部因而失去了对联军的控制。

在北段，法国军队成功地击退了俄军的攻击。当法军完全控制高地之后，拿破仑令其左翼向俄军发起全面进攻。虽然俄军作战十分英勇，但最终还是败下阵来。

在南段，面对法军大炮的猛烈轰击，联军很快就被压缩到狄尔尼兹和察特卡尼之间半结冰的湖泊上。但是湖泊的冰块很快被法军炮火击碎，大量联军掉在湖里淹死了，其余的则当了俘虏。

法国外交家塔列朗

奥皇和俄皇眼见全军覆没，慌忙逃窜。将近黄昏时，战斗结束。这一仗，俄奥联军死伤1.5万人，损失火炮186门，炮兵几乎全被消灭，余众四散逃命，俄奥联军事实上已不存在；而法军仅死亡800人，伤者6000。

不久，奥皇提出休战，拿破仑当即同意，条件是要求所有的俄军撤出奥地利，退回波兰。12月6日，法奥签订停战协定，奥地利割让占全国人口总数1/6的国土和每年4000万法郎的战争赔款。会战后，欧洲第三次反法联盟随即瓦解，中欧地区成立了受法国保护的莱茵邦联，奥皇被迫解散圣罗马帝国。

奥斯特里茨会战是拿破仑的军事杰作。无论在军事方面还是在政治方面，这位法国皇帝显然都凌驾于奥俄二皇之上。

恩格斯曾这样评价奥斯特里茨会战和拿破仑的才能："奥斯特里茨被公正地认为是拿破仑最伟大的胜利之一，它最为有力地证明了拿破仑的无与伦比的军事天才。因为，尽管指挥失误无疑是同盟国失败的首要原因，但是他用以发现同盟国过失的洞察力、等待过失形成的忍耐力、实施歼严性打击的决断能力和迅速摆脱失败困境的应变能力——这一切是用任何赞美之词来形容都不为过的。奥斯特里茨是战略上的奇迹，只要还有战争存在，它就不会被忘记。"

法国军队强渡阿尔波恩河

1906年，普鲁士、俄国再次组成第四反战同盟，但是不久法军就大败普军，不久就占领柏林而迫使普鲁士投降，其代价是丧失1/2的领土，赔款1亿法郎。1807年，俄国战败，法国和俄国签订《提尔西特条约》。1807年和1808年，法国侵占葡萄牙、西班牙。1809年，英国又与奥地利组成第五次反法联盟。在法军连续战败奥军后，迫使奥地利签订了《维也纳和约》，奥地利向法国割让大片土地，赔款8500万法郎。

到1810年，拿破仑帝国达到了其鼎盛时期，法国几乎控制了整个欧洲大陆，并在占领的国家和地区进行了一系列资产阶级改革，破坏封建基础，推广其《拿破仑法典》。

拿破仑建立的法兰西第一帝国，代表着大资产阶级和利益，是法国历史上最为强大的时期。长期顶峰时期，几乎控制了整个欧洲大陆国家。因此，拿破仑战争对资产阶级改革在欧洲的胜利起到了很大的作用。拿破仑主持编著的《拿破仑法典》，是资产阶级国家最早的一部民法典，成为近代西方各国资产阶级法典的范本。恩格斯曾这样评价《法典》：《法国民法典》是"以法国大革命的社会成果为依据并把这些成果转为法律的唯一的现代民法典……成为世界各国编撰新法典时当作基础来使用的法典。"

拿破仑

拿破仑·波拿巴（1769—1821 年）是法国历史上著名的资产阶级军事家和政治家，法兰西共和国的第一执政（1799—1804 年），法兰西帝国的皇帝（1804—1814/1815 年）。

拿破仑生于科西嘉岛阿雅克修城的地方贵族家庭，少年时便入巴黎军事学校学习。他读过伏尔泰、孟德斯鸠、特别是卢梭的作品，深受资产阶级"启蒙运动"的影响。他对于法国的封建等级制特别不满。他是怀着对"自由"、"平等"的向往欢迎法国大革命的。1791 年到 1792 年间，他两次回到故乡，同当地保王党进行斗争。

在整个法国大革命时期，拿破仑是站在革命营垒一边，而且是雅各宾专政的支持者。在贵族出身的军官们纷纷叛离革命逃亡国外时，拿破仑则留在革命营垒里同敌人作战。法国革命军队在反击欧洲封建干涉战争中创造出来的新的战略战术，培育了这位二十四岁的炮兵上尉。1793 年末，拿破仑参加进攻南部王党的重要据点土伦，在他的实际指挥下，革命军攻克土伦，这一功勋使拿破仑破格提升为少将。

在热月党——督政府时期，拿破仑由于和雅各宾派的紧密关系一度受到怀疑和迫害。有一个时期他完全不被当政者所注意，口袋中往往一文不名。但是，到 1795 年，他又重新被起用，任命为法国"内防军"司令，政府要他对付威胁政权的王党叛乱。拿破仑对于王党和封建欧洲是很仇视的，正像他在一封信中所表白的："从大革命开始起，……没有看见我作为军人不论在反对国内敌人还是反对外国人所进行的斗争吗？我抛弃了我的财产，我为共和国丧失了一切。"拿破仑的这种态度符合大资产阶级的意愿和急切需要。这年 10 月，拿破仑指挥 6000 士兵，在巴

拿破仑妻子约瑟芬

黎街头架起大炮，向 24000 多叛乱的王党猛烈轰击。王党分子还没有从这种空前的军事举动中省悟过来，就已经被击溃。1797 年，拿破仑任法国"意大利方面军"总司令，同封建欧洲作战。当他得悉国内大批王党分子钻进立法议会，准备恢复封建君主制时，立即派回军队，清洗立法议会，处死 160 名王党分子，再次维护了资产阶级政权。用他自己的话说：只有"一切都告完结之后，我才会放刀入鞘"。

拿破仑在督政府时期已经转到大资产阶级的立场上，为大资产阶级的利益服务，他在北意大利战场取得胜利以后，就提出远征埃及，从埃及方向打击英国的计划。1798 年，拿破仑率军远征埃及，但是遭到埃及、叙利亚人民的奋勇抗击。拿破仑军队陷在埃及，进退维谷。正在这时，沙皇亲自出马，组织第二次反法联盟，向法国

猛扑，法国国内王党活动猖獗，政局动荡不稳，资产阶级认为督政府的统治软弱，要求产生一种新的统治形式，以战胜国内外敌人的进攻。拿破仑闻讯，于1799年年中率少数随员，秘密离开埃及，星夜赶回巴黎。资产阶级把他当作"救星"给以狂热欢迎。11月9日（共和历雾月18日），拿破仑发动政变，取消督政府，成立执政府，自任第一执政，独揽大权，开始了拿破仑的军事独裁统治。恩格斯指出："恰巧拿破仑这个科西嘉岛人做了被战争弄得精疲力竭的法兰西共和国所需要的军事独裁者，——这是个偶然现象。但是，假如不曾有拿破仑这个人，那么他的角色是会由另一个人来扮演的。"显然，拿破仑政权的产生，是18世纪末以来法国阶级斗争的结果。

拿破仑的统治，从表面上看是绝对的，他不受任何人的掣肘和干涉。他的为人，也表现出是一个善于权变、贪恋权势的人物，为达到目的不讲信义和不择手段。他曾得意地说："我有时是狐狸，有时是狮子。进行统治的全部秘密在于，要知道什么时候应当是前者，什么时候应当是后者。"实际上，拿破仑的意志和行动，归根到底是体现法国资产阶级的意志和愿望。拿破仑并不代表人民群众的利益，而仅仅代表大资产阶级的利益，为大资产阶级掌权。大资产阶级是要拿破仑成为他们的"双刃剑"，既能镇压王党的复辟活动，又能镇压人民的革命运动；既能打败欧洲反法联盟的干涉，又能占领欧洲的土地和市场。拿破仑的政策和活动，都明显地反映出这种两重性。

拿破仑上台的第一件事就是强化资产阶级的统治，确保他们在革命中获得的果实，拿破仑表现出杰出的军事与行政才能。1800年，拿破仑击溃意大利的奥军，进逼奥地利南部，迫使奥地利签订和约。1802年，粉碎了以沙俄为首的第二次反法联盟，解除了对法国的威胁。在国内，他一方面用武力征伐和分化瓦解的手段，镇压了王党的复辟活动，另一方面他取缔了言论、集会、出版等自由，对雅各宾派和工人组织进行残酷的迫害。他建立起一个庞大的中央集权的官僚机器进行统治，各郡郡守乃至城乡基层官吏都由中央委任，法国大革命以来实行的一切地方自治机构均被取消。

1804年，拿破仑加冕称帝，法兰西第一帝国产生。这个帝国仍然是大资产阶级的政权。它"不仅被用来压制革命，取消人民的一切自由权利，而且是法兰西革命的一种工具，用来对外攻击，用来为法国在大陆上建立大体与法国相仿佛的一些国家来代替封建王朝。"

拿破仑为争取天主教徒的支持，1802年与罗马教皇签订《协议书》，承认天主教为大多数法国人的宗教，教士由政府委派，经教皇批准；但教皇无权要求归还在革命时期没收的教产。

拿破仑在内政方面的主要成就，是1800—1804年由他主持编制的《民法》法典，这部史称《拿破仑法典》的《民法》，共2810条，详细规定了资本主义财产制度，保证私有财产不受侵犯；法典还固定了小农土地所有制，保证农民能够利用他们得到的小块土地，因此受到农民的欢迎。此后又陆续颁布了《刑法》和《商法》。法典依据法国大革命的社会成果，用法律形式巩固资产阶级专政，维护和巩固资本主义私有制和资产阶级的社会经济秩序。法典在破坏欧洲封建制度和促进欧洲资本主义发展上起过有影响的舆论与示范作用。

1797 年 1 月 14 日里沃里战斗

拿破仑的政治生涯是同对外战争紧紧联系在一起的。拿破仑从 1799 年上台到 1815 年止，历经了六次反对反法联盟的战争。拿破仑战争是大革命时期法国同欧洲战争的继续，拿破仑正是利用法国革命所爆发出来的民族力量，利用自由农民组成的军队，在欧洲陆战中几乎所向无敌，横扫欧洲。他击败了 1805 年由英俄奥组成的第三次反法联盟，又摧毁了 1806 年由俄、普为主的第四次反法联盟，迫使普鲁士投降。1807 年，沙俄被迫同拿破仑签订梯尔西特和约，承认法国在欧洲的统治。法军所到之处，进行了一些资产阶级性质的改革：在意大利，推翻了小邦的封建王朝统治；在德国，废除了老朽的"德意志民族的神圣罗马帝国"（1806 年），实行拿破仑法典，取消封建等级特权，消除关税障碍；在波兰，废除农奴制，宣布公民平等。拿破仑沉重地打击了欧洲封建制度，客观上有利于这些国家的资本主义的发展。

但是拿破仑战争还有另外一种性质：掠夺和争霸。拿破仑帝国的成立，特别是 1807 年梯尔西特和约的签订，标志着拿破仑统治的空前加强和巩固，法国大资产阶级对外侵略与扩张的欲望日益强烈，因此，拿破仑战争的性质发生了变化，资产阶级的掠夺和争霸成了战争的主要方面。拿破仑从占领的地区掠夺大量财富运回法国，大部分军费和军用物资都取自被压迫民族，居民被迫当炮灰，这就激化了同这些国家的民族矛盾。拿破仑为了同英国争霸，1806 年在柏林宣布了所谓"大陆封锁令"，企图禁止英国货物输入欧洲大陆。1807 年，拿破仑借口封锁英国，占领了葡萄牙和西班牙，激起西班牙人民起来打游击，反对拿破仑。拿破仑没有去消灭旧欧洲的一切痕迹，没有消灭普、奥的封建王朝，相反，1810 年娶了奥皇女儿为妻，同反革命封建王朝结成同盟。1812 年，拿破仑同沙俄争霸，爆发战争。9 月，拿破仑进入莫斯科。拿破仑不采取解放俄国农奴的政策，反而掠夺和压迫俄国人民，激起俄国人民的反抗，他们开展游击战争，把拿破仑赶出俄国。

欧洲各被压迫民族都起来反对拿破仑的统治，拿破仑帝国的瓦解已不可避免。在 1813 年的来比锡战役中，拿破仑受到沉重打击，全线崩溃。1814 年 3 月 31 日，第六次反法联军进入巴黎，拿破仑被迫退位，被囚在地中海的厄尔巴岛。被推翻的波旁王朝在法国复辟。1815 年 3 月，拿破仑潜回法国，重新执政，欧洲各国又拼凑第七次反法联盟，六月再败拿破仑于滑铁卢，拿破仑二次退位，被流放大西洋的圣赫勒拿岛，1821 年病逝。

拿破仑的一生所处的时代，正是法国和整个欧洲大陆从封建社会向资本主义社会大转变的时代，拿破仑的活动，也就和这个时代的特点紧紧联结在一起。他是逆这个历史时代潮流而动的呢？还是顺这个历史时代潮流而动的呢？应该说，拿破仑的活动基本上是顺历史潮流而动的。

拿破仑是法国大资产阶级的代表人物，因此在他身上也就鲜明地体现了资产阶级从一开始就具有的两面性：进步性、革命性和保守性、妥协性。拿破仑的一生大略可以分为三个阶段。早期他是法国大革命的支持者和参加者。1795—1804 这十年，他从元帅到第一执政到法兰西帝国的皇帝，他的活动主要表现为革命性：他无情地镇压了王党的复辟活动；粉碎了几次反法联盟的封建干涉；在欧洲推行一些资产阶级改革；巩固了法国资产阶级在国内的统治。当然，他侵略过埃及和叙利亚，镇压过国内的雅各宾派和人民运动，取消了国内的民主和自由，这些资产阶级的保守性和反人民性，比较起来，尚居次要的地位。1805—1814 这十年，他作为法兰西皇帝和欧洲的实际统治者，他的活动主要表现为资产阶级的妥协性和掠夺性：在欧洲同英国和俄国争霸；侵略西班牙和葡萄牙；在欧洲诸国推行民族压迫和剥削政策；力图同欧洲封建王朝妥协，在欧洲帝王中间取得首屈一指的声誉，明显表现在娶奥国公主为妻，同奥国封建王朝联姻；他在称帝时，封了 4 个亲王，30 个公爵，388个伯爵，1090 个男爵，加上荣誉军团，形成一个新贵族阶层，追求享乐和苟安。当然，在这个时期，他进行的战争依然具有打击欧洲封建制度，促进法国资本主义发展的一面，但战争的性质主要却是争霸性的战争，掠夺性的战争，这种情况最后导致拿破仑帝国的崩溃。

总观拿破仑的一生，有功有过，但应该说，拿破仑是新兴资产阶级的军事家和政治家，他打击了国内外的封建反动势力，促进了欧洲人民的觉醒，保卫了法国革命的主要成果，巩固了资本主义的统治，这是他活动的主要方面，是他的主要功绩，也是历史发展的客观结论，因此，他的功大于过。

百日执政

拿破仑虽然已经加冕，当上了皇帝，但是他的戎马生涯，并没有就此结束，法兰西第一帝国的对外战争，仍在继续中。

1806 年，他为了同英国争夺霸权，在柏林宣布了所谓"大陆封锁令"，企图用禁止英国商品输入欧洲大陆的办法，从经济上扼制英国。1807 年，他借口封锁英国，占领了葡萄牙和西班牙；两国人民奋起反抗，掀起人民游击运动。1812 年，他为了同沙俄争霸，而爆发了战争；这年 5 月，拿破仑搜罗了说着 12 种语言的 50 万军队，大举进攻沙皇俄国。他渡过涅曼河，夺取了通往莫斯科的要道斯摩棱斯克。9月初，俄法两军在莫斯科西南的博罗迪诺村发生激战，双方损失惨重。拿破仑丢掉了 47 名将军和几万士兵以后，14 日，突入莫斯科，然而，这里留给他的仅仅是一座空城。法军的抢劫和种种暴行，激起俄国人民的反抗，他们纷纷拿起武器，开展游击活动，出其不意的打击法国入侵者。他们骚扰法军后路，弄得法军焦头烂额。当拿破仑逃到涅曼河的时候，他只剩下两万名残兵败将，从此一蹶不振。

这时一股反对拿破仑的浪潮，正在各国人民当中兴起，拿破仑帝国的瓦解已成定局。1813 年、英、俄、普、西、葡、瑞典，后来还有奥地利，乘机组成新的反法同盟军，在柏林西南来比锡附近的平原上，进行了在拿破仑时代来说，最大的一场战争，这就是历史上著名的来比锡之战。战争初起，拿破仑投入了 15.5 万军队，同盟军是 22 万人，拿破仑军队的构成十分复杂，他们都是来自各国被迫当兵的人，其中除了法国人以外，还有波兰人、萨克森人、荷兰人、意大利人、比利时人和莱茵同盟各国中的德意志人。10 月 18 日，当战场上打得难解难分、战斗正在激烈进行的时候，萨克森军队突然倒戈，全部转向联军方面，并且马上掉转枪口，向法军开枪射击，萨克林军队的叛变，削弱了法军的战斗力，迫使拿破仑决定撤出战场。

来比锡之战，前后历时四天，法军损失至少不下 6.5 万人，联军死伤也接近 6 万。战争虽然已经停止，但它给人们留下子一片可怕的记忆：尸体的腐烂使整个平原充满了难以忍受的恶臭，战场上伤而未死的士兵嚎叫声响遍了来比锡地区，一些伤兵死前的呻吟总是隐约地在这里回荡着。

11 月 14 日，法国外交官圣埃里昂到了巴黎，带来了同盟国家要拿破仑放弃所有占领地区、停止战争、根据 1801 年吕内维尔和约来确定法国疆界等的和谈建议。对此，拿破仑并未立即发表意见。近几天来，拿破仑一直不说话，总是在办公室里不停地走来走去，像是在思索着什么。他突然放慢了脚步，自言自语地说："等着瞧吧！你们很快就会知道我和我的士兵是怎么回事，我们还没有忘记我们的手艺！在易北河和莱茵河之间我们被打败了，由于叛变我们被打败了⋯⋯但是，在莱茵河与巴黎之间不会有叛徒⋯⋯"于是，和谈建议被搁置起来，每天都有新的部队开往东方，向莱茵河地区集结。

1814 年 3 月，反法联军直指巴黎，法国首都一片恐怖。30 日，被失败恐惧所吓倒的法国元帅马尔蒙，在塔列朗的影响下，于当天下午五点宣布投降。当拿破仑知道了这个消息以后果断地说："在目前，⋯⋯我的名字，我的形象，我的剑——所有这一切都引起恐惧。必须投降了⋯⋯"4 月 6 日，他几乎一夜没睡，一清早便召见了元帅们，并对他们说："先生们，放心吧，无论是你们或者军队都再也不用流血了，我同意退位。"拿破仑当即拿起一张文告，对着元帅们读了下面的一段话："由于同盟国家宣布拿破仑皇帝是建立欧洲和平的唯一障碍，所以忠实于自己誓言的拿破仑皇帝宣称，他自己和他的后代都放弃法国和意大利的王位⋯⋯"他随后签署了这个文告，并由科兰古和两位元帅把它立即送到巴黎。

俄国的亚历山大和反法联军，正在不安地等待着结局。他们看到退位文告以后，欢欣若狂。亚历山大当即宣布：厄尔巴岛将交给拿破仑完全支配，拿破仑的儿子罗马国王和他的王后玛丽亚·路易莎，将得到在意大利的独立领地。根据签订的条件，拿破仑被流放到厄尔巴岛，他除了享有年金之外，还可以保留一营卫队。

5 月 3 日，拿破仑告别枫丹白露宫，来到厄尔巴岛，作为被囚禁者，享有这个小岛的全部支配权。

在巴黎，波旁王族在反法联军刺刀的庇护下，由路易十六的兄弟路易十八登上王位，波旁王朝实行了第一次复辟。

然而，告别枫丹白露，并不意味着拿破仑 20 年来史诗的终结，恰恰相反，在前进的历史长河中，注定他会溅起一些浪花。

拿破仑经过一段消沉之后，越来越不甘沉默，他往往连续几个小时沉浸在深思之中。1814 年秋，特别是这一年的 11 月和 12 月，他非常注意搜集和听取有关法国国内和维也纳会议的一切情况报告。传来的消息都在表明，复辟的波旁王朝及其周围的一伙人，比原来预料的情况更加轻率、更要荒唐得多。用塔列朗的话说："他们什么也没有忘记，什么也没有学会。"连亚历山大一世都曾经这样表示过："波旁王族没有改正，也是不能改正的。"这时候，极端保皇党人，不停地喊叫，他们在革命时期被没收的、拍卖给农民的和资产阶级的土地，应该全部归还给他们；僧侣们也出来帮腔，他们在教堂里宣扬说，购买过被没收土地的农民，将遭天怒，他们会像"耶沙威一样被狗吃掉"。从而，激怒了广大农民。军队还在眷恋着他们的领袖拿破仑，认为波旁王朝是强加在他们头上的祸害；资产阶级本来指望着停止战争，振兴商业，但几个月过去了，连一点迹象也看不到。总之，从农村到城市，从军队到农民，整个法国人心浮动，人们正在向往着拿破仑和拿破仑时代。

拿破仑不仅知道国内人们的情绪，而且他也得到不少有关维也纳会议的消息。这些消息清楚地表明，与会的各国君主和外交家们，正在策划瓜分他的巨额财产，但不管怎样，却总是分不成。这群过去对付法国的同盟者，而今天已经变成了会议桌上的争吵家，他们尔虞我诈，相互攻击，要想让他们像进攻法国那样一致，看来已经是不可能了。

历史条件的变化，引起拿破仑的深思。他觉得厄尔巴岛无聊、寂寞。一天，他在波尔托费拉约自己宫殿附近散步的时候，喃喃地说："我不会永远这样继续下去的。"

1815 年 2 月，他决定逃离厄尔巴岛，回到法国，恢复他的国家。26 日，在做好一切准备之后，拿破仑带领 1 千多名士兵，登上几条小船，在晚间七点钟，乘夜雾迷漫，一路顺风，飘然北去。

3 月 1 日凌晨三点，小船队在法国南部的儒安登陆。广大群众像迎接"救世主"那样欢迎他，海关卫兵看到拿破仑，脱帽大声致敬。士兵们毫不隐讳地高声说，我们决不和皇帝作战！农民们一程又一程的护送他，这一群农民把拿破仑交给另一群，农民们一直把他送到巴黎。19 日。拿破仑带领他的前锋，进入枫丹白露，国王路易十八和他的全家，向比利时边界窜去。20 日晚九点，拿破仑在随从人员和骑兵们的前呼后拥之下，进入巴黎。当他的马车到达杜伊勒里宫的时候，人们像发疯似的冲向他，打开马车，在经久不息的喊叫声中，把皇帝抬进二层楼的一个房间。拿破仑在 19 天之内，赤手空拳，不费一枪一弹，赶走波旁王朝，再度入主龙庭，完成了令人难以置信的、神话般的政治变革。

拿破仑到达巴黎之后，用煽动性的口吻声言说：我这次重返巴黎，主要是拯救农民摆脱来自波旁王朝的恢复封建制度的威胁，保证农民的土地不被回国的贵族所侵占；我也希望重新审查国家体制，使帝国成为立宪法君主国家，成为真正有议员参加管理的君主国。拿破仑的这番话，激起了广大农民和资产阶级对他的信赖和幻想。

拿破仑这次上台，前后百天左右，所以，历史上叫它"百日王朝"、"百日执政"。

1815 年 3 月 7 日晚上，维也纳皇宫中正在举行舞会，招待欧洲的各国君主和代表，当狂欢达到高潮的时候，突然，在奥皇弗兰茨的周围，有些骚动，大臣们面色苍白，左右穿梭，音乐戛然而止。这些不寻常的现象，原来是拿破仑重返法国的消息传到奥国宫殿，吓得这些人们惊慌失措的结果。维也纳会议顿时停止了争吵，反法联盟各国，再次联合起来，共同对付拿破仑。他们宣布：拿破仑是世界和平的扰乱者和敌人，"不受法律保护"。3 月 25 日，英、俄、普、奥、荷、比等国家，迅速结成第七次反法联盟，拒绝拿破仑的和谈要求，开始对法国用兵了。1815 年 6 月，反法联盟集结了 70 万大军，准备从莱茵河、意大利等方面分头进攻巴黎，并约定 6 月 20 日左右共同行动。

当欧洲各国的反法君主们再次兴兵的时候，集结在拿破仑鹰旗之下的军队，最多不过 18 万人，在军事上完全处于不利的地位。拿破仑决定采取以攻为守的战法，争取主动，他把主要兵力集中在比利时方面，准备先行击溃英国和普鲁士的军队。6 月 12 日，法军 12 万多人，向比利时进发。16 日，同普军接战，拿破仑力图把英、普联军切开，然后各个击破。经过激战，普军防线全面崩溃。

这时候，拿破仑一面命令格鲁希尾追普军，一面带领主力向英军进攻，英军 6 万多人，在威灵顿的指挥下，布阵于比利时小村滑铁卢村南。18 日，拿破仑率军 7 万，追击英军，并在滑铁卢附近扎营，一场会战在这里展开。午后，当拿破仑正想猛攻英军中段的时候，突然，一部分普军在布吕歇尔带领下，增援英军，使法军处境急剧恶化。拿破仑为了挽救败局，急令格鲁希，火速向滑铁卢增援；结果，格鲁希不仅没有回师，反而始终坚持着原来的进攻方向。从而，战局急转直下，法军腹背受敌。19 日，法军全线崩溃，21 日，拿破仑败归巴黎。百万反法联军源源进入法国。7 月 7 日，联军进占巴黎。拿破仑宣布第二次退位，最后被放逐到大西洋的圣赫勒拿岛，"百日"终结了。

7 月 8 日，波旁王朝在反法联军的支持下，回到巴黎，实行第二次复辟。

拿破仑入侵葡萄牙和西班牙的战争

1807 年 11 月，拿破仑派兵进攻葡萄牙，1 个月内占领里斯本；次年 3 月，法军进入马德里，并在西班牙抢占军事要地和交通干线；从此展开了延续 6 年多的半岛战争。拿破仑对葡西两国的入侵和对两国起义军民的镇压，是他战争经历中的肮脏之页。他为此丧失了道义，损失了军队，招致了劳民伤财的恶果，陷入了两线作战的泥潭。这场不得人心的侵略战争，是导致拿破仑在军事上最后遭到失败的一个方面和重要原因。

"大陆封锁令"的颁布与执行

1806 年 10 月，法军歼灭普鲁士军队的辉煌胜利，进一步改变了欧洲政治势力的格局，再一次助长了拿破仑权威形象的神化，眼见普鲁士的实际消灭，拿破仑内心充满了无限的喜悦和扩张的宏愿。他似乎感到，整个世界看来可以成为他自我意志得以充分表演的场所。他曾自信地说过："我做的一切，是我应该做的，因为继承革命事业和巩固革命的地位，只有我才能做到，我就是一切。"的确，一连串的巨大胜利使他陶醉，使他自以为他的意志可以决定一切，而法国又赋予他实现自己意志的全权。然而，这个全权还是遇到了外部的严重挑战，并在他的心目中泛起一缕疑云，因为还有一个死对头没有征服。这个死对头便是英国。1年以前，即1805年10月21日，英国舰队在西班牙沿海的特拉法尔加角全歼法国和西班牙联合舰队，使法国完全丧失了在海上同英国抗衡和竞争的能力。拿破仑深知，不彻底打败英国，法兰西帝国的统治地位，特别是在它的占领地区，就不会巩固，整个欧洲大陆也不会有真正的和平，他的霸业也将不断受到威胁。

怎样对付英国呢？拿破仑在军事胜利赫赫煌煌、内心深处洋洋得意的情势下，想出了立即从经济上打一场殊死战的独特办法。1806年11月22日，拿破仑进占柏林不久，就在那里颁布了一个"大陆封锁令"，也即是通常所称的"柏林敕令"。这个命令指责英国，说它"无视作为文明的产物的公正的观念和自由的情感"，滥施淫威，"妄图封锁海港"，为此宣布："大不列颠诸岛已被宣布为处于封锁状态中，所有与大不列颠诸岛的贸易和通信，概行禁止。"具体地说：禁止法国及其同盟国同英国有任何商业往来，禁止买卖英国及其殖民地的货物，禁止任何曾停靠大不列颠港口的船舶进入法国及其同盟国的港口，对任何串通违犯柏林敕令的船舶，都将作为合法的战利品加以扣留。很显明，颁布这个敕令的目的，是想用禁绝英国一切货物进出口的办法，从经济上彻底摧垮英国。

然而，当时正在实现技术革命、逐步"用机器来生产机器"的英国，由于拥有比法国强大得多的工业基础和海上兵力，又岂惧法国的经济封锁。更何况，漫长的欧洲海岸线和众多的港口，又何能用一纸命令就完全封锁住呢。对于"柏林敕令"，英国的报复办法首先是针锋相对，它于1807年1月7日颁布"英王诏令"，禁止中立国船只在法国及其盟国港口，或在执行"柏林敕令"的港口之间进行贸易，对违犯者将扣留没收其船货。这样，"柏林敕令"执行以后，法国虽曾暂时地、部分地控制了欧洲大陆的资源，但却奈何不得英国，因为它还能从美洲大陆和南亚次大陆的殖民地取得丰富的资源。英国的经济优势比法国的军事优势显得更加有力量和有作用。

"大陆封锁令"颁行以后，效果并不理想。由于各国利益不同，它们对于拿破仑的依附和驯服程度也不一样，对于大陆封锁政策的执行当然差别很大。拿破仑虽然已成霸主，但要把沿海所有国家都纳入"大陆封锁"的规范之内，实际上很难办到。一些国家对他阳奉阴违。特别是紧邻英国的葡萄牙和西班牙，尽管当时迫于无奈加入了"大陆封锁"，但基本上没有认真执行，政府默许与英国贸易的走私活动。更重要的是，英国始终严密地控制着葡萄牙，并不断利用它在西南欧与法国对抗。对此，拿破仑非常恼怒，但又感到鞭长莫及，以致惴惴不安。为了保障大陆封锁的有效实行，同英国争夺葡萄牙，同时，也为了满足法国大资产阶级早就对伊比利亚半岛垂涎欲滴的掠夺原望，在处理了普鲁士问题又与俄国秘密结盟以后，拿破仑终于定下决心，要彻底征服葡萄牙和西班牙，把整个伊比利亚半岛完全纳入自己的统治之下，于是便爆发了入侵葡萄牙和西班牙的战争。

拿破仑吞并葡西两国

拿破仑对葡萄牙和西班牙的侵占，是采取军事突袭与政治欺诈双管齐下的手段实现的。1807 年秋，他命令朱诺将军在巴荣纳练兵备战，编组一支 2.5 万人的部队，准备随时出动。9 月 8 日，写信给葡萄牙摄政王，强烈要求葡萄牙禁止英国货物进入葡国一切港口，并没收英国商人在葡境内的一切货物和财产，警告摄政王考虑同英国结盟的严重后果。在拿破仑的高压淫威下，葡摄政王不能不俯首听命，着手采取拿破仑提出的各项措施。但是，恫吓只是一个幌子。拿破仑进军葡萄牙的决心已经不可改变，而此时正运用一石二鸟的手段，假惺惺地同西班牙秘密商讨有关瓜分葡萄牙的协定。10 月 12 日，拿破仑写信给西班牙国王，说："我预计朱诺将军的部队最晚 11 月 1 日将抵达布尔戈斯，与陛下的军队会合。然后，我们就能够用武力占领里斯本和整个葡萄牙。届时我当与陛下会商对该国的处置，但无论如何，宗主权是属于你的。"他所以采取这种外交手段，包含着麻痹敌人和分步克敌的阴谋，是要首先假道西班牙进攻葡国，同时获得进军西班牙的允诺，以便顺利地完成吞并半岛的第 1 步任务。

1807 年 10 月 22 日，法国正式向葡萄牙宣战。27 日，拿破仑签署了由他本人和西班牙国王商订的不可告人的《枫丹白露密约》。根据这一条约，葡萄牙及其殖民地将按拿破仑的意志瓜分，西班牙只享有名义上的宗主权，10 月 31 日，拿破仑给朱诺下达了关于攻占葡萄牙的详细命令。朱诺随即出兵，横越西班牙领土，于 11 月 30 日进抵葡都里斯本。葡萄牙摄政王自知力不能敌，率领着王室成员和王国小朝廷，在英国海军的帮助下，于首都陷落前 3 天泛海出逃，后来将流亡政府迁到了巴西。葡萄牙落入法军手中，它作为一个独立国家在欧洲的地图上暂时地消失了。

葡萄牙既已到手，拿破仑紧接着便以武力进占西班牙。法西两国瓜分葡萄牙的秘密协定，从签署开始就成了废纸。拿破仑早在朱诺于 11 月初出兵之时，即在巴荣纳继续组编新的军队。由杜邦将军指挥的 1 个军约 3 万人，便是后来所谓"西班牙军团"的前锋部队，以支援朱诺的"葡萄牙军团"为名，很快进入西班牙境内。随后，由蒙赛元帅指挥的 1 个军约 2.4 万人，继杜邦军开入西境。12 月，葡萄牙方面的战事已经暂时结束，而法国的两个军却不停地开进，到 1808 年 1 月底，分别抵达瓦里阿多里德和布尔戈斯。2 月，由迪埃斯梅将军指挥的另 1 个军约 3 万人，竟从比利牛斯山靠地中海的一端进入西班牙，占领了加泰罗尼亚地区。贝西埃元帅指挥的近卫军 3 万余人，作为后援部队进至布尔戈斯，法军这种明目张胆深入践踏西班牙国土的行径，自然要引起西班牙政府和人民的警觉和反感。

到得此时，拿破仑武装进占西班牙的部署基本完成。他随之也把假面具揭下来了。2 月 20 日，他任命其妹夫缪拉元帅以皇帝副帅的身份统一指挥西班牙境内的全部法军（此时约为 11 万余人），在维多利亚开设司令部，率军进入马德里。3 月 9 日，法外交大臣奉命向西班牙政府解释，说什么法军 5 万人将取道马德里去围攻直布罗陀。这样，拿破仑派兵进占西班牙的阴谋便完全暴露无遗。腐朽昏庸的西班牙王室，在强大的法军面前完全无能为力。他们没有组织对法军的抵抗，在民众开始暴动的情况下，国王查理四世被推翻，由他的长子阿斯图里亚亲王继位，称为费迪南七世。3月24日，费迪南七世登位刚刚几天，缪拉便率领着蒙赛和杜邦2个军进入了马德里城，同时在各处抢占军事要地和交通干线。

法军进占马德里后，西班牙政府实际上就不存在了。拿破仑并不准备承认刚即王位的费迪南七世。他以调解纠纷为名，把全体王室成员都召集到法国，先是强迫费迪南把王位还给他的父亲，进而威胁查理四世再次退位，并把他们分别软禁起来，而宣布自己的哥哥约瑟夫继任西班牙国王。这是一个骇人听闻的政治诈骗，它是在法军对马德里实行军事占领之后发生的。7月21日，约瑟夫到达马德里，开始法国波拿巴家族对西班牙的一段统治。西班牙国家和人民，由此陷入水深火热的武装斗争之中，被迫作出了巨大牺牲。进攻西班牙的大量法军，则长期跋涉于异国他乡，许多官兵为拿破仑的侵略战争献出了宝贵生命。

扑不灭的游击战烈火

法军赤裸裸的侵略行径，强盗式的军事占领，激起了西班牙人民的极大愤慨。他们不能接受法国佬的奴役和压迫，纷纷起来反抗。1808年5月2日，马德里的爱国者首先举起义旗，成千上万的群众拿起武器走上街头，同侵略者展开了英勇的搏斗。这次起义，尽管因为组织涣散和装备大缺而很快被镇压下去，但2000多平民的惨死却起到了唤醒人们觉悟的巨大作用。拿破仑废黜西班牙国王的消息传来，新任国王的随后到达，使得西班牙人民更加义愤填膺。各地人民纷纷拿起武器，到处掀起了反对法军占领的游击斗争。在人民英勇抗敌的感召下，忠于前国王的一些军队，以及各省的政务会（西班牙语称"洪达"），也大多参与了反法斗争的阵营，有的甚至起着组织抵抗的核心作用。随着事态的发展，各地的爱国者开始采取联合行动，相互配合打击敌人，从而不断发展着如火如荼的游击战争，使整个国家完全处于反抗法国侵略者的战争状态。

对于西班牙人民的愤怒和反抗，拿破仑是始料不及的，他原以为，属于波旁王朝世系的西班牙王官，早就腐朽不堪了。它的宫廷不睦，父子争权，宠臣弄术，已经把一个国家弄得混乱不堪。在这种情况下，他这个威震全欧洲的法国皇帝，只要略施小计，并派去十几万大军，一定可以轻而易举地把西班牙慑服。可是，他的算盘打错了，侵略政策和高压手段带来了严重的后果，在人民游击战争面前，向来号称不可战胜的法军，开始节节败退了。其中最突出的事例，是7月19日法军在拜兰地区的惨败。当时，杜邦率军南下，目标是想抢占西班牙南部地区，得手后再去攻取直布罗陀。西班牙的爱国将领卡斯特罗将军，率领2.5万余人，事先于安达卢西亚省占据希拉莫雷纳山隘等有利地形，在拜兰地区发动了对杜邦军的围歼战。由于交通线已被切断，在弹尽粮绝、饥渴难耐的情况下，杜邦走投无路，率领1.9万人投降。这个深被拿破仑器重的将军缴械投降，轰动了整个欧洲。它第1次打破了法军不可战胜的神话，显示了民族解放战争的巨大威力。尽管法军在其他地区也取得不少胜利，但拜兰之战激发了西班牙人民的斗志。此后，西班牙爱国者在各地纷纷出击，迫使法军各路分兵，疲于奔波，时有挫折，穷于应付。在游击队力量的打击下，约瑟夫忧心忡忡，被迫于 8 月 2 日撤出马德里。西班牙战场的情况顿时变得非常严峻和复杂了。

面对这一形势，拿破仑不得不亲自出马。他为此作了详细筹划：首先，指示西班牙境内的法军采取缓兵之计，牢牢固守战略要地以待援军到达，并作好再战准备；其次，抓紧时间安排好欧洲中部事务，并邀请沙皇亚历山大到埃尔富特来会谈签约，决定共同对付奥地利的政策，以解后顾之忧；接着，重新部署兵力，除留下 7.5 万余人驻守莱茵地区之外，命令第一、第五、第六军和 3 个骑兵师从德意志地区撤出，以最快速度进军比利牛斯半岛，并在巴荣纳新编一个攻城纵队，尽快做好战斗准备。这样，到 11 月 5 日，拿破仑便率领一大批随从，浩浩荡荡地奔赴西班牙前线。此时，他仍然是志得意满的，手中握有 19 万余人的大军（包括原先进入西班牙的三个军在内），认为很快就能收复马德里，而后挥军出击，歼灭所有的反抗者，一劳永逸地收拾好西班牙战场的残局。

由于拿破仑的到来，也由于法军的强大实力，分散作战的西班牙部队，特别是零星的游击队伍，当然无力阻止敌人的开进。12 月 4 日，法军再次攻占了马德里。西班牙军民的抵抗力量在许多地方受挫和败逃。可是，挫折与失败并没有使西班牙人民气馁，广大民众仍然不屈不挠，团结奋战，坚持用游击战到处袭扰敌人，给法军以出其不意的打击。正如马克思所指出的那样，在西班牙土地上，"每一部分都洋溢着反抗力量。"

游击队的四处活动，使得法军不能派出信使，相互之间无法进行联络。拿破仑曾为此而发过哀叹，说"敌人游击队的活动实在难以捉摸"，说他们"突袭我的军事岗哨、辎重和信使的事件日益频繁"。正是西班牙人民这种灵活机动的游击战，把入侵的法军打得坐卧不宁。据说，当时在西班牙境内广泛地流传着一种《特殊问答》："你是谁？上帝恩赐的西班牙人。谁是你的敌人？拿破仑。他从哪里来？他从罪孽中来。法国人怎么样了？原来是基督教徒，现在成了异教徒。西班牙人为他们服务将会怎么样？那就是叛徒，应该一律处死。杀死法国人有罪吗？不，按上帝旨意，罪有应得。"这种公开的宣传攻势，震撼人心的喊话问答，曾使法军官兵闻之丧胆，大挫士气。法军兵力上的优势，在敌人游击战的海洋中，终于失去了以往同正规军作战所显示的作用。

西班牙人民的游击战火越烧越旺。拿破仑对于这一难题也已束手无策。然而，正当他苦心谋划下一阶段的进剿行动时，欧洲腹地传来了新的消息，奥地利开始集结军队，准备对法国进行报复。拿破仑有些困惑，又面临新的难题：可能要进行两线作战，而主要战场自然是在欧洲腹地。于是，他顾不得眼前战场的残局，在西班牙停留不到 3 个月，于 1809 年 1 月匆匆离开瓦利阿多里德，把作战指挥权交给贝尔蒂埃，自己快速度赶回巴黎。

没有拿破仑坐镇的西班牙战场，随之又失去了有权威的统一指挥，从此更加陷入无法摆脱的困境。西班牙人民愈战愈勇，作战规模和成果都不断发展着。游击队和原政府军日益强大，在英国远征军的援助和配合下，经过延续六年的艰苦搏斗，拖住了拿破仑的几十万精锐部队（最多时达到 30 万人），连续挫败了法国著名元帅马塞纳、内伊和苏尔特等人的威风，最后收复了首都马德里。1813 年末，所有侵西的法军，终于被全部赶出了国境。西班牙人民恢复了战前的王国，并把王位奉还给了费迪南七世。从 1807 年法军入侵开始的半岛战争，真正成了敌人以任何烧杀手段都不能摧毁人民抵抗精神的战争，是西葡两国人民运用游击战手段赢得最后胜利的民族解放战争。

英国获得进攻法国的基地

拿破仑对伊比利亚半岛发动进攻，还有一个重要目的是阻碍英国势力向半岛的扩张发展。然而事与愿违。法军进占葡萄牙和西班牙后，英国政府有了借口，因而于 1808 年 6 月作出决定，派遣一支远征军进入伊比利亚半岛。其任务：最初不过是阻止法军占领大西洋沿岸的重要港口，后来随着形势的发展，远征军深入到半岛内地，支援和配合葡西两国的武装力量，共同开展反对拿破仑的战争。8 月，英军中将阿瑟·韦尔斯利爵士受领远征军指挥职务，率军 1.7 万人，在葡萄牙的蒙德戈河口登陆，随后向里斯本进军。8 月 17 日和 21 日，韦尔斯利两次大败法国朱诺统率的葡萄牙军团，进入里斯本，签署协定，迫使朱诺率全部军队由海路撤回法国。远征军的初战胜利，鼓励了英国人对于支援半岛战争的信心和欲望。由于掌握着制海权，英国海军能够自由地向比斯开湾和大西洋各港口运送兵员和武器弹药等物资，用以维持英国远征军和葡西两国开展抵抗运动。于是，英国与葡西两国在半岛的军事合作得以不断发展。

英国远征军在半岛参与抗法作战的历程也是随着战事的发展而几经变迁的。进退攻守，胜败得失，在斗争中有过不少波折。1808 年秋，韦尔斯利获胜以后，英军迅速增加到了 3.5 万人。但是，他的指挥官职务被皇家近卫军老将约翰·摩尔爵士所取代。韦尔斯利返回本国继续担任他原先的行政职务。摩尔奉命进军西班牙，与前王国的政府军协同作战，抵抗法军的大举进剿。当年 12 月，英军 3 万余人顺利东进，在中旬连续占领萨拉曼卡、萨莫拉等地区，并在萨阿贡大败苏尔特军的骑兵部队。但由于拿破仑亲自率军支援，并切断其通往葡萄牙的退路，摩尔率军后撤，在拉科鲁尼境内作战时，不幸身负致命重伤。因此，英军对西班牙法军的第 1 次进击，最后遭到了失败。

1809 年 4 月，韦尔斯利重新来到里斯本，接替亡故的摩尔担任英军指挥官。由于葡萄牙军很快与英军合编成旅，韦尔斯利实际上也成了葡军的司令。在以后的 5 年中，他多次领军出击西班牙，又多次退还葡萄牙休整，配合西班牙军队和人民进行了反抗法国侵略者的游击战争。1809 年 5—6 月，韦尔斯利率领英葡军队出击，把苏尔特元帅率领的全部法军赶出了葡萄牙境内。7 月，他同西班牙老将军库斯塔采取联合行动，取得了塔拉韦腊作战的巨大胜利。1810 年，他挫败了马塞纳和内伊再次进攻里斯本的计划，使进攻的法军连遭失败而退。1811 年，在弗温特斯德奥尼奥罗的战斗中，又一次打败马塞纳指挥法军的进犯，同时有一部分联军在巴达霍斯地区挫败了苏尔特部队的进攻。1812 年，由于法国侵俄战争爆发，西班牙境内的部分法军相继调走，韦尔斯利率军向西班牙境内出击，在萨拉曼卡附近大败马尔蒙，使这位接替马塞纳担任前线统帅的著名元帅身负重伤而逃。他乘胜追击，进占马德里，但考虑到当时的战场形势复杂，认为还不到同法军进行决战的时候，便又主动撤回葡萄牙。

1813年，随着欧洲战局的发展，拿破仑对西班牙的战事根本无力顾及，韦尔斯利制定了进攻西班牙法军的周密计划。他率领英葡军队出击，配合西班牙的政府军和游击队实行反攻。首先在维多利亚大败齐巴部队，迫使他们退向法国边境；而后在西法边境的比利牛斯山边区，连续重挫苏尔特部队，迫使法军全部退入法国本土。在此同时，他还协助前国王费迪南七世进行复辟，恢复了战前的西班牙王国。这样，由韦尔斯利率领的英国远征军，以同盟者的身份在西班牙王国境内同法军作战，同时也就获得了下一阶段直接进攻法国的可靠基地。1813年10月，威灵顿（韦尔斯利此时因功晋升为威灵顿侯爵，不久又封为公爵，升为陆军元帅）从西班牙出发，率军北上，越过比利牛斯山，在法国境内作战，配合了第6次反法联盟对法国本土的进攻。

西班牙人民的游击战争，使法军遭受了重大的损失。当时流行着一种说法，法军在西班牙战场的不断损失，是长在法兰西帝国身上的一个"脓疮"，并终于化成一块"溃疡"。这块"溃疡"，不断地腐烂着，扩大着。它侵蚀了帝国的机体，消耗了大量的人力和物力，使得拿破仑的大量军队长期被困在伊比利亚半岛，使得拿破仑在尔后的年月里一直面临着两线作战的困境。法军所以失败，原因是多方面的，从总体上说，大体有以下几点。

一是侵略战争扑灭不了任何民族反抗压迫的革命怒火。拿破仑入侵葡西之战，采取了明火执仗的军事进攻和欺骗恫吓的政治讹诈手段，是一种赤裸裸的强盗行径。它公开违犯了国际公法和人类道义准则，从表面上看，似乎只是为了夺取王位和控制领地，为了某些经济利益，而实际上，却是对别国民族的生存权和自尊心的践踏，其最后结果，则是对别国广大人民群众的压迫和奴役。因此，它不能不引起被压迫民族和被掠夺人民的强烈反抗。半岛战争的事例表明，过去何等强大的法国军队，一旦师出无名，完全为了掠夺和压迫别的民族和人民去作战，结果也就丧失了以前那种无与伦比的作战能力。在这场侵略战争中，法军对于奋不顾身以求生存的反抗者，终究是砍杀不完，歼灭不了。他们面对四处蜂起、八方出击的游击队和游击斗争，最后也不免陷入困境，以致落得引火焚身。誓死反抗侵略和压迫的民族是永远不能用武力征服的，这是历史发展的逻辑。

二是英军的介入起了坚持抵抗的重大作用。在葡西人民反抗拿破仑入侵的战争中，英国远征军是一支重要的骨干力量。威灵顿率军进入半岛以后，对赶走葡萄牙境内的法国部队，加强和巩固葡萄牙的反侵略力量，曾起了决定性的作用。此后，他率军东进西班牙，对协助西班牙政府军和人民游击部队抗击法军的进剿，以及主动打击法国的驻防部队，也有不可磨灭的历史功绩。可以说，如果没有英军的介入，半岛战争的发展可能困难更大，战争胜利的到来也许要拖长一定的时间。事实表明，从1809年到1813年，在葡西境内打败法军进攻的大多数战斗中，差不多都有英军配合作战，有时还是他们起着主导作用。

三是法军缺乏坚强统一的领导，元帅们互不团结，不能协调一致地配合作战。半岛战争爆发以后，由于逐次增减兵力和调整部署，几经挫败和重新策划进攻，使得法军的领导体系和作战指挥屡经变易。开始时，以新任国王约瑟夫为名义上的总司令，茹尔当元帅当他的参谋长，两人都属平庸之非辈，在法军中根本没有威信。独立指挥各军单独作战的元帅们，压根儿瞧不起他们。对于来自马德里的命令和指挥，元帅们往往置之不理而各行其是。后来，马塞纳，内伊，马尔蒙和苏尔特等元帅，相继担任过指挥前线作战的统帅。他们各有特长，但历来不相统属，只是对拿破仑个人负责，而且彼此之间有不少私人恩怨，互争短长，各不服气。这种关系妨碍了他们在作战中的合作与支援。另外，伊比利亚半岛的地理环境也对作战指挥带来了不利影响。那里的山脉与河流使作战地区分成多块，相互隔绝，不利于军队的协调行动，但却便于各战区指挥官进行单独决策，各自为政。他们多从自己的方便出发采取作战行动，对于战场全局，以至整个战争的形势和利益，往往有所忽略。这样就造成了各区独立作战而缺少整体配合的局面。其所以如此，当然还是整个法军没有坚强统一的领导，是拿破仑军事领导体系中没有建立有效的机制，换句话说，只要拿破仑本人不在，他的军事机器就会发生故障。

第五次反法联盟与第四次法奥战争

1809 年 4 月，奥地利为报 3 次失败之仇，主动向法国发起进攻。已把大部分军队投入西班牙战场的拿破仑，被迫进行两线作战。法军匆匆集结和走上前线，在 4 月中下旬连续实行五次进攻战，又一次迫使奥军放弃进攻而转入退却。法军乘胜追击，于 5 月 13 日再占维也纳。5 月 21—22 日，双方争夺阿斯佩恩和艾斯林，法军首次败绩。拿破仑退守洛鲍岛，经过积极准备，复于 7 月 4 日夜巧渡多瑙河，随后赢得了 7 月 5、6 两日进行的瓦格拉姆会战。奥地利又一次战败投降。奥英两国结成的第五次反法联盟也随之破灭。拿破仑在这次战争中的战略部署和指挥艺术，特别是对主动进攻之敌抢先攻击和败而不乱的再战决策，仍然在战争发展史上留下了有益的经验。

1809 年初的欧洲形势

1809 年初，欧洲大陆又出现了变幻莫测的政治局势，战争风云重新翻滚起来了。人们翘首望着法国和西班牙，半岛战争拖困着大量的法军。尽管拿破仑亲自在前线督战，而法军仍然不断遭受挫折。看来，那里的战事是一下子结束不了的。葡萄牙和西班牙军民英勇抗法斗争的榜样，激励着一切渴望制服拿破仑的旧日王公，特别是那些被拿破仑用苛刻条约所束缚的战败者。欧洲列强之中，俄国暂时维持着与拿破仑结盟的关系，普鲁士还被压迫得喘不过气来，因而带头活跃起来的，是资产阶级掌权的大不列颠王国和志在复仇的奥地利帝国。

当时，掌握着制海权的英国，已经基本上克服了拿破仑实行"大陆封锁"给它造成的困难，并在经济上又有新的发展，因而现在反了过来，可以重新同法国争夺大陆的控制权。英国政府早在 1808 年秋即作出决定，派出远征军同葡萄牙军民并肩作战。在援葡抗法的名义下，韦尔斯利中将率领远征军在葡萄牙登陆，打败法国入侵部队，收复了里斯本。到 1809 年初，英国远征军已增加到 4 万人左右，不仅协助葡萄牙的游击部队积极防卫着本土，而且奉命进军西班牙，协助西班牙军民开展抗法斗争。英国人参与半岛战争的决心和行动，特别是远征军打败朱诺部队的重大胜利，对欧洲大陆的封建王侯，以及不满于法国革命和拿破仑统治的人们，产生了巨大的鼓舞作用。

经过 3 年休养生息的奥地利人，完成了重新整训军队的工作，正在扩军备战，决心要报 3 次大败特别是奥斯特利茨惨败的深仇。他们眼看拿破仑的一只手已经在西班牙战场被绊住，认为良机已到，决心尽快发动进攻，要同拿破仑进行又一次重大较量。因此，革命后的法国同奥地利之间的第四次战争，也就随着奥地利军队作战计划的执行而提上了日程。

共同的敌人与相互借重才能得到的利益，又一次把英国和奥地利联合起来了。它们为了打败法国，制服拿破仑，于 1809 年 1 月正式结成第五次反法联盟。英国提供若干财政援助，奥地利出兵打仗，以期重新改变欧洲的政治地图。

路易十六被送上断头台，各国纷纷参加普奥联盟

与此同时，法国内部的情况也在发生变化。本来，对于入侵葡西两国的战争，政府大臣中多有怀着不安情绪的。立法院主席戈塔内曾公开向拿破仑表示忧虑，说大家心里都"惶恐不安"。海军大臣德克雷在私下议论中，指说"皇帝疯了"，"他将自取灭亡，而我们所有的人都将跟他一起灭亡。"法军在伊比利亚半岛的失败，打击了拿破仑帝国的威望，加深了法国人对国家前途的担心。根据确切情报，整个一生"都在出卖那些收买了他的人"的前外交大臣塔列朗，和警务大臣富歇，正在联合起来，策划着如何出卖拿破仑。法国政局的发展，似乎很难预料。

对于欧洲政局的动荡，战争风云的涌现，拿破仑当然是有觉察的，并开始筹划对策。他在到西班牙去之前，专门约请沙皇亚历山大来埃尔富特举行会谈，希望俄国保证，在法奥之间再次发生战争时亚历山大站到拿破仑方面。然而，这位盟友并未明确表示态度。作为回答，拿破仑也在普鲁士问题上没有对沙皇作出保证。沙皇的冷漠说明了法俄联盟的脆弱性。俄国同奥地利、普鲁士之间的秘密勾结，拿破仑是非常清楚的。他急于亲赴前线，就是要尽快收拾西班牙战争的残局，以便回头处理对付奥普俄的问题。

可是，到 1809 年初，欧洲形势的发展对拿破仑却更加不利了：半岛上的战争根本无法很快结束；英国远征军已由葡萄牙向西班牙境内开进；重新武装起来的奥地利正加快准备复仇；德意志境内开始发生反法骚乱；他的统治集团中也出现了惶恐情绪和叛离活动。总之，在整个大陆和法国内部，不安的因素在增长。拿破仑权衡利弊，下决心丢下半岛战争这个烂摊子，把作战指挥权交给西班牙国王约瑟夫，自己于 1809 年 1 月 24 日匆匆赶回巴黎，以便安抚和整顿内部，并准备对付奥地利的战争。

奥法双方走上战场

拿破仑返回巴黎，通过情报获悉奥军动态的最新消息，确信又一场战争已经不可避免。于是，他立即颁发征兵令，提前征召 1810 年度的新兵 10 万人入伍。同时下令各附庸国为他提供 10 万人的部队，预计在 3 个月内集结兵力约 30 万人，用于对奥作战。为了这一目的，法军在 2—3 月间紧张地进行了新兵入伍、接收补充和连队培训等大量工作。到 3 月末，原来只剩 7.5 万人的"莱茵军团"，便基本上完成了扩充和改编任务。诚然，由于补充的新兵太多而久经战阵的老兵大减，同时还新增了来自附庸国家约 7 万人的外籍士兵，法军的战斗力如何，能不能承担未来的作战任务，人们是有过担心的。

根据拿破仑的指示，扩充了的莱茵军团首先编成了五个军：第二军，下辖三个步兵师、一个骑兵师、共 4.6 万人，由拉纳指挥；第三军，下辖四个步兵师、两个骑兵师，共 5.1 万人，由达乌指挥；第四军，下辖四个步兵师、一个骑兵师，共 3.5 万人，由马塞纳指挥；第七军（巴伐利亚军），下辖三个步兵师、一个骑兵师，共 3.4 万人，由勒费弗尔指挥；骑兵军，下辖 4 个骑兵师，共 6000 人，由贝西埃指挥。此外，皇帝已于 3 月 24 日下令，将近卫军（步兵 1.8 万人，骑兵 4000 人）从西班牙前线调回。为了保护后方交通线和翼侧的安全，巩固占领地区，牵制奥军的行动，还决定组建第八、第九和第十军，分别由奥热罗、贝尔纳多特和路易·波拿巴指挥。

这样，拿破仑预计，到 4 月中旬，可以用来对奥作战的兵力将有约 20 万人。据他判断，奥军发动进攻的日期，可能要在 4 月 15 日以后，因此决定将法军集结地区选在累赫河西岸与多瑙河北岸沿线，以斯特拉斯堡为主要补给基地，奥格斯堡和英戈尔施塔特为前进补给基地，利用多瑙河进行补给运输。当然，要完成新军的组建、调集和全部兵力的部署，任务非常艰巨，时间极为紧迫，还有敌情的变化未可预料。

事实上，局势的发展也确实出乎意料。法军还没有来得及按拿破仑的决心集中起来，奥地利军队就在卡尔大公的指挥下行动起来了。1809 年 4 月 9 日，奥军不宣而战，首先发起进攻，走上了战场。

奥地利这次发动的对法战争，要比以往三次都得人心。这是因为，拿破仑的大陆封锁法令颁行以来，奥地利在商业和税收上遭到了巨大损失，商业资产阶级和全体消费者都产生了对拿破仑的不满情绪，因而一致拥护对法作战。同时，为了洗雪奥斯特利茨的耻辱，奥军在卡尔大公领导下进行了部分的军事改革。比如：军队设置了总司令部，把部队编成为军，建立了预备兵役制度，每个团的征兵区每年有接受 3 个星期义务训练的二个营，正式建立后备军，把分散的骑兵编成独立的师或团，把分散在步兵中的炮兵编成联队，组建了工兵团，改善了后方勤务，等等。经过改革的奥军，战斗力有很大提高。因此，它这次对法作战的准备是相当充分的，而且先于法军集中了兵力。

奥地利宣布对法战争时，全国共有兵力约50万人，除去预备队和各地守卫部队外，直接用于对法作战的兵力可达26万人，有火炮790门，编为九个军，由卡尔大公担任统帅。另有两个军约10万人作为预备队，分别驻守加利西亚和保卫维也纳。但后来真正参与对法作战的兵力则为19.5万人。当时，卡尔大公鉴于自己处于有利态势，决定采取先发制人的作战方针。他预计拿破仑不可能很快向多瑙河上游增加大量兵力，因而急速发兵，朝累赫河与多瑙河挺进，目的是把驻地分散的法军割裂开来，予以各个击破，争取在拿破仑赶到之前把法军打垮。为此，分兵两路：卡尔亲率主力约14万余人为左路，在帕骚与布劳瑙之间渡过因河，尔后向伊扎尔河开进，并分出一部开向慕尼黑；柯罗华特伯爵率5万余人为右路，沿多瑙河北岸向累根斯堡开进。

面对这种形势，法军的境况非常不利。拿破仑还在巴黎，军团的代理指挥官贝尔蒂埃也远在斯特拉斯堡。达乌的第3军正从纽伦堡向累根斯堡开进；拉纳的第二军在累赫河上的奥格斯堡；至于近卫军，则在从西班牙开来的途中。其他各军相距更远，有的连拿破仑关于迅速集中的命令都还没有收到。就这样，在4月9日奥军出击时，法军分散在约150公里的正面上，可用来作临战准备的时间非常有限，但是值得庆幸，志在先发制人的卡尔大公，却仍然没有改变过去那种徬徨犹豫、进军迟缓的老习惯。他的挥军挺进，只不过是缓缓地向西开拔而已。行军中不断地左顾右盼，既害怕法军很快集中，又担心防守维也纳的兵力薄弱。这样一来，他自己为拿破仑加速调动法军提供了宝贵的时间，同时又把自己的部队搞得非常疲惫。

法军初战获胜

奥军于4月9日而不是4月15日以后发动战争，对拿破仑来说是一次谋略上的失算，自然要给法军的作战部署带来颇大影响。但他作为战略家，仍然不失统帅风范，没有因为事出意外而惊慌失措，却又一次成功地利用了敌军指挥上的错误。尽管并未掌握敌军详情，拿破仑还是果断地下了决心，改变了原先在累赫河与多瑙河沿线组织防御的计划。他要变被动为主动，转守势为攻势，于是决定：以第三军与敌保持接触，缓缓地由累根斯堡撤退，沿多瑙河北岸退到诺伊施塔特，引诱敌人继续深入，在诺伊施塔特与第七军会合，尔后协同该军在正面抗击奥军的进攻；与此同时，以第二军和第四军分别从奥格斯堡出发，不顾连续行军的疲劳，迅速前出到伊扎尔河上的弗莱辛与兰夏特之间，攻击奥军的侧后，切断其后方交通线，造成有利态势，力求在多瑙河与伊扎尔河之间与奥军主力进行决战。

拿破仑于4月13日离开巴黎，17日凌晨4时抵达多瑙沃尔特，上午10时，给各军分别发出了改变原来决心的命令。当天夜里，奥军的四个军在兰夏特与弗莱辛之间渡过了伊扎尔河。与此同时，法军马塞纳指挥的第四军和拉纳指挥的第二军，开始从奥格斯堡开出。随着第四、第二军开出后，拿破仑将大本营前移到英戈尔施塔特。由于双方相向开进，而且彼此交错，法奥两军的战斗，紧接着便全面展开了。4月19日—23日，双方在阿本斯贝格、泰根、兰次胡特、埃克缪尔和累根斯堡，连续进行了五次血战，结果都以法军的胜利而告终。奥军总计损失约5万人，被迫从进攻转入退却，而法军虽然也有颇大伤亡，但却扭转了被动局面，转入了全面进攻。

初战的胜利，有效地检验了法军的战斗力。他们虽然新兵成分较多，而顽强勇敢的战斗作风却仍由老兵保持并传给了年轻的士兵们。拿破仑及时改变决心，采用正面牵制与侧后迂回攻击相结合的战术，对争夺胜利起了重大作用。这次被称之为"兰夏特行动"的大规模机动，同样是以部队不顾疲劳的急速行军和断敌退路为特点，是法军总体素质颇高的体现。还值得一提的是，在强攻累根斯堡时，拿破仑脚部负伤，但他深知统帅在关键时刻的作用，因而只作简单包扎，仍然继续指挥战斗，并严禁侍从人员向外泄露此一消息，以免扰乱军心。而在进入累根斯堡接受部下的欢呼时，他忍着伤口的剧痛，微笑着频频还礼。当然，这只不过是一件小事，但却反映了法国皇帝身居一线并以身作则的指挥作风。

法军初胜以后，立即乘胜追击。他们沿多瑙河而下，在艾别尔斯堡赶上了奥军的后卫部队，又取得一次胜利。但是，从奥军的作战行动可以看出，卡尔大公并不打算进行决战，因为他把维也纳城也主动放弃了。5月13日，法军没有经过激烈战斗便轻而易举地占领了奥地利首都。弗兰茨皇帝又像1805的那样，带领王室成员和政府，随着军队的撤退而逃跑了

争夺阿斯佩恩和艾斯林

但是事实表明，撤退的奥军并没有遭到致命的打击。在连续几次血战中，他们打得相当顽强和英勇，与马伦戈和奥斯特利茨作战的情况相比，应该说是大有进步。在卡尔大公的统率下，几次败退都是有秩序地撤走的。这一次，卡尔大公把部队从维也纳撤出，退到多瑙河左岸，其意图非常明显，那就是不愿意在首都附近决战，而有着新的预谋。卡尔深知，旷日持久对拿破仑不利，因而在撤退时毁掉了多瑙河上的所有桥梁，准备作持久的周旋。而拿破仑呢，他想再打一次奥斯特利茨式的会战，于是决心尽快渡河，寻求与奥军决战的机会。

在维也纳附近和下方，多瑙河被一些小岛分割了，形成几条支流。河中的岛子很多，其中最大的一个叫洛鲍岛。该岛与多瑙河左岸之间的河流比较狭窄。河的右岸这边是一层浅滩，河床平缓，并有两个小岛把大河分成为3条流速比较缓慢的支流。河对面，也即是左岸大约3公里的地方，一东一西地并列着两个小小的村庄，分别叫做阿斯佩恩和艾斯林。撤过多瑙河的奥军，就在这两个小村庄后方的高地上组织防御，其阵地正好俯瞰着附近一线的多瑙河沿岸。

拿破仑决心渡河，并选择了经由洛鲍岛过河的路线。这是因为，要想渡过河去，在维也纳大桥被炸毁以后，通过洛鲍岛南侧的3条支流，尔后再由洛鲍岛渡过另一条支流，是现地最可行的路线。为此，拿破仑动用了68条大船和9个大木筏，在洛鲍岛南面的3条支流上架设起浮桥。5月17日，法军安全地渡到了洛鲍岛，仅用四

天时间就完成了渡河的第 1 步任务。随后，拿破仑命令在洛鲍岛北侧的多瑙河主流上架设轻便舟桥。由于缺乏制式材料，舟桥只能架成一座。21 日清晨，法军开始从洛鲍岛渡河。拉纳的第 2 军奉命先行，其后是马塞纳的第 4 军。第二军渡过河后，即刻抢占阿斯佩恩和艾斯林，以掩护后续部队继续渡河。

法军第二阶段的架桥和渡河行动，完全是在对岸奥军的监视之下进行的。卡尔大公看到，法军在洛鲍岛与左岸之间这个水流湍急的多瑙河主流上，只架设了一座轻便浮桥，步兵渡过该桥尚且小心翼翼，骑兵和炮兵要通过它，其困难就不必多言了。据此，卡尔决定，先不忙于发起攻击，待到法军渡过一半兵力之后，再迅速毁掉桥梁，力求全歼已经渡过河来的大约一半法军。他随即下令，在河的上游准备好装上重物和纵火物的船只，以便在适当的时候由上游放下这些船只，一举冲毁法军的舟桥。为了不致暴露意图，他还命令主力注意荫蔽，暂时躲在阵地内，只以部分骑兵佯作抵抗，并逐次后退以引诱法军慢慢深入。

5 月 21 日，中午 12 时左右，拉纳军的两个骑兵师和马塞纳的四个步兵师，共约 3 万多人，已经渡到了河的左岸。拿破仑本人就在第 1 批过来的部队当中。对于奥军的沉寂，他开始感到有些疑惑，但并不了解奥军主力是否就在附近，于是命令法军抢占阿斯佩恩和艾斯林，加紧构筑工事。直到下午 2 时左右，奥军才突然地采取行动。卡尔亲率奥军 8 万余人，对 3 万余名法军陡然发动进攻，其主要攻击方向，正是指向阿斯佩恩和艾斯林两个村庄，借着骑兵的掩护，奥军的火炮在阿斯佩恩和艾斯林之间占领了有利的阵地。这些阵地多是石质建筑物和有围墙的花园，便于以火力威胁正在坚守阿斯佩恩和艾斯林的法军，支援步兵和骑兵的冲击。这样，双方便围绕这两个居民地展开了激烈的争夺战，其攻击的猛烈程度和防御的顽强程度，在战史上几乎都是没有前例的。

在争夺过程中，两个居民地曾经几次易手。当时，奥军展开在居民地之间的火炮，给法军造成了很大伤亡。为此，拿破仑集中了已经过河的所有骑兵，决心搬掉这些火炮。经过几场拼搏，法军骑兵受挫，而奥军则进一步向河边压挤过来了。恰在这个时候，卡尔大公按其预定计划，利用阿尔卑斯山雪水融化而不断上涨的河水，从上游放下装有纵火物的船只，毁掉了法军与洛鲍岛之间唯一的一座舟桥，完全切断了法军后援、补给和撤退的道路。对于两个居民点的争夺，一直持续到夜幕降临。法军在左翼和中央的部队，都被奥军逼到了河边，只有右翼顶住了进攻，艾斯林仍然掌握在拉纳手中。待到天黑，双方只好暂停战斗。

拿破仑抓紧夜间时光，迅速组织力量修复舟桥，并把滞留在洛鲍岛上的法军调过河去，增强了北岸的部队。到天亮时，北岸的法军增到近 7 万人。5 月 22 日，双方继续争夺阿斯佩恩和艾斯林。战斗一开始，奥军攻克了法军控制的艾斯林，而法军则重新夺回了被奥军占去的阿斯佩恩，真是巧妙的调换。尔后就展开了争夺这两个居民点的拉锯战，拼搏愈演愈烈，双方都用刺刀冲杀。最后，两个村庄都落到了奥军手中，奥军占领两个居民点后，立即将火炮机动上来，凭借有利地形，从左右两翼对法军进行交叉射击，迫使法军开始后撤。

可是，拿破仑并不甘心失败。他曾试图从中央突破，以求扭转被动局面，于是，集中了大约 2 万名步兵、200 门火炮和几乎全部骑兵，形成一个大纵队，命令拉纳率领，从战线中央部位实行孤注一掷的进攻。攻击开始时，眼见发展顺利，曾经在战线的中央打开一个缺口，并已推进到奥军纵深中的预备队阵地。法军似乎又有了转败为胜的希望。然而，卡尔大公这一次却表现得异常的冷静和沉着。他迅速地把预备队的掷弹兵和骑兵统统调了上来，很快就制止了法军向纵深和两翼的扩张。法军遭到了敌军预备队的反击，密集的纵队不得不停止前进。这时，奥军迅速而又充分地利用了对它有利的时机，集中炮火对法军的密集纵队进行集中射击，并以骑兵实施猛冲猛杀，终于迫使法军仓皇后退。奥军得势，乘胜追赶，并从法军右翼对整个战线进行迂回，用炮火集中轰击法军通向洛鲍岛的舟桥，使得成群成群的法军士兵倒毙于桥头。

当奥军步步逼近、法军逐渐后撤的时候，又一个灾难性的消息冲击了法军。架设于洛鲍岛与多瑙河右岸三条支流上的浮桥，又被奥军乘洪水放下来的树木和装载重物的船只冲毁了。这样一来，法军由洛鲍岛到多瑙河南岸的道路，由维也纳提供补给物资的交通线，一下子被破坏了。看到部队惨重的伤亡和奥军愈来愈猛烈的攻势，听到浮桥被冲毁的消息，连久经战阵的将军们，也都感到不寒而栗。可是，如同在艾劳作战时一样，拿破仑却丝毫不以为意。他毫不气馁，沉着地指挥着战斗，又一次用自己钢铁般的意志稳定了部队。

退守洛鲍岛后的应变措施

然而，战局的发展毕竟对法军极为不利。眼见二天的作战已经付出重大代价，而且一时很难有取胜的把握，士兵们实在是疲劳不堪，加之有可能长时间失去与右岸的联系，拿破仑终于作出了艰难的抉择：后撤。5 月 22 日下午 2 时左右，他命令马塞纳率部担任后卫，全军退往洛鲍岛。马塞纳指挥的后卫战是打得非常顽强的，战斗一直延续到深夜，掩护最后一批法军撤上了洛鲍岛。

著名的阿斯佩恩艾斯林争夺战就此告一段落。在这次作战中，法军损失了大约 3 万人（一说 4.4 万人），奥军损失 2 万人左右（一说是 3.5 万人）。奥军这次在首都城下，而且几乎就在首都的视界以内所取得的胜利，是一次真正的胜利；敌人惨遭挫败，士气沮丧，被围在洛鲍岛那一小块地方。拿破仑自从统兵作战以来，这是第一次遭到真正的失败。

法军失败的消息立即在欧洲引起了强烈的反响，有人欣喜，有人担心，更多的人都在拭目以待，观察着事态的进一步发展。除了奥地利之外，普鲁士、意大利和德意志其他地区的一些农民，也都自发地组织起来了。他们分散地，但又是坚定地进行着反抗法国占领军的起义。霎时间，欧洲的政治局势泛起了波澜。拿破仑静观着事态的发展，并采取了谨慎对待、果断处理的政策。他深知，只有经过一次胜利的会战，彻底征服奥地利，才能挽回阿斯佩恩失败的影响，稳住整个欧洲大陆的政局。

为了应付当前形势，拿破仑采取了各种紧急措施。首先，巩固和稳定欧洲大陆的秩序。他下令各地的法国占领军大力镇压农民起义。同时，颁布了所谓的"维也纳法令"，废黜并逮捕了罗马教皇，因为教皇庇护七世和他的红衣主教们借阿斯佩恩战斗大肆宣传，说什么上帝对拿破仑进行惩罚，说凌辱教会的暴君快要完蛋。拿破仑对他来了一个针锋相对，宣布把罗马城和教皇的一切领地完全并入法兰西帝国的版图，剥夺了教皇的一切特权。

其次，大力整顿战败的军队。为了鼓舞士气，提高官兵争取胜利的信心，拿破仑频繁地到各军去巡视，对士兵发表演说，使他们不仅从消沉的情绪中解脱出来，而且还焕发出积极求战的激情。他每到一处，都要特别询问部队的生活，力求使部队得到充分的休息和给养。当然，在那时的现实条件下，他最为操心，而且最为紧迫的任务，还是军队人员与装备的补充问题。于是，一个个的命令和指示从大本营中发出，不断地传送到欧洲的各个角落。随后，一批批的兵员、装备和给养物资，也源源不断地从各个附庸国和法国本土运上了前线。这样，在 6 月份，大约有 2 万名步兵、1 万名骑兵、6000 名近卫军和大量的火炮、弹药等，陆续补充到了部队。待到 6 月底，各军的损失已经全部得到了补充。

第三，调整指挥体系。法军得到补充以后，拿破仑对其编成和指挥官进行了适当调整。由于拉纳在阿斯佩恩战斗中阵亡，他任命乌迪诺接管第二军，而达乌和马塞纳仍然指挥第三军和第四军。新成立了骑兵军和第九军，分别任命贝西埃和贝尔纳多特担任指挥官。除了留下 2 个军驻防维也纳，以负责掩护主力、保障侧后的安全和后方交通线外，把欧仁·博阿尔内指挥的一个军、马尔蒙指挥的一个军以及巴伐利亚军等，统统调上前线。这样，法军将可用于直接进攻的总兵力，又达到 18.7 万人，火炮接近 550 门。有了这些兵力，拿破仑又可以寻求决战了。

双方重新选择战场

正当法军在洛鲍岛和多瑙河南岸积极备战的时候，卡尔大公也在重新筹划下一步的军事行动。由于阿斯佩恩和艾斯林地区离多瑙河岸太近，而且也太暴露，卡尔决定将奥军主力稍向后撤，选择一个有利阵地，以待法军再次来攻。这个阵地很快就被他找到了。原来，阿斯佩恩和艾斯林的东北部，就是一个叫做马尔赫法尔的平原。这个平原东西宽达 60 多公里，南北长约 40 公里，北端由一块自西向东而且成弧形的高地所环抱，其西端延伸到了多瑙河北岸。有一条叫做鲁斯巴赫的小河由北向南流来，从高地的中间穿过，又沿高地南缘流去，差不多是与多瑙河平行而转向东南方。在鲁斯巴赫河向东南转弯的地方，几乎是在弧形高地的顶点位置上，有一个居民地叫瓦格拉姆。

奥军主力从阿斯佩恩和艾斯林撤出后，来到了瓦格拉姆。卡尔大公看中了这块地方，立即命令部队停驻下来，就地组织防御。当时，卡尔选择这个防御阵地，也是费尽心机的。其左翼从瓦格拉姆伸展，向东南沿鲁斯巴赫河北岸部署，在大约 7 公里的地段上，配置了三个军和奥军的大部分骑兵。右翼也以瓦格拉姆作起点，沿高地向西南延伸，一直伸到多瑙河岸边，其正面约 13 公里；卡尔计划用四个军在这个地段组织防御，同时派出部分兵力前出到阿斯佩恩地区，占领前哨阵地。这样一来，瓦格拉姆便成了奥军左右两翼的结合部，实际上是整个部署的要害所在。

卡尔大公作这样的部署，是有其明确目的的。他确实选择了有利地形，企图依托河流和高地，构成一个形同聚能罩式的弧形防线，等待法军主动来攻。他设想，待法军落入陷阱，并受到一定的消耗之后，即可挥动大军，从两翼向法军的侧后出击，将敌军全部歼灭。可是，这样的部署却产生了一个致命的弱点，那就是把手中所有大约 13.6 万人的兵力作了平均分配，因而留不出可供急用的预备队。卡尔是发现了这一缺点的，因而曾发出急令，向各处调兵，并限令他的弟弟约翰大公尽快赶到战场参加战斗。约翰大公率领着 1.5 万人，当时驻守在维也纳以东的布拉迪斯拉发，从那里开上战场约有三天行程。这一情况表明，奥军的部署一开始就隐藏着祸根。

卡尔大公的上述企图和部署还潜伏着另一种危险性，那就是以假设作为根据。据他设想，法军如果发起进攻，还像阿斯佩恩作战那样，从洛鲍岛上北渡多瑙河。因此卡尔确定的主要防御方向，仍然是阿斯佩恩这个方向。这个判断似乎颇有道理，因为上次的战斗就是在这里展开的，而法军也对这里的地形与河床情况比较熟悉，并在这里架有浮桥。总之，卡尔对于法军的渡河地点和可能的进攻路线，单凭眼前的一点经验就作出了主观判断。

拿破仑会不会按卡尔大公的设想采取行动呢？这位杰出的统帅，久经战阵的老狐狸，在作战中早已形成了一条坚定不移的原则，那就是决不做敌人可能料到的事情。是的，法军要发起进攻。首先要克服多瑙河。障碍是要克服的，但不一定重蹈上次的老路，不必重复以前的做法。如何才能使 10 多万大军隐秘而迅速渡过河去，并在敌人预料不到的地点打击敌人，确实是使拿破仑费尽心机的问题。为了选定出敌不意的渡河地点，拿破仑和马塞纳元帅换上士官的服装，沿着洛鲍岛进行了仔细的勘察。他们亲自查看了多瑙河的河床、流速、沿岸地形，以及敌方部署等情况。根据现地勘察的资料，拿破仑决定：将渡河地点选在下游，即离上次渡河点约 4 公里的地方。具体地说，上一次的渡河点是在洛鲍岛的北端，这一次则移到了岛的南端。

根据这一决心，拿破仑制定了新的计划：以一部兵力在阿斯佩恩和艾斯林正面进行佯动，把奥军主力吸引到这个地段，而使主力在新选的渡场渡河。渡河利用夜色掩护，分三个波次进行。主力渡河以后，分出部分兵力实施正面攻击，其余兵力迂回奥军防御阵地的左翼，争取在那里首先达成突破，而后进行横扫敌阵的卷击。为此，拿破仑在随后发布的命令中，将渡河序列作了如下安排：第一波为达乌、乌迪诺和马塞纳的三个军；第二波为欧仁·博阿尔内、贝尔纳多特和马尔蒙的三个军，以及近卫军和巴伐利亚军；第三波为贝西埃指挥的骑兵部队。同时，拿破仑决定：以一个步兵师和大约 100 门火炮留守洛鲍岛，充作预备队，一旦作战失利，则充当掩护部队。

法军渡河与奥军反击

1809 年 6 月 30 日黄昏，根据拿破仑的命令，马塞纳派出一个师在阿斯佩恩当面的浮桥旧址开始渡河，进行佯攻。佯攻行动进展顺利，法军没有遇到抵抗就轻松地渡过了多瑙河，随后在那里大张声势地架设浮桥，开辟渡场。驻守阿斯佩恩前哨阵地的奥军，没有进行骚扰，只是加固工事。这是因为，根据卡尔大公的计划，要把法军诱到高地面前，进到鲁斯巴赫河一线，使他们自行落入陷阱。奥军统帅的这一谋划，实际上对法军渡河起了间接的保护作用。卡尔万万没有想到，他判断上的失误竟促成了敌军佯动阴谋的实现，并使十几万法军随后在一夜之间便顺利地渡过了面前这条欧洲大河，而其渡河地点不在旧址，却对准着他的暴露翼侧，立即对他的左翼构成了严重威胁。

法军准备就绪，只是等待时机。有利的时刻终于来到。7月4日夜晚，电闪雷鸣，风雨交加。法军利用事先备好的渡河器材，在预定地点迅速架好了6座浮桥。按照拿破仑的命令，部队分成三波，向多瑙河北岸开进。与此同时，佯动部队在旧浮桥处架起火炮，对准阿斯佩恩附近的奥军阵地连续进行轰击，造成了法军将从旧址渡河的假象。7月5日拂晓，法军第一波的第三、第二和第四军全部到达多瑙河北岸，随即按照预定计划，逐次展开成扇形式的战斗队形，缓缓地向奥军阵地推进。下午3时左右，法军作战部队全部完成了渡河任务。

就在7月5日，在曙光升起的时候，奥军已发现了法军的大批渡河，情况与卡尔的预计已有明显的不同。这时，卡尔大公如能抓住战机立即发起反击，那么对立足未稳的法军来说，肯定会面临极严重的困难，甚至要遭受最重大的杀伤。可是，卡尔大公这一次显得异常的稳重，没有像阿斯佩恩作战那样积极进行反击，其原因是想诱使法军继续深入，以便将他们投进陷阱。但战斗的发展并不是按卡尔的设想进行的，激烈的战斗首先发生在法军的左翼，即在阿斯佩恩地区。法军的左翼主要是马塞纳第四军的一个师。该师从旧浮桥处渡过河后，进到阿斯佩恩附近，在那里同奥军前哨部队发生了激战。几经争夺，奥军被迫放弃阵地，撤回到了瓦格拉姆以西的右翼防线。

下午3时过后，法军开始全线推进。在右翼，按照渡河的三个波次，分成前后三线。当第一线部队逐渐展开，拉大间隔时，第二线部队随即进入第一线部队的展开位置。直到傍晚6时左右，右翼部队终于推进到了奥军防御阵地的前沿。有人向拿破仑建议，由于天色快黑，似应等待第二天再发起攻击。拿破仑考虑，约翰大公的1.5万名奥军，就在东面不远的布拉迪斯拉发地区，随时都可前来增援，因而应该不失时机地马上发起攻击。这样，尽管时间很晚，而且缺少详细的侦察和炮火支援，法军仍然于晚7时以密集队形对奥军长期准备的阵地发起了攻击。

按照预定计划，法军应集中兵力攻击瓦格拉姆以东的奥军左翼。可是，在作战过程中，法军的行动却没有按计划发展，进攻的部队未能有效地对奥军左翼进行迂回，基本上形成了正面攻击。达乌军、乌迪诺军和贝尔纳多特军反复实施攻击，都没有任何进展，三个军遭到了很大的损失。最后，贝尔纳多特军中的萨克森师在损失面前坚持不住，开始向后溃退。由于该军位于三个军的中央，他们一撤退，达乌军和乌迪诺军的翼侧也就立即暴露了。此时，天色已经完全昏黑。拿破仑不得已下了停止攻击的命令。在第一天几个小时的战斗中，奥军顽强地坚守着阵地，而法军却受到了很大的损失。看来，拿破仑有可能重蹈阿斯佩恩作战的覆辙。卡尔大公心中窃喜，认为自己可以按预定计划打败法军。

法军把主要兵力都集中到了奥军的左翼方面，这就使得自己的左翼非常空虚。在阿斯佩恩附近，只有马塞纳军的一个师，其后面是多瑙河，纵深有限，回旋余地非常狭小。卡尔大公看到了这一弱点，决心加以利用。他以左翼继续抗击法军的进攻，而将四个军的兵力投向右翼，对法军空虚薄弱的左翼实施反击。反击的主要目标是阿斯佩恩，首先歼灭进到那里的法军，尔后由此向左卷击，即转过身来沿多瑙河河岸而下，切断南面法军主力与其后续部队的联系，从而包围在左翼当面实施进攻的法军主力部队，最后，只等约翰大公的援军从东面开到，即可共同歼灭被围的法军。

瓦格拉姆之战

1809 年 7 月 6 日拂晓，卡尔大公下达了发起反攻的命令。奥军很快击退了阿斯佩恩以北及其以东的马塞纳军，将该军的四个师全部压退到了阿斯佩恩和艾斯林两个居民地地区。法军的左翼和侧后完全暴露在奥军面前了，马塞纳军处于极端危险的境地。

奥军突然发起反攻，使拿破仑大吃一惊。当时，进攻奥军左翼阵地的部队又一次败退下来了。形势变得非常严重。事情已很明显，摆在拿破仑面前的只有两条路：一是抽调预备队和右翼部分兵力去增援马塞纳军，抗住奥军优势兵力的突击；一是利用奥军集中兵力于右翼实施反击而左翼防线暴露，中央瓦格拉姆地段兵力薄弱之机，采取敌进我进的办法，大胆地向敌中央瓦格拉姆阵地进行攻击，进而席卷敌军整个防线。走第一条路，需要临时调动预备队，必须经过一段时间的机动和准备，待到军队进入战斗，不仅费时费力，而且成功的把握不大，或许可能暂时阻止敌人的进攻，但难以达成彻底击败敌人的目的。选择第二条路，当然要冒一定的风险，左翼一个军处在奥军优势兵力的进攻下，有可能被击溃，果然如此，则整个部队的后路也有可能被切断，但是，这个选择是积极的，一旦得手，就可能彻底改变战场的形势，动摇奥军的基础，从而有助于达到会战的目的。这是因为，瓦格拉姆是联结奥军左右两翼的枢纽部位，如果攻克这个中央阵地，不仅可以直捣奥军右翼反击部队的侧后，起到解救法军左翼的作用，而且可以向奥军的左翼实施卷击，并乘势向纵深发展进攻。

经过冷静思考，反复权衡，拿破仑终于果断地改变了原定决心，放弃以主力攻击奥军左翼的计划，立即把原定进攻左翼的全部兵力调向敌中央部位的瓦格拉姆。同时，命令马塞纳军不惜一切代价扼守阿斯佩恩和艾斯林地区，务必保持法军左翼的稳定，使主力可以放手发起进攻。为了保证法军右翼的安全，并使进攻瓦格拉姆的部队没有后顾之忧，拿破仑又命令原来负责监视约翰大公部队的达乌军，继续攻击奥军的左翼防线，首先担负牵制任务，如果有所进展，则从右侧向瓦格拉姆发展进攻，配合主力行动，对敌形成钳形攻击态势。

7 月 6 日上午，法军进攻瓦格拉姆的号角吹响了。在长时间的炮火准备之后，见西埃率领骑兵首先发起冲击。随后，其他各军相继展开进攻。与此同时，达乌军也在右翼渡过了鲁斯巴赫河，突入敌人的阵地，并开始向瓦格拉姆方向突进。奥军打得相当顽强，表现出了在以前还从来没有过的战斗力。不过，法军的正面攻击非常猛烈，加上侧面的夹击来得突然，奥军开始支持不住，队伍中出现了混乱现象。当时，奥军在右翼进行反击的部队也面临了困难。他们的正面摆得过宽，以致兵力分散，攻击不能集中，而且缺少预备队，无法保持连续进攻的能力。与此相反，法军的马塞纳军则进行了顽强的阻击，他们退到阿斯佩恩和艾斯林地区以后，终于站住了脚跟，使得进攻的奥军最后停留在居民地前，再也无力前进。

经过多次的搏斗和反复的争夺，战场形势开始发生变化。法军逐步发展攻势；奥军被迫全线后退。到下午 4 时，卡尔大公得知，他所望眼欲穿的援军，即他弟弟约翰大公的那 1．5 万部队，还远在 10 多公里以外，根本不可能靠它来挽回危局。同时他也看到，法军的攻击异常猛烈，原定把法军包围歼灭的计划已无法实现。是的，他使法军钻进了鱼网，但却拉不起网来，反而被敌军冲破了网底。这样，继续战斗下去不仅毫无意义，而且可能招致全军惨败。基于这个判断，他命令全军撤退。

7 月 6 日房晚，奥军开始撤出战场，除了有些小部队溃逃之外，大部分军队都保持着原来的队形。它留给法军的战利品，只不过是火炮 9 门和军旗 1 面，仅有部分伤员被俘，没有负伤而当俘房的人寥寥无几。在这场大搏斗中，法军胜利了，但付出的代价却是高昂的。拿破仑已经把所有的预备队都投入战斗，再也没有能力实施追击了。这一仗，奥军损失约 2.6 万人，法军损失在 3 万人以上。由于双方参战的火炮都在 400 门以上，死伤多半都是炮火造成的。

瓦格拉姆一战，完全打掉了卡尔大公战胜拿破仑的信心。他对战争的前途感到绝望。7 月 11 日，奥皇弗兰茨二世派出使者，向拿破仑请求休战。拿破仑欣然表示同意，但提出了极为苛刻的条件。按照拿破仑的要求，凡是法军在休战时刻已经到达的地方，哪怕只有几名士兵到达，奥军都要撤走，但在最后签订和约之前，奥军却要留在那里作为人质。对此，奥皇不得不表示同意。

随后，双方在维也纳的申布伦宫开始订约谈判。拿破仑开出的条件是：奥地利必须割让一部分土地给法兰西帝国；割出另一部分土地分给巴伐利亚王国、华沙大公国和俄罗斯帝国；同时付出 1.34 亿金法郎作为战争赔款；将军队的人数限制在 15 万人以内；继续执行大陆封锁政策，同英国断绝一切关系；保证不干涉西班牙、葡萄牙和意大利各国的事务。尽管奥地利并没有完全战败，但拿破仑作为胜利者却毫不让步。经过多次协商，奥地利讨价还价，恳求放宽一点条件。拿破仑直报拖了三个月之后才故作姿态地表示一点宽容，同意将战争赔款减为 8500 万金法郎，而对于土地的割让只作一点象征性的让步。

1809 年 10 月 14 日，法奥两国签订了《申布伦和约》，正式结束了第四次法奥战争。随着奥地利的失败与和约的签订，奥英两国的第五次反法联盟也就彻底瓦解了奥地利想要摆脱拿破仑控制的战争尝试，又一次遭到了失败。